Michael Jacobs
All that Jazz

Michael Jacobs

All that Jazz
Die Geschichte einer Musik

Mit einem Beitrag
von Robert Fischer

Mit 60 Fotos

Philipp Reclam jun. Stuttgart

3., erweiterte und aktualisierte Ausgabe 2007

RECLAM TASCHENBUCH Nr. 21684
Alle Rechte vorbehalten
© 1996, 2007 Philipp Reclam jun. GmbH & Co., Stuttgart
Umschlaggestaltung: büroecco!, Augsburg, unter Verwendung eines Fotos
Horn Players von Digital Vision (Getty Images)
Gesamtherstellung: Reclam, Ditzingen
Printed in Germany 2007
RECLAM ist eine eingetragene Marke
der Philipp Reclam jun. GmbH & Co., Stuttgart
ISBN 978-3-15-021684-2

www.reclam.de

Inhalt

»My Story Goes A Long Way Back«
Die Wurzeln des Jazz 7

»New Orleans Joys«
Pioniere des New-Orleans-Jazz 22

»Windy City Jive«
Der New-Orleans-Jazz in Chicago 58

»Davenport Blues«
Weiße Jazzmusiker der zwanziger Jahre 89

»Drop Me Off In Harlem«
Fletcher Henderson, Duke Ellington
und der schwarze Bigband-Jazz 114

»Kansas City, Here I Come«
Count Basie und seine Version des Bigband-Jazz 151

»Don't Be That Way«
Benny Goodman, der weiße »King of Swing« 165

»Montmartre Stomp«
Amerikanische Jazzmusiker im Vorkriegseuropa 192

»The Jeep Is Jumping«
Der Jazz während des Zweiten Weltkriegs 216

»Now's The Time«
New-Orleans-Revival und Bebop 237

»Birth Of The Cool«
Cool Jazz 287

»Better Git It In Your Soul«
Hard Bop 327

»Freedom Now«
Free Jazz und Fusion 360

»All That Jazz«
Alternde Avantgarde und junge Traditionalisten 397

»Anything Goes«
Aufbruch im 21. Jahrhundert
Von Robert Fischer 413

Abkürzungen 447

Bildnachweise 448

Lektüre-Empfehlungen 449

Hör-Empfehlungen 455

Personenregister 461

»My Story Goes A Long Way Back«
Die Wurzeln des Jazz

»You know, the Negro doesn't want to cling to music. But he needs it; it means something; and *he* can mean something.«[1] Das ist das Statement eines farbigen Jazzmusikers, des Klarinettisten Sidney Bechet, geboren 1897 in New Orleans. Der »Neger« – Bechet konnte in seiner Autobiographie, die 1960, ein Jahr nach seinem Tod, erschien, diesen mittlerweile verpönten Ausdruck noch verwenden – *braucht* die Musik, sie bedeutet etwas, und er bedeutet etwas durch sie: Musik als Mittel der Selbstbestätigung, ja der Selbstdefinition, zugleich als Mittel des Widerstandes in einer Gesellschaft, die den Schwarzen jede kulturelle Eigenständigkeit abzusprechen versucht. In ihrer Musik bleibt etwas vom afrikanischen Erbe der schwarzen Amerikaner lebendig, oder, wie Bechet es ausdrückt: »A way of saying something from inside himself, as far back as time, as far back as Africa, in the jungle, and the way the drums talked across the jungle, the way they filled the whole air with a sound like the blood beating inside himself.«[2]

---

1 »Wisst ihr, der Neger will sich nicht an der Musik festklammern. Aber er braucht sie. Sie bedeutet etwas, und durch sie bedeutet *er* etwas.« (Sidney Bechet: Treat It Gentle. An Autobiography. London 1978. S. 8.)
2 »Ein Weg, um etwas aus seinem Innersten heraus zu sagen, das so weit zurückreicht wie die Zeit, zurück bis nach Afrika, bis zum Dschungel, und wie die Trommeln durch den Dschungel hindurch sprachen, wie

Um 1560 sollen die ersten schwarzen Männer und Frauen von der Westküste Afrikas in die Neue Welt verschleppt worden sein, zunächst nach »Spanisch Amerika« als Ersatz für die eingeborenen Indianer, die körperlich nicht widerstandsfähig genug waren für die harte Arbeit, die die weißen Kolonisatoren ihnen abverlangten. Auch in den Südstaaten der späteren USA kam es bald zu einer massiven Einfuhr von Sklaven; hier entstanden, von einem milden Klima begünstigt, die riesigen Baumwoll- und Tabakplantagen, die sich in den Zeiten vor der Mechanisierung der Landwirtschaft[3] ohne Scharen von hart schuftenden Arbeitern nicht bewirtschaften ließen.

Bis ins 19. Jahrhundert hinein interessierten sich nur wenige, oft als Spinner angesehene »Humanitätsapostel« für das Schicksal der Schwarzen in der Neuen Welt; es gibt daher keine zuverlässigen Statistiken darüber, wie viele Afrikaner im Laufe von drei Jahrhunderten[4] ins »Land der Freien« verkauft wurden. Einigen Quellen zufolge waren es einhundert Millionen, andere sprechen von der dreifachen Zahl. Vor allem Frankreich und England betrieben einen schwunghaften Handel mit dem, was zynisch als »schwarzes Elfenbein« bezeichnet wurde.

Die Afrikaner verloren, wenn sie von einem der oft arabischen Sklavenjäger eingefangen und im Laderaum eines Segelschiffs mit Hunderten von Leidensgenossen zusammengepfercht worden waren, mehr als ihre Freiheit. Wenn sie den Transport nach Louisiana oder Virginia oder in eine der anderen südlichen Regionen Nordamerikas überhaupt überlebten, dann waren sie dort dem ausgesetzt,

---

sie die Luft mit einem Klang erfüllten, der dem Klang des in einem pochenden Blutes ähnelte.« (Ebd. S. 4.)
3 Die Baumwollentkernungsmaschine wurde 1794 durch Eli Whitney erfunden.
4 Die Einfuhr von Sklaven wurde offiziell 1808 verboten.

was oft verharmlosend ein »Prozess der Akkulturation« genannt wird. Richtiger wäre es, von einer Zwangsanpassung an die Kultur der weißen Herren zu sprechen, die dazu führte, dass sie ihr afrikanisches Erbe, vor allem ihre Sprache, weitgehend verloren. Sie gehörten ganz verschiedenen Völkern mit ganz verschiedenen Idiomen an; um sich untereinander verständigen zu können, mussten sie sich die Sprache ihrer Unterdrücker als »lingua franca« aneignen. Etwas anders verhielt es sich mit der Religion: Die Bekehrung zum Christentum wurde natürlich von der Kirche eifrig betrieben, anders als bei den Indianern Südamerikas stießen aber die Missionare bei den schwarzen Sklaven auf erstaunlich wenig Widerstand. Die von vielen als primitive Heiden, die irgendeinem blutigen Götzendienst huldigten, angesehenen Afrikaner wurden sehr schnell zu begeisterten Christen. Eine Erklärung dafür ist vielleicht darin zu sehen, dass sich in vielen afrikanischen Religionen eine Grundvorstellung fand, die sich mit einem fundamentalen christlichen Glaubenssatz deckt, die Überzeugung nämlich, dass auf den Tod ein neues Leben folgt. In zahlreichen afrikanischen Riten wurde das Sterben eines Menschen symbolisch durchgespielt, danach galt er als neuer Mensch, als vollwertiges Mitglied des Stammes zum Beispiel, als Erwachsener, der zusammen mit seinem Jugendnamen auch sein früheres Leben abgelegt hatte und nun mit neuem Namen zu neuem Leben erwacht war. »Die christliche Vorstellung von Tod und Auferstehung und die afrikanische von Sterben und Wiedergeburt liegen einander nicht sehr fern. So konnte diese durch jene ausgedrückt werden, und umgekehrt hatten christlich-eschatologische Elemente die Möglichkeit, in die afrikanischen Grundvorstellungen einzudringen.«[5] Bis zu einem gewissen Grad

---

5 Janheinz Jahn (Hrsg.): Negro Spirituals. Frankfurt a. M. 1966. S. 7.

lebten also alte religiöse Anschauungen bei den zum Christentum übergetretenen Sklaven in neuem Gewand weiter.

In Afrika aber war jede Art von Religionsausübung an Musik, an Gesang und Tanz gekoppelt gewesen: Musik hatte überhaupt fast ausschließlich eine rituelle Funktion gehabt, sie hatte nicht der Unterhaltung gedient, sondern dazu, den Kontakt mit wie auch immer gearteten metaphysischen Mächten herzustellen. Bei diesen Zeremonien waren in erster Linie Perkussionsinstrumente zum Einsatz gekommen, Trommeln der verschiedensten Machart, ausgehöhlte Baumstämme zum Beispiel, aber auch das einfachste Instrument, das man sich nur denken kann: die menschlichen Hände. Das rhythmische Zusammenschlagen der Hände, das sich bis zur Ekstase steigern oder durch langandauernde Wiederholung zu tranceähnlichen Zuständen führen kann, ist heute noch ein Element, das den Gottesdienst einer »Black Community« in den USA bestimmt.

Der afro-amerikanische Schriftsteller Langston Hughes lässt seine Geschichte der *Black Music* in den USA bei einem »syncopated beat« beginnen, den die »gefangenen Afrikaner mit sich brachten – weil er ihnen vielleicht das Joch der Sklaverei ein wenig erleichterte – und der schnell in der Neuen Welt Wurzeln fasste«. Dieser Beat, schreibt Hughes, »ist jetzt seit vielen Generationen Grundbestandteil der amerikanischen Unterhaltungsmusik«.[6]

Das Merkwürdige war, dass die Sklavenhalter diese ureigene Form ihrer Gefangenen, sich auszudrücken, anfangs[7] keineswegs als etwas Bedrohliches, als Festhalten an

---

6 Langston Hughes / Milton Meltzer: Black Music. A Pictorial History of Black Entertainers in America. New York 1967. S. 4.
7 Siehe hierzu: Philippe Carles / Jean-Louis Comolli: Free Jazz. Black Power. Übers. von Federica und Hansjörg Pauli. Frankfurt a. M. 1974. S. 108 f.

einer eigenständigen Tradition empfanden, sondern dass sie diese musikalische Betätigung, das Trommeln, das Singen und Tanzen, im Gegenteil guthießen und sogar Vergnügen daran fanden. Hughes meint trocken, die »erste Bühne« schwarzer Entertainer sei das Deck eines Sklavenschiffes gewesen. Auf der Überfahrt nach Amerika wurden die Gefangenen, wann immer das Wetter es zuließ, aus dem Laderaum nach oben geholt und dazu angehalten – natürlich mit der Peitsche –, »zur Unterhaltung der Mannschaft zu singen und zu tanzen«.[8] Pragmatische Gesichtspunkte spielten dabei mit Sicherheit auch ihre Rolle: wenn man einen Sklaven einmal am Tag aus dem modrigen Frachtraum hervorholte und in der frischen Luft ordentlich zappeln ließ, war eher gewährleistet, dass er nicht nur lebend, sondern vielleicht sogar bei guten Kräften auf einem der Sklavenmärkte in Louisiana ankam.

Hughes resümiert: »Die Einpflanzung des grundlegenden Beat [in die amerikanische Musik] begann mit dem rhythmischen Händeklatschen, Füßestampfen, Trommelschlagen, das Afrika im 16. Jahrhundert an die hiesigen Küsten exportierte.«[9] Später jedoch wurde die importierte Musik mit Verboten belegt, weil durch sie auch Nachrichten übermittelt werden konnten: »Die Sklavenhalter hatten, durch Schaden klug geworden, entdeckt, daß die Trommeln, die die Tänze begleiteten, sehr wohl auch zur Revolte aufrufen konnten.«[10] Der afrikanische Rhythmus starb damit jedoch nicht aus, sondern lebte in anderer Form weiter.

Es gibt zahlreiche Romane und Filme, die das Leben der weißen Oberschicht im »Gallant South«, den Südstaaten der USA vor dem Bürgerkrieg, zum Thema haben; Marga-

---

8 Ebd. S. 2.
9 Ebd. S. 5.
10 LeRoi Jones, zit. nach: Ebd. S. 108 f.

ret Mitchells *Vom Winde verweht* ist nur das berühmteste Beispiel. Als Hintergrundfiguren begegnen in diesen Werken immer wieder Schwarze, die irgendeine Musik machen – ob sie nun bei der Feldarbeit singen, abends vor ihren Hütten wehmütige Lieder anstimmen oder ekstatische Gottesdienste feiern. Der »musizierende Neger« ist zu einer Klischeefigur geworden, auch in der bildenden Kunst. Immer wieder trifft man auf Illustrationen eines »Darkie«, der zufrieden und breit lachend auf dem Boden hockt und sich mit seinem Banjo vergnügt. Zu singen oder ein Instrument zu spielen, das ist die implizite Vorstellung, liege Schwarzen ›im Blut‹.

Die schwarzen Sklaven kamen auf die eine oder andere Weise mit der europäischen Musik in Berührung, mit Kirchenliedern und irischen Volksliedern ebenso wie mit konzertanter Musik oder – später – mit Melodien aus französischen und italienischen Opern und Operetten. Sie adaptierten diese ihnen fremde Musik in einem komplizierten und langwierigen Prozess, langwierig schon deshalb, weil es keinen direkten »Kulturaustausch« gab: »alle Restriktionen, die das Prinzip der Sklaverei den Beziehungen zwischen Weißen und Schwarzen auferlegte, bremsten zugleich die ›Zivilisierung‹ der Letzteren.«[11] So wurde der Verlust der eigenen afrikanischen Traditionen nicht sofort durch die Übernahme anderer – europäischer – Traditionen kompensiert; es entstand eine Art von »kulturellem Vakuum«: »Eine unhaltbare Situation, zu deren Überwindung unerläßlich war, daß [die Schwarzen] sich *ein neues nun mit Notwendigkeit heterogenes Gefüge von Fixpunkten schufen, indem sie sich der noch verfügbaren afrikanischen Elemente bedienten und zugleich als ›Wilderer‹ (im kulturellen Bereich) ihre kulturelle Umgebung plünderten.*«[12]

11 Ebd. S. 110.
12 Ebd.

Auch im Bereich der Musik waren die Sklaven mehr als bloße Imitatoren – sie brachten etwas Eigenes mit: eine spezifische Dynamik, eigene Rhythmen und eine eigene Rhythmusauffassung – eben den »syncopated beat« – oder auch eine bestimmte Intensität des Gefühls. Die Weißen fanden schon früh Gefallen daran, sie gingen zum Beispiel zu den sonntäglichen religiösen Versammlungen der Schwarzen, um ihren eigentümlichen, afrikanische und westliche Elemente amalgamierenden Gesängen zuzuhören. Den sehr Frommen – man könnte auch sagen: Bigotten – waren allerdings diese Spirituals zu »lively«, zu lebhaft. Einer der liberaleren Besucher eines »praise meetings« hat seine Eindrücke von den schwarzen Sängern einmal so zusammengefasst: »Wenn man ihnen lauscht, ist man halb versucht, über ihre Absonderlichkeit zu lachen, kann aber nicht umhin, von ihrer Aufrichtigkeit ergriffen zu werden.«[13] Mit »Aufrichtigkeit« (»sincerity«) war nicht gemeint, dass sich im Inhalt der Lieder eine hehre Gesinnung offenbarte, sondern dass man das Gefühl hatte, die Schwarzen identifizierten sich auf besondere Weise mit dem, was sie mit ihren Stimmen und ihren Instrumenten vortrugen. Diese Vorstellung ist bis heute lebendig geblieben: »Soul« zu haben, in einer unverfälschten und intensiven Weise den eigenen Emotionen durch Musik Ausdruck verleihen und den Zuhörer auf diese Weise mitreißen zu können ist immer noch eine Fähigkeit, die man vor allem afro-amerikanischen Künstlern zuschreibt.

Lieder religiösen Inhalts waren nicht die einzige musikalische Gattung, die die Schwarzen in den USA schon lange vor dem Bürgerkrieg ausbildeten. Wie schon seit jeher die Shantys der Seeleute sollten die stark rhythmisierten »Work Songs« den Feldsklaven ihre Arbeit erleichtern:

---

13 Zit. nach: Hughes/Meltzer: Black Music [s. S. 10, Anm. 6]. S. 7.

sie regelten Bewegungsabläufe und koordinierten sie, wenn mehrere »Hands« gleichzeitig mit der Verrichtung einer bestimmten Arbeit beschäftigt waren. Bei diesen Songs wurden meist einzelne Formeln wiederholt und so skandiert, dass sie sich mit den auszuführenden Bewegungen deckten. Carl Sandburg hat folgende Anekdote überliefert, die über die Bedeutung des Worksongs für die Arbeiter genauso viel aussagt wie über das Unverständnis, mit dem sie weißen Musikwissenschaftlern begegneten, als diese von etwa 1930 an damit begannen, sich mit ihrer Musik auseinanderzusetzen: »Man erzählt sich von einem Feldforschung betreibenden Musikstudenten, der sich auf einen Zaun setzte, um dem Gesang einer Gang von Negern zuzuhören, die Eisenbahnschienen verlegten. Als er ihre Worte schließlich verstand, stellte er fest, dass sie etwas sangen, das sich anhörte wie: ›See dat white man ... sittin' on a fence ... sittin' on a fence ... wastin' his time ... wastin' his time.‹«[14] Hier war aus der Situation heraus ein neuer Song entstanden: Improvisation war ein vorherrschendes Merkmal schwarzer Musik. Texte und Melodien konnten spontan erfunden, weitergeführt oder variiert werden. Auf- und damit festgeschrieben wurde kaum etwas – ein Grund dafür, dass viele »Slave Songs« aus der Frühzeit verlorengegangen sind.

Es gab Lieder, die durch die anglo-irische Balladentradition inspiriert waren. In ihnen wurde eine Geschichte erzählt, ein aufsehenerregendes aktuelles oder historisches Ereignis dargestellt, wobei der Sänger die Story oft mimisch und gestisch untermalte. Beliebt waren Eifersuchts- und Ehedramen. *Frankie And Johnny* – eine Ballade, die

---

[14] »Seht euch den Weißen an ... sitzt auf'm Zaun ... sitzt auf'm Zaun ... vergeudet seine Zeit... vergeudet seine Zeit.« Zit. nach: Peter van der Merwe: Origins of the Popular Style. The Antecedents of Twentieth-Century Popular Music. Oxford 1989. S. 69.

Schwarze Arbeiter beim Bau der Eisenbahn

sich bis heute im Repertoire von Jazzbands gehalten hat – erzählt von einer Frau, die ihren untreuen Liebhaber mit drei Schüssen niederstreckt; der Text illustriert auch den für viele solcher Balladen typischen (wenn das Wortspiel gestattet ist) ›schwarzen‹ Humor: »The first time she shot him, he staggered, / The next time she shot him, he fell, / The last time she shot him, O Lawdy, / There was a new man's face in hell …«[15]

Diese Balladen werden von einigen – meist weißen – Musikwissenschaftlern in die Nähe des Blues gerückt, der heute bekanntesten Gattung afro-amerikanischer Folkloremusik. Viele der Balladen zeichneten sich durch einen »plaintive character«[16] aus – das heißt, es wurde in ihnen etwas angeklagt oder beklagt; im Fall von *Frankie And Johnny* die Untreue des einen Partners, die den anderen

---

15 »Beim ersten Schuss taumelte er, / Beim zweiten fiel er um, / Als sie den letzten Schuss abfeuerte, o Herr, / Gab es ein neues Gesicht in der Hölle …«
16 van der Merwe: Origins of the Popular Style [s. S. 14, Anm. 14]. S. 87.

mit ins Verderben reißt. Darüber, was *den* Blues wirklich ausmacht – nicht was *ein* Blues ist –, sind schon ganze Bände geschrieben worden. »Everybody has the Blues, sometimes« – aber niemand weiß genau zu erklären, was das für ein Gefühl ist. Was *ein* Blues ist, das lässt sich noch definieren: »Blues ist [...] ein Lied mit jeweils 12taktigen Strophen; die Strophen sind ihrerseits unterteilt in drei Gruppen zu je vier ⁴/₄-Takten. Melodisch und textlich ist die zweite Viertakt-Periode eine – meist variierte – Wiederholung der ersten, die dritte eine antwortende Figur. Harmonisch sind die drei viertaktigen Gruppen in Gestalt einer einfachen Kadenz organisiert: 4 Takte Tonika; 2 Takte Subdominante plus 2 Takte Tonika; 2 Takte Dominante plus 2 Takte Tonika.«[17] Manfred Miller, der diese wahrhaft erschöpfende Definition der Musiktheoretiker referiert, fügt gleich an, dass sie in der Praxis nicht standhält. Es gibt, zumeist im Sprechgesang vorgetragene, Blues-Stücke, die noch nicht einmal klar in Strophen gegliedert sind, und andere, die eine zweiteilige Strophenform haben: es ist ein Kennzeichen der afroamerikanischen Musik, dass sie sich in kein verbindliches Schema pressen lässt.

Die oben zitierte Definition gilt also nur für eine, die allerdings häufigste Form des Blues: »I'm gonna lay my head on some railroad line, / I'm gonna lay my haid on some lonesome railroad line, / An' let that 2.19 train jus' pacify my min' ...«[18] Dieser Blues des dominanten Typus scheint zu bestätigen, dass »den Blues zu haben« so viel bedeutet, wie traurig oder gar verzweifelt zu sein. Aber

17 Manfred Miller: Blues. In: Joachim-Ernst Berendt (Hrsg.): Die Story des Jazz. Vom New Orleans zum Rock Jazz. Reinbek 1978. S. 41–61. Hier: S. 42.
18 »Ich leg meinen Kopf auf ein Eisenbahngleis, / Ich leg meinen Kopf auf ein einsames Eisenbahngleis, / Und verschaff mir durch den Zug um 2 Uhr 19 Ruh ...«

wie verhält es sich mit folgendem Beispiel: »I gotta momma, she lives back of the jail, / I gotta momma, she lives right back of the jail, / She gotta sign out on her window: Good pussy for sale ...«[19] Hier scheint die Trauer darüber, dass eine gute Frau aus Armut dazu gezwungen wird, sich zu prostituieren, nur aufgesetzt. Hier überwiegt eindeutig die Lust daran, obszöne Wortspiele zu treiben: »Schöne Muschi zu verkaufen ...«

Die Gleichsetzung von »Blues« mit »Trauer« ist jedenfalls abwegig. Miller macht europäische Hörgewohnheiten dafür verantwortlich, in denen die »blues-typischen Intervalle als Moll-Tonalität« wahrgenommen werden. »Für den Afro-Amerikaner dagegen repräsentieren die – auf afrikanische Musizierpraxis zurückgehenden – sogenannten *blue notes* gerade *keine* melancholische Gemütslage. Er verwendet sie vielmehr als Mittel *emphatischen Ausdrucks,* das große emotionale Ergriffenheit und Erregtheit signalisiert.«[20] In *einem* Blues kann also alles zum Ausdruck gebracht werden, Trauer und Freude, Wut und Euphorie. »Den Blues zu haben« bedeutet, ein Gefühl mit äußerster Intensität zu empfinden, den Blues zu singen bedeutet, dieses Gefühl mit äußerster Intensität an andere weiterzugeben. Blues ist daher auch ein Teil des Jazz geworden: es gibt Kompositionen, die der Blues-Form folgen, aber wichtiger ist, dass auch Jazzmusiker sich um Emphase des Ausdrucks bemühen oder – um auf einen vorher gebrauchten Terminus zurückzukommen – um »sincerity«.

Trotz des Versuchs der Sklavenhalter, die afrikanische Musiktradition zu unterdrücken, lebte diese noch lange

---

19 »Meine Alte, die lebt hinter dem Gefängnis, / Meine Alte, die lebt genau hinter dem Gefängnis, / Sie hat ein Schild am Fenster: Schöne Muschi zu verkaufen ...«
20 Miller: Blues [s. S. 16, Anm. 17]. S. 44.

weiter – und zwar nicht nur in den verschiedenen beschriebenen Mischformen, in denen sie eine Synthese mit der westlichen Musik einging, sondern in einer beinahe reinen, urwüchsigen Form – als rituelle Musik, die für ein Kollektiv bestimmt war und von einem Kollektiv ausgeführt wurde. Sidney Bechet erinnerte sich an seinen Großvater, der in New Orleans bei einem weißen Herrn diente:

> Mein Großvater war ein Sklave. Aber er war ein Mann, der alles konnte. Er konnte singen, er tanzte, er war ein Leader. Für ihn war das alles ganz natürlich, und jedermann folgte ihm. Sonntags, wenn die Sklaven zusammenkamen – es war ihr freier Tag –, schlug er Rhythmen auf den Trommeln an dem Platz, den sie Congo-Square nannten, und alle versammelten sich um ihn rum. Sie warteten darauf, dass er loslegte, mit Tänzen, mit »Shouts« oder sogar mit »Moods«. Er bestimmte, sie folgten ihm. Er war ein starker Mann. Sein Name war Omar. [...] Was ich sagen will, ist, dass er ein Musiker war. Niemand musste ihm etwas über Noten oder Rhythmus oder Feeling beibringen. Es war alles in ihm drin [...].[21]

Es bleibt also festzuhalten, dass sich im Verlauf von dreihundert Jahren eine sehr formenreiche schwarze – oder genauer: afro-amerikanische – Musiktradition ausgebildet hatte, die sich zwar der europäischen Auffassung von Musik angenähert, aber bestimmte nicht-europäische Eigenheiten bewahrt hatte, und zwar vor allem im Bereich von Rhythmik und Harmonik. Was den Rhythmus, den »syncopated beat«, betrifft, so wurden häufig Taktzeiten akzen-

---

21 Bechet: Treat It Gentle. S. 6.

tuiert, die dem europäischen Gefühl nach schwach waren, auch wurden Akzente zwischen den Taktteilen gesetzt. Für das europäische Ohr machte diese Form der Betonung das ›Heiße‹, das Intensive der schwarzen Musik aus. Was die Harmonik betrifft, übernahm man aus der afrikanischen Musizierpraxis, die andere Tonleitern als die siebenstufige europäische kannte, die »Blue Notes«, also – auf die europäische Tonleiter bezogen – die drei auf der erniedrigten 7., 3. und 5. Stufe der Tonleiter auftretenden Töne. Was ferner hinzukam, war, dass die afro-amerikanische Musik in einer oralen Tradition stand, also nicht aufgeschrieben wurde. Dies gab dem ausführenden Künstler größere Freiheit: er konnte das musikalische Material nach eigenem Geschmack gestalten, er konnte es variieren oder auch darüber improvisieren.

Wie schon erwähnt, sind viele der frühen Beispiele für die Musik der schwarzen US-Amerikaner – weil nicht schriftlich fixiert – verlorengegangen. Dies änderte sich im letzten Viertel des 19. Jahrhunderts, als ein Klavierstil in Mode kam, den man Ragtime nannte. Der Ragtime wurde zwar von schwarzen Musikern entwickelt, stand aber der europäischen Musik deutlich näher. Zu der Europäisierung im Bereich von Melodik, Harmonik und formaler Gestaltung trug sicherlich auch bei, dass die Schwarzen mittlerweile eine bessere Ausbildung erhielten als vorher, dass der durch die Sklaverei verzögerte »Zivilisierungsprozess« nach deren Abschaffung eingesetzt hatte. Der Ragtime inspirierte sich an populären, für das Klavier umgeschriebenen Versionen von Polkas, Märschen, Polonaisen u. a. Als Vorlage diente »sheet music«, eine gedruckte Partitur. Und der Ragtime wurde seinerseits komponiert und sorgfältig aufgeschrieben: das Element der Improvisation war aufgegeben. Was an Afrikanischem übrigblieb, war vor allem der Rhythmus. »Rag Time« bedeutet soviel wie »zerfetzte Zeit« und nahm auf die ausgeprägte Synkopierung der Melodik Bezug, gegen die ein regelmäßig akzentuierter Beat im Bass gesetzt wurde. Von 1875 bis in die zwanziger Jahre des 20. Jahrhunderts war Ragtime nahezu gleichbedeutend mit populärer Musik. Zu seinem Siegeszug trug auch eine technische Erfindung bei – das mechanische Klavier. Man konnte Töne in eine Walze aus Metall oder Papierbänder stanzen; wenn diese in ein mechanisches Klavier eingesetzt wurde, ließ sich das Stück reproduzieren.

Scott Joplin, geboren 1868 in Texas und gestorben 1917 in New York, war der bedeutendste Komponist von Rags; sein *Maple Leaf Rag* wird heute noch gespielt. Der Ragtime gilt – aufgrund seiner rhythmischen Besonderheit – als Vorform des Jazz, er wurde zwar zumeist auf dem Piano gespielt, es gab aber auch Fassungen, die für größere oder kleinere Bands arrangiert waren.

Für Bechet war Ragtime gleichbedeutend mit Jazz. Für ihn gab es nur zwei Arten von Musik: »There's classic and there's ragtime.«[22] Wenn man »Rag Time« ausspreche, meinte er, könne man die Musik fühlen: »there's a spirit right in the word.« Und auf diesen »Geist« komme es an. Man brauche noch nicht einmal Instrumente, um Jazz zu spielen: wenn man mit der Hand den Rhythmus schlage, auf Trommeln oder auf einem Tisch: »that's Jazz too, [...] you can just beat on the table and it can be Jazz.«[23]

So kann man Jazz definieren. Es geht aber auch anders – in der Terminologie der europäischen Musiktheorie: »Jazz ist eine improvisierte amerikanische Musik, die europäische Instrumente gebraucht und Elemente europäischer

22 Ebd. S. 8.
23 Ebd. S. 2.

Die »Queen City Negro Band«, die erste Brass Band, die Ragtime gespielt haben soll

Harmonik, europäisch-afrikanischer Melodik und afrikanischer Rhythmik miteinander verbindet.«[24] Das klingt schon kompliziert – und genügt dennoch vielleicht noch immer nicht. Bechet jedenfalls hätte in dieser Definition vergeblich nach einer Aussage über den »Spirit« gesucht. Für ihn als Schwarzen ist Jazz »a way of saying something from inside himself [...] as far back as Africa«.

---

24 Diese Definition von Marshall W. Stearns zitiert nach: Joachim-Ernst Berendt: Das Jazzbuch. Frankfurt a. M. 1953. S. 11.

»New Orleans Joys«

Pioniere des New-Orleans-Jazz

Ende der dreißiger Jahre konnte man auf den Straßen Harlems einem Mann begegnen, der allen Vorüberkommenden, die geduldig genug waren, ihm zuzuhören, erklärte, dass die Musik, die in den zahllosen Bars, Nachtclubs und Ballrooms gespielt wurde und mit der viele Swingmusiker das große Geld verdienten, eigentlich *seine* Musik sei. Er habe den Jazz erfunden, sagte er, und »bis 1926, als ich mich in New York niederzulassen beschloss, hatten sie hier nicht die blasseste Ahnung davon, was richtiger Jazz war«.[1] Der Mann war um die fünfzig, hatte hellbraune Haut, aber europäische Gesichtszüge, er war schlank und fast schon übertrieben elegant gekleidet – das, was man im Jargon einen »sharp dresser« nannte. Aber man merkte ihm an, dass er einmal bessere Tage gesehen hatte. Wenn er auf seine Zuhörer einredete, sahen sie einen Brillanten aufblitzen; den hatte er sich vor langer Zeit in einen seiner Schneidezähne einsetzen lassen – damals, als er selbst noch im Geschäft gewesen war und sich mit Kompositionen wie *King Porter Stomp* und *Milenberg Joys,* mit Schallplattenaufnahmen und Tourneen quer durch die Vereinigten Staaten ein ansehnliches Vermögen erspielt hatte. Sein Name war Ferdinand Joseph La Menthe, in der Jazzwelt war er aber besser bekannt als »Jelly Roll« Morton.

1 Zit. nach: Humphrey Lyttelton: The Best of Jazz. Basin Street to Harlem. London 1978. S. 86.

Morton war vor der Jahrhundertwende in Gulfport (Louisiana) auf die Welt gekommen; über sein Geburtsjahr machte er bei verschiedenen Gelegenheiten unterschiedliche Angaben: 1885, 1886 und 1888. Auf seinen Grabstein meißelte man schließlich »1890« ein, und inzwischen weiß man, dass dies das richtige Datum ist. Wenn man sich mit den Biographien schwarzer, aus der sozialen Unterschicht stammender Musiker aus den Anfangszeiten des Jazz befasst, stößt man immer wieder auf solche Unsicherheiten, was Geburtsdaten anbelangt.[2] Sie nicht aufzuschreiben oder sich anderweitig zu merken war eine ›Tradition‹, die noch aus der Sklavenzeit stammte, als der Kinderreichtum so groß war, dass die Geburt eines einzelnen Nachkommen ein nicht sonderlich aufsehenerregendes Ereignis war; auch konnte man sich nie sicher sein, ob der Sohn oder die Tochter einem erhalten blieb oder nicht etwa weiterverkauft wurde und man sowieso nie wieder von ihnen hörte. Der soziale Status vieler Schwarzer hatte sich auch nach ihrer Befreiung nicht wesentlich verbessert; statt auf einer Plantage lebten sie nun in einem der »black quarters«, die in den größeren Städten der Südstaaten entstanden waren. Morton war aber kein Nachkomme der schwarzen Plantagenarbeiter, sondern ein Mischling, ein Kreole.

In den Adern der Kreolen floss das Blut der Franzosen; sie hatten als erste mit der Besiedlung und Urbarmachung der Region am Mississippi begonnen, die später, nach dem französischen König, Louisiana genannt wurde und deren größte, 1718 gegründete Stadt man Nouvelle Orléans taufte. Erst 1803 hatte Napoleon das Land an die USA verkauft. Die Kreolen waren stolz auf ihre Abkunft; sie spra-

---

2 So liegt auch das Geburtsdatum Louis Armstrongs im Dunkeln. Armstrong selbst gab den 4. Juli 1900 an; eingehende Recherchen haben mittlerweile ergeben, dass er vielleicht erst am 4. August 1901 auf die Welt kam.

chen – und sprechen noch heute – ein eigenes Idiom, ein »Patois«, das ein archaisches, mit Elementen aus anderen Sprachen durchsetztes Französisch ist.[3]

Bis zum Ende des amerikanischen Bürgerkriegs bildeten die Kreolen die Eliteschicht der farbigen Bevölkerung, das heißt, sie waren eigentlich den Weißen gleichgestellt; sie waren im Besitz aller bürgerlichen Rechte, erlernten Berufe und sorgten dafür, dass ihre Kinder eine reguläre Schulbildung erhielten. Sie trugen entscheidend dazu bei, dass New Orleans ein gewisses französisches Flair behielt: »Sie organisierten Literaturzirkel und musikalische Soireen und gaben ihre eigenen Zeitungen heraus. Die Handwerker unter ihnen bauten die prächtigen Kirchen und Häuser in New Orleans und stellten die schmiedeeisernen Gitter für deren Balkone und Eingangsportale her.«[4] Paradoxerweise wurde die hohe soziale Stellung der Kreolen durch die Emanzipation aller Farbigen nach dem Bürgerkrieg bedroht. Die schwarzen Plantagen- und Feldarbeiter drängten, nachdem sie die Möglichkeit dazu erhalten hatten, nicht nur aus den ländlichen Bezirken in die größeren Städte, sie eroberten auch die Handwerkszweige, die bis dahin Monopol der Kreolen gewesen waren. Was diesen blieb, waren der Stolz auf ihre Abkunft und ein Festhalten an ihren kulturellen Traditionen, zu denen auch die Pflege der Musik gehörte. Kreolen stellten einen hohen Anteil an den Musikern, die um die Jahrhundertwende die ›neue‹ Musik machten; man hört es den Namen schon an: Alphonse Picou, George Baquet, John Robichaux, Armand Piron, Edmond Souchon, um nur einige zu nennen.

Jelly Roll Morton entstammte einer solchen kreoli-

---

3 Das Kreolenfranzösisch ist auf einigen Schallplattenaufnahmen Kid Orys aus den vierziger und fünfziger Jahren zu hören: *Blanche Touquatoux* und *L'autre Can-Can*.
4 Alan Lomax, zit. nach: Lyttelton: The Best of Jazz. S. 92.

schen Familie und betonte dies auch stets. Der Musikwissenschaftler Alan Lomax, der 1938 eine Reihe von Aufnahmesitzungen für die Library of Congress mit Morton organisierte und 1950 die erste umfassende Biographie dieses Musikers vorlegte, verlieh ihm den Ehrentitel »kreolischer Cellini«. Musikerkollegen belegten ihn mit weniger schmeichelhaften Bezeichnungen, »Loudmouth« – also »Großmaul« – war eine der harmloseren von ihnen, und sie zogen auch trotz aller Anerkennung, die sie seinen Fähigkeiten als Komponist, Pianist und Sänger entgegenbrachten, seine Behauptung, den Jazz im Jahr 1902 erfunden zu haben, in Zweifel. Das sei nur eine weitere der vielen Lügen, die Morton der Welt aufgetischt habe.

Dass Mortons genaues Geburtsdatum lange unbekannt blieb, liegt wohl auch daran, dass seine Familiengeschichte insgesamt etwas undurchsichtig war und er selbst vielleicht nicht genau wusste, wer sein Vater war: ein Ed La Menthe, der zur Zeit seiner Geburt mit seiner Mutter zusammenlebte, den diese aber, weil er ein Betrüger und Hochstapler war, aus dem Haus jagte, oder ein gewisser Henry Morton, der in einem Hotel als Kofferträger arbeitete.

Die ungeordneten Familienverhältnisse mögen vielleicht der Grund dafür gewesen sein, dass der Junge bald nach seiner Geburt einer Pflegemutter in New Orleans übergeben wurde. Schon in jugendlichem Alter interessierte Morton sich für Musik, er spielte Gitarre, Posaune und Klavier, wobei er auf dem letztgenannten Instrument auch eine formale Ausbildung erhielt. Mit dem Klavierspielen verdiente er sich als Heranwachsender auch sein erstes Geld; dabei zeichnete sich schon ab, dass er keine bürgerliche Karriere anstrebte. Sein erster Arbeitsplatz war ein Bordell, eines der vielen, die es damals in Storyville, dem Rotlichtbezirk von New Orleans – allgemein nur »The District« genannt –, gab.

Über das Leben in diesem Vergnügungsviertel um die Jahrhundertwende liegen viele Berichte vor, die aber zumeist romantisierende Tendenzen aufweisen und oft auch von nostalgischen Gefühlen gefärbt sind. »Those were happy days, man, happy days«, gab Jahrzehnte später Alphonse Picou zum Besten, dessen berühmter Klarinettenchorus in *High Society* heute noch von unzähligen Dixielandklarinettisten fast unverändert nachgespielt wird. Dass die Tage wirklich so glücklich waren, dass alles nur harmloser Spaß war, muss man bezweifeln. Schlägereien und Raubüberfälle waren in Storyville an der Tagesordnung. Im Falle Picous allerdings scheint die Verklärung der damaligen Zeit gute Gründe zu haben. »Damals gab es zweitausend registrierte Mädchen«, berichtet er, »und es muss an die zehntausend unregistrierte gegeben haben. Und alle waren sie scharf auf Klarinettisten!«[5]

In New Orleans war um die Jahrhundertwende eine gigantische Vergnügungsindustrie entstanden, die nicht allein auf der Prostitution gründete. Neben den »Whore Houses« und »Brothels«, den Hurenhäusern und Bordellen, die manchmal auch »Sporting Houses« genannt wurden, gab es unzählige Kneipen und Clubs der unterschiedlichsten Kategorien, Spielhöllen und Restaurants, »Dance Halls«, »Honky-Tonks« und »Cabarets«, und auch eine Pferderennbahn, auf der jeden Tag Dutzende von Rennen stattfanden. Die Stadt florierte wirtschaftlich, sie besaß einen großen Seehafen, in dem Schiffe aus der ganzen Welt anlegten. Die Vergnügungslokale der verschiedensten Art boten unzähligen Musikern Arbeitsmöglichkeit. Aus heuti-

---

5 Nat Shapiro / Nat Hentoff (Hrsg.): Jazz erzählt. Von New Orleans bis West Coast. Übers. von Werner Burkhardt. München 1962. S. 11. – Die deutsche Übersetzung wurde im Folgenden gelegentlich unter Heranziehung der englischen Ausgabe (*Hear Me Talkin' to You*, Harmondsworth 1973) überarbeitet und ergänzt.

ger Sicht scheint eine erstaunliche Freizügigkeit geherrscht zu haben. Die Prostitution wurde keinesfalls im Verborgenen betrieben; in einem der berühmtesten Bordelle, der »Mahogany Hall« von Lulu White, das in dem *Mahogany Hall Stomp* verewigt wurde, verteilte man ein »Souvenir Booklet«, in dem die Vorzüge dieses Etablissements angepriesen wurden. Dazu gehörten eine luxuriöse Ausstattung (»das Haus ist aus Marmor gebaut und hat vier Etagen; fünf Aufenthaltsräume, alle mit hübschen Möbeln eingerichtet, und fünfzehn Schlafzimmer«), eine Dampfheizung, ein Aufzug »für zwei«, und natürlich »die hübschesten Mädchen – die, die von der Natur am reichsten mit Charme bedacht wurden«.[6] In jedem Bordell, das etwas auf sich hielt, gab es auch einen Pianisten, der in einem der »Wartezimmer« die Kunden unterhielt und in Stimmung brachte. »Solche Häuser engagierten nur die Besten, aber nur Klavierspieler, und vielleicht ein Mädchen, das sang. Und es wurde auch nicht laut gespielt. Die Musik war dezent, genau wie in einem Hotel«,[7] berichtete der Komponist Spencer Williams, ein Neffe von Lulu White.

Einer der bekanntesten dieser Pianisten war Tony Jackson, der Titel wie *Pretty Baby* und *Some Sweet Day* komponierte und auch einen, der schon vom Titel her verrät, welche Funktion diese Songs hatten: *The Naked Dance*. Musikalisch standen diese Stücke in der Tradition des Blues oder des Ragtime, sie waren, wie Morton später immer betonte, noch kein »Jazz« – den hatte ja er erst erfunden.

Der junge Musiker erhielt selbst bald den Rang eines »Professors«, wie man die Pianisten nannte, die als Alleinunterhalter auftraten. Er sammelte jedoch nicht nur auf musikalischem Sektor Erfahrungen, sondern kannte sich bald aufs Beste im Milieu aus. Über die Mädchen erzählte er:

6 Shapiro/Hentoff (Hrsg.): Jazz erzählt. S. 14 f.
7 Shapiro/Hentoff (Hrsg.): Jazz erzählt. S. 16.

> Manche waren sehr vergnügt, manche sehr traurig, einige wollten allem mit Gift ein Ende setzen, andere planten einen großen Ausflug, einen Tanz oder eine Vergnügung anderer Art. Einige blieben echte Damen, obwohl sie so tief gefallen waren, andere waren unverbesserliche Säuferinnen oder nahmen Rauschgift: Opium, Heroin, Kokain, Laudanum, Morphium usw. Ich selbst wurde viele Male nach Chinatown geschickt mit einem Zettel in einem verschlossenen Briefumschlag und einer kleinen Summe Geld, und kam dann mit mehreren Tütchen Marihuana zurück.[8]

Morton unterbrach in späteren Jahren mehrfach seine Tätigkeit als Musiker und verschaffte sich sein Geld mit einer der anderen Methoden, die er im »District« kennengelernt hatte, als »Pool Shark« – professioneller Billardspieler – oder als Zuhälter. Auch sein Spitzname »Jelly Roll« wurde ihm während seiner Zeit im Rotlichtbezirk verliehen; wörtlich übersetzt bedeutet er so viel wie »Marmeladenbrötchen«, aber er kommt in Blues-Songs als Metapher für das männliche und das weibliche Genital vor. Wenn eine Blues-Sängerin verkündete: »I ain't gonna give nobody none of my jelly-roll«, dann wusste jeder ihrer Zuhörer, was damit gemeint war. Dass die frühen Jazzmusiker ihr Geld in einem für bürgerliche Maßstäbe derart anrüchigen Ambiente verdienten, die Texte ihrer Stücke oft freizügig oder sogar obszön waren, hat dazu beigetragen, dass dem Jazz lange Zeit das Odium anhaftete, »unholy« oder »sinful« zu sein. »The Devil's Music« wurde er oft genannt, und man verband mit ihm Ausschweifungen jeglicher, vor allem aber sexueller Art. Das Wort »Jazz« (oder »Jass«, wie man es zunächst schrieb) selber bedeutet im Jargon auch so

---

8 Ebd. S. 12.

viel wie sexuelle Erregung.[9] In der Tageszeitung *Times Picayune* erschien 1920 ein Artikel, in dem sich der Verfasser bitter darüber beklagte, dass man New Orleans gemeinhin als Geburtsstadt des »Jass«, dieser Äußerung »schlechten Geschmacks«, ansah; weiter heißt es:

> Wir akzeptieren zwar die Ehre dieser Urheberschaft nicht, müssen uns aber, da diese Geschichte nun einmal im Umlauf ist, dafür einsetzen, dass wir die Letzten werden, die diese Greuelmusik in unsere ehrenwerte Gesellschaft aufnehmen. Wir müssen uns, zur Rettung unserer Bürgerehre, verpflichten, sie überall zu unterdrücken, wo wir sie Wurzel fassen sehen könnten. Ihr musikalischer Wert ist gleich Null, und ihre Möglichkeiten, Schaden anzurichten, sind groß.[10]

Als in den zwanziger Jahren Chicago vom Jazzfieber ergriffen wurde, stellten Angehörige einer dortigen christlich-reformatorischen Vereinigung entsetzt fest, »dass es in den letzten zwei Jahren eintausend gefallene Mädchen gegeben hat, deren Fall auf den Jazz zurückzuführen ist«.[11]

Morton bekannte später: »Natürlich wollten die Leute nie einen Musiker in der Familie haben. Sie stellten sich immer vor, dass ein Musiker ein Tramp war, jemand der die Arbeit scheute. Eine Ausnahme bildeten die Musiker des französischen Opernhauses, wo sie regelmäßig hingingen.«[12]

Wie sich das Klavierspiel Mortons in der Zeit zwischen 1902 und 1904 anhörte, lässt sich in Ermangelung von

---

9 Siehe hierzu: Jürgen Wölfer: Lexikon des Jazz. München 1993. S. 240.
10 Zit. nach: Arrigo Polillo: Jazz. La vicenda e i protagonisti della musica afro-americana. Mailand 1975. S. 76.
11 Zit. nach: Ebd. S. 89.
12 Shapiro/Hentoff (Hrsg.): Hear Me Talkin' to You. S. 42.

Tondokumenten – die erste Jazzaufnahme wurde 1917 gemacht – kaum beurteilen. Er selbst behauptete, schon damals als Solopianist eine individuelle Spielweise entwickelt zu haben, das heißt, nicht Ragtime oder Blues gespielt, sondern beide Stile vereint zu haben und auf diese Weise als Erster eine ›swingende‹, eine rhythmisch betonte, aber gleichzeitig entspannte Musik gemacht zu haben.

Während in der intimen Atmosphäre der Salons meist Alleinunterhalter oder kleine Formationen tätig waren, beherrschten ›draußen‹ größere Bands die Szene. Die Stadt war voller Musik, vor allem auf den Straßen. Wichtig für die Entwicklung des Jazz waren die schwarzen Blaskapellen, die »Brass Bands«, die sich an europäischen Militärkapellen orientierten und oft verfremdete Märsche spielten. Ein Blasinstrument spielte die Melodie, die anderen improvisierten dazu einen Rhythmus, sie wurden von Trommlern unterstützt, die sich oft ein selbstgebasteltes Instrument – ein leeres Blechfass etwa – vor den Bauch geschnallt hatten.

Diese Musik, die schon um 1870 aufgekommen sein soll, wird heute allgemein als »archaischer Jazz« bezeichnet, der nach der Jahrhundertwende durch eine Vermischung mit der – zumeist von Kreolen ausgeführten – Tanz- und Unterhaltungsmusik zum New-Orleans-Jazz hinführte: »nach Gehör spielende, improvisierende schwarze Musiker [begannen sich] mit den ›straight‹ (notengetreu) spielenden kreolischen Musikanten in Bands zusammenzufinden. So flossen die Improvisationstechniken der Brass Bands mit der Musik der Ragtime spielenden Tanzorchester zusammen. Die Brass Bands begannen, auf ihre Art Rags zu spielen, die Tanzkapellen in der Art der Straßenmusiker zu improvisieren.«[13] Es gab – vor allem zur Karnevalszeit – Paraden, bei denen mehrere Gruppen

---

13 Reimer von Essen: New Orleans. In: Berendt (Hrsg.): Die Story des Jazz. S. 17–38. Hier: S. 23.

hintereinander durch die Straßen zogen und die Konkurrenten auszustechen versuchten, oft durch pure Lautstärke. Wenn ein Mitglied der schwarzen Gemeinde gestorben war, zog eine Band mit dem Leichenzug zum Friedhof; auf dem Hinweg spielte man getragene Weisen, aber wenn dann die Zeremonie zu Ende war und man in die Stadt zurückkehrte, steckte der Trommler das Taschentuch, das er auf sein Instrument gelegt hatte, um den Ton zu dämpfen, wieder ein – und die Band legte los: *Oh, Didn't He Ramble.* Manchmal saßen die Musiker auch auf großen, von Pferden gezogenen Lastkarren, um für ein neueröffnetes Hotel, ein Kaufhaus oder Ähnliches Reklame zu machen, und wenn man einer anderen Band begegnete, führte das vielleicht zu einem spontanen musikalischen Wettstreit. Der Klarinettist George Lewis erinnerte sich:

> Wenn sich zwei Fuhrwerke begegneten, kam es zu einem »cutting contest«. Einmal erwischten wir Buddy Petit betrunken, und unsere Band machte seine total fertig. Am nächsten Sonntag fuhren wir wieder los und sahen Buddy auf seinem Wagen sitzen, mit hängendem Kopf und kraftlos herunterbaumelnden Händen. Da setzten wir uns in Positur, um es ihnen nochmal zu geben. Und da schlich sich plötzlich jemand heran, kettete die Räder unserer Wagen zusammen, so daß wir uns nicht davonmachen konnten, und Buddy sprang auf, reckte sich, und an diesem Tage haben *sie uns* fertiggemacht.[14]

Arbeitsmöglichkeiten gab es für diese Bands genug; sie spielten bei Tanzveranstaltungen, die in Ballrooms oder im Freien stattfanden, bei großen Picknicks und Partys, für

---

14 Shapiro/Hentoff (Hrsg.): Jazz erzählt. S. 24.

private Clubs und Restaurants, bei Hochzeiten und Taufen. Die meisten der schwarzen Musiker hatten aber noch einen bürgerlichen Beruf, sie waren Maurer, Tapezierer, Schreiner, Dachdecker oder Zigarrenmacher, und in der Regel waren sie musikalische Autodidakten, die keinerlei formale Ausbildung erhalten hatten und oft keine einzige Note lesen konnten. Viele von ihnen hatten als Jugendliche auf primitiven, selbstgebastelten Instrumenten begonnen: aus Zigarren- oder Obstkisten verfertigte man alle möglichen Saiteninstrumente, ein Stück Abflussrohr wurde zu einem Blasinstrument, und ›Schlagzeug‹ konnte man auf fast allem spielen, was genügend Krach machte. George Lewis, der im Zuge des »New Orleans Revival« in den vierziger Jahren zu Berühmtheit gelangte, erzählt:

> Als ich sieben Jahre alt war, gab meine Mutter mir fünfundzwanzig Cents, damit ich mir im Laden eine Spielzeugvioline kaufte. Als ich zum Laden kam, hatten sie keine Violinen mehr, also kaufte ich statt dessen eine Blechflöte. Auf ihr lernte ich, Musik zu machen, ich hatte keine einzige Musikstunde in meinem Leben und kann immer noch keine Noten lesen. Als ich sechzehn war, bekam ich eine richtige Klarinette. Ich kaufte sie mit Geld, das ich mir selbst verdient hatte, und zahlte vier Dollar dafür.[15]

Es waren nicht nur farbige Musiker, die so ihre ersten Erfahrungen mit der Musik machten. Viele europäische Einwanderer der ersten und zweiten Generation befanden sich in einer ganz ähnlichen sozialen und ökonomischen Situation wie die Schwarzen, und auch für sie stellte die Musik eine Möglichkeit dar, aus dem Ghetto auszubrechen. Eini-

---

15 Shapiro/Hentoff (Hrsg.): Hear me Talkin' to You. S. 40.

Die »Original Dixieland Jazz Band«, eine der ersten weißen Formationen. Sie spielte schon im Februar 1917 ›Jazz‹-Schallplatten ein und trat 1919 mit großem Erfolg in England auf

ge der Besetzungslisten von weißen Bands, die in den zwanziger Jahren Schallplattenaufnahmen machten, vermitteln einen Eindruck davon, wie viele verschiedene ethnische Gruppen in New Orleans zusammenlebten. So bestand zum Beispiel die Band der »New Orleans Owls«, die von 1925 bis 1927 eine Reihe von Titeln einspielte, aus: Bill Padron (co), Frank Netto (tb), Pinky Vidacovich und Benje White (cl, as), Lester Smith (ts), Sigfre Christensen (p), René Gelpi (bj), Dan LeBlanc (tu) und Earl Crumb (dr).

Auch eine der allerersten Jazzbands wurde von einem Weißen gegründet, von dem Schlagzeuger »Papa« Jack Laine, der eigentlich George Vitelle hieß und 1873 in New Orleans geboren wurde. In seinen Orchestern, der »Reliance Brass Band« und »Jack Laine's Ragtime Band«, spielten viele weiße Musiker, die sich später selber einen Namen machten, unter anderen auch der italienischstämmige Kornettist Nick LaRocca, der so bekannte Titel wie *Tiger Rag* und *At The Jazz Band Ball* komponierte und später zu den Mitbegründern der »Original Dixieland Jass Band« gehörte, die im Februar 1917 die ersten Jazzaufnahmen überhaupt einspielte.

Die bekanntesten und beliebtesten Bands, die vor dem Ersten Weltkrieg regelmäßig in New Orleans tätig waren, waren die von John Robichaux, Manuel Perez, Freddie Keppard, Buddy Petit – alles Namen, die in die Jazzgeschichte eingegangen sind, wenn auch die meisten dieser Musiker keine Aufnahmen hinterlassen haben. Der größte Bandleader von allen, von dem die Zeitgenossen in ihren Erinnerungen schon fast ehrfürchtig sprachen, war aber Buddy Bolden, ein Schwarzer, der im Hauptberuf Friseur war. Jelly Roll Morton setzte diesem Musiker später mit dem *Buddy Bolden Stomp* ein Denkmal. Der Trompeter Bunk Johnson meinte: »King Buddy Bolden war der erste, der in der Stadt New Orleans anfing, Jazz zu spielen. Seine Band machte ganz New Orleans verrückt, die Leute rannten alle hinter seiner Band her.«[16]

Der Kornettist wurde 1868 in New Orleans geboren und starb dort – angeblich – 1931. Obwohl sich so viele an ihn erinnerten, liegt die zweite Hälfte seines Lebens im Dunkeln. Bolden gründete seine erste Band noch vor der Jahrhundertwende; er selber fiel vor allem durch die Lautstärke auf, mit der er sein Instrument blies. Außerdem trank er unmäßig und war ein gewaltiger Schürzenjäger: »Er war scharf auf Wein und auf Weiber oder umgekehrt. Manchmal konnte er sich vor den Frauen kaum retten.«[17]

---

16 Shapiro/Hentoff (Hrsg.): Jazz erzählt. S. 26.
17 Albert Gleny, in: Ebd. S. 51.

Bunk Johnson zufolge spielten Bolden und seine Musiker Jazz, das heißt improvisierte Musik, weil keiner von ihnen Noten lesen konnte.[18] Dies wurde von anderen Zeitzeugen bestätigt. Offensichtlich zeigte Bolden bald Symptome von Geisteskrankheit, was einige seiner Kollegen darauf zurückführten, dass er so laut spielte und dadurch sein Gehirn in Vibrationen versetzte, andere mit dem Raubbau an seiner Gesundheit erklärten, den er durch seinen exzessiven Lebensstil betrieb. Angeblich wurde er 1907 in eine Anstalt eingeliefert, in der er bis zu seinem Tod noch fast fünfundzwanzig Jahre verbrachte.

Wie Bolden waren viele der anderen Bandleader Kornettisten; das lag zum einen daran, dass sie sich mit ihren Instrumenten vor der Zeit elektronischer Verstärkung am leichtesten akustisch durchsetzen konnten, zum anderen kam dem Kornett in ihrer Musik eine besondere Rolle zu. Der orchestrale Jazz wurde von Bands gespielt, die zumeist aus sieben bis acht Musikern bestanden. Die Rhythmusgruppe setzte sich gewöhnlich aus einem Banjospieler (später Gitarristen), einem Tubaspieler (später Bassisten) und einem Trommler zusammen (das Klavier hatte in diesen Bands noch eine sekundäre Bedeutung, weil man es nur schlecht mit auf die Straße nehmen konnte, wohingegen man eine Basstrommel vor dem Bauch tragen konnte). Zu dieser Rhythmusgruppe kamen drei Bläser: ein Kornettist oder Trompeter, ein Klarinettist und ein Posaunist. Ihre Spielweise war, was die Tongebung anbelangte, vom Blues, also von Vokalmusik geprägt; das heißt, dass die Instrumente wie menschliche Stimmen behandelt und eingesetzt wurden. Es gab Musiker, die ihre Instrumente zum Sprechen brachten. Formgebend war das »Call and Response«-Prinzip, das Prinzip von Ruf und Antwort, das ebenfalls

---

18 Vgl. ebd. S. 27.

aus der Vokalmusik der Schwarzen, vor allem den Spirituals, übernommen war. Meist stellten die Bläser im Kollektiv das Thema vor, dann übernahm eines der Instrumente, in der Regel das Kornett oder die Trompete, die Lead-Stimme und ›rief‹ die anderen, also die Klarinette und die Posaune, die im höheren und tieferen Register antworteten. Nach einem oder mehreren Chorussen, in denen das Lead-Instrument die Melodie variierte, ging die Führung an eines der anderen Melodie-Instrumente über, und das freigewordene antwortete nun mit dem dritten auf das neue Lead-Instrument. Die Rhythmusgruppe spielte einen konsequenten »Two Beat«, bei dem auf der Basstrommel und den anderen Bassinstrumenten der erste und der dritte Grundschlag betont wurden, während die anderen Rhythmiker alle vier Schläge spielten. Es gab kaum Soli im eigentlichen Sinne, sondern nur kurze »Breaks«, bei denen die anderen Melodie-Instrumente und die Rhythmusgruppe für zwei oder vier Takte aussetzten. Sie dienten vor allem dazu, die Virtuosität des jeweiligen Bläsers unter Beweis zu stellen. Die Wirkung der Musik beruhte also weniger auf der Leistung einzelner Musiker als auf dem Klang, den das Kollektiv produzierte. Es gab des Öfteren Abweichungen von der Standardbesetzung; viele Bandleader nahmen Violinisten hinzu, weil diese Musiker in der Regel vom Blatt spielen konnten.

Morton schloss sich um 1907 einer dieser Bands an und ging mit ihr auf Tournee. Damit begann für ihn eine nomadische Existenz, die er bis zum Ende seines Lebens beibehalten sollte. Mit wechselnden Bands und auch als Solopianist bereiste er weite Teile der Südstaaten. 1907 trat er in Chicago auf, wo mittlerweile auch Tony Jackson, der berühmteste »Professor«, spielte. Wenn man den Berichten Glauben schenken darf, hatten Jackson und Morton mit ihrer neuen Musik einen solchen Erfolg, dass die Polizei vor

Der selbsternannte ›Erfinder des Jazz‹: Jelly Roll Morton

den Lokalen aufziehen musste, in denen sie spielten, um das hineindrängende Publikum zur Ordnung zu bringen. 1911 tauchte Morton dann in New York auf, wo er sich mit den dortigen Pianisten, die völlig unabhängig von New-Orleans-Einflüssen einen eigenen Stil, den »Harlem Stride«, entwickelt hatten, anlegte. Von 1917 an war Los Angeles sein Hauptquartier; von hier aus unternahm er zahlreiche Tourneen, von denen ihn eine sogar bis nach Kanada und nach Alaska geführt haben soll. In seine Heimatstadt kehrte Morton nur noch sporadisch zurück, anscheinend hielt er sich dort 1908 zum letzten Mal auf. Er ließ jedoch wiederholt Musiker aus New Orleans kommen, um mit ihnen eine Band zusammenzustellen. Dabei zeigte sich, dass er mittlerweile ein ambivalentes Verhältnis zum New-Orleans-Jazz und seinen Interpreten hatte. Die schwarzen Musiker aus Louisiana waren ihm oft zu ungehobelt und primitiv, nicht nur mit ihrer Spielweise, sondern auch in ihrer äußeren Erscheinung und ihrem Auftreten. Sie waren schlecht gekleidet, sprachen häufig ein unbeholfenes, unkorrektes Englisch, ihnen haftete allgemein etwas Provinzielles an.

Einer Anekdote zufolge kam es zu einem großen Eklat, als er für ein Engagement in Watts, einem Vorort von Los Angeles, den Kornettisten Buddy Petit, den Posaunisten Frankie Dusen und den Klarinettisten Wade Whaley anreisen ließ. Petit gehörte zu den Spitzenmusikern von New Orleans, sein Name wurde in einem Atemzug mit denen von Freddie Keppard, King Oliver und Bunk Johnson genannt; auch Dusen war beileibe kein Anfänger, er hatte mehrere eigene Gruppen geleitet. Die beiden waren nicht die Männer, die sich von Morton alles bieten ließen, mochte der inzwischen auch bekannter als sie geworden sein. Morton jedoch nahm sofort Anstoß an dem wenig eleganten Äußeren der drei; was ihn besonders empörte, war, dass Whaley sein Instrument nicht, »wie es sich gehörte«, in einem eigenen Koffer transportierte, sondern die Klarinette einfach hinten in den Hosenbund gesteckt hatte. Was dann das Fass zum Überlaufen brachte, war die Tatsache, dass die drei New Orleanser sich in dem Lokal, in dem die Band auftrat, ihre Leibspeise, die berühmten »Red Beans and Rice«, ein typisches Gericht der Südstaaten, von dem auch Louis Armstrong immer in höchsten Tönen sprach, selber zubereiten wollten. Morton tobte wegen dieses Verstoßes gegen die Etikette. Die drei als Bauernlümmel Beschimpften ließen sich das nicht bieten und kehrten postwendend nach New Orleans zurück, aber nicht ohne vorher Morton eine gehörige Tracht Prügel angedroht zu haben für den Fall, dass er sich daheim noch einmal blicken lassen würde.

Diese Episode verrät viel über Mortons Charakter. Zum einen fühlte er sich fast allen seinen Kollegen überlegen – nicht umsonst trug eine seiner Kompositionen den Titel *Mr. Jelly Lord* –, zum anderen sah er als Kreole auf viele der schwarzen Musiker herab, auch wenn er sie in seinen Bands immer wieder einsetzte.

Das Primitive und Ungehobelte suchte Morton auch aus der Musik auszutreiben, allerdings war er sich gleichzeitig bewusst, dass er das folkloristische Element, das den New-Orleans-Jazz prägte, bewahren musste. Wie sich der »Jelly Roll Style« anhörte, dokumentieren Schallplattenaufnahmen, die er von Mitte 1923 an machte. Im Juni des Jahres nahm er in Chicago mit einer Band, die sich aus relativ unbekannten und unbedeutenden Musikern zusammensetzte, zwei Titel auf, die kein besonderes Aufsehen erregten. Am 17. und 18. Juli spielte er dann aber allein auf dem Klavier für die kleine, in Richmond (Indiana) ansässige Plattenfirma Gennett eine Reihe eigener Kompositionen ein, die fast alle zu Klassikern des Genres wurden: *King*

Porter Stomp, New Orleans Joys, Grandpa's Spells, Kansas City Stomp, Wolverine Blues und *The Pearls*. Bei der ersten Session spielte Morton auch mit einer Gruppe junger weißer Musiker, den »New Orleans Rhythm Kings«, die von dem aus New Orleans stammenden Kornettisten Paul Mares geleitet wurden, die Stücke *Sobbin' Blues, Clarinet Marmalade* und *Mr. Jelly Lord* ein; vermutlich war dies die erste Gelegenheit, bei der ein farbiger Musiker zusammen mit weißen eine Plattenaufnahme machte. Die Solo-Einspielungen zeigen, dass Morton den Ragtime hinter sich gelassen hatte. Er überwand vor allem das Mechanische und mathematisch Präzise, das dem Ragtime oft anhaftete; seine Stomps sind von einer größeren rhythmischen Vielfalt, sie wirken gelöster, sind freier und gründen mehr auf der Improvisation.

Morton setzte die Serie von Solo-Einspielungen im Juni 1924 fort, bei dieser Session nahm er unter anderem den *Jelly Roll Blues* und *Milenberg Joys* auf. Einen Höhepunkt seiner Laufbahn stellen aber die Aufnahmen dar, die er vom September 1926 an in Chicago mit wechselnden Formationen für das renommierte Label Victor machte. Er stellte die Gruppen eigens für die Sessions zusammen, griff also nicht auf eine »working band« zurück. Wieder bevorzugte er in erster Linie Musiker, die ihre ersten Erfahrungen in New Orleans gesammelt hatten – wenn auch die meisten von ihnen mittlerweile in Chicago tätig waren. Zu den ersten »Red Hot Peppers« gehörten der Klarinettist Omer Simeon, der Posaunist Kid Ory, der Banjospieler Johnny St. Cyr, der Bassist John Lindsay und der Schlagzeuger Andrew Hilaire. Die meisten dieser Musiker waren Kreolen. Lediglich der Trompeter George Mitchell stammte nicht aus New Orleans, sondern aus Louisville in Kentucky. Ory hatte um die Jahrhundertwende mit Buddy Bolden gearbeitet und 1921 Aufnahmen eingespielt, die als die ersten gelten, die von einer farbigen Band gemacht wurden.[19] Alle diese Musiker beherrschten nicht nur das Ensemblespiel und die kollektive Improvisation, sondern waren auch in der Lage, ein Solo zu spielen, und in Mortons Musik kam solchen Soli eine immer stärkere Bedeutung zu.

Ähnliche Sorgfalt wie bei der Auswahl der Musiker ließ Morton auch bei der Vorbereitung der einzelnen Aufnahmen walten. Omer Simeon erzählt:

Die Leute von Victor behandelten Jelly, als ob er jemand Besonderes sei, was er ja auch war, weil er zu der Zeit einfach der Beste im Land in diesem Stil war, und sie zahlten uns Jungs beträchtlich mehr, als üblich war, damit wir mit ihm spielten. Wißt ihr, Jelly Roll nahm es mit seiner Musik sehr genau, und wenn die Musiker keinen richtigen New-Orleans-Jazz spielen konnten, holte er sich jemand anders.

Ich will euch erzählen, wie er sich benahm, wenn er mit einer Band probte. Er ließ nichts durchgehen, aber er war uns gegenüber immer korrekt. Die ganze Zeit über sehr vergnügt und voller Leben, aber ernsthaft. Wir verbrachten vielleicht drei Stunden damit, vier Nummern einzustudieren, und er erzählte uns, was für Effekte er haben wollte, etwa einen Riff im Hintergrund eines Solos. Er spielte die Figur mit einem Finger kurz auf dem Klavier vor, und die Jungens taten sich zusammen und dachten sich zweite und dritte Stimmen aus.

Die Soli – sie waren ›ad lib‹. Wir spielten sie so, wie wir uns fühlten. Natürlich hatte Jelly Roll aber seine eigenen Vorstellungen, und manchmal hörten wir uns seine Ideen an und machten dann zusammen mit unseren

---

19 Der etwas merkwürdig anmutende Name dieser Formation lautete »Spikes' Seven Pods of Pepper Orchestra«; im Juni 1922 nahm sie in Los Angeles *Ory's Creole Trombone* und *Society Blues* auf.

eigenen etwas Neues, Besseres daraus. Ich für meinen Teil machte immer alles, was er wollte. Ich kooperierte einfach mit ihm, wozu viele andere Burschen nicht bereit waren.[20]

Wie aus Simeons Erinnerungen hervorgeht, waren die Aufnahmen einerseits sorgfältig geplant und durchdacht, ließen aber andererseits den Solisten genügend Freiraum für die Entfaltung ihrer eigenen Ideen. Mit seiner genauen Ausfeilung der Ensemble-Passagen, Festsetzung der Abfolge von Soli usw. kann Morton als einer der ersten Arrangeure des Jazz gelten. Auffallend ist auch, dass es ihm immer wieder um Abwechslung, um rhythmische und dynamische Differenzierung zu tun war. Ein wichtiges rhythmisches Element war das, was Morton einen »Spanish Tinge« nannte, eine leichte spanische oder auch südamerikanische Färbung. Zum Teil äußerte sich dies Bemühen, nicht wie andere Bands in einer Routine zu ersticken, auch in der Einführung von außermusikalischen »sound effects«; so gehen zum Beispiel dem *Dead Man Blues* und dem *Sidewalk Blues* von 1926 kurze Dialoge voran, die von Geräuschen begleitet sind, welche der atmosphärischen Einstimmung dienen: Kirchenglocken, die zu einer Beerdigung rufen, Straßenlärm, Autohupen. *Kansas City Stomp* von 1928 ist im Stil der alten Brass-Bands arrangiert, anstelle des Kontrabasses kam hier wieder die Tuba zum Einsatz. Bei einigen Aufnahmen zog Morton auch mehrere Holzbläser hinzu und schuf auf diese Weise eine Art von Saxophonsatz en miniature. Die Musiker, die an den Einspielungen der »Red Hot Peppers« von 1926 bis 1930 teilnahmen, gehörten zu den besten, die damals verfügbar waren; unter anderen waren – außer den schon genannten –

---

20 Shapiro/Hentoff (Hrsg.): Jazz erzählt. S. 106 f.

beteiligt: die Trompeter Henry »Red« Allen und Bubber Miley, die Klarinettisten und Saxophonisten Johnny Dodds, Barney Bigard, George Baquet, Albert Nicholas und Russell Procope, die Posaunisten J. C. Higginbotham und Wilbur De Paris, die Bassisten Pops Foster und Billy Taylor, die Gitarristen Bernard Addison und Will Johnson, die Schlagzeuger Cozy Cole, Zutty Singleton und Tommy Benford.

Die Serie von erfolgreichen Schallplattenaufnahmen riss 1930 jäh ab; die letzte Session der »Red Hot Peppers« datiert vom 9. Oktober des Jahres. In der Band befanden sich – zumindest unter den Bläsern – nicht mehr so profilierte und zu solistischen Improvisationen fähige Musiker wie zuvor. Morton war immer mehr dazu übergegangen, die einzelnen Parts aufzuschreiben und seine Musiker vom Blatt spielen zu lassen; berühmt ist sein Ausspruch, dass er von ihnen nur verlange, jene »tiny black dots«, die er ihnen vorlegte, die »kleinen schwarzen Punkte« zu spielen. Während zum einen Mortons Kreativität zu versiegen schien – 1929 waren seine Versuche, durch Erweiterung des Orchesters Anschluss an die immer populärer werdende Bigband-Musik zu finden, fehlgeschlagen –, verhinderte auch die nach dem Börsenkrach von 1929 einsetzende Rezession eine Fortführung der Aufnahmetätigkeit. Von diesem ökonomischen Einbruch waren natürlich andere Musiker – und nicht nur solche auf dem Gebiet des Jazz – ebenso betroffen wie Morton; während 1928 noch 110 Millionen Platten in den USA verkauft wurden, waren es 1931 nur noch sechs Millionen.

Im Falle Mortons kam noch erschwerend hinzu, dass er sich mit fast allen musikalischen Agenten überworfen hatte, weil sie ihn seiner Meinung nach übervorteilt hatten. Damals war es üblich, eine Komposition an einen Agenten zu verkaufen und damit ein für allemal die Rechte an ihr abzutreten. Musiker mussten zähneknirschend mitansehen, wie ein Mann wie der berühmt-berüchtigte Irving Mills, der auch für Duke Ellington tätig war, mit einem Song, den sie ihm verkauft hatten, einen riesigen kommerziellen Erfolg hatte. Der Trompeter Louis Metcalf: »Wenn du in jenen Tagen einen Song geschrieben hattest und wolltest, dass er gespielt oder aufgenommen wurde, kauften Mills oder ein anderer ihn für fünfzig Dollar. Anschließend konnte er eine Million einbringen, die fünfzig waren das Letzte, was du davon mitbekamst.«[21] Morton lief gegen diese Praxis Sturm, legte sich mit den Agenten an und wurde – wie Metcalf es ausdrückte – »pushed aside«, beiseite geschoben.

Die Jahre 1929 und 1930 sahen ihn noch auf dem Höhepunkt des Erfolgs. Er verdiente viel Geld – und zeigte dies in für ihn charakteristischer Manier auch. Mabel Bertrand, ein Showgirl, die er 1928 geheiratet hatte, erzählte später von dem gemeinsamen Leben im Luxus. Morton behängte sie mit Brillantschmuck, er nahm sie auf seine Tourneen mit; das Paar reiste in prächtigen Limousinen von Auftritt zu Auftritt und stieg grundsätzlich nur in den teuersten Hotels ab. Doch der Abstieg kam schnell. Mabel Bertrand klagte auch oft und gern darüber, dass es immer wieder zu Querelen des Leaders mit seinen Musikern gekommen sei, mit jenen unbotmäßigen und ungeschliffenen »Niggern«, die doch ihrem Mann so viel verdankten, ihn aber am Ende seiner Karriere wie alle anderen auch einfach fallengelassen hätten.

Morton war 1928 von Chicago nach New York übersiedelt. Dort hing er von 1931 an ohne feste Engagements und ohne Plattenverträge in einem der vielen Musikerlokale herum oder lief durch die Straßen Harlems und sprach über sein Lieblingsthema, sich selbst und seine glorreiche Karriere: »Alles in allem hat man mich um drei

---

21 Shapiro/Hentoff (Hrsg.): Hear me Talkin' to You. S. 183.

Millionen Dollar beraubt. Jeder spielt heute meine Sachen, und sie nennen nicht mal meinen Namen. Kansas-City-Stil, Chicago-Stil, New-Orleans-Stil, zum Teufel! Das ist alles Jelly-Roll-Stil.«[22]

Erst im Mai 1938 – nach einer Unterbrechung von fast acht Jahren – nahm er wieder unter eigenem Namen Schallplatten auf. Morton hatte im März des Jahres eine Radiosendung gehört, in der der aus Alabama stammende Komponist W. C. Handy als »Erfinder des Jazz« bezeichnet worden war, und daraufhin einen wütenden offenen Brief an den Rundfunksender und an die Zeitschrift *Down Beat* geschickt: »Es ist allgemein bekannt und über jeden Widerspruch erhaben, dass New Orleans die Wiege des Jazz ist, und ich persönlich war sein Schöpfer im Jahre 1902 […].« Durch die Veröffentlichung des Briefes in *Down Beat* wurde der Musikwissenschaftler Alan Lomax auf Morton aufmerksam. Die von Lomax für die Library of Congress angefertigten Aufnahmen waren aber nicht für eine kommerzielle Verwertung gedacht, sie sollten eine bereits zur Vergangenheit gehörende Musikform dokumentieren: der »Jelly Roll Style« hatte im wahrsten Sinne des Wortes etwas Museales bekommen.

Morton spielte für Lomax über sechzig Titel ein, die er alle ausführlich kommentierte und erläuterte. Einige dieser Aufnahmen wurden lange nicht veröffentlicht, weil die Texte, die Morton dazu sang, »frankly pornographic« waren, wie der Diskograph Brian Rust es nannte. Immerhin führten die Aufnahmen von 1938 und das wiedererwachende Interesse an der alten Spielweise, das dann in den vierziger Jahren das »New Orleans Revival« auslöste, dazu, dass sich einige Plattenfirmen Mortons erinnerten. Von September 1939 bis Januar 1940 nahm er bei sieben Ses-

---

22 Shapiro/Hentoff (Hrsg.): Jazz erzählt. S. 107.

sions als Solopianist oder zusammen mit einer Band insgesamt vierzig Titel von sehr unterschiedlicher Qualität auf. Deutlich wird vor allem, dass Morton dem nostalgischen Interesse des Publikums für die »good old days« in New Orleans Rechnung trug. Gleich bei der ersten Aufnahmesitzung vom 14. September 1939, bei der er sich namhafte Musiker wie den Klarinettisten und Sopransaxophonisten Sidney Bechet ins Studio holte, beschwor er mit Stücken wie *High Society* und *Oh, Didn't He Ramble* die Atmosphäre, wie sie in der Stadt am Mississippi bei Straßenparaden und Beerdigungszügen geherrscht hatte, herauf. Bei dieser Gelegenheit erinnerte er auch mit dem *Buddy Balden Stomp* an den legendären ersten »King of Jazz«, und zwei Monate später ehrte er mit einer Einspielung von *The Naked Dance* den berühmten »Professor« Tony Jackson. Die Aufnahmen, die Morton im Januar 1940 mit Musikern wie dem Trompeter Henry »Red« Allen und dem Klarinettisten Albert Nicholas machte, wirken merkwürdig hybrid; sie sind irgendwo in einem Grenzbereich zwischen New Orleans und Swing-Stil angesiedelt, haben nicht mehr den typischen Jelly-Roll-Sound, Mortons Klavierspiel ist unsicher geworden, seine Stimme brüchig.

Der Pianist hatte sich im Laufe seines Wanderlebens ein schweres Herzleiden zugezogen und litt außerdem an Asthma. Die Ärzte rieten ihm davon ab, seine Tätigkeit als Musiker fortzusetzen, und legten ihm nahe, sich in einer Stadt niederzulassen, in der das Klima milder war als in New York. Morton lud alle seine Habseligkeiten auf zwei Autos und brach nach Los Angeles auf, wo er einen Nachtklub eröffnen wollte. Es kam nicht mehr dazu; am 10. Juli 1940 starb er im County General Hospital von Los Angeles. In der Zeitschrift *Down Beat* notierte man, dass zu seiner Beerdigung nur wenige namhafte Musiker erschienen. Morton hatte sich im Lauf seiner Karriere kaum Freunde gemacht, aber dass er die Entwicklung der Musik entscheidend beeinflusst hat, ist unumstritten. Der Jazzhistoriker Rudi Blesh meint: »Er vollendete eine ganze Jazzepoche und steckte den Weg ab, den der Jazz danach nahm. Er war zweifellos die schöpferischste Persönlichkeit des frühen Jazz.«[23]

Während der großsprecherische, von sich mehr als überzeugte Morton sich selbst zum »Lord« ernannte, als er auf dem Höhepunkt seines Ruhms stand, wurde ein anderer Musiker von seinen Kollegen geadelt; sie gaben ihm den Titel »King« und kürten ihn damit zum Nachfolger Buddy Boldens, des ersten »King of Jazz«. Joseph (Joe) Oliver war Kornettist wie Bolden und gehörte wie dieser dem schwarzen Proletariat an. Er wurde 1885 auf einer Plantage in der Nähe von Abend (Louisiana) geboren und war der Nachfahre von Sklaven. Anders als Morton erhielt er keinerlei formale musikalische Ausbildung, sondern war Autodidakt. Oliver war schon fünfzehn, als er nach New Orleans zog und mit der dortigen Musikwelt bekannt wurde. Wie die meisten anderen schwarzen Musiker hatte er einen »daytime Job«: zeitweise arbeitete er als Butler bei einer wohlhabenden weißen Familie. Musikalische Aktivitäten Olivers sind ab etwa 1907 belegt, als er Mitglied der »Melrose Brass Band« wurde; sein erstes nennenswertes Engagement erhielt er 1914, als er in die Band des Posaunisten Kid Ory einstieg, und 1915 stellte er seine erste eigene Gruppe zusammen, der unter anderem Sidney Bechet angehörte.

Im Gegensatz zu Morton pflegte Oliver einen raueren, urtümlicheren Jazzstil, der stärker im Blues wurzelte. Als »erdhaft« und urwüchsig ist manchmal der Ton beschrieben worden, den er auf dem Kornett hatte; er war einer der

---

23 Rudi Blesh: Shining Trumpets. A History of Jazz. New York 1958. S. 260.

Ersten, die selbstgebastelte Dämpfer einsetzten – die zum Beispiel aus dem Gummistöpsel jener Sauger, welche man zum Reinigen verstopfter Waschbeckenabflüsse verwendet, bestehen konnten –, um seinen Ton zu variieren. Er brachte sein Instrument auf diese Weise im wahrsten Sinne des Wortes zum Sprechen, konnte zornige oder traurige Menschenstimmen nachahmen, aber auch das Krähen eines Hahns. Auch die Erfindung der lautmalerisch »Wa-Wa« genannten Spielweise, bei der man die Hand vor dem Schalltrichter des Instruments hin- und herbewegt, wird Oliver zugeschrieben.

Nicht nur seine Musik war anders als die – letztlich ja aus demselben kulturellen Umfeld hervorgewachsene – Musik Mortons, sondern auch seine Persönlichkeit. Morton ließ zu Publicityzwecken eine Fotografie von sich anfertigen, die ihn wie üblich elegant gekleidet zeigt – dunkler Blazer, weiße Hose –, er schwingt einen Taktstock wie ein Zauberkünstler seinen Stab und blickt dem Betrachter herausfordernd direkt in die Augen. Oliver dagegen ist auf seinen »publicity shots« fast immer nur im Kreis seiner Musiker zu sehen, ein massig gebauter, etwas unbeholfen wirkender Mann mit ernstem Gesicht, der nie direkt in die Kamera schaut. Für Oliver hatte in der Tat das Kollektiv Vorrang, hatte das auf intuitivem Verständnis füreinander beruhende Zusammenspiel seiner Musiker mehr ästhetischen Reiz als ein ausgefeiltes, durcharrangiertes Ensemblespiel, das lediglich die Grundlage für die solistischen Meisterleistungen Einzelner abgab. Der Kornettist war – um es vorsichtig zu formulieren – ein rustikalerer Mensch als Morton: Wenn es ihm auf dem Podium zu heiß wurde, zog er seine Jacke aus und stand in Hosenträgern da. Und wenn er dann in sein Kornett blies, öffnete sich das Hemd über dem gewaltigen Brustkorb, und man sah sein Unterhemd. »›Und nun sollt ihr gleich mal meine rote Unterwäsche sehen!‹ ja, das sagte Joe Oliver immer, wenn er richtig in Fahrt kam. Dann stand er auf dem Podium, sein steifes Hemd klaffte vorn auseinander, er blies, was das Zeug hielt, und man konnte seine rote Unterwäsche sehen« – dieser Augenzeugenbericht stammt von Jelly Roll Morton, der sich merkwürdigerweise eines Kommentars enthält.[24]

Wie die meisten seiner Kollegen fand der Kornettist seine Auftrittsmöglichkeiten in den zahlreichen Vergnügungslokalen der Stadt. Als er mit einem von ihm geleiteten Quartett im Abadie Cabaret, das im French Quarter an der Ecke von Marais Street und Bienville Street lag, spielte, erwarb er sich eines Abends den Titel »King«; so will es jedenfalls die Legende. Oliver soll sich darüber geärgert haben, dass Freddie Keppard, der in dem einen Häuserblock entfernten berühmten Pete Lala's Cabaret auftrat, mit seinem lautstarken Kornettspiel mehr Zuhörer anzog als er selbst. Er soll seinem Pianisten zugerufen haben: »Los, drück mal b-Moll«, einige Schritte auf das Straßenpflaster hinaus gemacht und ein paar überwältigend schöne Blues-Chorusse in Richtung des Konkurrenten losgelassen haben. Es heißt, dass sofort alle Kunden aus Pete Lala's Kneipe herausgeströmt und dem wie einem Rattenfänger triumphierend voranschreitenden Oliver in das andere Lokal gefolgt seien.

1918 verließ Oliver wie so viele andere seine Heimatstadt, um in Chicago sein Glück zu machen. Er hatte dort auf Anhieb Erfolg, aber die Arbeit in den Clubs soll ihm zu anstrengend gewesen sein, und er begab sich 1921 mit seinen Musikern auf eine ausgedehnte Tournee an die Westküste; in Los Angeles trat die Band zumindest bei einer Gelegenheit auch zusammen mit Jelly Roll Morton auf. 1922

---

24 Shapiro/Hentoff (Hrsg.): Jazz erzählt. S. 53.

Die »Creole Jazz Band«, die Gruppe, mit der King Oliver 1922 im Lincoln Gardens Café von Chicago Furore machte. V. l. n. r.: Baby Dodds (dr), Honoré Dutrey (tb), Oliver (co), Louis Armstrong (co), John Lindsay (b), Johnny Dodds (cl), Lil Hardin (p)

kehrte Oliver nach Chicago zurück und stellte für das dortige Lincoln Gardens Café – das ehemalige Royal Garden, das von Clarence und Spencer Williams im *Royal Garden Blues* verewigt wurde – eine Gruppe zusammen, die er »Creole Jazz Band« nannte – eigentlich ein Etikettenschwindel, denn unter den Mitgliedern war nur ein Kreole. Mit diesem Engagement begann seine goldene Zeit. Die »Creole Jazz Band« wies zunächst eine Standardbesetzung auf; neben Oliver auf dem Kornett gehörten dazu der Posaunist Honoré Dutrey – der Einzige, in dessen Adern kreolisches Blut floss –, der Klarinettist Johnny Dodds, die Pianistin Lil Hardin, der Bassist Bill Johnson, der auch Banjo spielte, und der Schlagzeuger Warren Dodds, der jüngere Bruder des Klarinettisten, gemeinhin »Baby« genannt. Die Band wurde bald zu einer Attraktion, nicht zuletzt auch wegen der von Oliver komponierten Stücke, zu denen Klassiker wie der *West End Blues* gehörten. Das Lincoln Gardens Café war von der Architektur her eigentlich ein Saal, und das Orchester spielte für die fast ausschließlich schwarzen Gäste, die unter einer riesigen, sich drehenden reflektierenden Kristallkugel den Bunny Hug tanzten. Vorne am Podium drängten sich aber nach einiger Zeit immer mehr Connaisseurs, die ausschließlich an der Musik interessiert waren.

Mitte 1922 entschloss Oliver sich, den jungen Louis Armstrong aus New Orleans zu holen und in die Band aufzunehmen. Über die Gründe, die ihn dazu bewogen, wird heute noch unter Jazzfans spekuliert. Wollte er den heranwachsenden jungen Konkurrenten, dessen Talent er als einer der Ersten erkannt hatte, ›unschädlich‹ machen, indem er ihn in sein Ensemble integrierte? Oder wollte er tatsächlich einen Kollegen, der es verdiente, fördern? Armstrong selbst vertrat stets die zweite Ansicht; er nannte Oliver »Papa Joe« und rühmte noch lange nach dessen Tod die Selbstlosigkeit und Gutmütigkeit seines Mentors. Armstrong fügte sich sofort perfekt in die Band ein, er gab der »Creole Jazz Band« das bisschen, was ihr noch fehlte, um sie zur Topband in Chicago zu machen. Armstrong selbst berichtet:

> Schon am ersten Abend stolperten Joe und ich über einen kleinen Gag, auf den vor uns noch nie zwei Trompeter verfallen waren. Während die Band ungerührt weiterspielte, beugte sich der King an einer bestimmten Stelle im Chorus, meistens beim ersten Schluß, zu mir rüber, bewegte die Ventile seiner Trompete und spielte leise die Töne, die er spielen wollte, wenn der Break kam. Ich hörte zu und dachte mir gleichzeitig die zweite Stimme aus, die ich dazu spielen wollte. Wenn dann

der Break kam, mußte ich meine Stimme so bringen, daß sie genau zu seiner paßte. Als die Leute das hörten, brachten sie sich fast um.[25]

Zu der Menge gehörten auch einige kaum dem Schulalter entwachsene weiße Fans, die sich später selber als Musiker einen Namen machten: Bud Freeman, Dave Tough und Eddie Condon. In seiner Autobiographie *Jazz. We Called it Music* berichtet Condon über jene Zeit:

> Eine Menge älterer weißer Jungs wurde von Zeit zu Zeit dazu bestimmt, die Jünglinge zu den Lincoln Gardens zu begleiten, diesem South Side-Kabarett, in dem King Oliver spielte. Es hatte schwarze Besitzer und war für ein schwarzes Publikum. Die weißen Knaben, die in kurzen Hosen dorthin gingen – einige von ihnen kamen per Fahrrad –, um die Musik zu hören, hatten guten Grund, sich unwohl zu fühlen, bis sie sich zum Podium vorgedrängelt hatten und von Oliver erkannt worden waren. Es genügte ein kurzes Nicken oder ein Wink mit der Hand, dann wußten die Kunden, daß die Knaben in Ordnung waren. Nacht für Nacht fanden wir den Weg dorthin.
>
> In dem kleinen Vorraum, wo der Eintritt von uns erhoben wurde, war der Lärm schon groß; er kam wie regelmäßiges Muskelzucken, vier auf einen Takt. Wenn sich die Tür öffnete, stiegen die Trompeten, King und Louis, eine oder beide zusammen, über alles andere hinaus. Die ganze Kneipe rockte. Tische, Stühle, Wände, Leute – alles bewegte sich im Rhythmus. [...]
>
> Oliver und Louis drehten immer stärker auf, stapelten einen Chorus auf den anderen, die Rhythmusgrup-

---

25 Ebd. S. 59.

pe baute den Beat darunter, bis einem der ganze Kram zu Kopf stieg und einem das Hirn rausquetschte. Neben der Band befand sich ein für Musiker reservierter Platz; dorthin setzten wir uns, ganz steif vor Bildung, Freude und dem nach Lakritz schmeckenden Gin, den man für zwei Dollar pro Halbliter bei den Kellnern bestellen konnte. Man konnte sich auch eigenen Schnaps mitbringen, aber am Ende war der Effekt genau der gleiche – die Band spielte [...], und alles und jeder bewegte sich, schob sich und ließ sich schieben, stampfte den Rhythmus mit und schlürfte den Gin.[26]

In der oben genannten Besetzung und mit Armstrong als zweitem Kornettisten nahm die »Creole Jazz Band« am 6. April 1923 für das Label Gennett neun Titel auf, darunter *Canal Street Blues*, *Chimes Blues*, *Snake Rag* und den berühmten *Dippermouth Blues* – »Dippermouth«, was man mit »Schöpflöffelschnauze« übersetzen könnte, war der Spitzname Armstrongs. Diese Aufnahmen und rund dreißig weitere, die die Band mit leicht variierter Besetzung bis zum Dezember 1923 machte, sind von vielen Jazztheoretikern und -historikern als die schlechthin klassischen Beispiele für den New-Orleans-Stil der zwanziger Jahre gewertet worden. Die Ausführungen Arrigo Polillos stehen für viele andere:

> Es ist ein Stil, in dem die polyphone Kollektivimprovisation im Verhältnis zu den Einzelsoli überwiegt. [...] Nur die »Breaks«, kurze, rhythmisch melodische Kadenzen, die zwischen die Ensemble-Passagen eingeschaltet werden, stellen das Überraschungsmoment dar. Meistens wurden in diesem Orchester die Breaks von

---

26 Eddie Condon: Jazz – wir nannten's Musik. Übers. von Rolf Düdder und Herbert Schüten. München 1960. S. 130f.

den beiden Kornettisten übernommen. [...] Wie auf allen frühen Jazzaufnahmen dieser Jahre aus Chicago und New York ist die Improvisation eher eine Variation der Melodie als eine neue Erfindung, die auf die Akkorde des Grundthemas gegründet ist. Die Rollen der verschiedenen Instrumente bei der Durchführung sind schon klar abgezeichnet: die Kornette sind die Führungs- oder Lead-Instrumente und stellen die Melodie gegebenenfalls mit Abänderungen und Verschönerungen vor; um diese rankt sich frei, kontrapunktisch und ein wenig übermütig die Klarinette in kunstvollen Verzierungen; die Posaune übernimmt Bass- und Kontrapunktfunktion [...]. Klavier, Kontrabass [...] und Schlagzeug unterlegen den Blasinstrumenten ein recht leichtes rhythmisch-harmonisches Gewebe. Das Tempo wird durchgehend von Piano, Bass und Schlagzeug angegeben und ist im Zweivierteltakt gehalten. Bereits in jedem Stück ist die hinhaltende Eigenart des Jazz spürbar, der man die Bezeichnung »Swing« gegeben hat, diese besondere, fließende und motorische Dynamik, die jahrzehntelang als unabdingbares und wesentliches Element des guten Jazz betrachtet worden ist.[27]

Hartnäckig hält sich die Meinung, Armstrong habe dem Mann, der ihm den Weg zum Ruhm geebnet hatte, den Todesstoß versetzt, als er dessen Band 1924 wieder verließ. Die eigentliche Schuld wird allerdings der Pianistin Lil Hardin zugeschrieben, die Armstrong geheiratet hatte und die ihren Mann dazu getrieben haben soll, in ein Orchester überzuwechseln, in dem seine solistischen Fähigkeiten mehr zur Geltung kamen als in der »Creole Jazz Band«. Nach dem Weggang Armstrongs löste sich die gesamte

---

27 Polillo: Jazz. La vicenda e i protagonisti. S. 91f.

Gruppe allmählich auf, und Oliver stellte in den folgenden Jahren für Engagements in Lokalen und für Plattenaufnahmen ständig neue Formationen zusammen. 1924 nahm er im Duo mit Jelly Roll Morton zwei Stücke auf, den *King Porter Stomp* und *Tom Cat*. Musikalisch scheinen diese Einspielungen nicht sehr geglückt: Oliver gelang es offenbar nicht, sein schlichtes, bluesbetontes Kornettspiel der eleganteren, virtuoseren Spielweise des Pianisten anzupassen. Er wirkt auf den Aufnahmen merkwürdig gedämpft und zurückhaltend. Erst im April 1926 betrat er wieder mit einer eigenen Gruppe, mit der er auch im Chicagoer Plantation Inn auftrat, ein Studio. Mit den »Dixie Syncopators« konnte er bei fünf Aufnahmesitzungen in den folgenden Monaten bis zu einem gewissen Grad an die erfolgreiche Plattenserie der »Creole Jazz Band« anschließen, aber schon die Besetzung zeigt, dass er langsam begann, der ihm gemäßen alten New-Orleans-Spielweise untreu zu werden.

Die »Syncopators« setzten sich aus zehn Musikern zusammen: einer vierköpfigen Rhythmusgruppe und einer Frontline, die aus zwei Kornettisten, einem Posaunisten und drei Klarinettisten bestand, die auch zu dem immer mehr in Mode kommenden Saxophon griffen. Im Vergleich zu den alten Gennett-Aufnahmen beispielsweise wirkt der Sound auf den Einspielungen aus dem Jahr 1926 verwässerter und durch die Saxophone oft auch süßlicher. Mit der Erweiterung des Personals wurde es auch notwendig, das Ideal der kollektiven Improvisation aufzugeben. Zumindest für den Saxophon- oder Klarinettensatz mussten die Passagen jetzt aufgeschrieben und arrangiert werden. Zu den gelungensten Aufnahmen aus dieser neuen Serie, die ein Übergangsstadium des Jazz dokumentieren, gehören eine Neueinspielung des *Dippermouth Blues* unter dem Titel *Sugar Foot Stomp* und eine von Mortons

Dead Man Blues. Ein Publikumserfolg war *Someday Sweetheart* vom 17. September 1926, für das Oliver sich als Gaststar Johnny Dodds, den Klarinettisten der alten »Creole Jazz Band«, ins Studio holte; aber gerade diese Einspielung zeigt, dass er verzweifelt bemüht war, Anschluss an ein moderneres Idiom zu finden. Das ganze Stück ist sorgfältig durcharrangiert und vor allem ein Vehikel für Dodds' brillantes Klarinettensolo.

Den größten Fehler beging der Bandleader, als er 1927 das Angebot ausschlug, die »Houseband« des New Yorker Cotton Club zu leiten. Von dort aus wäre seine Musik über das Radio in ganz Amerika verbreitet worden, aber der stets etwas misstrauische und zögerliche Oliver meinte, dass das ihm angebotene Honorar nicht gut genug sei, und der vierzehn Jahre jüngere Duke Ellington bekam an seiner Stelle den Job. Oliver wagte zwar Ende 1927 auch den Schritt von Chicago nach New York – viel zu spät, wie viele meinen –, aber Aufnahmen aus der Zeit von 1927 bis 1931 belegen, dass es seiner Musik zunehmend an Kraft und Sicherheit fehlte. In sein eigenes Kornettspiel schlichen sich immer mehr Schnitzer ein, da er aufgrund von Zahnproblemen Schwierigkeiten mit dem Ansatz bekam.

Ähnlich wie bei Morton macht sich auch bei Oliver ab 1930 der Versuch bemerkbar, durch Aufstocken des Personals in Richtung des populären Bigband-Swing zu gehen, obwohl diese Musizierweise gerade ihm konträr gewesen sein muss. 1930 bestand die Band aus drei Trompetern bzw. Kornettisten, einem Posaunisten, drei Saxophonisten, einem Pianisten, einem Banjospieler, einem Bassisten und einem Schlagzeuger, und oft kam auch noch ein Vokalist hinzu, der in einem recht schmalzigen Stil sang. 1931 waren es gar vier Trompeter und vier Saxophonisten. Am 15. April des Jahres machte Oliver seine letzten Schallplattenaufnahmen, die allesamt durch ausgesprochen banale

Vokaleinlagen gekennzeichnet sind. Nicht nur die wirtschaftliche Rezession machte ihm zu schaffen, er hatte auch deutlich Mühe, einen neuen, dem veränderten Geschmack des Publikums entsprechenden Stil zu finden und gleichzeitig das musikalische Niveau zu halten. Es gelang ihm kaum noch, Musiker von Format zu verpflichten, da diese sich in anderen Bands mehr Prestige erhofften und Oliver nicht mehr in der Lage war, entsprechende Gehälter zu zahlen.

Olivers Lebensgeschichte ist rasch zu Ende erzählt. In den größeren Städten fand er keine Engagements mehr; was blieb, waren Tourneen mit drittklassigen Musikern durch die Provinz, die Südstaaten vor allem, auf denen der klapprige Bandbus mehr als einmal zusammenbrach und ihn immer wieder Bandmitglieder im Stich ließen, weil die Auftritte vor der ländlichen schwarzen Bevölkerung kaum Geld einbrachten. 1936 musste Oliver in Savannah im Bundesstaat Georgia seine Band auflösen – wahrscheinlich liefen ihm die Musiker einfach davon. Er selbst blieb in dem Ort; durch eine Krankheit hatte er mittlerweile sämtliche Zähne eingebüßt und konnte nicht mehr Kornett spielen. Er fand schließlich eine schlechtbezahlte Anstellung als Aufseher in einem Billardsalon. Seiner Schwester schrieb er, dass er sich einen Cent nach dem anderen vom Mund abspare, um eine Rückfahrkarte nach New York kaufen zu können. Er habe kein Geld, um einen Arzt aufzusuchen, obwohl es ihm gesundheitlich zunehmend schlechter gehe, vor allem mache ihm sein extrem hoher Blutdruck zu schaffen. Am 10. April 1938 starb Oliver in Savannah an einer Gehirnblutung – vom Publikum völlig vergessen, während sein ›Schüler‹ Armstrong zu einem Weltstar geworden war.

»Windy City Jive«

Der New-Orleans-Jazz in Chicago

Der Hollywood-Streifen mit dem Titel *New Orleans* ist ein »B-Movie«, das heißt: ein Film zweiter Kategorie, ein billig und hastig zusammengeschustertes, streckenweise unerträglich kitschiges Machwerk. Er kam 1946 in die amerikanischen Kinos und hielt sich nur wenige Wochen lang; darüber, dass er so schnell wieder aus dem Programm genommen wurde, waren wahrscheinlich nur der Regisseur und die Hauptdarsteller traurig. Der Film wäre heute wohl nur noch eingefleischten Cineasten bekannt, wenn nicht einige Nebenrollen mit berühmten Jazzmusikern besetzt gewesen wären. Die triviale Story ist im Spielermilieu angesiedelt, was den Anlass gibt für einige Ausflüge in das Vergnügungsviertel von New Orleans, Storyville, wo zur Zeit der Handlung – im Jahr 1917 – die ersten schwarzen Jazz-Combos spielten. Aber auch der Jazzfreund kann diesem Film im Grunde nur historisches Interesse entgegenbringen, insgesamt stellt er für ihn ein Ärgernis dar, weil die bewunderten Stars nur selten dazu kommen, ihre Musik zu Gehör zu bringen.

Mehr als geärgert hatte sich die Sängerin Billie Holiday, als sie 1946 an den Dreharbeiten teilnahm – und dies aus verschiedenen Gründen. Zum einen meinte sie, dass Regisseur und Drehbuchschreiber die große Chance vertan hätten, dem Kinobesucher wirklich etwas über die Geschichte des Jazz zu erzählen: »[Der Film] hieß wie die Geburtsstadt des Jazz: *New Orleans*, und angeblich sollte er auch davon handeln. Ich dachte, ich würde mich darin selbst spielen. Ich dachte, ich würde Billie Holiday sein, ein paar Lieder vor einer Nachtclub-Dekoration singen, und damit hätte es sich. Ich hätte es besser wissen müssen. Als ich das Drehbuch sah, wußte ich es besser.«[1] Was die Sängerin aber noch mehr in Rage brachte, war die schmerzliche Erkenntnis, dass die Rassendiskriminierung auch vor den Hollywood-Studios nicht Halt machte. Holiday, die damals auf dem Höhepunkt ihrer Karriere stand und sich mit Fug und Recht als Star im Musikbusiness betrachten konnte, durfte in dem Film, der für ein überwiegend weißes Publikum bestimmt war, nur das Dienstmädchen der – natürlich weißen – Heldin mimen. Dienstmädchen oder Hure, das waren – so ihr bitteres Fazit – die einzigen Gestalten, die eine Farbige damals in einem von Weißen produzierten Film verkörpern durfte: »Ich hatte mein ganzes Leben dagegen gekämpft, bei anderen Leuten Dienstmädchen spielen zu müssen. Ich hatte mehr als eine Million Dollar verdient und mich als Sängerin mit etwas Geschmack und Selbstachtung durchgesetzt, und nun sollte ich nach Hollywood gehen und als verkleidetes Dienstmädchen enden. Es war zum Kotzen.«[2]

Louis Armstrong hatte es etwas besser getroffen: er durfte einen Trompeter und Bandleader spielen, der mit dem Dienstmädchen Billie befreundet ist.

In einer Schlüsselszene des Films sieht man Armstrong Hand in Hand mit seiner ›Braut‹ an der Spitze eines Trupps wehmütig dreinblickender Gestalten aus dem Vergnügungsviertel der Stadt ausziehen – und Holiday singt dazu, von einem säuselnden gemischten Chor und Louis' Trompete begleitet, *Goodbye To Storyville*. Das Lied ist an

---

[1] Billie Holiday / William Dufty: Schwarze Lady. Sings the Blues. Übers. von Werner Burkhardt. Reinbek 1964. S. 95 f.
[2] Ebd. S. 96.

die »Queens of New Orleans«, an die Königinnen des Nachtlebens, gerichtet; »Pick up a steamboat, pick up a train«, rät die Sängerin ihnen, »springt auf ein Dampfschiff oder einen Zug«, macht euch davon und fangt anderswo eine neue Karriere oder ein neues Leben an. Diese Szene nimmt zwar auf ein historisches Ereignis Bezug, hat sich aber so, wie sie auf der Leinwand zu sehen ist, natürlich nur in der Phantasie des Regisseurs abgespielt.

Am 6. April 1917 waren die USA nach langem Zögern offiziell in den »Krieg gegen den Kaiser« eingetreten. Wenige Wochen später setzte die oberste Marinebehörde die Schließung und Räumung von Storyville durch: man war um Moral und Gesundheit der Besatzungsmitglieder der vielen Kriegsschiffe, die im Hafen von New Orleans vor Anker gingen, und der Soldaten, die von dort aus nach Europa transportiert wurden, besorgt – schließlich sollten sie unversehrt an Körper und Seele auf den Schlachtfeldern in Frankreich und Belgien eintreffen. Wenn man Augenzeugenberichten glauben darf, kam es, als die Bars und Spielhöllen, die Nachtklubs und Bordelle zumachen mussten, tatsächlich zu Szenen ähnlich der im Film dargestellten.

Es war ein erbärmlicher Anblick. Basin Street, Franklin, Iberville, Bienville und St. Louis wurden ein einziges Schlachtfeld von Prostituierten, die ausziehen mußten. Einstmals waren sie die »Königinnen der Halbwelt« gewesen; nun lag all ihr Hab und Gut auf kleinen zweirädrigen Wagen und Schiebkarren, die von Negerjungen und alten Männern geschoben wurden, und sie verließen Storyville unter den Klängen von »Nearer my God to thee«, gespielt von einem Massenaufgebot aller Jazzmusiker aus den Tanzlokalen des Distrikts.[3]

---

3 John A. Provenzano, in: Shapiro/Hentoff (Hrsg.): Jazz erzählt. S. 38.

Es stimmt jedoch nicht, dass – wie oft zu lesen – die ebenfalls per Dekret, der obersten Behörden über Nacht arbeitslos gewordenen Musiker ihre Instrumente einpackten und einen Zug bestiegen, um in einer der großen Städte des Nordens oder des Ostens ihr Glück zu versuchen, dass also die Schließung des »District« unmittelbar zur Verbreitung der neuen Musik und zu ihrem Siegeszug in den gesamten USA beitrug.

Abwanderungen einzelner Musiker aus New Orleans hatte es schon lange vor dem Weltkrieg gegeben, und die meisten von ihnen hatte es nach Norden, nach Chicago oder Detroit gelockt. Diese Städte besaßen für die farbigen Einwohner der Südstaaten eine starke Anziehungskraft und nahmen in der Phantasie schon fast mythische Dimensionen an. Bereits zur Zeit der Sklaverei war der Norden eine Art gelobtes Land gewesen; »down the river«, den Mississippi abwärts, also weiter nach Süden verkauft zu werden, war mit einer Steigerung des Leids verbunden gewesen, »up the river« geschickt zu werden hatte eine Annäherung an die Freiheit bedeutet.

Auch nach der Abschaffung der Sklaverei blieb die Vorstellung vom Norden als einem Land der Freiheit und des allgemeinen Wohlergehens erhalten. Nach der Emanzipation der Schwarzen war in den Südstaaten eine andere Form der Versklavung an die der zuvor praktizierten getreten. In gewisser Weise war die Rassendiskriminierung ein Ergebnis der Emanzipation, eine Reaktion auf sie: im alltäglichen Leben zwischen Weiß und Schwarz zu unterscheiden wurde eigentlich erst notwendig, als – zumindest dem Gesetz nach – alle US-Amerikaner, gleich welcher Hautfarbe, mehr oder minder gleichberechtigt waren. »Separate but equal« lautete die berühmte Formel, die das Zusammenleben der Rassen regeln sollte: »Getrennt, aber gleich«, wobei aber von den Weißen vor allem in den Südstaaten wesentlich mehr Gewicht auf die »separation« als auf die »equality« gelegt wurde. Am 18. Dezember 1865 war das sogenannte »13th Amendment«, der Zusatz zur Verfassung, der die Sklaverei verbot, von allen siebenundzwanzig Staaten (also auch den Südstaaten) angenommen worden und offiziell in Kraft getreten, schon am 24. des Monats jedoch hatte ein gewisser Thomas M. Jones in Tennessee den Ku Klux Klan gegründet, dessen Ziel es war, die Herrschaft der weißen Rasse mit allen Mitteln zu verteidigen. Einige der Südstaaten – wie zum Beispiel Mississippi – führten sogenannte »Black Codes« ein, Sondergesetze, deren einzige Funktion es war, die »Nigger« unten zu halten, ihnen jeglichen sozialen Aufstieg unmöglich zu machen. Das Wahlrecht wurde an die Fähigkeit zu lesen und zu schreiben geknüpft, und einem großen Teil der schwarzen Bevölkerung (allerdings auch nicht wenigen der »poor white«) wurde es damit unmöglich gemacht, Einfluss auf die Politik zu nehmen. Als Präsident Roosevelt den schwarzen Bürgerrechtler Booker T. Washington 1901 zu einem Gespräch ins Weiße Haus einlud, bezeichnete man das in der Presse des Südens als Verbrechen, Hochverrat nahezu.

Der 18. Dezember 1865 war auch der Tag, an dem »Jim Crow«[4] geboren wurde, die Symbolfigur für jegliche Rassendiskriminierung. Jim Crow drängte sich in alle Belange des alltäglichen Lebens hinein. Er fuhr beispielsweise, wie der junge Louis Armstrong feststellen musste, auch in der Straßenbahn mit. In seiner Autobiografie erzählt Armstrong, wie er zusammen mit einer Bekannten seiner Mutter zum ersten Mal in seinem Leben in einen Straßenbahnwagen stieg:

---

4 »Jim Crow« ist heute noch als Schimpfname für Schwarze gebräuchlich; die Herkunft des Namens ist nicht geklärt.

[Ich] gehe einfach durch, ohne in der Mitte des Wagens auf die Anschläge zu achten, die links und rechts auf der Rückseite der Sitze angebracht sind: *Nur für Farbige.* Da ich als erster eingestiegen bin, denke ich, die Dame kommt schon nach, und setze mich ganz vorne hin. Ich drehe mich um, aber zu meiner Überraschung ist keine Dame mehr da. Ich suche den ganzen Wagen ab und sehe, wie sie mir hinten wie verrückt Zeichen gibt:
»Hierher, Kleiner!« sagte sie. »Hier gehörst du her.«
Ich denke, sie macht Spaß; um sie zu necken, bleibe ich sitzen. Teufel auch! Mit einem Satz ist sie bei mir, packt mich bei der Hand und reißt mich so schnell zurück, daß es mir den Kopf verdreht. Wie der Blitz war ich hinten im Wagen. Mein Gott! Die arme Frau hatte solche Angst ausgestanden, daß sie noch ganz blaß war! Da endlich sah ich die Anschläge an den Rücklehnen der Sitze.[5]

Solche Anschläge hingen an den Türen von Restaurants, Bars, Hotels, Geschäften ebenso wie an öffentlichen Toiletten – und sie hingen noch sehr lange dort. Der weiße Impresario Al Rose berichtet von seiner Verhaftung in den fünfziger Jahren in New Orleans, nachdem er gewagt hatte, in einem Lokal, das dem berühmten Klarinettisten Alphonse Picou, einem Kreolen, gehörte, ein Bier zu trinken. Rose zufolge riskierte man eine Strafe, wenn man die Einladung einer farbigen Familie zum Abendessen annahm.[6]

Während der Sklavenzeit war es verboten gewesen, den Farbigen irgendeine Art von Ausbildung zukommen zu lassen, und der Grundsatz »Nur ein dummer Nigger ist ein guter Nigger« verlor mit der Abschaffung der Sklaverei

---

[5] Louis Armstrong: Mein Leben in New Orleans. Übers. von Hans Georg Brenner. Reinbek 1962. S. 10 f.
[6] Vgl. Al Rose: I Remember Jazz. Recollections of Six Decades Among the Great Jazzmen. Wellingborough 1987. S. 20–22.

keineswegs seine Geltung. Der schwarze Komponist W. C. Handy, aus dessen Feder unter anderem der berühmte *St. Louis Blues* stammt, leitete kurz nach der Jahrhundertwende eine Band in Clarksville (Mississippi), die des Öfteren auch bei Wahlkampfveranstaltungen aufspielte. Handy hat eine der Reden, die ein Kandidat für das Gouverneursamt hielt, aufgezeichnet:

Ladies und Gentlemen, ich trete vor Sie als ein Kandidat für das Amt des Gouverneurs des guten alten Staates Mississippi. Und ich gebe Ihnen mein heiliges Ehrenwort, dass ich, wenn Sie mich zu Ihrem Gouverneur wählen, nicht einen einzigen Dollar für die Erziehung der Nigger ausgeben werde.

Ich will Ihnen sagen, warum ich nicht einen Dollar aus dem Budget des Staates für die Erziehung der Nigger ausgeben werde: Erziehung bekommt dem Nigger nicht. Lassen Sie mich Ihnen beweisen, dass ich recht habe.

Als dieses unser großartiges Land vom Bürgerkrieg zerrissen wurde und wir uns entschieden, uns auf die Seite der Konföderation zu schlagen, ließen wir unsere Mütter, unsere Töchter, unsere Angebeteten und unsere Ehefrauen zurück; und wir ließen sie bei unseren Niggern zurück, und diese behüteten sie wie treue Wachhunde. Bei was für einer Art von Nigger ließen wir sie aber zurück? Bei dem ungebildeten Nigger.

Stellen Sie sich vor, dass wir erneut in einen Krieg ziehen müssten – würden Sie sie dem Nigger von heute anvertrauen? (Ein Chor von »Nein«-Rufen erscholl in Antwort auf diese Frage.) Das ist der Grund dafür, dass ich nicht einen Dollar für die Erziehung der Nigger ausgeben würde.[7]

7 W. C. Handy: Father of the Blues. An Autobiography. New York 1970. S. 85.

Handy berichtet, dass die Rede des Möchtegern-Gouverneurs auf ihn und seine Leute so grotesk wirkte, dass sie nur mit Mühe ein Lachen unterdrücken konnten. Das war jedoch nicht die normale Reaktion. Die meisten in Louisiana, Mississippi, Alabama und anderen »Dixie«-Staaten lebenden Schwarzen fühlten sich durch derartige Manifestationen des Rassismus zutiefst gedemütigt und erkannten auch, dass sie bei einer solchen Opposition von Seiten der Weißen auf ewig in ihrem sozialen Elend steckenbleiben würden. Sie waren fest davon überzeugt, dass Diskriminierungen dieser Art nur in den ehemaligen Sklavenhalter-Regionen vorkämen. Im Norden, so glaubten sie, würden ihresgleichen wie richtige Menschen behandelt, denen die gleichen Chancen offenstünden wie allen anderen. Jim Crow war für sie ein Südstaatler.

1927 nahm der aus Alabama stammende Pianist und Sänger Cow Cow Davenport einen Blues auf, in dem es heißt: »I'm tired of this Jim Crow, gonna leave this Jim Crow town«, und er gibt dann auch gleich sein Ziel an: »I'm sweet Chicago bound«.[8] »Süß« schienen Chicago und andere Städte des Nordens vielen Menschen seiner Hautfarbe aber noch aus einem anderen Grund zu sein. Der Norden war – so Davenport – die Region, »where they say money grows on trees«.[9] In den Südstaaten der USA gab es bis weit in die zwanziger Jahre hinein so gut wie keine Industrie. Ein großer Teil der ländlichen schwarzen Bevölkerung arbeitete immer noch für einen Hungerlohn auf den Zuckerrohr- oder Baumwollfeldern, die einem weißen »Master« gehörten. Einige besaßen ein eigenes Stück Land, auf dem sie das anzubauen versuchten, was sie für das tägliche Leben benötigten. Sie wohnten in »cabins«, in Hüt-

---

8 »Ich hab diesen Jim Crow satt, werde aus dieser Jim-Crow-Stadt weggehen.« – »Ich mach mich ins süße Chicago auf.«
9 »Wo, wie man sagt, das Geld auf den Bäumen wächst«.

ten, die sie aus allen möglichen Materialien zusammengebastelt hatten. Wer einen Karren und ein Maultiergespann sein eigen nennen konnte, galt als reicher Mann. Eine Missernte, wie sie zum Beispiel in den neunziger Jahren durch das Auftreten des »Boll Weevil«, eines Käfers, ausgelöst wurde, war existenzbedrohend: »Boll Weevil, where you been so long? / You stole my cotton, now you want my corn«, heißt es in einem Blues.[10] Von den Hungersnöten, die die schwarzen Farmer litten, erzählt der *Blues in 1890* von Big Bill Broonzy: »Then they would all go huntin', rabbit, coon, anything they could catch to eat, sometime they would catch some, most of the time they would come home with not'ing to eat«.[11]

Tausende flohen zunächst in die wenigen großen Städte des Südens, in denen sich schnell ein schwarzes Proletariat herausbildete. Der Zugang zu den lukrativeren Berufen war ihnen aufgrund ihrer mangelnden Ausbildung verwehrt. Was blieb, war die Übernahme von Dienstleistungen jeder Art oder von Jobs, die die Weißen nicht machen wollten, weil sie zu anstrengend oder zu gefährlich waren oder zu schlecht bezahlt wurden. Die Eisenbahnstrecken des Südens wurden unter weißer Oberaufsicht ausschließlich von schwarzen »Work Gangs« gebaut, die sich die zermürbende Plackerei unter einer sengenden Sonne oder in Regengüssen dadurch erträglicher zu machen versuchten, dass sie bei der Arbeit im Rhythmus der Hammerschläge, mit denen sie die Bolzen in die Schwellen trieben, sangen: »Fortyone days – *Buh!* – is fortyone dollars, – *Buh!* – Fortyone days – *Buh!* – is all Ah want ...« Einundvierzig

---

10 »Boll Weevil, wo hast du so lange gesteckt? / Du hast mir meine Baumwolle gestohlen, jetzt willst du mein Korn.«
11 »Dann zogen sie alle aus, um zu jagen, Kaninchen, Waschbären, alles, was sie zum Essen erwischen konnten. Manchmal erbeuteten sie ein bisschen was. Meistens kamen sie mit nichts zum Essen nach Hause zurück.«

Tage Arbeit erbrachten also einundvierzig Dollar – aber zufrieden konnte damit niemand sein.

Chicago Bound Blues heißt ein Titel, den Bessie Smith 1923 aufnahm. Dieser Song ist auch als *Famous Migration Blues*, als Blues von der »berühmten Wanderung«, bekannt. Die große Abwanderung der Afroamerikaner aus den Südstaaten setzte bald nach der Jahrhundertwende ein und erhielt 1914 durch den Ausbruch des Krieges in Europa einen ungeheuren Aufschwung. Die USA wahrten zwar zunächst Neutralität, mobilisierten aber, um für alle Fälle gerüstet zu sein, ihre Streitkräfte und setzten auch auf Seiten der Alliierten »Freiwilligenverbände« ein. Dadurch wurden immer mehr arbeitsfähige Männer aus den Fabriken abgezogen, welche aber gleichzeitig ihre Produktion steigern mussten, um den Bedarf an kriegswichtigen Gütern decken zu können. Hinzu kam noch, dass die Zahl der Immigranten aus Europa von 1910 an allmählich immer geringer geworden war, wozu unter anderem verschärfte Einwanderungsgesetze beigetragen hatten. Es stand also plötzlich eine Fülle von freien Arbeitsstellen zur Verfügung, in die die Farbigen aus den Südstaaten mit Macht hineindrängten. In der Zeit zwischen 1914 und 1918 verließen an die vierhunderttausend von ihnen ihre Heimat, um sich in New York, Philadelphia oder Detroit niederzulassen – oder eben in Chicago, wo 1910 nur vierzigtausend Schwarze gelebt hatten, es 1920 aber schon weit mehr als hunderttausend waren.[12] »Alle stammten sie aus einer Region des Südens und waren nach Chicago gekommen, um ihre Lebensverhältnisse zu verbessern.«[13] Mit den Arbei-

---

12 Diese Angaben nach John Steiner: Chicago. In: Nat Hentoff / Albert McCarthy (Hrsg.): Jazz. New Perspectives on the History of Jazz by Twelve of the World's Foremost Jazz Critics and Scholars. New York 1959. Reprint London 1977. S. 137–169. Hier: S. 140.
13 »All of them was from some part of the South and had come to Chicago to better their living«, bezeugte Big Bill Broonzy. Zit. nach: ebd. S. 140.

tern kamen auch die Männer und die Frauen, die davon lebten, dass sie diese unterhielten, wenn ihre Schicht in einer der Fabriken oder in den Schlachthöfen zu Ende war. Ihr Publikum war zahlungskräftiger als »down home«, und an Auftrittsmöglichkeiten mangelte es nicht. Auf der Chicagoer Southside, dem »Südende« der Stadt, gab es bald unzählige Ballrooms und Kneipen, in denen man zu Jazzmusik tanzte oder ihr bei einem Bier einfach nur zuhörte. Restaurants beschäftigten ihre eigenen Bands, in den Billardsalons sorgte ein Trio oder vielleicht ein Solopianist für die musikalische Untermalung. Zwischen 1920 und 1925 war die Creme der New Orleanser Jazzmusiker in Chicago zu finden, Männer wie King Oliver, Freddie Keppard, Kid Ory, Johnny Dodds, Baby Dodds, Barney Bigard, Buster Bailey hatten sich in der »Windy City« niedergelassen.

Die Immigranten aus dem Süden mussten nach kurzer Zeit feststellen, dass Jim Crow ihnen gefolgt war. Solange die Schwarzen nur einen geringen Prozentsatz der Gesamteinwohnerschaft ausgemacht hatten, waren sie kein Problem gewesen – sie hatten keine Bedrohung dargestellt. Man hatte sie einfach ignorieren oder sich sogar den Luxus einer humanitären Einstellung den »schwarzen Brüdern« gegenüber leisten können. Das änderte sich schlagartig, als ihre Zahl sich mehr als verdoppelt hatte und es nach dem Ende des Weltkriegs überdies noch zu einer wirtschaftlichen Rezession kam und die Jobs knapp wurden. Im Juli 1919 brachen in der Stadt die ersten großen Rassenunruhen aus, nachdem es zuvor schon vereinzelte Überfälle auf Schwarze und Bombenanschläge auf ihre Häuser gegeben hatte. Anlass für die erbitterten, fünf Tage währenden Straßenkämpfe, denen fast vierzig Menschen zum Opfer fielen, war der Tod eines jungen Schwarzen gewesen, den Weiße gesteinigt hatten, weil er beim Baden in den ihnen vorbehaltenen Bereich des Lake Michigan geraten war.

Trotz allem waren die Vorurteile gegenüber Farbigen in Chicago nicht so tief verwurzelt wie in den Städten des Südens, und man verstieß vielleicht gegen gesellschaftliche Tabus, machte sich aber keines Verbrechens schuldig, wenn man als Weißer ihre Gesellschaft aufsuchte. Dies tat vor allem eine Schar von Jugendlichen, von denen viele aus der Oberschicht oder aus gutbürgerlichen Familien stammten; sie fühlten sich von der seltsam erregenden Musik farbiger Bands magisch angezogen und wohl auch von dem abenteuerlichen Ambiente, in welchem diese auftraten. Einer dieser sehr jungen Jazzfans, Francis Joseph – genannt »Muggsy« – Spanier, geriet in den Bann King Olivers, als dieser 1920 in Chicago eine Band organisierte. Spanier erzählte später:

> Ich war damals erst vierzehn und noch nicht alt genug für ein öffentliches Tanzlokal. Aber wenn ich nur die Musik hören durfte, waren mir das Wo und Wie ganz egal. Die Band spielte von etwa halb zehn bis ein Uhr nachts, und nach Feierabend spielte sie im Pekin Café, einer der wüstesten Gangsterkneipen von Chikago. [...] Im Sommer hatte das Pekin immer die Fenster offen. Also verschwand ich fast jeden Abend heimlich von zu Hause, setzte mich vor dem Lokal auf einen Stein und hörte mir die Musik an. Manchmal wurde die Sache drinnen brenzlig, die Musik brach auf einmal ab, und man hörte Schüsse knallen. Ein paar Musikfreunde versuchten, ihre 45er Colts zum Swingen zu bringen. Ehe ich mich versah, rannte ich nach Hause, so schnell mich meine Füße trugen. Aber am nächsten Abend saß ich bestimmt wieder auf demselben Stein. Ich fand, die Musik war es wert, daß man eventuell von einer verirrten Kugel getroffen wurde.[14]

14 Shapiro/Hentoff (Hrsg.): Jazz erzählt. S. 64 f.

Unter dem Einfluss Olivers wurde Spanier mit fünfzehn Jahren selber Berufsmusiker, und das Instrument, das er für sich wählte, war – natürlich – das Kornett.

Das größte Idol vieler junger weißer und schwarzer Musiker war aber »Dippermouth« Armstrong. Seine Spielweise sollte für lange Zeit stilbildend sein; er war der erste Jazzmusiker, der auch international bekannt wurde und sich mit Fug und Recht als Star bezeichnen konnte. 1932 unternahm er eine Europatournee und wurde vor allem in England umjubelt; schon 1936 veröffentlichte er unter dem Titel *Swing That Music* seine erste Autobiographie. Den Grundstein für seine beispiellose Karriere legte er in den zwanziger Jahren in Chicago.

Seine Lebensgeschichte erinnert an die »From rags to riches«-, »Vom Tellerwäscher zum Millionär«-Stories, die bei vielen US-Amerikanern so beliebt sind, weil sie zu belegen scheinen, dass der »great American dream« Realität werden kann, dass jeder es im Land der Freiheit und der unbegrenzten Möglichkeiten aus eigenem Antrieb zu etwas bringen kann.

Schon Armstrongs Geburtsdatum scheint symbolträchtig: der 4. Juli 1900[15] war der erste Unabhängigkeitstag in einem neuen Jahrhundert. Armstrong kam im Elendsviertel von New Orleans zur Welt, »back o' town«, wo die Ärmsten der Armen hausten. Sein Vater verließ die Mutter kurz nach der Geburt des Jungen. Wie Armstrong es ausdrückte: es gab einen Krach, der Vater zog weg und »wechselte mit dem Viertel auch die Frau«.[16] Louis wurde zunächst von seiner Großmutter aufgezogen, dann nahm ihn seine Mutter wieder zu sich. Mayann Armstrong lebte nacheinander mit einer Reihe von Männern zusammen,

---

15 Siehe hierzu S. 23, Anm. 2.
16 Armstrong: Mein Leben in New Orleans. S. 6.

welche dem Jungen als ›Stiefväter‹ präsentiert wurden: »Ich brauchte mich nur umzudrehen – hop! schon hatte ich einen neuen Stiefvater. Unter ihnen waren famose Burschen, aber auch richtig schäbige Filze«.[17] Geld war nie genügend im Haus. Armstrong wurde ein typischer Gassenjunge, der alle möglichen kleinen Aufträge erledigte, um sich ein paar Cents zu verschaffen. Er besuchte – was für einen jungen Schwarzen keineswegs selbstverständlich war – die Volksschule, erhielt seine eigentliche Erziehung aber auf der Straße, wo er auch mit der Musik in Berührung kam. Im Alter von ungefähr zwölf Jahren gehörte er einem ›Quartett‹ an, das singend durch die Straßen zog: »Die Zusammensetzung des Quartetts? Little Mack sang die Hauptstimme; er wurde später einer der besten Trommler von New Orleans. Der Bassist hieß Sidney – Dicknase; Happy Bolton, genannt ›der Fuchs‹, war ein sehr ansehnlicher Trommler und obendrein ein handfester Zuhälter. Mehr Zuhälter als Trommler, wie ich zugeben muß«.[18]

Armstrongs Leben nahm in der Neujahrsnacht des Jahres 1913 eine entscheidende Wende. Als er mit Dicknase, Little Mack und dem Fuchs über die Rampart Street zog, wurde er durch die allgemeine Knallerei, mit der man das neue Jahr begrüßte, dazu animiert, einen schweren Revolver hervorzuholen, den er zu Hause gefunden hatte und der vermutlich einem der ›Stiefväter‹ gehörte, und ein paarmal in die Luft zu ballern: »Ich hatte kaum den letzten Schuß abgegeben, als sich von hinten ein Arm um meine Brust und ein anderer Arm um meinen Hals legt. Ein verdammt komisches Gefühl. Es war bitterkalt, aber mein Schweiß war noch kälter. Ich sehe mich nach meinen Kameraden um, und was sehe ich? Einen Schlaks von ei-

---

17 Ebd. S. 18.
18 Ebd. S. 25.

nem weißen Polizisten! Man hatte mich beim Schießen ertappt«.[19]

Armstrong wurde in eine Erziehungsanstalt eingewiesen, die als »Waif's Home«, als Waisenhaus für junge Schwarze, firmierte. Das Heim besaß eine eigene Band – und in diese wurde er nach einem halben Jahr aufgenommen. Zunächst durfte er nur auf einem Tambourin herumtrommeln, dann vertraute ihm Peter Davis, der musikalische Leiter, eine Bratsche und schließlich ein Kornett an, auf dem er den Jungen auch unterrichtete. Armstrong: »Mr. Davis [...] brachte mir *Home Sweet Home* bei. Ich schwamm in Seligkeit. Stellen Sie sich vor: Mein sehnlichster Wunsch war in Erfüllung gegangen, war zumindest kein Traum mehr! Manchmal zweifelte ich noch daran, aber nein: es stimmte. Es war so weit.«[20]

Es war aber noch nicht ganz so weit. Als Armstrong mit vierzehn aus der Besserungsanstalt entlassen wurde, musste er zunächst wieder zum Lebensunterhalt seiner Familie beitragen. Er verkaufte Zeitungen und wurde Straßenhändler; er fuhr mit einem Kohlenkarren durch die Viertel der Ärmeren. »My mule is white, my face is black, / I sells my coals two bits a sack!«[21] – jeder der vielen fliegenden Händler hatte sich einen solchen Ruf ausgedacht, mit dem er seine Waren anpries. Armstrong verdiente zwanzig Cent pro Ladung, an guten Tagen verkaufte er fünf Ladungen, brachte also einen Dollar nach Hause. Er kam sich, wie er später schrieb, »sehr männlich« vor, wenn er mit einer großen Schaufel den Karren volllud. 1944 nahm er zur Erinnerung an diese Tage den *Cool Cart Blues* auf: »that cart was hard and it almost killed me«,

---

19 Ebd. S. 25.
20 Ebd. S. 33.
21 »Mein Maultier ist weiß, mein Gesicht ist schwarz, / ich verkaufe meine Kohle für zwei Zehncentstücke den Sack!«

Louis Armstrongs »Hot Five«. Mit dieser Studio-Band nahm der Trompeter von 1925 an eine Reihe äußerst erfolgreicher Schallplatten auf. V. l. n. r.: Armstrong (tp), Johnny St. Cyr (bj), Johnny Dodds (cl), Kid Ory (tb), Lil Hardin (p). Der Klarinettist und die Pianistin waren schon in King Olivers »Creole Jazz Band« Kollegen Armstrongs gewesen

heißt es da, es war harte Arbeit, die ihn beinahe umgebracht hätte.

Obwohl der Kampf um das tägliche Brot den Jungen physisch auslaugte – mit den Kohlensäcken war er von sieben Uhr morgens bis fünf Uhr nachmittags unterwegs –, fand er noch Zeit, auf einem geliehenen Kornett zu üben. Es dauerte nicht lange, bis er seinen ersten Job als Musiker bekam – in einer üblen Spelunke, die kurze Zeit später nach einer Schießerei von den Behörden geschlossen wurde. Paraden und Beerdigungen boten jedoch weiterhin Gelegenheiten zum Spielen, und irgendwann wurde der große King Oliver, der gemeinsam mit dem Posaunisten Kid Ory eine Band leitete, auf den jungen Kornettisten aufmerksam und nahm sich seiner an. Armstrong erledigte für Olivers Frau, Stella, kleinere Aufträge und erhielt dafür von »Papa Joe« Unterricht. Als Oliver 1918 nach Chicago ging, empfahl er Ory, »Little Louie« an seiner Stelle zu verpflichten; Armstrong war außer sich vor Freude, und es zeigte sich, dass er ein würdiger Nachfolger des »King« war.

Armstrong blieb ungefähr ein Jahr in dieser Band, dann nahm er ein Engagement auf einem der mächtigen Raddampfer an, die von New Orleans aus den Mississippi aufwärts fuhren. Diese »paddle-wheelers« waren als Transportmittel mehr oder weniger bedeutungslos geworden, man hatte sie zu Show Boats umfunktioniert, das heißt, dass man sie zu einer Art von schwimmendem Luxushotel umbaute, das über Restaurants, Spiel- und Tanzsalons verfügte. Natürlich durfte eine Kapelle zur Unterhaltung der Passagiere nicht fehlen. Die Band an Bord der »Sydney«, die zu der berühmten Strekfus Line gehörte, wurde von Fate Marable geleitet, einem klassisch ausgebildeten Pianisten, der die »Calliope«, eine Dampforgel, spielte. Marable stand bei den oft ungeschulten Musikern von New Orleans im Ruf, ein ausgezeichneter Lehrer zu sein. Der Schlagzeuger Zutty Singleton berichtet: »In New Orleans gab es ein geflügeltes Wort. Wenn ein Musiker ein Engagement bei Fate Marable auf den Booten bekam, sagte man: ›Na, jetzt gehst du aufs Konservatorium.‹ Denn Fate war ein so ausgezeichneter Musiker und engagierte nur wirklich gute Leute.«[22]

1919 gehörten zu Marables Band unter anderem der Bassist Pops Foster, der Banjospieler und Gitarrist Johnny St. Cyr und der Schlagzeuger Baby Dodds. Der Bandleader und der Mellophonspieler Davey Jones brachten dem jungen Kollegen Armstrong, der bislang nur nach Gehör gespielt hatte, das Notenlesen bei. Der Job an Bord der »Syd-

---

22 Shapiro/Hentoff (Hrsg.): Jazz erzählt. S. 44.

ney« dürfte zwar bisweilen anstrengend, im Großen und Ganzen aber recht angenehm gewesen sein. Während der Fahrt spielte die Band im Tanzsaal des Dampfers. Abends legte der Steamer dann in einer der größeren Städte, in Memphis oder Cairo, an, und nahm neue Gäste zu einer Mondscheinfahrt an Bord, die oft bis zum Morgengrauen dauerte. Manchmal fand auch am Anlegeplatz oder am freien Flussufer eine Riesenparty statt. So ging die Fahrt etappenweise bis nach St. Louis hinauf.

Seiner eigenen Darstellung zufolge gab Armstrong sein »life on the Mississippi« Ende 1921 auf, als die Saison zu Ende war und die Schiffe ins Trockendock kamen. Erinnerungen von Kollegen nach war er aber auch unzufrieden damit, dass der Kapitän Joe Strekfus sich in die Musik des weißen Paul-Whiteman-Orchesters verliebte, Marable dazu verpflichtete, die Arrangements dieses Orchesters nachzuspielen, und Armstrong damit zwang, die süßlichen Trompetenparts von Whitemans Trompeter Henry Busse nachzuspielen.

In New Orleans stieß Armstrong zunächst zu einem Trio, das sein Freund Zutty Singleton gegründet hatte, und wurde dann Mitglied der renommierten »Tuxedo Brass Band« des Trompeters Oscar »Papa« Celestin.

Anfang Juli 1922 traf dann die telegraphische Einladung King Olivers ein, in Chicago der »Creole Jazz Band« beizutreten. Der 8. Juli 1922 ist eines der bedeutendsten Daten in der Jazzgeschichte überhaupt: es ist der Tag von Armstrongs Ankunft in Chicago. Man weiß sogar, um wie viel Uhr er dort auf der Illinois Central Station aus dem Zug stieg: um elf in der Nacht. »Der King war schon zur Arbeit gegangen. Niemand holte mich ab. Ich nahm ein Taxi und fuhr direkt ins Lokal. Als ich aus der Taxe kletterte und den Chauffeur bezahlte, hörte ich schon auf der Straße, wie Kings Band eine Art Jumpnummer spielte, die sich gewaschen hatte. Glaubt mir, sie machten ihre Sache so großartig, daß ich mich fragte: ›Mein Gott, ob du für die Band wohl gut genug bist?‹«[23]

Die Geschichte seiner Ankunft in Chicago wird allerdings in verschiedenen Versionen erzählt. So behauptete beispielsweise Baby Dodds, er habe seinen alten Kumpel vom Bahnhof abgeholt und sofort an seiner provinziellen Bekleidung und seinem ramponierten Koffer erkannt. Er habe zu dem Neuankömmling gesagt: »Komm, Dipper. Lass uns zum Lincoln Gardens gehen. Die Band spielt gerade, und du könntest eigentlich gleich einsteigen.«[24]

Wie dann dieser Einstieg aussah, hat Rudi Blesh in schon fast romanhafter Form dargestellt:

Baby und Louis gingen [in das Lokal] hinein. [...] Oliver nickte nur, ohne das Kornett von seinen Lippen zu nehmen. Obwohl sein Gesicht unbeweglich blieb, schienen die Noten, die er blies, plötzlich zu lächeln. Die Nummer endete mit einem schnellen Banjo-»Tag«. Die Tänzer jubelten. Bevor Louis und Baby den Bandstand erreichen konnten, hatte der King eine Bluesnummer angetreten, und die Musik erklang erneut. Baby ging sofort zu seinen Drums. Louis bestieg das Podium, nahm sein Kornett und stimmte es schnell und leise. Dann trat er neben den King und blies sofort mitten in einem Chorus einen improvisierten zweiten Part. Es war der zweite zwölftaktige Ensemblechorus, und der Rhythmus ging ohne Vorankündigung in »Stoptime« über, das heißt, dass nur der erste, zweite und dritte Beat in jedem Takt betont wurde. Über dieses Pulsieren blies Johnny Dodds

---

23 Ebd. S. 58f.
24 Zit. nach: Rudi Blesh: Combo USA. Philadelphia / New York / London 1971. S. 18.

zwei Klarinettenchorusse. Indem er ohne zu zögern dem Beispiel des King folgte, setzte Louis für diese zwei Chorusse aus, war aber instinktiv bereit, im nächsten, der ein Ensemblechorus war, wieder zu blasen.[25]

Und so weiter. So ähnlich könnte es tatsächlich gewesen sein. »Dipper« bewies Instinkt – und mehr als das. Er stellte Oliver, der allerdings zu dieser Zeit schon mit Gesundheitsproblemen zu kämpfen hatte, bald in den Schatten, er war nicht nur »gut genug«, er war sogar besser als sein Mentor, er war technisch versierter, besaß eine größere Erfindungsgabe, einen strahlenden und gleichzeitig warmen Ton und einfach mehr Power. Nach zwei Jahren war Olivers Konzept, das dem Ensemblespiel und der kollektiven Improvisation großen Wert beilegte, zu einengend für ihn geworden, und er hatte auch keine rechte Lust mehr, immer nur ›zweite Trompete‹ zu spielen. Er hatte nur selten Gelegenheit, solistisch in den Vordergrund zu treten. So berichtet einer seiner frühen Fans: »Zu der Zeit spielte Louis Armstrong im Ensemble, und Oliver übernahm die meisten Soli. Er hatte einen richtig erdigen Ton mit viel Blues drin, und wenn er loslegte, legte er richtig los. Ein Solo von Armstrong konnte man damals nur selten hören. Wenn man sich von Louis und seinem Talent ein Bild machen wollte, mußte man schon warten, bis Joe Oliver sich mal nicht richtig wohlfühlte.«[26]

Von Lil Hardin, der Pianistin der »Creole Jazz Band«, die seine zweite Frau wurde, ermuntert (oder, wie einige Oliver-Verehrer meinen, »aufgehetzt«), beschloss er, eigene Wege zu gehen. Louis: »Sie sagte mir eines Nachts, sie glaube, dass ich besser Trompete spielen könne als King Oliver, und meinte, ich hätte die Chance, selber erster

---

25 Zit. nach: Ebd. S. 19.
26 Tommy Brookins, in: Shapiro/Hentoff (Hrsg.): Jazz erzählt. S. 54 f.

Trompeter zu werden, würde das aber nie schaffen, solange ich in Papa Joes Band bliebe.«[27]

1924 trat Armstrong in das elfköpfige Ensemble Fletcher Hendersons, eines Wegbereiters des Bigband-Swing, ein, was einen Ortswechsel bedeutete, denn Hendersons Orchester war damals die »Houseband« des Roseland Ballroom in New York. Für Armstrongs musikalische Entwicklung war dieses Engagement insofern von Bedeutung, als er lernte, sich der Disziplin eines größeren Orchesters zu unterwerfen, in einer Section mit anderen Trompetern zusammenzuspielen und kompliziertere Arrangements vom Blatt zu spielen. In New York wirkte er auch als Begleitmusiker von Bessie Smith bei Einspielungen von berühmten Titeln wie dem *St. Louis Blues* und dem *Careless Love Blues* mit.

Die 1894 in Chattanooga (Tennessee) geborene Bessie Smith verfügte über eine voluminöse, kräftige Stimme und besaß ein ungeheures Blues-Feeling: »Sie traf mich immer im Innersten. Die Art, wie sie jeden Ton phrasierte – mit dem gewissen Etwas in der Stimme –, war keinem anderen Blues-Sänger erreichbar«, sagte Armstrong über sie.[28] In der Zeit von 1923 bis 1933 nahm die Sängerin an die zweihundert Schallplatten auf und trat bei unzähligen »Tent-Shows« auf, Veranstaltungen, die in großen Zelten stattfanden und bei denen ein gemischtes Programm, einschließlich akrobatischer Vorführungen und Tiernummern, geboten wurde. Bessie Smith schaffte es auch, in einer Zeit, als man von Mikrophonen und elektronischer Verstärkung noch nichts gehört hatte, so ein Zelt mit ihrer Stimme zu erfüllen und das oft unbändige und zum Randalieren aufgelegte Publikum in ihren Bann zu schlagen. Bei ihr hatte man immer das Gefühl, dass sie das, von dem

---

27 Zit. nach: Blesh: Combo USA [s. S. 76, Anm. 24]. S. 21.
28 Zit. nach: Martin Kunzler: Jazz-Lexikon. Bd. 2. Reinbek 1988. S. 1077.

»The Empress of the Blues«: Bessie Smith. Armstrong begleitete sie 1925 auf einigen Schallplatten

sie sang, wirklich gelebt hatte. Sie konnte in tiefste Trauer verfallen, um dann wieder ekstatische Lebensfreude auszudrücken. Sie fühlte sich in die Rolle einer Frau hinein, die von ihrem Mann verlassen worden ist (*Empty Bed Blues*), beklagte ihre eigene Abhängigkeit vom Alkohol, sang von ihren Versuchen, den ›Blues‹ mit Gin zu betäuben (*Me And My Gin*), gab aber auch frivole Lieder zum Besten, in denen mit doppeldeutigen Texten die Freuden der Liebe gepriesen wurden; Texte dieser Art, die man eigentlich nur als obszön bezeichnen kann – obwohl das, worum es ging, nie offen ausgesprochen wurde –, waren damals vor allem bei den Schwarzen sehr populär, und jeder verstand, was gemeint war, wenn die »Empress of the Blues«, die Kaiserin des Blues, in dem Song *Gimme That Thing* verkündete: »Ich kann von Deinem Ding nie genug bekommen, Dein Ding erfüllt mich ganz und gar.«

Sexuelle Ausschweifungen und unmäßiger Alkoholkonsum ließen die Smith früh altern, zerrütteten ihre Gesundheit und setzten ihrer Karriere 1933 ein Ende. Manchmal musste sie »von der Bühne ihrer mit 2000 Plätzen allabendlich mehr als ausverkauften Zelt-Show getragen werden«.[29] 1936 war sie auf der Schwelle zu einem Comeback, aber auf einer Reise in den Süden stieß das Auto, in dem sie saß, mit einem Lastwagen zusammen. Sie wurde in ein Krankenhaus gebracht, wo sie an inneren Blutungen starb. Hartnäckig hielt sich das Gerücht, sie hätte gerettet werden können, wenn sie in ein näher am Unfallort gelegenes Hospital für Weiße aufgenommen worden wäre. 1960 schrieb der amerikanische Dramatiker Edward Albee sogar ein Stück, *The Death of Bessie Smith*, das auf dieser Legende basiert – aber es ist eben nur eine Legende.[30]

Armstrong erwies sich auf den Aufnahmen, die er mit

29 Ebd. S. 1080.
30 Vgl. hierzu: Chris Albertson: Bessie. London 1972. S. 215–226.

Bessie Smith machte, als kongenialer Begleiter, seine Trompetenstimme kommentierte und untermalte in einfühlsamer Weise ihren Gesang. Die letzte dieser New Yorker Aufnahmen datiert vom 27. Mai 1925. Den Trompeter hielt es nicht lange im »Big Apple«. Er unternahm noch eine Tournee mit dem Fletcher-Henderson-Orchester und kehrte dann im November des Jahres nach Chicago zurück, wo Lil Hardin schon eine Band, die »Dreamland Syncopators«, für ihn bereithielt. Mit ausgesuchten Mitgliedern dieser Band begann Armstrong noch im selben Monat, am 12. November, eine Serie von Plattenaufnahmen, die allein schon ausgereicht hätten, ihm einen Platz in der Ruhmeshalle des Jazz zu sichern. Zu den »Hot Five« gehörten: sein alter Boss aus New Orleans Kid Ory (tb), Johnny Dodds (cl), der in Olivers »Creole Jazz Band« neben ihm gesessen hatte, Johnny St. Cyr (bj), den er von der Zeit auf den Mississippi-Dampfern kannte, und natürlich Lil Hardin-Armstrong (p). Auf einen Drummer verzichtete man, denn zum einen war der Schlagzeuger in jenen Tagen auf Schallplatten kaum zu hören – er musste sich zumeist darauf beschränken, auf seinen »woodblocks«, den Holzblöcken, und der Snare Drum herumzuklopfen, denn wenn er auf die große Basstrommel einhieb, sprang der Schneidstichel des Aufnahmegeräts aus der Wachsmatrize –, zum anderen bereitete es St. Cyr und der Hardin keine Schwierigkeiten, für den nötigen Rhythmus zu sorgen. *My Heart* und *Yes! I'm In The Barrel* hießen die beiden Aufnahmen, die im November 1925 für das Okeh-Label aufgenommen wurden. Bei zwei weiteren Sitzungen am 22. und 26. Februar 1926 entstanden Aufnahmen wie *Come Back, Sweet Papa, Cornet Chop Suey, Muskrat Ramble* und *Heebie Jeebies,* die unsterbliche Klassiker wurden. *Heebie Jeebies* war Armstrongs erster großer Hit. Er hatte mittlerweile sein Talent als Sänger entdeckt, und bei dieser Aufnahme soll er die Technik des »Scat«, bei der statt eines Textes Silben ohne Wortbedeutung gesungen werden, ›erfunden‹ haben. Kid Ory, der dabei war, äußerte gewisse Zweifel daran, ob Armstrong dieser Einfall wirklich so spontan kam: »Heebie Jeebie[s] war damals das, was man heute den ›Schlager Nr. 1‹ nennen würde. Das ist die Aufnahme, wo Louis die Worte vergessen hatte und anfing, Scat zu singen. Wir hatten unsere liebe Mühe, nicht plötzlich laut loszulachen. Natürlich sagte Louis später, er hätte den Text vergessen, aber ich weiß bis heute nicht, ob das wahr ist oder ob er es nicht vielleicht mit Absicht gemacht hat. Wie dem auch sei: es war der Aufhänger für die Platte.«[31]

Im Lauf von drei Jahren nahm Armstrong an die achtzig Titel für Okeh auf, berühmte Stücke wie *Wild Man Blues, Alligator Crawl, Potato Head Blues, Struttin' With Some Barbecue, Ory's Creole Trombone, Savoy Blues* und viele andere. Gelegentlich wurde die Formation um den Tubaspieler Pete Briggs und den Schlagzeuger Baby Dodds erweitert und nannte sich dann »Hot Seven«; 1928 wurde Lil Armstrong durch Earl Hines ersetzt, der viel virtuoser spielte und wie ein Bläser phrasierte, weshalb man seine Spielweise auch als »trumpet style« bezeichnete. Durch Hines avancierte das Piano zum Melodieinstrument, das fast den gleichen Rang einnahm wie die Blasinstrumente. Besonders deutlich wird das auf einer Aufnahme, die Armstrong und Hines im Duo einspielten, dem *Weatherbird Rag*. Die Aufnahmen der »Hot Five« und »Hot Seven« zeigen, in welchem Maß der Kornettist sich vom klassischen New-Orleans-Stil gelöst bzw. diesen weiterentwickelt hatte. In vielen Titeln gibt es nur noch sehr kurze einleitende oder verbindende Kollektivpassagen, das Ensemble hat vorwiegend die Funktion, den Solisten – vor allem Armstrong

---

31 Shapiro/Hentoff (Hrsg.): Jazz erzählt. S. 62.

und Dodds – zu unterstützen, der lange Improvisationen über das Grundthema bläst. Im Juni 1928 wechselte Armstrong vom Kornett zur Trompete über, die einen etwas strahlenderen Klang hat. Insgesamt klingt die Musik der »Hot Five« und »Hot Seven« transparenter als die der Gruppen um King Oliver, der Rhythmus ist leichter und federnder – alles hört sich flüssiger, ›swingender‹ an. Ory erzählt, wie zwanglos es bei den Aufnahmesessions zuging und wie problemlos diese abliefen, obwohl die »Hot Five« eine Studioformation war und die Musiker sonst nur noch bei »einigen Wohltätigkeitsveranstaltungen« zusammen aufgetreten waren:

Unsere Aufnahmesitzungen fingen gewöhnlich so an: Die Leute von Okeh riefen Louis an und sagten, sie wollten soundsoviel Seiten haben. Sie sagten ihm nie, welche Nummern sie wollten. Dann gab Louis uns das Datum, und manchmal rief er mich an und sagte: »Ich habe für die nächste Session eine Nummer zuwenig. Glaubst du, daß du noch eine zusammenkriegst?« Ich sagte: »Geht in Ordnung«, und so habe ich den *Savoy Blues* komponiert, zwei Tage vor der Aufnahme. [...]
Wenn wir mit einer neuen Nummer ins Studio kamen, spielten wir sie erst ein paarmal durch, ehe wir sie aufnahmen. Wir waren eine Band, die sehr schnell aufnahm. Genaugenommen ist es mir nie so leicht gefallen, Aufnahmen zu machen, wie damals mit den Hot Five. Uns mißglückte nur selten was, nur manchmal, wenn einer die Chorusverteilung vergessen hatte oder die abgesprochenen Arrangements nicht ganz hinkriegte oder einen Einsatz verpaßte. Sogar dann versuchten wir noch, es zu vertuschen. Wenn wir eine Seite zu Ende gespielt hatten, fragte Louis: »War das gut so?« Und wenn einer von uns glaubte, er könnte es beim

nächstenmal besser hinkriegen, sagte Louis ihnen einfach, wir wollten es nochmal machen, und dann machten wir es nochmal.

Wenn diese Aufnahmen so gut wurden, lag das, glaube ich, vor allem daran, daß die Okeh-Leute uns in Ruhe ließen und nicht versuchten, uns in unseren Kram zu reden. Ein anderer Grund war, daß wir so lange Jahre zusammengearbeitet hatten und nun jeder den musikalischen Stil des anderen genau kannte. Und dann natürlich: Louis war dabei, er und kein anderer. Wenn er mit von der Partie war, konnte nichts schiefgehen. Sein Stil war mir immer der liebste. Ich will damit King Oliver nichts am Zeug flicken, aber ich hielt Louis immer für den größten. Und ich halte ihn auch heute noch dafür.[32]

Die Okeh-Aufnahmen waren nicht nur beim Publikum sehr erfolgreich, sie waren auch richtungweisend für zahllose andere Musiker, und nicht allein für Trompeter. Johnny Dodds blies nicht nur bei Armstrong die Klarinette, er stellte auch eigene Gruppen nach dem Vorbild der »Hot Five« zusammen, mit denen er immer wieder ins Plattenstudio zog; als Trompeter war oft George Mitchell mit von der Partie. Dodds hatte einen feurigeren Stil, mehr Drive, als viele der anderen aus New Orleans stammenden Klarinettisten, die eine zarte und lyrische Spielweise bevorzugten. Auf vielen Platten fällt er durch sein dunkles, bluesiges Timbre auf. Seine technische Brillanz kommt vor allem auf den Trio- und Quartettaufnahmen zum Tragen, die er in jenen Jahren machte. Nicht umsonst war er der bevorzugte Klarinettist von Jelly Roll Morton, der für seine hohen Maßstäbe bekannt war. Morton selber war in der Zeit von 1925 bis 1928 der zweite wichtige Bandleader in

---

32 Ebd. S. 62 f.

Chicago neben Armstrong, der ihn an Popularität allmählich überflügelte. Dazu trug auch der Umstand bei, dass der Trompeter nicht nur ein überragender Musiker war, sondern sich bald zu einem »Showman« par excellence entwickelte, der es verstand, einfach durch seine Art, sein gutmütiges, breites Lächeln seine Zuhörer für sich einzunehmen, ja allein dadurch, wie er sich bei Live-Auftritten derart ›schaffte‹, dass er schweißüberströmt sein Gesicht mit seinem berühmten weißen Taschentuch trocknen musste.

Für einige Jazzfans sind die Aufnahmen aus den zwanziger Jahren das Einzige, was Armstrong an ›Gültigem‹ geschaffen hat; sie werfen ihm vor, danach, also ungefähr von 1929 an, in die Niederungen des Showgeschäfts hinabgestiegen zu sein und bis zum Ende seiner Karriere des Ruhmes und des Geldes wegen Konzessionen an den schlechten Geschmack des großen Publikums gemacht zu haben. Gewiss gab es immer wieder Entgleisungen. Mancher Jazzfan hierzulande erinnert sich mit Schaudern daran, wie Armstrong in den fünfziger und sechziger Jahren auf einer seiner Deutschlandtourneen »Ich hab mein Herz in Heidelberg verloren« anstimmte, um dem Publikum einen Gefallen zu tun, oder wie er sich des Karnevalsschlagers »Es war einmal ein treuer Husar« annahm, der sich bei ihm wie »Hussah! Hussah!« anhörte. Schier unerträglich wurde es für den Jazzpuristen, wenn er bei Fernsehauftritten ein süßes blondes Mädchen auf seinen Schoß zog und mit ihr im Duett ein rührseliges Liedchen sang. Der englische Trompeter und Kritiker Humphrey Lyttelton hat jedoch in einer Analyse der »Hot Five and Hot Seven«-Aufnahmen mit Recht darauf hingewiesen, dass diese nur einen Teil von Armstrongs Schaffen in den zwanziger Jahren widerspiegeln.[33] Wie andere Musiker seiner Zeit

---

33 Vgl. Lyttelton: The Best of Jazz. 1978. S. 116–119.

zog »Dippermouth« nicht solche Grenzen zwischen Jazz und anderen Formen populärer Musik, wie es heute die meisten Plattensammler tun. Er wollte keine Kunstwerke kreieren, sondern sein Publikum unterhalten, er verstand sich als Entertainer.

Von Ende 1925 an war er in Chicago gleichzeitig Mitglied zweier größerer Orchester, die man nicht unbedingt als Jazzbands bezeichnen kann. Carrol Dickersons »Savoyagers« hatten eine Reihe von populären Broadway-Hits im Repertoire – eines von Armstrongs Lieblingsstücken soll Noel Cowards *Poor Little Rich Girl* gewesen sein –, während die Band von Erskine Tate, die das Bühnenorchester des Vendome Theater, eines großen Kinos, war, häufig Auszüge aus Werken klassischer Komponisten zu Gehör brachte: Armstrong brillierte vor allem in einem Melodienpotpourri, das auf die *Cavalleria Rusticana* zurückging. Er selber beurteilte später seine Mitwirkung in diesem Orchester sehr positiv: »Als ich [...] 1925 im Dreamland spielte, kam eines Tages Professor Erskine Tate zu mir und fragte mich, ob ich in sein Symphonieorchester kommen wollte. Ich möchte diese Erfahrung nicht um 'ne Million missen. Der Professor spielte nicht nur Jazz, sondern auch Ouvertüren.«[34]

Von ungefähr 1928 an war die Zeit der kleineren Jazz-Combos, die im New-Orleans-Stil oder einer weiterentwickelten Form dieses Stils musizierten, vorbei. Armstrong hatte ein untrügliches Gespür dafür, was das Publikum wollte: es verlangte nach größeren Orchestern und »sweet music«. Eine Übergangsphase markieren Aufnahmen, die im Dezember 1928 bei den Sessions einer von Armstrong geleiteten kleinen Formation entstanden, die den irreführenden Namen »Savoy Ballroom Five« trug: ihr gehörten

---

34 Shapiro/Hentoff (Hrsg.): Jazz erzählt. S. 61 f.

in Wirklichkeit sieben Musiker an. Wichtigster Neuzugang war Don Redman, der Klarinette und Altsaxophon spielte, vor allem aber die Stücke arrangierte. Die letzte Aufnahmesitzung dieser Gruppe datiert vom 12. Dezember 1928. Unter dem Datum des 5. März 1929 findet man in Armstrongs Diskographie dann zwei Titel (*I'm Gonna Stomp, Mr. Henry Lee* und *Knockin' A Jug*), die er – nicht mehr in Chicago, sondern in New York – mit einer ›gemischten‹ Gruppe einspielte, das heißt, ihr gehörten drei Farbige (Armstrong, tp; Happy Caldwell, ts; Kaiser Marshall, dr) und drei Weiße (Jack Teagarden, tb; Eddie Lang, g; Joe Sullivan, p) an. Die Gruppe wurde nur für diese Gelegenheit zusammengestellt und sollte wohl auch demonstrieren, dass Jazzmusiker keine Rassenschranken kennen – was allerdings nicht ganz stimmte: eine nicht unbeträchtliche Zahl weißer Musiker, wie zum Beispiel der Violinist Joe Venuti, weigerte sich, mit »Niggern« zusammenzuarbeiten oder privat mit ihnen zu verkehren. Einige von ihnen, aber nicht alle, änderten ihre Einstellung später.

Am selben Tag, an dem die kleine »mixed group« ihre beiden Seiten einspielte, nahm der Trompeter aber auch zwei Stücke mit einer größeren Band auf, in der Musiker saßen, die ihn in den folgenden Jahren noch oft begleiten sollten: der Posaunist J. C. Higginbotham, der Pianist Luis Russell, der Bassist Pops Foster und andere. Ein Blick in die Diskographie zeigt schon, wie sich Armstrongs Musik wandelte. Die Begleitorchester wurden zunehmend größer – im Juli 1930 beispielsweise umfasste die Band, das »Sebastian New Cotton Club Orchestra«, bereits – den Leader eingeschlossen – drei Trompeter, einen Posaunisten, drei Saxophonisten, einen Pianisten, Gitarristen, Tubaspieler und Schlagzeuger; Letzterer – sein Name war Lionel Hampton – trat überdies manchmal auch noch ans Vibraphon. 1935 – zehn Jahre nachdem die »Hot Five« ihre Aufnahmetätigkeit begonnen hatten – bestand dann Armstrongs Orchester aus vier Trompetern, zwei Posaunisten, vier Saxophonisten und der üblichen vierköpfigen Rhythmusgruppe. Auch »Little Louie« aus dem Armenviertel von New Orleans, der mittlerweile zum weltberühmten »Satchmo« geworden war, hatte also dem Trend der Zeit folgend eine Swing-Bigband zusammengestellt. Von den Hunderten von Aufnahmen, die er in den dreißiger und vierziger Jahren machte, leiden viele darunter, dass die Begleitmusiker nicht das Niveau ihres Chefs erreichten; im Grunde war dies von einer bestimmten Zeit an aber auch nicht mehr unbedingt nötig, denn sie waren genau dies: Begleitmusiker, die den Hintergrund für die Trompetensoli und Vocals des Leaders lieferten. Fast alle dieser Aufnahmen wurden in New York gemacht, das seit 1929 die neue Operationsbasis Armstrongs war, die Stadt, wo, wie er es ausdrückte, »wirklich die Wand wackelte«.[35] Chicago war nur eine, aber eine sehr wichtige Etappe auf seinem Weg zum Ruhm gewesen.

---

35 Ebd. S. 121.

»Davenport Blues«
Weiße Jazzmusiker der zwanziger Jahre

In seiner Autobiographie *Jazz. We Called It Music* erzählt der 1904 geborene Banjospieler und Gitarrist Eddie Condon, wie sich 1924 bei einem Auftritt in der Nähe von Chicago ein »magerer, hohläugiger Knabe« hinter ihm ans Schlagzeug setzte und dann zu seiner Überraschung so kraftvoll trommelte, dass es seinen Mitspieler »fast durch die gegenüberliegende Wand« trieb.[1] Condon unterhielt sich nach dem Konzert mit dem schwächlich wirkenden Burschen, der Dave Tough hieß und gerade sechzehn Jahre alt war, über die Musik, der sie sich beide verschrieben hatten, und vor allem über die Einstellung, die die weiße Upper Class von Chicago dem Jazz und den jungen Leuten gegenüber, die ihn spielten, an den Tag legte. Tough meinte: »›Von uns Jazzern wird behauptet, wir seien vulgär, stünden jenseits jeder Moral und hätten musikalisch nichts drauf; ich schätze, wir könnten auch so leben, wie es von uns vermutet wird.‹ Er schaute mich an. ›Willst du auch weiterhin Jazz spielen?‹ fragte er. ›Solange ich lebe‹, war meine Antwort. ›Dann bist du ein unguter, dem Trunk ergebener Tramp und wirst es nie zu etwas bringen‹, sagte er.«[2]

Tough stammte aus Oak Park, einem Vorort von Chicago, den man, so Condon, das »reichste Dorf der Welt«

---
1 Condon: Jazz. S. 128.
2 Ebd. S. 129.

nannte und wo 1897 ein anderer Rebell geboren worden war: Ernest Hemingway, der wie der Schlagzeuger aus einer wohlsituierten Familie stammte. Toughs Verdikt war natürlich ironisch gemeint, er wollte damit die Einstellung der braven Bürger und vermutlich seiner eigenen Eltern parodieren – aber wenn man sich die Biographien einiger der jungen Weißen anschaut, die sich in den zwanziger Jahren dazu entschlossen, Jazzmusiker zu werden, kann man sich des Eindrucks nicht erwehren, dass die ›Bourgeoisie‹ mit ihrem Urteil nicht ganz schief lag. Während das Musizieren für viele Farbige oft die einzige Chance darstellte, sich gesellschaftlich zu etablieren und es vielleicht zu bescheidenem Wohlstand zu bringen, war es für viele Weiße eine Möglichkeit, aus der Gesellschaft auszusteigen. In gewisser Weise nahmen sie eine Protesthaltung ein, wenn sie sich für den Jazz entschieden, und sagten der Klasse, aus der sie stammten, damit den Kampf an. Der Jazz war etwas, das die ehrbaren Leute mit dem »low life«, mit Verbrechen, mit Prostitution, mit dem Glücksspiel und – seitdem 1920 die Prohibitionsgesetze verabschiedet worden waren – auch mit dem illegalen Alkoholausschank und -schmuggel in Verbindung brachten; Jazz zu spielen, das war in ihren Augen allenfalls für jemanden möglich, der in diesem Milieu aufgewachsen war. Wenn einer der Ihren das tat, dann wurde er zum schwarzen Schaf. Louis Armstrongs Mutter war stolz, als ihr Kleiner in King Olivers Band aufgenommen wurde; es bedeutete, dass er seinen Weg gemacht hatte. In weißen Familien der Mittel- und Oberschicht brach das pure Entsetzen aus, wenn der Sohn eines Tages mitteilte, dass er sich entschlossen hatte, den Jazz zu seinem Beruf zu machen. Der Klarinettist Mezz Mezzrow schreibt: »Ich gehörte nicht zu den zerlumpten Elendskindern, die in der Gosse aufwuchsen. Nichts dergleichen. Meine Familie war so ehrbar wie ein Sonntagmorgen; sie wimmelte von Ärzten, Juristen, Zahnärzten und Apothekern, und alle bemühten sich sehr, aus mir einen braven Bürger zu machen.«[3]

Für viele Farbige war das Musikmachen ein Beruf wie viele andere, etwas, das man eine Zeitlang so professionell wie möglich betrieb, um dann vielleicht eines Tages in ein anderes Metier, das lukrativer und weniger anstrengend oder nervenaufreibend war, überzuwechseln. Kid Ory beispielsweise zog sich 1929 aus dem Musikgeschäft zurück und investierte das Geld, das er unter anderem durch seine Mitwirkung bei Armstrongs »Hot Five«-Aufnahmen verdient hatte, in einer Hühnerfarm in Kalifornien, die er bis 1944 betrieb. Der Altsaxophonist Scoops Carey entschloss sich, nachdem er viele Jahre in der Bigband von Earl Hines gespielt hatte, sein Jurastudium wieder aufzunehmen, und ließ sich später als Notar in New York nieder. Viele andere waren von Anfang an zweigleisig gefahren; sie waren nicht nur Musiker, sondern hatten daneben auch noch einen ›bürgerlichen‹ Beruf: ein anderes Mitglied der »Hot Five«, Johnny Dodds, betrieb in Chicago ein »Boarding House«, eine kleine Pension. Ganz anders die jungen Weißen, die um die Jahrhundertwende herum geboren waren. Sie verschrieben sich mit fanatischer Ausschließlichkeit dem Jazz, sie wollten Jazzmusiker sein und nichts anderes, sie fühlten sich dazu berufen: »Ich war zum Jazzmusiker geboren, wie die Gerechten für die Kirche auserwählt sind« – auf diese Formel bringt es Mezz Mezzrow.[4] Der Jazz war für ihn und seine Altersgenossen eine Religion – oder auch eine Droge, etwas, das berauschte und nicht losließ. Und die Wirkung dieser Droge suchte man durch die Kombination mit anderen Drogen noch zu steigern: »Es ist Sommer

---

3 Mezz Mezzrow / Bernard Wolfe: Jazzfieber. Übers. von Ursula von Wiese. Zürich 1956. S. 12.
4 Ebd. S. 9.

1923. Wir nahmen zwei Flaschen Badewannengin und eine Packung Marihuanazigaretten und machten uns auf zu dem Negerlokal, wo King Olivers Band spielte.«[5]

Der Mann, der hier ganz unbefangen über die Zeit berichtet, in der er selber in mehr als einer Beziehung süchtig war, ist Hoagy Carmichael, der sein Jurastudium an den Nagel hängte, um Jazzpianist zu werden, und der später als Komponist solcher Evergreens wie *Stardust* und *Georgia On My Mind* Ruhm und viel Geld erwarb und – noch später – als Schauspieler in einer ganzen Reihe von Hollywoodfilmen mitwirkte, in denen er meist rechtschaffene, liebenswerte Kumpel-Typen verkörperte. Dass Carmichael und seine Freunde damals mit Vorliebe in »Negerlokale« gingen, war natürlich für die Biedermänner ein weiterer Stein des Anstoßes, vielleicht der größte Skandal überhaupt, und man wird den Verdacht nicht los, dass sich dahinter nicht nur eine liberalere, vorurteilsfreiere Einstellung der jungen Generation verbarg, sondern auch schlichtweg der Wunsch, die Spießer zu provozieren. Die Gesellschaft von Farbigen aufzusuchen und sich in ihr ostentativ wohlzufühlen war immer noch das radikalste Mittel, den eigenen Leuten klarzumachen, was man von ihnen hielt. Jazz, Marihuana und Gin – das war der erregende Cocktail, den man in vollen Zügen in sich hineinstürzte, und diese exzessive Lebensweise forderte natürlich ihre Opfer.

Eine ganze Reihe weißer Jazzmusiker war schon in jungen Jahren physisch oder psychisch zerstört. Leon Rapollo, der Klarinettist der »New Orleans Rhythm Kings«, fiel zunächst dadurch auf, dass er sich, nachdem er ein paar »Muggles« oder »Reefers« geraucht hatte, gegen einen Telegraphenmast lehnte und zu dem Summen der Drähte, das durch den hölzernen Mast übertragen wurde, eine Me-

---

5 Shapiro/Hentoff (Hrsg.): Jazz erzählt. S. 82.

lodie improvisierte. 1926 – er war gerade vierundzwanzig Jahre alt – musste er in einem Heim für Geisteskranke untergebracht werden, in dem er 1943 starb. Der Trompeter Bunny Berigan schüttete Whisky und Gin literweise in sich hinein und war körperlich so geschwächt, dass er 1942, im Alter von dreiunddreißig Jahren, an einer Lungenentzündung starb. Eddie Condon hätte es, obwohl er einer der Trinkfestesten war, beinahe auch schon früh erwischt: als er gerade zweiunddreißig geworden war, musste ihm in einer Notoperation seine Bauchspeicheldrüse entfernt werden. In seiner Autobiographie berichtet er in dem für ihn charakteristischen schnoddrigen Ton über die ganze Angelegenheit und vergisst auch nicht zu erwähnen, dass seine ihn besuchenden Freunde einigermaßen verblüfft – oder entsetzt – darüber waren, dass er von der Krankenschwester regelmäßig mit gutem Whisky, und zwar mit solchem von der echten, legalen Sorte, eingerieben wurde.[6] Kaum aus dem Krankenhaus entlassen, verwendete Condon den Whisky wieder auf die seiner Meinung nach einzig richtige Art und Weise – und das tat er noch jahrzehntelang.

Das prominenteste Opfer jener selbstzerstörerischen Lebensweise, die in den zwanziger Jahren für die weißen Chicagoans geradezu zwingend vorgeschrieben schien, war wohl der Kornettist Leon Bix Beiderbecke. Seinen Nachruhm verdankt er vielleicht sogar eher seiner tragischen Biographie als seinen musikalischen Fähigkeiten. Die Schriftstellerin Dorothy Baker schrieb ein Stück über ihn: *Young Man With A Horn*. Die Mythenbildung um Beiderbecke setzte schon zu seinen Lebzeiten ein. Freunde und Bekannte schildern ihn allesamt als einen weltfremden Tagträumer, der sich für nichts anderes interessierte als für

---

6 Vgl. Condon: Jazz. S. 284.

seine Musik – und für den Alkohol. Sie zeichnen das Bild eines reinen Künstlers, der mit den Widrigkeiten des realen Lebens nicht zurechtkam und an ihnen zerbrach.

Beiderbecke wurde 1903 in Davenport, einer kleinen Stadt am Mississippi, als Sohn eines wohlhabenden Kohlengroßhändlers geboren. Die Familie war vor Generationen aus Deutschland eingewandert. Beiderbeckes Vater hieß mit Vornamen Bismarck, was der Einfachheit halber zu »Bix« abgekürzt wurde, und auf diesen Namen wurde der Sohn getauft. Wie in fast jeder gutbürgerlichen Familie war eine musikalische Ausbildung fester Bestandteil des umfassenderen Erziehungsprogramms. Der junge Beiderbecke erhielt Klavierstunden, die aber nicht anschlugen, da sie ihn im Grunde unterforderten. Sein musikalisches Talent war derart, dass er alles nach dem Gehör nachspielen konnte, und er lernte es eigentlich nie richtig, Noten zu lesen – weil er es nicht nötig hatte. Später sollte sich dies noch als Nachteil erweisen, weil vom Blatt spielen zu können eine der Voraussetzungen für die Aufnahme in die »Union«, die Musikergewerkschaft, war und man ohne eine »Union Card« nicht öffentlich auftreten durfte. Schon früh machte sich bei dem Jungen eine emotionale Instabilität bemerkbar; er ging allen Problemen des täglichen Lebens einfach aus dem Weg, flüchtete sich in die Welt seiner Phantasie und in seine Musik.

Sein musikalischer Geschmack wurde durch die Schallplattenaufnahmen der »Original Dixieland Jazz Band« entscheidend geprägt. Diese erschienen ja um 1918, als er in einem besonders aufnahmefähigen Alter war. Vielleicht hörte er auch bei der einen oder anderen Gelegenheit eine der Bands, die auf den »Show Boats« spielten; viele der großen Mississippidampfer pflegten in Davenport Halt zu machen. Es ist also nicht auszuschließen, dass Beiderbecke im Alter von siebzehn oder achtzehn Jahren den großen

»Young Man With A Horn«: der Kornettist Bix Beiderbecke, der im Alter von 28 Jahren an den Folgen seines Alkoholismus verstarb

Louis Armstrong in persona erlebte, als der Mitglied der Band von Fate Marable war. Aufgrund katastrophaler Leistungen an der High School von Davenport wurde der Neunzehnjährige an die Lake Forest Academy bei Chicago geschickt, eine Art von Internat, in der Offiziersanwärter ausgebildet wurden. Diese Entscheidung erwies sich als fatal, denn die Stadt, die dabei war, sich zur vorübergehenden Hauptstadt des Jazz zu entwickeln, war verlockend nahe. Man brauchte sich nur des Nachts heimlich aus dem Schlafsaal zu stehlen, auf einen Vorortzug zu springen, und konnte in die erregende Atmosphäre der Kabaretts und »Speakeasies«, der Flüsterkneipen, in denen schwarzgebrannter Fusel ausgeschenkt wurde, eintauchen. Beiderbecke war verrückt nach der schwarzen Musik: er hörte nächtelang Oliver, Armstrong und Dodds und all den anderen zu, und soll einmal sämtliche Taschen bis auf den letzten Cent ausgeleert haben, damit Bessie Smith nach ihrem Set noch weitersang. Natürlich trank er, wenn er in einem der Jazzlokale saß.

Alle Indizien sprechen dafür, dass Beiderbecke schon als etwa Zwanzigjähriger dem Alkohol verfallen und bis zum Ende seines Lebens – die kurzen Perioden, in denen er sich einer Entziehungskur unterzog, ausgenommen – keinen Tag mehr wirklich nüchtern war. Da seine nächtlichen Eskapaden auf Dauer nicht verborgen blieben und er immer wieder verkatert und nach billigem Gin riechend zum Unterricht erschien, wurde er 1922 der Anstalt verwiesen. In den darauffolgenden zwei Jahren verdiente er sich seinen Lebensunterhalt damit, dass er zusammen mit einigen Freunden, die zumeist High-School-Studenten waren, auf Partys und diversen College-Festivitäten spielte. Einen Sommer lang hatte er einen Job auf einem kleinen Vergnügungsdampfer, der über den Lake Michigan tuckerte, und einer seiner Mitspieler war dabei Benny, ein kleiner jüdischer Knabe, der noch in kurzen Hosen steckte: sein Nachname war Goodman. 1923 taten sich einige dieser High-School-Studenten zu der Gruppe »Wolverines« zusammen; diese Band nahm im Februar 1924 für die kleine Firma Gennett in Richmond, für die 1922 bereits die »New Orleans

Rhythm Kings« und Jelly Roll Morton Einspielungen gemacht hatten, eine Schallplatte auf: *Jazz Me Blues* war auf der Vorderseite zu hören, und *Fidgety Feet* auf der Rückseite. Auf diesen Platten war erstmals der vielgepriesene Beiderbecke-Ton zu hören: glasklar und lupenrein, fast an den Klang einer Glocke erinnernd. Bix spielte viel verhaltener und lyrischer als etwa Armstrong: er ›sang‹ die Töne aus seinem Horn heraus. Die meisten Musiker, die neben ihm in der Band saßen, hatten allenfalls den Status von guten Amateurmusikern.[7] Ihre Aufnahmen aber waren äußerst erfolgreich und verkauften sich so gut, dass man die »Wolverines« in leicht veränderter Besetzung im selben Jahr noch mehrfach in das Studio holte. Beiderbecke wurde auch von den großen farbigen Musikern bewundert; für manche Weiße, die ihn spielen hörten, wurde er ein Halbgott.

1925 lernte Beiderbecke Frankie Trumbauer, genannt »Tram«, kennen, der ein C-Melody-Saxophon spielte, ein heute fast vergessenes Instrument, das von der Tonlage her zwischen Alt- und Tenorsaxophon liegt. Die Begegnung mit Trumbauer war von einiger Bedeutung für den Kornettisten, denn der um zwei Jahre Ältere war ein ausgebildeter und erfahrener Musiker, der mit siebzehn bereits seine erste eigene Band geleitet hatte. Die beiden freundeten sich rasch an, und als Tram für den Arcadia Ballroom in St. Louis eine neue Band zusammenstellte, war Bix mit von der Partie.

1926 traten die beiden gemeinsam in das Orchester von Jean Goldkette ein, ein Schritt, der von vielen Beiderbecke-Fans heute noch bedauert wird. Der 1899 in Frankreich geborene Goldkette, der in Griechenland und Russland aufgewachsen und 1911 in die USA übersiedelt war, hatte sich zunächst als Konzertpianist versucht und dann eine Big-

---

7 Es waren: Al Gandee (tb), Jimmy Hartwell (cl, as), George Johnson (ts), Dick Voynow (p), Bob Gilette (bj), Min Leibrock (tu) und Vic Moore (dr).

»Bix and His Rhythm Jugglers« 1925 im Aufnahmestudio des Okeh-Labels, einem ehemaligen Lagerhaus. Beiderbecke hat seine Arme um den Klarinettisten Don Murray und den Posaunisten Tommy Dorsey gelegt

band gegründet – das heißt, er betätigte sich als Manager, der die Band zusammenstellte und ihr Engagements verschaffte, spielte aber selber kein Instrument und war bei den Auftritten nicht auf der Bühne. Die eigentliche Leitung der Band lag bei dem Posaunisten und Arrangeur Bill Challis. Es war ohne Zweifel eine Band von hoher Professionalität, der neben Trumbauer und Beiderbecke im Laufe der Jahre weitere brillante Jazzsolisten angehörten – wie der Geiger Joe Venuti, der Gitarrist Eddie Lang, der Trompeter Jimmy McPartland und der Posaunist Tommy Dorsey, der später selber eine erfolgreiche Swingband leiten sollte –, aber das Repertoire des Goldkette-Orchesters bestand zu einem großen Teil aus seichten Schlagern, die heute kaum noch jemand kennt: *In My Merry Oldsmobile, A Lane In Spain, Look At The World And Smile*. Die Band konnte durchaus auch »hot« spielen, die Plattenaufnahmen, die sie machte, gehören aber fast ausschließlich dem Genre der Tanzmusik an. Beiderbecke ist auf einigen von ihnen mit kurzen Soli zu hören, und er führte auch den Trompetensatz.

Sein Talent kommt aber eher auf einer Reihe von Aufnahmen zur Geltung, die im Laufe des Jahres 1927 von »Frankie Trumbauer and His Orchestra« eingespielt wurden; diese Gruppe bestand aus Mitgliedern des Goldkette-Orchesters, und außer dem Leader und Beiderbecke gehörten ihr bei der ersten Session (am 4. Februar 1927) folgende Musiker an: Bill Rank (tb), Jimmy Dorsey (cl, as), Doc Ryker (as), Paul Mertz (p), Eddie Lang (g) und Chauncey Morehouse (dr). Einer der Titel, die bei dieser Gelegenheit entstanden, war *Singin' The Blues,* und er schlug ein wie eine Bombe. Der schwarze Bandleader Fletcher Henderson kopierte diese Aufnahme später quasi Note für Note, wobei der gesamte Saxophonsatz seines Orchesters den Part von Frankie Trumbauer nachspielte, während der Kornettist Rex Stewart, der später zu einer der Stützen der Ellington-Band wurde, Beiderbeckes Solo reproduzierte. Frankie Trumbauers Band nahm in den folgenden Monaten Titel wie *Riverboat Shuffle, I'm Coming, Virginia, Way Down Yonder In New Orleans* auf, die alle einen Beiderbecke in blendender Spiellaune zeigen. Und durch alles Rumpeln und Rauschen dieser alten Aufnahmen hindurch hört man doch etwas von seinem gleichzeitig strahlenden und weichen Ton. Bei zwei Aufnahmen setzte sich Bix auch ans Klavier und ließ sich nur von Trumbauer und Eddie Lang begleiten (*For No Reason At All In C* vom 13. Mai 1927 und *Wringin' And Twistin'* vom 17. September 1927).

Obwohl die Goldkette-Band eine Zeitlang recht populär war und im New Yorker Roseland Ballroom wahre Triumphe erlebte, geriet ihr nomineller Leader in finanzielle Schwierigkeiten und sah sich gezwungen, das Ensemble aufzulösen; die meisten Starsolisten der Band wurden von dem Orchester Paul Whitemans übernommen. Viele Jazzpuristen sind fest davon überzeugt, dass sein Engagement bei Whiteman eine weitere Station auf Beiderbeckes Leidensweg darstellte. Der 1890 geborene Whiteman hatte 1919 seine erste große Band gegründet, hatte Mitte der zwanziger Jahre schon zwei Tourneen durch Europa unternommen und am 24. Februar 1924 an der Uraufführung von George Gershwins *Rhapsody In Blue* mitgewirkt; er ließ sich zwar gern »King of Jazz« nennen, spielte aber jede Art von populärer Musik, auch Operettenmelodien und symphonische Musik sowie Opernbearbeitungen. Er scheint einen gewissen Hang zur Gigantomanie besessen zu haben, jedenfalls umfasste sein Orchester gegen Ende des Jahres 1927 drei Trompeter, einen Kornettisten – Beiderbecke –, vier Posaunisten, acht Saxophonisten, sechs Geiger, zwei Pianisten, vier Rhythmiker, vier Vokalisten – einer von ihnen war Bing Crosby – und drei Arrangeure. Hinzu kamen noch ein Tross von Bühnenarbeitern, ein Manager, ein Sekretär, ein Diener und ein Klavierstimmer.[8] Eddie Condon drückte es unter Anspielung auf den stattlichen Leibesumfang des Bandleaders so aus: »Whiteman hatte eine Besetzung, die beinahe so dick wie er selbst war.«[9] Der individuellen Entfaltung eines einzelnen Musikers waren in solch einem Riesenensemble natürlich Grenzen gesetzt, die Musik war bis ins Letzte durcharrangiert, man spielte fast alles vom Blatt, für Improvisationen gab es kaum Freiräume. Ein Vorgänger Beiderbeckes, der Trompeter Red Nichols, war nach kurzer Zeit wieder ausgestiegen, weil er sich, wie er es nannte, in dem Riesenensemble »begraben« fühlte.[10]

---

8 Vgl. Richard M. Sudhalter / Philip R. Evans / William Dean-Myatt: Bix. Man and Legend. London 1974. S. 225 f.
9 Condon: Jazz. S. 175.
10 Sudhalter/Evans/Dean-Myatt: Bix. S. 226.

Trotzdem sollte man Beiderbeckes Zeit bei Whiteman nicht als reine Leidenszeit ansehen. Zum einen mochte er das, was die Band spielte: er selbst versuchte vor allem auf dem Piano eine Verschmelzung amerikanischer und europäischer Musik zu erreichen – das heißt, er mochte vielleicht nicht alles, aber doch einiges davon –, zum anderen bot Whiteman nicht nur ihm eine Art von Geborgenheit. In den folgenden Jahrzehnten fanden immer wieder Jazzer bei Whiteman Unterschlupf, die von ›ihrer‹ Musik, von Gigs und Auftritten in kleinen Clubs, nicht hätten leben können, und er war auch keineswegs der ausbeuterische Boss, als der er oft dargestellt wird. »Pops« wurde er liebevoll von seinen Musikern genannt, jedenfalls hinter seinem breiten Rücken. Als Beiderbecke krankheitshalber – wie man es für das Publikum nannte – für längere Zeit pausieren musste, hielt der Chef ihm seinen Trompetenstuhl frei und zahlte ihm auch sein Gehalt weiter – und dieses Gehalt war nicht unbeträchtlich: Beiderbecke erhielt zweihundert Dollar in der Woche, während ein »Freelance«-Musiker froh sein konnte, wenn er es auf dreißig Dollar brachte. Einer Anekdote zufolge soll Beiderbecke nach seinem ersten Auftritt mit dem »King of Jazz« den alten Bismarck in Davenport angerufen haben, um ihm zu sagen, dass er es endlich geschafft habe und mit »Paul Whiteman, the best in the country« spiele. Sein Vater habe aber äußerst kühl reagiert, weil er nach wie vor daran festgehalten habe, dass ein Leben als Musiker unpassend für einen »Gentleman« sei.[11]

Beiderbecke gehörte dem Orchester bis 1929 an, tourte mit ihm durch die Vereinigten Staaten und nahm an mehr als fünfzig Aufnahmesitzungen teil. Auf nicht wenigen dieser Platten ist er als Solist zu hören. Gewiss wirken einige der Aufnahmen heutzutage unerträglich schmalzig,

---

11 Vgl. ebd. S. 227.

die Musik ist zu Tode arrangiert, bombastisch, der Rhythmus steif und alles andere als swingend – unerträglich ist aber im Grunde auch der Fanatismus einiger Sammler, die aus diesen Aufnahmen die paar Takte Bix herausschneiden, auf einem Tonband zusammenstellen und den ganzen Rest in den Müll werfen. Bezeichnenderweise ist denen, die Jazz spielen und nicht nur hören oder sammeln, solch ein Fanatismus zumeist fremd, und sie kommen zu einem wesentlich differenzierteren Urteil über Whitemans Musik. Der Trompeter Max Kaminsky schreibt: »Whiteman versuchte den Jazz akzeptabel und respektabel zu machen, indem er ihn auf das Niveau symphonischer Musik emporhob, und wenn dies auch nicht ›the real thing‹ war, so war Whiteman doch ausschlaggebend daran beteiligt, das Publikum auf den Jazz aufmerksam zu machen und sein Interesse für ihn zu erwecken.«[12]

Dass Beiderbecke sich bei Whiteman unglücklich fühlte und aus einem Gefühl künstlerischer Frustration heraus in den Alkohol getrieben wurde, ist in den Bereich der Legende zu verweisen: er hatte schon lange vorher mit dem Trinken angefangen. Nachdem er 1928 einen ersten Kollaps erlitten hatte, wurde er 1929 mehrfach arbeitsunfähig und unterzog sich halbherzig einer Entziehungskur. Den Winter 1929/30 verbrachte er in seinem elterlichen Haus in Davenport. Schallplattenaufnahmen aus der Zeit – mit »Hoagy Carmichael and His Orchestra« – zeigen, dass sein Spiel unsicher geworden war, dass ihm regelrechte Patzer unterliefen. 1931 unternahm er in New York einige vergebliche Comeback-Versuche. Eddie Condon berichtet: »Er konnte nicht wieder zurück zu Whiteman; er hatte keine Ausdauer mehr und auch nicht die Fähigkeit, sich zu konzentrieren. Er spielte auf Schulbällen und machte ein paar Plattenauf-

---

12 Max Kaminsky / V. E. Hughes: Jazz Band. My Life in Jazz. New York 1981. S. 64.

nahmen; eines Tages ruinierte er achtundzwanzig Matrizen bei dem Versuch, ein Solo richtig hinzukriegen. Joe Sullivan war in der Band; er weinte fast, als er mir davon erzählte.«[13] Bei einem seiner sporadischen Auftritte zog der Kornettist sich eine Lungenentzündung zu, an der er am 6. August 1931 starb. Condon erfuhr von seinem Tod durch den Telefonanruf eines anderen Musikers, des Sängers Red McKenzie:

»Eddie?« McKenzies Stimme war rauher als gewöhnlich. Wir sind rausgeschmissen, dachte ich.
»Hallo, Willie«, sagte ich. Manchmal wurde er etwas wärmer, wenn man ihn mit seinem Vornamen ansprach.
»Wappne dich«, sagte er.
»Ich bin gefaßt.«
»Dein Junge hat's geschafft.«
»Was geschafft?«
»Er ist heute morgen gestorben.«
Ich wollte es nicht aussprechen. Ich wartete. McKenzie gab seltsame Geräusche von sich.
»Bix?«
»Ja. Pneumonie. Er war draußen auf Long Island, wohnte bei irgendeinem Bassisten. Ich glaube, ich komme besser rüber und erzähle es dir dort.«
Er legte den Hörer auf.
Kein Bix mehr.[14]

Als Beiderbecke sich Weihnachten 1930 zur Erholung im Haus seiner Eltern aufgehalten hatte, soll er beim Herumstöbern in einem Wandschrank zufällig auf einen Stapel Schallplatten gestoßen sein. Es waren seine eigenen – die,

---

13 Condon: Jazz. S. 253.
14 Ebd. S. 254.

auf denen er selbst zu hören war und die er voller Stolz seinen Eltern geschickt hatte. Sie waren nie ausgepackt worden. Sein Vater hatte sich nicht damit abfinden können, dass aus seinem Sohn kein Rechtsanwalt oder Arzt geworden war, und hatte die Zeugnisse seiner musikalischen Karriere vor seinen eigenen Augen und denen der anderen Verwandten zu verbergen gesucht. Wahrscheinlich hat er sich durch den frühen Tod seines Sohnes in seiner Ablehnung des Jazz und von allem, was damit zu tun hatte, bestätigt gefühlt.

Was aber Bismarck und Ruth Beiderbecke nur als schmerzhafter Beleg dafür galt, dass ihr Sohn unter die Räder gekommen war – oder, um Dave Toughs Worte aufzunehmen, dass er ein »dem Trunk ergebener Tramp« geworden war –, wurde für viele junge Leute zum Kultobjekt. Ab Mitte der zwanziger Jahre waren »Phonographen« keine Seltenheit mehr – viele standen auch in Lokalen, nicht nur in den Speakeasies, sondern auch in harmloseren Etablissements wie Eisdielen –, und Schallplattenaufnahmen trugen entscheidend zur raschen Verbreitung des Jazz in ganz Amerika bei. Die weißen Chicagoans mögen zwar durch die schwarzen Musiker, die sie in einem der Cabarets auf der Southside live hörten, auf die neue Musik aufmerksam geworden sein, für die Entwicklung ihres eigenen Stils, für ihre ›Schulung‹ sozusagen, waren aber die Schallplattenaufnahmen der weißen Pionierbands, der »Original Dixieland Jazz Band«, der »New Orleans Rhythm Kings« und später der »Wolverines«, von ebensolcher, wenn nicht sogar von größerer Bedeutung. Sie lernten den Jazz, indem sie eine dieser Platten Takt für Takt nachspielten. Der Trompeter Jimmy McPartland, Nachfolger Beiderbeckes bei den »Wolverines«, erzählt, wie er und eine Gruppe Gleichgesinnter sich – es muss etwa im Jahr 1922 gewesen sein – um den Schalltrichter eines Phonographen zu versammeln pflegten:

Wir legten eine Platte auf – eine von den New Orleans Rhythm Kings natürlich – spielten ein paar Takte, und jeder suchte sich seine Töne heraus. Wir mußten unsere Instrumente ganz genau nach dem alten Grammophon stimmen, dann spielten wir die ersten paar Töne. Dann das Ganze halt! Noch ein paar Takte von der Platte, jeder suchte sich seine Töne, und weiter ging's im Text! Zwei Takte, vier Takte, manchmal sogar acht Takte! – wir knieten uns in jede Phrase und spielten sie dann alle zusammen. Aber ihr könnt euch vorstellen: zuerst war es ein hartes Brot. Als Anfänger – und das waren wir fast alle – machten wir so viele Fehler, daß es den Leuten in den Ohren weh tat und wir, wie gesagt, jedesmal woanders üben mußten, weil es die Nachbarn nicht länger ertragen konnten.[15]

McPartland gehörte zu einer Gruppe von jungen Musikern, die sich nach der Schule, die sie besuchten, »Austin High School Gang« nannten. Zum harten Kern dieser Schülerband zählten außerdem noch der Klarinettist Frank Teschemacher, der Tenorsaxophonist Bud Freeman, der Bassist Jim Lannigan und Jimmys Bruder Dick auf dem Banjo. Die Musik dieser Autodidakten muss anfangs schauderhaft geklungen haben. Condon, der etwas später zu ihnen stieß, berichtet über seine ersten Eindrücke von Freeman und McPartland:

Ein gutaussehender Knabe versuchte [...], einem grünspanigen Tenorsaxophon einige Töne zu entlocken. Es klang so, wie es aussah. Ein blonder, kräftig gebauter Junge sah ihm zu, er hatte ein Kornett. Ich stellte mich vor. Der Sax-Spieler schüttelte mir die Hand.

---

15 Shapiro/Hentoff (Hrsg.): Jazz erzählt. S. 67.

»Ich heiße Bud Freeman«, sagte er. »Das ist Jimmy McPartland.« Wir setzten uns und begannen zu spielen. Freeman schien nur eine Melodie zu kennen, alles klang entfernt nach Chinaboy. McPartland hatte einen starken, abgehackten Ton; er wußte, was er spielte, und er war mit Vergnügen bei der Sache. [...] Hin und wieder traf Freeman eine Note, die wie Musik klang.[16]

Die »New Orleans Rhythm Kings« verloren langsam an Einfluss, die Band löste sich 1925 auf. Mares und seine Leute waren noch der alten New-Orleans-Spielweise verpflichtet gewesen. Ihre Musik war sehr »relaxed« und hatte sehr warm geklungen. Etwas von dieser Wärme ging in den neuen Bands schon dadurch verloren, dass man oft auf eine Posaune verzichtete und ein Saxophon an ihre Stelle treten ließ. Die Musik der »Wolverines« wirkte moderner und auch urbaner, hatte, wie Max Kaminsky es nannte, eine Art von »Dringlichkeit« an sich, eine bestimmte Art von Nervosität. Beiderbecke hatte eine subtilere Art, sich auf seinem Horn auszudrücken, als die großen schwarzen Kornettisten. Hoagy Carmichael meinte:

Ich merkte, daß Bix keine Imitation von Armstrong war. Die Wolverines hörten sich für mich besser an als die New Orleans Rhythm Kings. Ihr Rhythmus war kräftiger, und die Soli, die Jimmy Hartwell, George Johnson und Bix spielten, waren präzise und schön. Bix' Breaks waren nicht so wild wie die Armstrongs, aber sie waren »hot«, und er wählte jede einzelne Note sorgfältig aus. Er zeigte mir, daß Jazz musikalisch und schön und gleichzeitig »hot« sein konnte. Er zeigte mir,

---

16 Condon: Jazz. S. 126.

daß Tempo nicht gleichbedeutend mit Schnelligkeit ist. Seine Musik berührte mich auf eine andere Weise.[17]

Man kann sich heute kaum vorstellen, welche Wirkung Beiderbeckes Platten damals auf die jugendlichen Jazzfans hatten. Kaminsky erzählt, wie er einer solchen Platte wegen in seiner Jugend zum Dieb wurde. Als er von einem Auftritt in der Nähe von Boston in die Stadt zurückfuhr, traf er im Zug den Drummer Howie Freeman,

> der mir sofort eine brandneue Einspielung von Bix, die er gerade gekauft hatte, zeigte: *Singing the Blues* und *Clarinet Marmalade.* »Howie, alter Kumpel«, krächzte ich mit einer Stimme, die heiser vor fast unerträglicher Begehrlichkeit war, »lass mich sie dir abkaufen.« Ich zog Dollarnote nach Dollarnote aus meiner dünnen Brieftasche, aber Howie wollte die Platte um keinen Preis hergeben. Als der Zug den Bahnhof erreicht hatte, wo ich aussteigen musste, hatte ich mich von einem gewöhnlichen, vernünftigen und verantwortungsbewussten jungen Mann in einen Dämon verwandelt. Nachdem ich meine Habseligkeiten mit vorgetäuschter Lässigkeit zusammengesammelt hatte, drehte ich mich zu Howie um, um mich zu verabschieden, und riss ihm dann blitzschnell die Platte aus der Hand und raste mit ihr aus dem Zug. Und als ich abends in meiner Pension in meinem kleinen Zimmer saß und die Platte immer wieder abspielte, dachte ich nur: »Es ist es *wert* gewesen.«[18]

Kaminsky übersiedelte 1927 aus dem verschlafenen, biederen Boston in die »Windy City«, denn »Chicago was the place to be« – jedenfalls für einen Musiker. Andere hatten

17 Shapiro/Hentoff (Hrsg.): Jazz erzählt. S. 145.
18 Kaminsky: Jazz Band. S. 21 f.

es ihm schon gleichgetan: der Klarinettist Pee Wee Russell war aus St. Louis und der Pianist Jess Stacy aus einer Kleinstadt in Missouri gekommen, der Trompeter »Wingy« Manone aus New Orleans. Sie verstärkten die einheimische Brigade, die noch Zuwachs aus den eigenen Reihen bekommen hatte. Benny Goodman, der gerade fünfzehn Jahre zählte, stieg manchmal mit seiner Klarinette bei der »Austin High« ein, und wenn der reguläre Drummer Dave Tough verhindert war, saß ein anderer ›junger Wilder‹ an den Trommeln: Gene Krupa. Red McKenzie, ein ehemaliger Jockey, betätigte sich gelegentlich als Sänger, sein eigentliches Instrument war aber der Kamm! Immer dabei, wenn irgendwo gejammt wurde, war Mezz Mezzrow, der sogar unter all den Originalen und Sonderlingen noch eine auffallende Erscheinung abgab, von allen Paradiesvögeln der bunteste war. Als Saxophonist und Klarinettist besaß er nur sehr begrenzte technische Fähigkeiten, machte dies aber durch seinen Enthusiasmus und sein Feeling für den Blues wieder wett: er hatte eine ausgesprochen ›schwarze‹ Spielweise. Außerdem war er für einige seiner Mitspieler unentbehrlich, weil er sie mit preiswerten Marihuanazigaretten von höchster Qualität versorgte.

Irgendwann um 1927 herum hatten die Männer um McPartland und Freeman genügend geübt, um sich in die Öffentlichkeit zu trauen und in Lokalen aufzutreten. Chicago war damals ein raues Pflaster; Gangster wie Capone und O'Bannion, die durch den Alkoholschmuggel großgeworden waren, beherrschten die Szene – und sie schienen eine Vorliebe für den Jazz zu haben, vielleicht nicht so sehr für die Musik selbst als für die Atmosphäre, in der sie gedieh. Es gibt kaum einen Chicago-Musiker, der nicht über irgendeinen Zwischenfall berichtet, bei dem einer dieser Unterwelttypen eine Rolle spielte. Es gibt Geschichten von Bassisten, die sich auf der Bühne hinter ihrem Instrument versteckten, wenn im Lokal die blauen Bohnen flogen; anderen soll man den Bass zerschossen haben, weil der funkelnde Sporn so ein wunderschönes Ziel abgab; der Kornettist Muggsy Spanier will erlebt haben, wie gleich zwei Männer vor seinen Augen umgebracht wurden; McPartland wurde einmal Zeuge einer Saalschlacht:

> Im ganzen Lokal lagen Leute herum, die schwere Wunden hatten und bluteten. Die Gangster nahmen sich jemanden aufs Korn, hauten auf seinem Kopf eine Flasche kaputt, ratschten ihm mit den Scherben das Gesicht auf und traten ihn dann manchmal sogar noch mit Füßen.
> Sie machten Hackfleisch aus den Leuten. Ich hatte noch nie so was Schreckliches gesehen. Aber wir spielten weiter. Unentwegt.[19]

1927 waren einige der Nachwuchsmusiker so weit, dass sie es wagten, ein Plattenstudio zu betreten. Am 12. November 1927 nahm eine Gruppe, die sich »The Jungle Kings« nannte, zwei Titel auf: *Friar's Point Shuffle* und *Darktown Strutters' Ball*. Die Ausführenden waren: Muggsy Spanier (co), Frank Teschemacher (cl), Mezz Mezzrow (ts), Joe Sullivan (p), Eddie Condon (bj), Jim Lannigan (tu), George Wettling (dr), Red McKenzie (voc). Ungefähr einen Monat später saßen dann Condon, Teschemacher, Sullivan und Lannigan wieder im Studio; diesmal waren ihre Mitstreiter: Jimmy McPartland (co), Bud Freeman (ts) und Gene Krupa (dr). Am 9. Dezember entstanden *Sugar* und *China Boy*, und am 16. des Monats in gleicher Besetzung plus Mezzrow, der die Zymbal halten durfte (die sich an Krupas

---

19 Shapiro/Hentoff (Hrsg.): Jazz erzählt. S. 75.

Schlagzeug gelockert hatte), die Titel *Nobody's Sweetheart* und *Liza*. Condon schildert ausführlich, wie die Aufnahmen zustande kamen:

> Ich gab das Tempo vor, und wir zogen mit *China Boy* los. Wir fingen alle auf einen Schlag an, und jeder wickelte sein eigenes Garn ab. Die Nächte und Jahre des Spielens in Kellern, Kneipen und Ballsälen, des gemeinsamen und getrennten Übens, des Zuhörens, wenn Louis, Joe Oliver, Jimmie Noone und Leon Rapollo spielten, die Nächte ohne Schlaf, die schlechte Luft, der Fusel – jetzt machten sie sich bezahlt. Wir waren zusammen und auseinander zur gleichen Zeit, woben ein Muster mit sechs verschiedenen Fäden. Krupas Schlag ging uns durch und durch wie ein dreifacher Whisky. Joe Sullivan nahm einen Chorus; all die guten Sachen, die er von Earl Hines gelernt hatte, kamen aus seiner linken Hand. McPartland folgte mit einem halben Chorus, Tesch beendigte ihn: dann gingen wir in ein Kollektiv, gefolgt von Bud auf dem Tenorsax. Lannigan nahm eine achtköpfige Auflösung vor, und wir beendeten ensemble, mit stark durchkommenden Tom-Toms. [...] Als alles vorüber war, standen wir da und versuchten zu begreifen, was wir getan hatten. »Jetzt seid ihr da«, meinte McKenzie. »Jetzt müßt ihr nur noch lernen, eure Nase allein zu putzen, dann könnt ihr auf den Broadway gehen.«[20]

Die Aufnahmen der »McKenzie's and Condon's Chicagoans« gelten als erste genuine Dokumente des weißen Chicago-Stils, wobei aber fraglich ist, ob man hier wirklich von einem eigenen ›Stil‹ sprechen kann. Letztlich waren es

---

20 Condon: Jazz. S. 181 f.

Er nannte den Jazz einfach »Musik«: Eddie Condon, Gitarrist, Sänger, Bandleader, Organisator, Anekdotenerzähler und Lebenskünstler. Die Aufnahme stammt aus den vierziger Jahren

nur sehr wenige Musiker, die diese Art von Jazz machten, und dies auch nur in einem sehr kurzen Zeitraum. Schließlich ist an dieser Spielweise auch wenig Originäres: Die Chicagoans entwickelten Tendenzen weiter, die sich schon in der Musik der farbigen Bands von 1925 bemerkbar gemacht hatten. Die Kollektivimprovisation wurde weitgehend zugunsten der Soloimprovisation aufgegeben, der Sound wurde geglättet, und man bediente sich für die Ensemblepartien kurzer Arrangements. Die schwerfällige Tuba wurde durch den Kontrabass ersetzt, das Tenorsaxophon gewann an Bedeutung, auf eine Posaune verzichtete man oft. Die Rhythmusinstrumente betonten nicht mehr nur zwei, sondern alle vier Beats des Metrums, wodurch sich die Musik flüssiger, manchmal auch hektischer anhörte. Das sind alles Elemente, die wenig später im Swing zum Tragen kamen: der Chicago-Stil schaffte also eine Verbindung zwischen den traditionelleren Spielweisen und der Swingmusik der dreißiger Jahre. Joachim-Ernst Berendt ist der Meinung, dass die Musik der Chicagoans eher zufällig zustande kam: »Junge weiße Schüler, Studenten, Amateure, Musiker waren [...] von dem, was die großen Vertreter des New-Orleans-Jazz in Chikago spielten, so begeistert, daß sie nachahmen wollten. Das Nachahmen glückte ihnen nicht, aber indem sie nachzuahmen meinten, entstand etwas Neues: der Chikago-Stil. In seiner Melodieführung gibt es nicht mehr das vielfältige Geflecht der sich überkreuzenden Linien des New-Orleans-Stils. Die Melodien liegen im allgemeinen säuberlich parallel zueinander, sofern überhaupt verschiedene Melodien zu gleicher Zeit gespielt werden. Im Chikago-Stil herrscht der einzelne.«[21]

»Ihr könnt auf den Broadway gehen«, hatte McKenzie nach der gelungenen Aufnahmesitzung im November 1927 zu Condon gesagt. Chicago hatte seinen Höhepunkt erlebt, gegen Ende der zwanziger Jahre wurde New York zum Zentrum der Jazzmusik; es war die Stadt, in der man sich ein Engagement suchen musste, wenn man dazugehören wollte – und wenn man mit seiner Musik das große

---

21 Joachim-Ernst Berendt: Das neue Jazzbuch. Frankfurt a. M. 1957. S. 21.

Geld machen wollte. Condon blieb noch bis Mitte 1928 in der »Windy City«, dann ließ er sich von McKenzie überreden – viel Widerstand wird er ihm kaum entgegengesetzt haben –, mit ihm in die neue Kapitale des Jazz aufzubrechen. McKenzie sagte: »›Well, wir haben etwas Geld. Fahr doch mit mir für ein paar Wochen nach New York. Ich werde dort eine Million daraus machen. Du kannst Fats Waller hören, den Ozean sehen und darfst auch einmal mit dem Zug fahren. Ich zeige dir, wie man sich benimmt.‹«[22]

22 Condon: Jazz. S. 189.

»Drop Me Off In Harlem«

Fletcher Henderson, Duke Ellington
und der schwarze Bigband-Jazz

New York, Oktober 1928. Im Aufnahmestudio des Okeh-Labels sind vier Emigranten aus Chicago versammelt: McPartland, Sullivan, Mezzrow und Condon. Komplettiert wird die Gruppe durch den Bassisten Artie Miller, den Drummer Johnny Powell und den aus Texas stammenden Posaunisten Jack Teagarden. Aufgezeichnet wird ein Stück mit dem scheinbar harmlosen Titel *Makin' Friends*. Doch dieser Titel ist ironisch gemeint, denn Teagarden singt: »I'd rather drink muddy water, lord, / sleep in a hollow log, / than be here in New York / treated like a dirty dog.«[1] Mezzrow, der bislang im Hintergrund friedlich seine Klarinette gespielt hat, stürzt plötzlich ans Mikrophon und feuert den Sänger an: »Sing it, Jack. Man, you got it! Man, that's the stuff! Man, that's how we feel.«

»That's how we feel.« Die Enttäuschung war bei vielen, die nach New York gekommen waren, um Jazz zu machen, zunächst groß, nicht nur bei Teagarden und Mezzrow und den anderen Mitgliedern der Band. Die Stadt war keineswegs das erwartete Eldorado für Jazzmusiker. Die Jobs waren knapp und wurden nach dem Wall Street Crash, dem Zusammenbruch der Börse im September

---

1 »Ich würde lieber schmutziges Wasser trinken, o Herr, / in einem hohlen Baumstamm schlafen, / als hier in New York zu sein / und wie ein räudiger Hund behandelt zu werden.« – Vgl. Condon: Jazz. S. 223.

1929, noch knapper. Zwar wurde allenthalben Musik gemacht, aber das wenigste davon war Jazz. Das große – weiße – Publikum wollte in einer Zeit der wirtschaftlichen Depression und sozialer Spannungen keine heiße, aggressive Musik hören, sondern sich lieber durch süßliche Melodien, durch Schlager mit banalen, aber optimistischen Texten einlullen lassen. Als weißer Jazzer konnte man nur überleben, wenn man zu Kompromissen bereit war, etwa in einem der Showorchester am Broadway. Zeigte man sich unnachgiebig, dann blies einem der Wind ins Gesicht, dann wurde man eben wie ein »dreckiger Hund« behandelt, hatte bald nicht einmal mehr das Geld für ein Sandwich oder – was für viele wichtiger war – ein Glas Whisky. Dave Tough war einer der ganz Unbeugsamen. Max Kaminsky erzählt, wie der Drummer einmal eine Vertretung für Gene Krupa in einem Unterhaltungsorchester angeboten bekam, das in einem riesigen chinesischen Restaurant die Gäste unterhielt. Es hieß, er könne ruhig ein paar Freunde mitbringen, damit die sich mal richtig satt äßen. Kaminsky weiter:

> Wir hatten gerade unser Essen bestellt und schlangen den Stangensellerie und die schwarzen Oliven runter, als Dave auf den Bandstand kletterte, um den ersten Set zu spielen. Rolfe trat die Band an und begann dann zu dirigieren, wie es alle Leader in den zwanziger Jahren zu tun pflegten, indem er mit der Lebendigkeit eines Zinnsoldaten seine Arme wie Pumpenschwengel auf und ab bewegte. Dave muss ganze drei Takte gespielt haben, bevor sich ein Ausdruck schierer Ungläubigkeit auf sein Gesicht legte. Einen Augenblick später legte er die Drumsticks ruhig nieder und kletterte von der Bühne. […] Gerade in dem Moment, in dem er aufgehört hatte, war der Kellner erschienen und hatte un-

ter dem Gewicht der Tabletts, die mit unserem Essen beladen waren, schwer geatmet. Josh stöhnte gequält auf, als das Aroma des vor sich hinzischenden Steaks an seiner Nase vorbeizog, aber ich griff ihn beim Kragen und zog ihn vom Stuhl hoch.

»Du brauchst nicht zu rennen, solltest dich aber beeilen, hier rauszukommen«, flüsterte ich.

»Hättest du es nicht einen Set lang aushalten können?«, flehte Josh Dave an, als wir sicher draußen waren.

Dave drehte sich um und starrte uns an. »Habt ihr sie denn nicht *gehört*?« fragte er mit einer Stimme, die vor Empörung bebte. Obwohl Josh und ich vor Hunger zitterten, konnten wir dem nichts entgegenhalten. In jenen Tagen verspürten wir alle eine Hingabe an das, was wir für die wahre, wichtige Sache hielten, gegen die vernünftige oder praktische Argumente nichts ausrichteten.[2]

Fast alle Chicagoans erzählen solche Geschichten: wie sie zu sechst in einem winzigen Hotelzimmer hausten und schichtweise in dem einzigen Bett schliefen, wie sie sich gegenseitig Wintermäntel und andere Kleidungsstücke ausliehen, wie sie ihre Instrumente immer wieder zum Pfandleiher tragen mussten. Die bedingungslose Hingabe an den Jazz verlangte eben Opfer. Condon schrieb über jene Zeit, man hätte »mit allem möglichen eine Million Dollar verdienen können, nur nicht mit Jazz. Wir lebten von der Hand in den Mund, und es war dann noch immer die Hand eines anderen.«[3]

Echten, unverfälschten Jazz bekam man damals vor allem noch in Harlem zu hören. Harlem, jenes Viertel auf der Westseite Manhattans zwischen der 110. und der 155.

---

2 Kaminsky/Hughes: Jazz Band. S. 52 f.
3 Condon: Jazz. S. 223.

Straße, war Ende der zwanziger Jahre noch keineswegs ein Ghetto und beileibe auch kein Slum. Es hatte sich weitgehend den Charakter eines gutbürgerlichen Wohnviertels bewahrt. Der Exodus der weißen Einwohner hatte nach dem Ende des Ersten Weltkriegs eingesetzt, und es waren schwarze Mittelstandsfamilien nachgedrängt, Farbige, die es zu etwas bringen wollten, denselben Lebensstil wie ihre weißen Vorgänger anstrebten. Die 137. Straße – eine der Hauptstraßen des Viertels – wurde damals im Volksmund »Strivers Row« genannt, »Straße der Aufstrebenden«. Wenn auch dieser Stadtteil von 1920 an schon überwiegend von Schwarzen bewohnt war, war es doch für Weiße eigentlich ganz normal, eines der Vergnügungslokale oder der ausgezeichneten Restaurants aufzusuchen oder anderen, illegalen Vergnügungen nachzugehen – etwas, wozu man sich in der Nähe seiner eigenen Wohnung nicht traute.

Mitte der zwanziger Jahre soll Harlem dreihunderttausend Einwohner gehabt haben, die sich in Apartmenthäusern zusammendrängten, die eigentlich nur für sechzigtausend Bewohner konzipiert waren. Harlem – oder New York im Allgemeinen – übte bis weit in die dreißiger Jahre hinein auf viele Schwarze, die in anderen Städten oder auf dem Land zuhause waren, eine magische Anziehungskraft aus, vor allem auch, weil sich dort eine Art eigenständiger schwarzer Kultur auszubilden schien. Die »Harlemites« schienen nicht nur wohlhabender zu sein als ihre Brüder in den Provinzstädten, sondern auch wesentlich selbstbewusster. Malcolm Little, der später den Namen Malcolm X annahm und zu einem Führer der »Black Muslim«-Bewegung wurde, verschaffte sich einen Job als Sandwichverkäufer bei der Eisenbahn, um Harlem endlich einmal persönlich kennenzulernen:

Ich hatte [...] meine eigenen Gründe, diesen Job bei der Eisenbahn anzunehmen. Seit Langem schon hatte ich New York City besuchen wollen. Über *Big Apple*, wie New York von weitgereisten Musikern, Matrosen, Vertretern, Chauffeuren weißer Herrschaften und verschiedenen Ganoven, die mir über den Weg gelaufen waren, genannt wurde, hatte ich schon eine Menge gehört, seitdem ich in Roxbury war. Sogar in Lansing war mir erzählt worden, wie großartig New York, und besonders Harlem, seien. Ja, auch mein Vater hatte Harlem mit Stolz beschrieben und uns Fotos von den riesigen Aufmärschen der Anhänger Marcus Garveys[4] in Harlem gezeigt. Und jedesmal, wenn Joe Louis einen Kampf gegen einen weißen Gegner gewann, veröffentlichten die Zeitungen der Schwarzen wie der *Chicago Defender*, der *Pittsburgh Courier* und der *Afro-American* auf den Titelseiten große Fotos, auf denen ein Menschenmeer jubelnder und begeistert winkender Schwarzer aus Harlem zu sehen war, denen der *Braune Bomber* vom Balkon des Harlemer Theresa Hotels zurückwinkte.

Alles, was ich über New York gehört hatte, klang aufregend – die glänzenden Lichter des Broadways, der Savoy Ballroom und das Apollo Theater in Harlem, in dem die großen Bands spielten und wo berühmte Songs und neue Tanzschritte geboren und schwarze Stars entdeckt wurden.[5]

---

4 Marcus Aurelius Garvey, Begründer der Universal Negro Improvement Association (1914), der eine Rückbesinnung der Schwarzen auf ihre ethnischen Wurzeln forderte und ihre Rückkehr nach Afrika propagierte.
5 Malcolm X: Die Autobiographie. Hrsg. von Alex Healey. München 1992. S. 85 f.

Musik fand aber in Harlem nicht nur in diesen riesigen Vergnügungstempeln statt, sie gehörte ganz einfach zum Leben: für jeden »family event«, jede Hochzeit oder Kindstaufe und natürlich auch für jede Beerdigung oder Totenfeier, versuchte man eine Band zu organisieren – und wenn das Geld dafür nicht reichte, hatte man bestimmt einen Klavierspieler in der Bekanntschaft, der bereit war, für ein paar Glas Bier die musikalische Untermalung des Festes zu übernehmen.

In Harlem hatte sich ein eigenständiger Piano-Stil ausgebildet, den man »Harlem Stride« nannte. Er basierte auf dem Ragtime, doch waren die melodischen und rhythmischen Linien viel fließender. Besondere Bedeutung kam der linken Hand zu, die ständig zwischen Basston und Akkord wechselte. Es war ein eindringlicher, kräftiger, geradezu muskulöser Stil. Die Pianisten bildeten eine Art verschworener Bruderschaft: sie unterrichteten sich gegenseitig, verschafften einander Jobs und unterstützten auch schon einmal einen Kollegen, wenn der gerade abgebrannt war. Das hinderte sie jedoch nicht daran, sich in sogenannten »cutting contests« gegenseitig niederzumachen. Zum harten Kern dieser »Brotherhood« gehörten Willie »The Lion« Smith, James P. Johnson, Luckey Roberts, Stephen »The Beetle« Henderson und Thomas »Fats« Waller.

Der 1891 geborene James P. Johnson – wegen seines nicht gerade ansprechenden Äußeren auch »The Brute« genannt –, hatte den dreizehn Jahre jüngeren Waller, der wegen der kolossalen Figur, die er sich schon in seiner Jugend angegessen und angetrunken hatte, allgemein als »Fats« bekannt war, unter seine Fittiche genommen. Fats stammte aus einer gutbürgerlichen Familie. Seine Eltern – der Vater Prediger, die Mutter Organistin –, waren zwar alles andere als reich, aber sie achteten auf Wohlanständigkeit und Ordnung. Sie waren geradezu entsetzt, als der 1904 geborene

Sohn schon in jungen Jahren eine Vorliebe für den Jazz, diese »sinful music«, zeigte. Alle Versuche, ihn von einem Weg, der nur geradewegs in die Hölle führen konnte, abzubringen, fruchteten nichts. Schon als Fünfzehnjähriger verdiente sich Waller sein erstes Geld damit, dass er in einem Kino die Stummfilme mit Orgelmusik unterlegte. Wenig später sah man ihn gar als Begleiter von Blues-Sängerinnen, unter anderem von Bessie Smith, in anrüchigen Spelunken und Cabarets. 1922 machte er seine ersten Plattenaufnahmen mit einer Gruppe, die von Clarence Williams geleitet wurde, aber auch als Solopianist und -organist. 1925/26 war er in Chicago bei dem von Armstrong geschätzten »Professor« Erskine Tate engagiert, danach war aber wieder New York sein Revier. In Harlem kannte ihn jedermann; er spielte in zahlreichen kleinen Clubs und Kellerlokalen, ließ aber auch keine Party aus, wenn es nur ordentlich zu essen und zu trinken gab. Er war für seine exzessive Lebensweise bald ebenso berühmt wie für sein Klavierspiel. So pflegte er den Tag mit »liquid ham and eggs« zu beginnen, einem nicht zu kleinen Fläschchen Gin.

1931 gründete er seine eigene Gruppe: »Fats Waller and His Rhythm«. Sie setzte sich aus einem Trompeter, einem Saxophonisten und einer aus Gitarre, Bass und Schlagzeug bestehenden Rhythmusgruppe zusammen. Populär wurde diese Combo so richtig, als Waller sein Talent als Sänger entdeckte. Den größten Erfolg hatte er mit burlesken, geradezu albernen Songs: *Your Feet's Too Big* ist die Klage eines Mannes über die zu großen Füße seiner Braut; ein anderer Song hieß *Your Socks Don't Match*: »Deine Socken passen nicht zueinander«.

Nach Aussagen aller, die ihn gekannt haben, strömte Fats einfach gute Laune aus. Er war unerträglich unzuverlässig, saß oft alkoholisiert auf dem Klavierschemel, aber keiner der gestressten Clubbesitzer oder Konzertveranstal-

Fats Waller, Inbegriff von musikalischer Virtuosität und von Frohsinn

ter, die stundenlang auf ihren Star warten mussten, konnte ihm so recht böse sein. Er verfügte über eine anscheinend unerschöpfliche Kreativität: mehr als sechshundert Kompositionen werden ihm zugeschrieben, darunter solche Evergreens wie *Honeysuckle Rose* und *Ain't Misbehavin'*. Einen kongenialen Partner fand er in dem Texter Andy Razaf, der eigentlich Andreamenentania Paul Razafinkeriefo hieß und ein Nachfahre der letzten Königin von Madagaskar war. Der schrieb die Lyrics zu *Black And Blue, Keepin' Out Of Mischief Now, You're Lucky To Me, Memories Of You, Make Believe, Stomping At The Savoy* und zahllosen anderen Songs.

Fats kannte keine Grenzen, er lebte, als wäre sein Körper unverwüstlich. Aber dann, ohne jede Vorankündigung, rächten sich die jahrzehntelangen Ausschweifungen. Der Pianist starb in einem Schlafwagenabteil, in einem Zug, der ihn von Filmaufnahmen in Hollywood zu einem längeren Erholungsurlaub nach Hause bringen sollte. Sein Manager Ed Kirkeby schilderte später den »tragischen Morgen des 15. Dezember 1943« so:

> An dem Abend ging ich spät ins Bett. Tom schlief friedlich. Aber als ich in den frühen Morgenstunden aufwachte, fand ich ihn, wie er sich vor Kälte schüttelte und wie er nach Luft rang. Ich klingelte nach dem Schaffner und rannte den Korridor entlang, um Hilfe herbeizuschaffen. Aber es war fünf Uhr morgens, und nur wenige Leute waren in der Nähe.
>
> Der Zug hielt im Hauptbahnhof von Kansas City, wo ein Arzt zur Hand war. (Man hatte ihn wegen eines anderen Passagiers, der krank geworden war, herbeizitiert.) Ich sagte ihm, Fats ginge es sehr schlecht, und führte ihn eilig in unseren Wagen.
>
> Der Arzt sah einmal hin und sagte: »Dieser Mann ist tot.«[6]

In Harlem bekamen die Musiker der vielen großen und kleinen Bands natürlich auch die Auswirkungen der 1929 einsetzenden Wirtschaftsflaute zu spüren – bald waren sogenannte »House Rent Parties« an der Tagesordnung, bei denen Leute wie Waller, James P. Johnson und Willie »The Lion« spielten, um einem in Not geratenen Kumpel dabei zu helfen, die Miete für einen weiteren Monat oder auch nur eine weitere Woche zusammenzubekommen – aber die

---

6 Shapiro/Hentoff (Hrsg.): Jazz erzählt. S. 168.

Fletcher Henderson (4. v. l.), einer der Pioniere des Bigband-Jazz. Das Foto stammt aus dem Jahr 1924. Ganz links ist Coleman Hawkins zu erkennen, neben ihm Louis Armstrong

»hot music« verstummte nicht. Die Schwarzen flüchteten sich nicht in seichte Songs, um das große Elend zu vergessen. Auch wenn die Dollars nicht mehr so locker in der Tasche saßen, besuchten sie weiterhin die großen Tanzsäle, den Savoy Ballroom oder Connie's Inn, um sich dort ein paar Stunden lang auf Teufel komm raus zu amüsieren. In diesen Ballrooms regierten die Bigbands, die schon von Mitte der zwanziger Jahre an die kleinen Formationen in der Gunst des Publikums allmählich verdrängt hatten.

Fletcher Henderson, bei dem der junge Armstrong kurze Zeit als Leadtrompeter gespielt hatte, hatte schon 1923 eine erste eigene Band zusammengestellt, mit der er zunächst im Club Alabam und dann ab 1924 im Roseland

Ballroom am Broadway aufgetreten war. Henderson gilt heute als einer der Pioniere des großorchestralen Swing, wurde aber zu seinen Lebzeiten nie gebührend gewürdigt. Der 1898 geborene Musiker stammte aus einer schwarzen Mittelstandsfamilie, erhielt schon frühzeitig von seiner Mutter Klavierunterricht, begann ein naturwissenschaftliches Studium, entschied sich aber um 1918 für die künstlerische Laufbahn. Zusammen mit Don Redman, einem eher mittelmäßigen Saxophonisten, aber äußerst talentierten Arrangeur, schuf er die erste Bigband klassischen Musters, die aus einer »Melody Section« und einer »Rhythm Section« bestand. Die Melody-Section war wiederum in eine »Brass Section« und eine »Reed Section« unterteilt, zur Ersteren gehörten die Blechbläser, die Trompeter (meist drei) und die Posaunisten (zunächst oft nur einer, später dann meist ebenfalls drei). In der Reed-Section war in der Anfangszeit noch die Klarinette ihr Hauptinstrument, später das Saxophon.

Eine typische Bigband der dreißiger Jahre sah ungefähr so aus: dreistimmiger Trompetensatz, zwei- oder dreistimmiger Posaunensatz, vierstimmiger Saxophonsatz (z. B. ein Altsaxophon, zwei Tenorsaxophone, ein Baritonsaxophon), vierköpfige Rhythmusgruppe: Klavier, Gitarre, Bass und Drums. Der Drummer verfügte über ein immer komplizierter werdendes Instrumentarium, Basstrommel, Tom-Toms und verschiedene Becken: ihm kam eine Schlüsselposition zu, er wurde zum Motor des Ganzen, der die Band vorantrieb und den Solisten mit sorgfältig akzentuierten Schlägen unterstützte. Die »Two Beat«-Spielweise wurde immer mehr zugunsten des »Four Beat« aufgegeben, der drängender wirkte, die ganze Band voranstürmen ließ. Eine besondere Bedeutung kam dem Arrangeur – im Falle Hendersons Don Redman – zu, dessen ›Instrument‹ die gesamte Band war: er prägte ihren Sound und ihren Stil. Er konnte beispielsweise die Blech- und die Holzbläser abwechselnd – quasi im Sinne der alten »Call and Response«-Technik – gegeneinander agieren lassen oder sie zu eindrucksvollen Tutti-Passagen vereinen. Er entschied über die Reihenfolge der Soli und schrieb Ensemblepassagen aus. Er legte auch die »Riffs« fest, simple zweitaktige oder viertaktige Figuren, die ständig wiederholt wurden und den Hintergrund zum Solo eines einzelnen Instrumentalisten bildeten.

Hendersons Band von 1925 war von Anfang an als eine solche kompliziert strukturierte Bigband konzipiert und unterschied sich wesentlich von den vielköpfigen Ensembles, die beispielsweise King Oliver und Jelly Roll Morton gegen Ende der zwanziger Jahre leiteten, bei denen es sich aber im Grunde um künstlich aufgeblasene kleine New-Orleans-Formationen handelte. Henderson wählte auch die Mitglieder seiner Bands mit Bedacht aus: wenn man sich anschaut, wer im Lauf von ungefähr zwei Jahrzehnten bei ihm spielte, hat man eine Art »Who's Who« des schwarzen Swing-Jazz vor sich – in seinen Bands saßen unter anderem die Trompeter Rex Stewart, Henry »Red« Allen und Roy Eldridge, die Posaunisten Jimmy Harrison, J. C. Higginbotham und Dicky Wells, die Saxophonisten Ben Webster, Chu Berry und Benny Carter, der Bassist John Kirby, der Schlagzeuger Cozy Cole.

Ein Solist, der von Henderson in der Glanzzeit der Band immer wieder gefeatured wurde, war Coleman Hawkins, der vielen als ›Erfinder‹ des Tenorsaxophons gilt, Erfinder natürlich in dem Sinne, dass er der Erste war, der die Möglichkeiten dieses Instruments voll und ganz ausschöpfte. Die verschiedenen Instrumente der großen Saxophonfamilie waren relativ spät in die Hände der Jazzmusiker gelangt – angeblich soll die Auflösung der vielen Militärkapellen nach dem Weltkrieg eine Rolle gespielt haben: Saxophone, vom Sopran- bis hinunter zum Basssaxophon, waren danach überall für ein paar Dollar zu haben. Die Jazzer wussten allerdings mit diesen Instrumenten recht wenig anzufangen – eine Ausnahme bildete Sidney Bechet, der schon 1922 expressive Soli auf einem Sopransaxophon blies, das ihm während einer Tournee in England in die Hände gefallen war. Vor allem das Tenorsaxophon fristete jahrelang ein Schattendasein: es wurde vor allem für »Special effects« eingesetzt, es galt als ein Instrument, auf dem man merkwürdige, ›lustige‹ Töne produzieren konnte. Viele der frühen Saxophonisten – zumeist waren sie von Hause aus Klarinettisten, die nur gelegentlich zu dem anderen Instrument griffen – pflegten eine seltsam näselnde Stakkato-Spielweise; auf Aufnahmen aus den frühen zwanziger Jahren hört sich ihr Instrument regelrecht verstopft an. Beliebt waren perkussive Effekte, die durch die »Slap tongue«-Spielweise entstanden: man saugte das im Mundstück sitzende Blatt an und ließ es dann zurückschnalzen. Oft fühlt man sich an schlechte Zirkuskapellen erinnert, wenn man auf Schallplatte den Saxophonisten einer Band der zwanziger Jahre bei einem seiner – seltenen – Soli erlebt. Coleman Hawkins ›öffnete‹ das Instrument gleichsam und nützte sein Klangpotential voll aus: Der Ton von »The Hawk« war voluminös, manchmal rau, geradezu raspelnd, dann – vor allem in Balladen – warm, einschmeichelnd und von einem erotischen Vibrato erfüllt. Er entwickelte eine Legatospielweise, blies scheinbar mühelos lange, logisch konstruierte und spannungsreiche Phrasen. *The Stampede* von 1926 war die erste Aufnahme mit Henderson, auf der er brillierte, es kamen bis 1934 noch zahllose andere hinzu.

Hendersons Orchester war in den Jahren 1926/27 führend. Einspielungen wie *The Stampede, Henderson Stomp* und *Whiteman Stomp* verkauften sich gut – die Arrangements, die Redman schrieb, trugen wesentlich zu dem Erfolg bei. Arrigo Polillo zufolge setzte mit dem Ausscheiden

Bevor Coleman Hawkins es für den Jazz entdeckte, wurde das Saxophon vor allem als skurriles Instrument angesehen, auf dem man ›komische‹ Effekte erzeugen konnte. Auf diesem Foto werden die einzelnen Mitglieder der ›Saxophonfamilie‹ vorgeführt. V. l. n. r.: Bariton, Alt, C-Melody, Sopran und Tenor

Redmans aus dem Orchester schon dessen Niedergang ein. Henderson traute sich damals noch nicht, selber zu arrangieren – er begann damit erst um 1932 –, und ging dazu über, »im Handel befindliche Partituren zu benutzen, die nur leicht umgearbeitet wurden, um den Solisten Spielraum zu lassen, sowie Arrangements von Redman gegen solche anderer Orchester zu tauschen«.[7] Hendersons Band verlor damit zunehmend ihren eigenen Charakter, sie ähnelte »von Fall zu Fall dem Casa Loma Orchester oder den Bands von Jean Goldkette beziehungsweise Duke Ellington«.[8] 1929 erlitt Henderson überdies einen Autounfall,

7 Arrigo Polillo: Jazz. Geschichte und Persönlichkeiten. Übers. und bearb. von Egino Biagioni. München 1981. S. 314.
8 Ebd.

bei dem er schwere Kopfverletzungen davontrug. Er genas zwar physisch, blieb aber seltsam lethargisch und ließ das Orchester einfach laufen. Wie seine Frau Leora meinte: »Er war sowieso nie ein guter Geschäftsmann gewesen, aber nach dem Unfall wurde er womöglich ein noch schlechterer. Und was das Schlimmste war: ihm wurde alles egal.«[9]

Nach dem Tod Fletcher Hendersons erinnerte sich seine Witwe an die goldene Zeit des Orchesters:

Es wurde als Ehre angesehen, in die Band aufgenommen zu werden. Sie hatte die schwierigsten Partituren von allen, und mancher Musiker konnte die Arrangements einfach nicht spielen. Ja, manchmal passierte es, dass ein Stuhl auf der Bühne leer blieb. Jimmy Harrison hatte es nicht geschafft. Fletcher schickte ihn weg, und er ging raus und studierte die Noten. Erst dann erlaubte Fletcher ihm, sich wieder zu den anderen zu setzen. Dasselbe passierte auch Rex Stewart. Sie übten fast jede Nacht, und wenn Männer in der Band waren, die tranken, so erinnere ich mich jedenfalls nicht daran, dass jemals einer bei der Arbeit betrunken war. Und ich glaube auch nicht, dass damals irgendjemand Marihuana rauchte. Oder jedenfalls habe ich nie so etwas bemerkt.[10]

Leora Henderson scheint tatsächlich vieles nicht bemerkt zu haben – oder sie sah, von Nostalgie erfüllt, alles durch eine rosa Brille. Jedenfalls soll anderen zufolge die Henderson-Band in puncto Disziplin eine der schlimmsten gewesen sein. Der Impresario und Kritiker John Hammond, der sich energisch für Henderson einsetzte, dachte Jahrzehnte

---

9 Zit. nach: Ebd. S. 315.
10 Shapiro/Hentoff (Hrsg.): Hear Me Talkin' to You. S. 217.

später mit Schaudern daran zurück, wie er einmal eine Aufnahmesitzung der Band für Columbia organisiert hatte. Die Sitzung sollte um zehn Uhr morgens beginnen, aber »um halb zwölf waren genau fünf Musiker im Studio, und mir begann zu dämmern, dass dies eine Band mit wenig oder gar keiner Moral war. Erst um 12 Uhr 40 traf schließlich auch der Letzte ein, John Kirby mit seinem Bass, und die Sitzung konnte tatsächlich beginnen.«[11]

Was die Musiker zusammenhielt, schien weniger Respekt vor dem Leader zu sein als ein ausgeprägter Kameradschaftsgeist. Duke Ellington erlebte die Zeit mit, als Hendersons Band Anfang der dreißiger Jahre in finanzielle Schwierigkeiten geriet:

Jobs waren rar, aber die Band war so großartig und die Burschen fühlten sich ihr so verbunden, dass es keiner übers Herz brachte, sie zu verlassen. Es war ganz außergewöhnlich, wie jeder dabeiblieb und hoffte, dass sich die Dinge ändern würden. Fast jedem Musiker stand noch Geld zu, aber nie geschah etwas. Schließlich, als sie einfach nicht mehr länger warten konnten, taten sie sich zusammen und kündigten alle gleichzeitig. Das war das Ende der Fletcher Henderson Band. Vielleicht ein angemessenes Finale für eines der größten Tanzorchester, die man je gehört hat.[12]

Nach der Auflösung der Band Ende 1934 arbeitete Henderson als Arrangeur für Benny Goodman, an dessen Erfolg er maßgeblichen Anteil hatte. Er gründete später immer wieder eigene Formationen, die aber zumeist nicht lange bestanden, musste sich 1950 nach einem Schlaganfall aus dem Musikgeschäft zurückziehen und starb zwei Jahre später.

11 Ebd. S. 214.
12 Ebd.

Duke Ellington erklärte in seiner 1973 erschienenen Autobiographie *Music Is My Mistress*: »Fletcher inspirierte mich sehr. Seine Band hatte den Sound, den ich mir immer für meine zukünftige vorgestellt hatte und den zu erreichen ich versuchte, als ich dann später Gelegenheit hatte, mit einem großen Orchester zu spielen.«[13]

Ellington war gegen Ende der zwanziger Jahre schon so etwas wie der ungekrönte »King« Harlems. Dabei hatte sich auch für ihn das Leben als Musiker in New York anfangs nicht sehr gut angelassen. Der Duke war als Edward Kennedy Ellington 1899 in der Hauptstadt Washington auf die Welt gekommen, als Sohn eines Butlers, der gelegentlich auch im Weißen Haus arbeitete. Den Spitznamen »Duke« – also ›Herzog‹ – erhielt er schon sehr früh von seinen Schulkameraden, weil er auf ein gepflegtes Äußeres und gute Umgangsformen Wert legte. Wie Henderson wurde er von seiner Mutter im Klavierspiel unterrichtet. Zwischen 1917 und 1919 musizierte er regelmäßig zum eigenen Vergnügen mit ein paar Freunden, mit Otto »Toby« Hardwicke, der ein C-Melody-Saxophon spielte, dem Trompeter Arthur Whetsol, dem Banjospieler Elmer Snowden und dem Drummer Sonny Greer. 1918 trat Ellington sein erstes professionelles Engagement an: er spielte »Rags« im Washingtoner Poodle Dog Café.

Greer stammte aus der Nähe von New York, und er schwärmte Ellington und Hardwicke so viel von den Wundern der Metropole vor, dass sie sich 1922 mit dem Drummer dorthin aufmachten. Sie durften gelegentlich in der Show-Band von Wilbur Sweatman mitwirken, fanden aber ansonsten keine Arbeit, und es langte hinten und vorne nicht. Für den Lebensunterhalt kam Greer auf – er wusste geschickt mit der Billardqueue umzugehen und verdiente

---

13 Duke Ellington: Autobiographie. Übers. von Hella Naura. München 1974. S. 41.

Der junge Duke Ellington

ein paar Dollar, indem er gegen Geld am grünen Tuch antrat. Als Ellington eines Tages fünfzehn Dollar auf dem Straßenpflaster fand, kaufte er umgehend drei Rückfahrtickets nach Washington, und die Möchtegern-Stars kehrten reumütig nach Hause zurück. 1923 kam aber Fats Waller mit einer Revue in die Hauptstadt und versprach den ihn bewundernden Nachwuchsmusikern, dass er ihnen in New York ein Engagement besorgen werde. Greer und Hardwicke machten sich sofort wieder auf den Weg, Ellington folgte ihnen wenig später nach. In für ihn typischer Manier beschloss er, die Zugfahrt in großem Stil zu machen; er reiste erster Klasse und gönnte sich im Speisewagen ein opulentes Mahl. Von der Pennsylvania Station fuhr er mit dem Taxi zu seinen Freunden. Dort angekommen, hatte er keinen Cent mehr in der Tasche, machte sich aber keine Sorgen, da ja ein lukrativer Job auf ihn wartete. Seine Unbekümmertheit verflog schnell, als er Greer erblickte. Dessen niedergeschlagene Miene verriet es ihm: Waller hatte sein Versprechen nicht halten können. Sie saßen wieder auf der Straße. Aus der Klemme half ihnen ein Revuestar, Ada »Bricktop« Smith. Sie brachte Ellington, Hardwicke, Greer sowie Whetsol und Snowden, die inzwischen ebenfalls dazugestoßen waren, in dem Club unter, in dem sie gerade auftrat; mit diesem Engagement waren ihre Geldprobleme mit einem Schlag gelöst. Ellington:

> In längstvergangenen Tagen arbeitete ich im *Barron's*, Barron Wilkins Klub, der als die absolute Spitze in Harlem galt. Die Stammkundschaft setzte sich aus Spielern, gefeierten Sportlern und Frauen auf der Höhe ihrer Karrieren zusammen, alles freigebige Leute, die nicht auf den Cent sahen. Es war Brauch des Hauses, sich 100-Dollar-Scheine in 50-Cent-Münzen wechseln zu lassen und sie am Ende eines Stückes in die Luft zu

werfen. Fröhlich kam das Zeug auf den Tanzboden zurückgeklingelt, ein warmer Regen, der unser Wohlergehen für den nächsten Tag sicherte.[14]

Ellington fügt an, dass die offizielle Gage fünfzig Dollar pro Woche betrug, dass die neun Entertainer aber in manchen Nächten mehr als tausend Dollar an Trinkgeld einnahmen, die sie untereinander aufteilten. Die fünf Musiker gaben sich den Namen »The Washingtonians«, als offizieller Leader fungierte zunächst noch Snowden. Ihre Musik war noch recht konventionell, im Grunde kopierten sie das, was andere vor ihnen auf Platte aufgenommen hatten oder was sie in Harlemer Lokalen hörten. Ellington wandelte die gängigen Songs gelegentlich ein wenig ab, eigene Kompositionen brachte er noch nicht zu Gehör. Greer erzählte später: »Duke schrieb nicht viel. Aber er nahm die Schlager, drehte sie hin und her. Toby spielte abwechselnd C-Melody und Bariton, und so konnten wir wie eine Bigband klingen, sanft und wunderbar.«[15]

Obwohl die Band sich kaum von den Dutzenden anderen unterschied, die zu der Zeit in Harlem aktiv waren, wurde man bald auf die »Washingtonians« aufmerksam. Einige meinten später, dass das am sympathischen Äußeren von Greer und Ellington gelegen habe und an ihrem weltgewandten, urbanen Auftreten. Ellington selbst behauptete, sie seien die einzige »organisierte« Band in Harlem gewesen: »Wir waren nur fünf, doch wir hatten Arrangements.«[16] Dem ist aber entgegenzuhalten, dass man für eine fünfköpfige Band keine wirklich ausgefeilten und komplizierten Arrangements brauchte: im Wesentlichen

---

14 Ebd. S. 32.
15 Zit. nach: James Lincoln Collier: Duke Ellington. Genius des Jazz. Übers. von Hans Richard. München 1992. S. 70.
16 Ebd. S. 69.

ging es wohl darum, die zweistimmigen Passagen der beiden Bläser festzulegen und die Reihenfolge der Soli zu verabreden. Vielleicht hat aber ihre Musik tatsächlich ein wenig geschliffener und weniger aggressiv als die ihrer Konkurrenten geklungen; Ellington: »es war das, was wir heute Hintergrundmusik nennen, etwas leise und *gut bucket.*«[17] Wie dem auch sei: im Herbst 1923 wurden die fünf für den Hollywood Club an der 49. Straße, Ecke Broadway, verpflichtet, der später nach einem Brand (mysteriöserweise wurde der Club nicht weniger als dreimal durch Feuer zerstört, und jedesmal ging dabei Greers Schlagzeug in Flammen auf) in Kentucky Club umbenannt wurde.

In diesem Lokal spielten sie bis 1927, und sie wurden in den maßgeblichen Kreisen des Entertainments bekannt, denn der Club »wurde von den großen Stars und Musikern frequentiert, die sich hier nach ihrer Vorstellung trafen. Paul Whiteman kam oft und ließ als Zeichen seiner Anerkennung immer einen knisternden 50-Dollar-Schein zurück.«[18] Vor allem Ellington und Greer genossen ihren Erfolg in vollen Zügen:

Manchmal hatten wir beide 100 Dollar in der Tasche, wenn wir den Klub verließen – und keinen Cent mehr, wenn wir endlich heimkamen. Wir guckten überall hinein, um Bekannte zu treffen und zu sehen, was lief. Wenn wir dann eins dieser Spätlokale betraten, waren die Mädchen einfach nicht mehr zu halten. Aus jeder Ecke, von jedem Tisch riefen sie: »Sonny, Baby, Darling«. Das Rufen und Lachen hob Sonny wie eine Wolke in den Himmel hoch, und schon hatte er gerufen: »Ich werfe eine Runde«.[19]

17 Ebd.
18 Ellington: Autobiographie. S. 56.
19 Ebd. S. 57.

Ellington ließ sich von diesem »high life« auch nicht dadurch abhalten, dass er schon seit einiger Zeit Familienvater war: er hatte 1918 geheiratet, und ein Jahr später war sein Sohn Mercer auf die Welt gekommen.

Während seiner Zeit im Kentucky Club machte der Duke auch die ersten Plattenaufnahmen. An ihrem Zustandekommen war der weiße Agent Irving Mills, ein ehemaliger Sänger, entscheidend beteiligt. Mills war eine recht umstrittene Persönlichkeit; manche sahen in ihm den Ausbeuter in Person, er soll auch wie einer ausgesehen haben: kräftig und untersetzt, von rauem und barschem Auftreten, stets mit einer dicken Zigarre herumfuchtelnd. Es war damals an der Tagesordnung, dass irgendein abgebrannter Musiker mit einem neukomponierten Song zu ihm rannte und ihm diesen für ein paar Dollar verkaufte. Der Musiker musste schriftlich auf alle weiteren Ansprüche verzichten; es konnte also durchaus geschehen, dass Mills mit der Komposition, wenn sie erfolgreich war, sehr viel Geld verdiente, während ihr Schöpfer leer ausging. Ellington hat jedoch Mills zumeist in Schutz genommen. Mills, so schreibt er in seiner Autobiographie, habe ihm in vielfacher Weise den Weg eröffnet, in Theater und Konzertsäle, die sonst nur weißen Künstlern vorbehalten waren, und auch in Plattenstudios von Firmen, die eine »Whites only«-Politik betrieben.

Von September 1925 an nahm Ellington als Protégé Mills' eine Fülle von Platten auf; die Namen der Formationen wechselten mehrfach: »Duke Ellington and His Kentucky Club Orchestra«, »Duke Ellington and His Washingtonians« oder einfach »Duke Ellington and His Orchestra«; der Pianist war mittlerweile der offizielle Leader. Der Kern der Truppe bestand aus nur sechs Leuten, da auf dem kleinen Bandstand des Kentucky Club nicht mehr Musiker Platz hatten: 1924 waren es Ellington, Hardwicke, Greer, der Banjospieler Fred Guy, der Posaunist Charlie Irvis, an dessen Stelle später Joe »Tricky Sam« Nanton trat, und der Trompeter »Bubber« Miley, der Whetsol abgelöst hatte, welcher nach Washington zurückgegangen war, um sein Medizinstudium zu beenden. Miley, Irvis und dann ab 1926 auch Nanton prägten den Klang der Band entscheidend, sie trugen dazu bei, dass erstmals so etwas wie ein Ellington-Sound entstand. Sie waren alle drei Spezialisten mit den verschiedensten Dämpfern, die zumeist improvisiert waren und aus einer alten Konservendose oder auch einem Filzhut bestehen konnten. Miley war für seine knurrende »Growl«-Trompete berühmt, Nanton für den »Wa-Wa«-Effekt. Man nannte den Stil, in dem die Ellingtonians spielten, bald »Jungle Style«, da die Musik Vorstellungen von einem afrikanischen Urwald heraufbeschwor, durch den klagende Menschenstimmen oder zornige Tierschreie hallten.

Um die besonderen Fähigkeiten seiner Musiker voll ausschöpfen zu können, ging der Bandleader immer mehr dazu über, eigene Kompositionen ins Repertoire aufzunehmen, die seinen Solisten sozusagen auf den Leib geschrieben waren: 1927 entstanden so berühmte Stücke wie *Black And Tan Fantasy*, *East St. Louis Toodle-oo* und *Birmingham Breakdown*. Für die Plattenaufnahmen wurden meist noch andere Musiker hinzugezogen; nach und nach stießen Instrumentalisten hinzu, die dann auf lange Jahre in der Band sitzen und Schlüsselpositionen innehaben sollten, wie der Baritonsaxophonist Harry Carney. Bei der ersten Einspielung von *Black And Tan Fantasy* am 6. Oktober 1927 sah die Band wie folgt aus: Duke Ellington (p, arr, ld), Bubber Miley, Louis Metcalf (tp), Joe Nanton (tb), Otto Hardwicke (ss, as, bs), Harry Carney (cl, as, bs), Rudy Jackson (cl, ts), Fred Guy (bj), Wellman Braud (b), Sonny Greer (dr).

Schon bei diesen frühen Stücken macht sich ein Unterschied zwischen der Ellington-Band und anderen Bigbands der Periode bemerkbar. Während die meisten Leader ihre Leute einfach eine Kette von Soli spielen ließen, sind die Aufnahmen des Duke in sich geschlossene kleine Kunstwerke, in denen die kontrastierenden Stimmen der einzelnen Instrumente auf besonders wirkungsvolle Weise gegeneinandergesetzt sind und sorgfältig überlegte Ensemblepassagen die Übergänge zwischen den solistischen Darbietungen schaffen. Ellingtons Kompositionen sind oft mit Gemälden verglichen worden: sie versuchen visuelle Impressionen, bestimmte Situationen oder sogar Vorgänge mit Klängen wiederzugeben, wollen manchmal geradezu kleine Geschichten erzählen. Eine seiner berühmten Kompositionen aus den vierziger Jahren, *Harlem Airshaft*, versuchte die Atmosphäre einzufangen, die in einem typischen, mit Menschen überfüllten Harlemer Mietshaus herrscht – einschließlich der Gerüche:

> Es passiert ja so viel in einem Luftschacht in Harlem. In einem Luftschacht hat man das ganze Aroma von Harlem beisammen, voll von Düften und voll von Klängen. Man hört Leute, die sich hauen; man hört Leute, die sich lieben, und man riecht Essen. Man hört, wie intimer Klatsch von oben nach unten treibt. Man hört das Radio. Ein Luftschacht ist ein einziger großer Lautsprecher. Man sieht die Wäsche seines Nachbarn. Man hört die Hunde. Dem Mann aus dem zweiten Stock fällt die Antenne runter und schlägt einem das Fenster kaputt. Man riecht Kaffee. Etwas Herrliches, dieser Geruch! Ein Luftschacht hat Kontraste und immer wieder Kontraste.[20]

---

20 Shapiro/Hentoff (Hrsg.): Jazz erzählt. S. 133 f.

Der 4. Dezember 1927 ist in der Jazzgeschichte ein fast so berühmtes Datum wie der 8. Juli 1922, der Tag, an dem Louis Armstrong zu King Oliver stieß. An diesem 4. Dezember begann das vierjährige Engagement der Band im berühmten Cotton Club.

Es kursieren die verschiedensten Geschichten darüber, wie es zu diesem Engagement kam. Ellington selbst erzählt in seinen Erinnerungen, dass mehrere Bands zum Vorspielen eingeladen worden seien. Er habe sich in aller Eile bemüht, noch ein paar zusätzliche Musiker zu verpflichten, weil ein Sextett für den Cotton Club nicht ausgereicht hätte, und sei mit seinen Leuten zu spät zu dieser »Audition« gekommen – der Manager des Clubs aber ebenfalls; so habe dieser überhaupt keine andere Band als die seine zu hören bekommen. Man weiß aber, dass ein erstes Angebot an King Oliver gegangen war, der seit dem Sommer 1927 mit einer größeren Band in New York auftrat, dass dieser aber abgelehnt hatte, weil ihm die Gage zu gering erschien. Für Oliver sollte das fatale Folgen haben, 1928 musste er seine Band erstmals mangels Engagements auflösen; für Ellington bedeutete die Verpflichtung in dem damals führenden Nachtclub New Yorks den Grundstein für seinen Welterfolg.

Der Club war im ersten Stock eines in der Lenox Avenue in Höhe der 142. Straße gelegenen Gebäudes untergebracht. Schon der Name (»cotton«: ›Baumwolle‹) sollte nostalgische Erinnerungen an die alte Südstaatenherrlichkeit wecken – bei den Weißen natürlich. Bei der Einrichtung hatte das Management, das vorwiegend aus Gangstern bestand, die sich durch Alkoholschmuggel eine goldene Nase verdient hatten und mit dem Club auch eine Art Geldwäsche betrieben, keine Kosten gescheut. Der Bandstand war einem alten Herrenhaus mit weißen Säulen nachempfunden, und ein Kulissenmaler hatte für den Hintergrund ein paar wunderschön verträumte Sklavenquartiere zustande gebracht. Cab Calloway, der ebenfalls zeitweise eine Band im Cotton Club leitete, erinnerte sich: »Die Band spielte auf der Veranda des Herrenhauses, und vor dieser Veranda, von der ein paar Stufen hinabführten, war die Tanzfläche, die auch für die Shows verwendet wurde. Die Kellner trugen alle einen roten Frack, wie früher die Butler in den Herrenhäusern des Südens, und auf den Tischen lagen rotweiß karierte Decken aus Rupfen, [...] die ganze Einrichtung erinnerte an den verschlafenen Süden zur Zeit der Sklaverei.«[21]

Ein wesentlicher Bestandteil des Unterhaltungsprogramms waren die »Shows« – spätestens nach sechs Monaten gab es eine neue –, die von Dan Healy, der als Sänger, Tänzer und Komödiant am Broadway Erfahrungen gesammelt hatte, erdacht wurden. Diese Shows, für die der Komponist Jimmy McHugh und die Texterin Dorothy Fields die Musik schrieben, lebten vom Talent, mehr noch vom hinreißenden Aussehen der farbigen Tänzerinnen. Diese Mädchen – zwanzig an der Zahl – wurden nach sehr rigiden Gesichtspunkten ausgewählt: sie durften nicht älter als zweiundzwanzig sein, mussten hochgewachsen sein und eine sehr helle Haut haben – »high yellow« nannte man in Fachkreisen diesen Farbton. Ellington geriet noch als alter Mann ins Schwärmen, wenn er an sie zurückdachte: »Die Mädchen waren für das Image des Klubs unersetzlich. Der Himmel weiß, was aus ihnen geworden ist, denn diese Klasse gibt es heute einfach nicht mehr. Jede war eine Schönheit für sich, jede auf ihre Art atemberaubend.«[22]

Harte Drinks waren natürlich im Cotton Club jederzeit zu haben – allerdings zu exorbitanten Preisen: »Während

---

21 Zit. im Begleitheft der CD »Duke Ellington And His Cotton Club Orchestra. Jungle Nights In Harlem, 1927–1932« (Bluebird).
22 Ellington: Autobiographie. S. 63.

der Prohibition traf man im Cotton Club immer *irgend jemand,* der einem einen guten Whisky verkaufen konnte. Die Marke ›Chicken Cock‹ kam damals in einer Flasche, die in einer verschlossenen Konservendose steckte und zwischen 10 und 14 Dollar der halbe Liter kostete.«[23] Die Gäste des Clubs konnten sich solche Ausgaben ohne Weiteres leisten. Es waren fast ausschließlich Weiße, die es sich auf einem der fünfhundert Stühle an den Tischen bequem machten: Unter- oder Halbwelttypen, aber auch berühmte Showstars und Schriftsteller; wohlhabende Geschäftsleute und Besucher aus dem Ausland. Ab und zu wurden einige farbige Zelebritäten zugelassen – im wahrsten Sinne des Wortes des Lokalkolorits wegen. Es waren Schwarze, die es als Unterhaltungskünstler oder als Sportler zu etwas gebracht hatten. In jedem Fall brauchte man Geld für »A Night At The Cotton Club«; ein unterbezahlter und oft arbeitsloser Musiker wie Max Kaminsky schaffte es nie, Duke Ellington dort live zu erleben: die Preise waren einfach »zu steil« für ihn.[24] Hören konnte er ihn trotzdem, denn die beiden Radiostationen CBS und NBC übertrugen regelmäßig aus dem Lokal, was den Club und die Band in ganz Amerika populär machte. Gleichzeitig verschaffte Mills dem Orchester die Gelegenheit zu zahlreichen Platteneinspielungen; im Lauf des Jahres 1928 nahm die Ellington-Band an nicht weniger als siebzehn Aufnahmesitzungen teil, im Lauf des darauffolgenden Jahres an achtzehn. Im Schnitt wurden bei einer Session vier Aufnahmen – also zwei Platten – gemacht.

Es ist immer wieder darauf hingewiesen worden, dass erstmals Ende der zwanziger Jahre in den USA bei den weißen Intellektuellen ein Interesse an der Kultur der Afroamerikaner, vor allem für die Künstler der sogenann-

---
23 Ebd.
24 Kaminsky/Hughes: Jazz Band. S. 46.

ten »Harlem Renaissance«-Bewegung, erwachte; als Beleg wird häufig Carl van Vechtens Roman *Nigger Heaven* angeführt. Es wäre jedoch beschönigend, wenn man davon ausginge, dass ein kulturelles Anliegen die Besucher in Scharen in den Cotton Club getrieben hätte. Eher wollten sie eine Art voyeuristisches Verlangen befriedigen. Sie konnten in aller Ruhe und Sicherheit mitverfolgen, wie die »Darkies« oben auf der Bühne ihre sinnliche Musik machten und ihre erotischen Tänze aufführten, konnten sich auf eine Baumwollplantage im alten Süden oder in einen afrikanischen Dschungel entführen lassen, ohne die Unannehmlichkeiten und Gefahren einer Reise auf sich zu nehmen. Der schwarze Journalist Dan Burley gab später über diese Zeit den bitteren Kommentar: »Wir waren seltsame, malerische, amüsante, einfache Leute und wurden nur im Verhältnis zu dem Maß an Unterhaltung toleriert, das die Weißen aus uns herausholen konnten.«[25]

Ellington, der sich, sobald er als Künstler etabliert war, energisch für die Gleichberechtigung aller Farbigen einsetzte, machte dieses Spielchen mit und fuhr nicht schlecht dabei. Als das erste Engagement im Cotton Club 1931 zu Ende ging, war die Band durch ihre Auftritte und zahlreichen Schallplatten zu dem bekanntesten farbigen Unterhaltungsorchester in den USA geworden – eine Art von schwarzem Äquivalent zum Paul-Whiteman-Orchester –, und hatte sogar im Ausland ein derartiges Renommee gewonnen, dass Mills 1933 daran denken konnte, eine Europatournee zu organisieren. Das Orchester hatte 1932 zwei wichtige Neuzugänge zu verzeichnen gehabt: den Posaunisten Lawrence Brown, der eine weiche, geschmeidige Spielweise pflegte, die sich von dem rauen Ton Tricky Sam Nantons abhob, und die Sängerin Ivie Anderson, die mit

---

25 Zit. nach: Polillo: Jazz. Geschichte und Persönlichkeiten. S. 109.

ihrem Plattendebüt für Ellington sofort einen großen Erfolg verbuchen konnte: *It Don't Mean A Thing If It Ain't Got That Swing* wurde in der Folge zur Erkennungsmelodie der Band.

Die Reise führte das Orchester zunächst nach England. Die Konzerte der Band waren ein gesellschaftliches Ereignis und wurden in der Presse rezensiert – wie sonst nur klassische Musik. Allerdings wurde zunächst Kritik geübt, weil zu viele ›kommerzielle‹ Nummern – wie zum Beispiel *Some Of These Days* – im Programm des ersten Konzerts im Londoner Palladium standen. Ellington schaffte rasch Abhilfe. Wie für viele andere Jazzmusiker, weiße wie schwarze, war die Begegnung mit dem europäischen Publikum für ihn und seine Leute eine ganz neue Erfahrung. Der europäische Jazzfan nahm ihre Musik in überraschender Weise ernst, und er war in schon fast verblüffender Weise informiert. Für ihn war das, was die Jazzbands spielten, Kunst, und er ging mit einem beinahe wissenschaftlichen Interesse an die Sache heran. Ellington wurde mit Fragen bestürmt, welche Musiker bei irgendeiner ihm selbst schon entfallenen Session 1927 oder 1928 mit von der Partie gewesen waren und welche Instrumente sie genau gespielt hatten, oder ob nicht auf einer bestimmten Aufnahme Johnny Hodges statt auf seinem gewohnten Alt auch ein paar Takte Sopransaxophon gespielt habe. Man bat ihn, Stücke zu spielen, die er Jahre zuvor einmal aufgenommen und schon fast vergessen hatte.

Was dem Duke und seinen Männern positiv auffiel, war natürlich, dass es in England keine rassistischen Vorurteile zu geben schien. Über die Person des schwarzen Bandleaders wurde in einer Weise geschrieben, wie es in den USA zu der Zeit noch undenkbar gewesen wäre; man attestierte ihm »Dignität«, hob sein gepflegtes Äußeres und sein ruhiges, selbstsicheres Auftreten hervor, nannte ihn einen »großen

Die Saxophon-Section der Ellington-Band Mitte der dreißiger Jahre. V. l. n. r.: Johnny Hodges, Toby Hardwicke, Barney Bigard, Harry Carney

Mann«, ja sogar ein Genie.[26] Ellington wurde im Dorchester, einem der nobelsten Hotels der englischen Hauptstadt, untergebracht – für einen farbigen Musiker, der auf Tourneen in den USA oft genug Schwierigkeiten gehabt hatte, abends irgendeine noch so schäbige Schlafstelle zu finden, allein schon eine besondere Erfahrung. Er lernte bei den Konzerten und auf privaten Veranstaltungen eine ganze Reihe von Honoratioren kennen, Angehörige des englischen Hochadels wie den Prince of Wales, den späteren König Edward VIII., der stolz war, seine Bekanntschaft zu machen, und der mit Sonny Greer Freundschaft schloss: »Als wir anfangen wollten, kam der Prinz und setzte sich mit ge-

26 Vgl. Derek Jewell: Duke. A Portrait of Duke Ellington. London 1978. S. 64 f.

kreuzten Beinen neben mich. Er sagte, er könne auch ein wenig spielen, und ich sagte: ›Dann nur zu.‹ Er trommelte einen einfachen Charleston – und blieb den größten Teil des Abends neben mir und dem Schlagzeug sitzen. Es kamen immer wieder Leute, die ›Ihre Hoheit‹ riefen, doch er rührte sich nicht vom Fleck. Langsam alkoholisierten wir uns beide, bis er mich ›Sonny‹ und ich ihn ›The Wale‹ nannte.«[27]

In diesem liberalen Klima sprach Ellington erstmals davon, dass er mit seiner Musik in Zukunft auch ein anderes Ziel verfolgen werde als das, nur die Zuhörer zu unterhalten. In einem Interview gab er bekannt, dass er eine Suite in fünf Sätzen plane, die die Geschichte seines Volkes nachzeichnen solle:

Ich bin in die Geschichte meiner Rasse zurückgegangen und habe versucht, sie in Musik auszudrücken. In Afrika hatten wir ein bestimmtes »Etwas«, das wir verloren haben. Eines Tages werden wir es wiederbekommen. Ich fange in Klängen die alten Zeiten im Dschungel ein, die grausame Fahrt über das Meer und die Verzweiflung bei der Ankunft, und dann die Tage der Sklaverei. Ich zeichne das Erwachen einer neuen spirituellen Qualität nach und dann die Tage in Harlem und den anderen Städten der USA. Dann versuche ich, tausend Jahre in die Zukunft zu gehen. Ich will die Zukunft ausdrücken, die Zeit, in der der Neger, emanzipiert und gewandelt, als freier Mensch seine Stelle unter den Völkern der Erde einnehmen wird.[28]

Das Publikum in den USA war aber noch nicht reif für ein solches Werk mit einer politischen Botschaft, und es hätte sich wohl kaum ein Konzertveranstalter oder Plattenpro-

---

27 Ellington: Autobiographie. S. 65.
28 Zit. nach: Jewell: Duke. S. 64 f.

duzent dafür gefunden. Die berühmte *Black, Brown And Beige-Suite,* auf die Ellington hier bereits anzuspielen scheint, wurde erst 1945 komponiert und in der New Yorker Carnegie Hall aufgeführt.

Nach den Auftritten in England feierte die Band Triumphe in der Pariser Salle Pleyel. Es verwundert nicht, dass sie mit einem gestärkten Selbstvertrauen in die USA zurückkehrte, das, wie Ellington in seiner Autobiographie schreibt, nur »teilweise auf Cognac und Champagner« zurückzuführen gewesen sei. Der Musikhistoriker Derek Jewell meint, dass die Begegnung mit dem europäischen Publikum die Entwicklung von Ellingtons Musik entscheidend beeinflusst habe: »Ellington muss erkannt haben, dass er es sich bei einer solchen hingebungsvollen und ernsthaften Unterstützung des Jazz durch kultivierte Europäer leisten konnte, bei seinen Kompositionen öfter zu experimentieren und sich weniger von den kommerziellen Forderungen des Musikgeschäfts abhängig zu machen, ohne diese jedoch jemals ganz außer Acht zu lassen.«[29]

Gewiss schlug sich diese neugewonnene Freiheit des Denkens in einer ganzen Reihe von gewagten Kompositionen nieder – wie zum Beispiel in dem Stück *Reminiscin' In Tempo,* das Ellington dem Andenken seiner Mutter widmete, als diese 1934 starb; dieses Stück dauert zwölf Minuten, nahm also die Vorder- und Rückseiten von zwei der damals üblichen 78er Schellackplatten ein. Der Experimentierfreude waren aber durch wirtschaftliche Faktoren doch Grenzen gesetzt. Die Afroamerikaner stellten trotz aller Anerkennung durch die weiße Intelligentsija immer noch die Hauptabnehmer von Ellingtons Musik dar, und ihnen ging es Mitte der dreißiger Jahre, bei einer Arbeitslosigkeit von über sechzig Prozent, finanziell nicht gut. Die Band

---

29 Ebd. S. 68.

war nie wirklich ohne Engagement, war aber zu langen, zermürbenden Tourneen, zu zahllosen »One-Nighters« in allen Teilen der USA gezwungen, auch in den Südstaaten, die Ellington bis dahin gemieden hatte.

Anders als zum Beispiel Henderson gelang es Ellington, seine Band zusammenzuhalten; es gab im Vergleich zu anderen großen Formationen erstaunlich wenig personelle Veränderungen, und es bildete sich eine Art von Kerntruppe heraus, die über zwanzig Jahre lang Bestand haben sollte: zu ihr gehörten neben dem Gründungsmitglied Greer der Baritonsaxophonist Harry Carney, der Altist Hodges, der Klarinettist Bigard und der Posaunist Lawrence Brown; wichtige Mitglieder der Trumpet-Section waren Cootie Williams und Rex Stewart; der aus Puerto Rico stammende Ventilposaunist Juan Tizol stieß 1929 zur Band, er war zwar kein bedeutender Solist, gab aber einigen Nummern einen lateinamerikanischen Touch und schrieb erfolgreiche Stücke wie *Caravan*. 1939 – erstaunlich spät – verpflichtete Ellington mit Ben Webster[30] den ersten Tenorsaxophonisten von Rang und einen begnadeten jungen Bassisten, den 1921 geborenen Jimmy Blanton. Der Duke hatte dem Bass schon immer eine prominente Rolle zugewiesen, hatte ihn bei Plattenaufnahmen nahe ans Mikrophon geholt und zeitweise sogar zwei Musiker beschäftigt, die dieses Instrument spielten.[31] 1939 stellte Ellington auch einen Arrangeur ein, Billy Strayhorn, der bis zu seinem Tod im Jahr 1967 bei der Band blieb und oft als »Alter Ego« des Leaders bezeichnet wurde.

Die Band nahm in den dreißiger Jahren ohne nennenswerte Unterbrechung auf: es entstanden so berühmte Ein-

---

30 Webster hatte 1936 schon einmal für kurze Zeit der Band angehört.
31 Die Blanton/Webster-Band aus den Jahren 1939 bis 1941 gilt als eine der besten Formationen, über die Ellington jemals verfügte; sie hatte aber nicht lange Bestand, weil der Bassist schon 1942 an Tuberkulose starb. Webster schied 1943 wieder aus.

Von 1939 bis zu seinem Tod im Jahr 1967 war er die rechte Hand Duke Ellingtons: der Arrangeur und Komponist Billy Strayhorn

spielungen wie *Mood Indigo* (1931), *Sophisticated Lady* (1933), *Solitude* (1934), *In A Sentimental Mood* (1935), *Caravan* (1937), *Prelude To A Kiss* (1938); für einige seiner Starsolisten schrieb Ellington eigene kleine »Concerti«: *Clarinet Lament* für Bigard, *Trumpet In Spades* für Stewart, *Rose Of The Rio Grande* für Brown und schließlich das berühmte *Concerto For Cootie*, das später in einer Vokalversion mit dem Titel *Do Nothin' Till You Hear From Me* ein Riesenerfolg wurde.

Ellingtons Bigband war nicht die einzige, die die harten Jahre der Depression durchstand. Der schon erwähnte Cab Calloway leitete ab 1931 die zweite Houseband des Cotton Club. In seinem Orchester saßen hervorragende Musiker, bekannt wurde es aber vor allem durch das exzentrische

Gebaren des Chefs, der im weißen Smoking vor seinen Musikern herumturnte und eines seiner – bei vielen Plattensammlern bis heute gefürchteten – gejodelten Scat-Vocals losließ, die ihm den Beinamen »The Hi-De-Ho Man« einbrachten.

Der Schlagzeuger Chick Webb trat mit wechselnden Formationen in New York auf und etablierte sich schließlich mit seiner Bigband im Savoy Ballroom, der in der Nähe des Cotton Club an der Lenox Avenue lag. Dieses Etablissement war von enormen Ausmaßen, die Tanzfläche maß siebzig mal fünfzehn Meter. Da entsprechend viele Besucher im Savoy Platz fanden, konnte das Management die Eintrittspreise sehr niedrig halten, und das Geschäft florierte auch in den schlimmsten Jahren der Wirtschaftskrise. 1934 stellte Webb ein junges Mädchen namens Ella Fitzgerald als Sängerin ein, die einen Talentwettbewerb im berühmten Apollo Theater gewonnen hatte (es war ihr zweiter Versuch; beim ersten war sie von der Bühne gebuht worden, allerdings war sie da als Tänzerin aufgetreten). Ihren Erfolg verdankte die Band einerseits dem mitreißenden Schlagzeugspiel des Leaders, andererseits der Sängerin mit ihrer warmen Stimme – dabei hatte Webb zunächst gezögert, sie aufzunehmen, weil sie von ihrem Aussehen her nicht ganz seiner Vorstellung von einer Bandsängerin entsprach. Als Webb, der aufgrund einer schweren Tuberkuloseerkrankung in seiner Kindheit verwachsen war und immer wieder längere Krankenhausaufenthalte hinter sich bringen musste, 1939 starb, führte Ella Fitzgerald das Orchester bis 1942 weiter.

Jimmie Lunceford aus Fulton in Missouri, der an der Fisk University und am New York City College Musik studiert hatte, gründete 1927 in Memphis eine Band, die zunächst den Namen »Chickasaw Syncopators« führte. Mit ihr kam er 1933 nach Harlem. Zu den herausragenden

Der Schlagzeuger Chick Webb (ganz links) leitete schon eine erfolgreiche Bigband, bevor er 1935 Ella Fitzgerald engagierte. Die Sängerin führte die Band nach dem Tod des Leaders im Jahr 1939 weiter

Musikern zählten der Posaunist Trummy Young (der in den fünfziger Jahren zu Armstrongs All-Stars gehörte) und der Altsaxophonist Willie Smith. Für die meisten Arrangements war der Trompeter Sy Oliver verantwortlich, der später von Tommy Dorsey für sein erfolgreiches Orchester verpflichtet wurde. Luncefords Band war in den dreißiger Jahren vor allem für ihre Präzision und ihre geschliffene und elegante Spielweise berühmt. *Margie, It Ain't What You Do* und *Baby, Won't You Please Come Home* waren einige ihrer Erfolgstitel.

Zwischen den Harlemer Bands kam es immer wieder zu sogenannten »Battles«, das heißt, man ließ sie gegeneinander zu einem Wettstreit um die führende Position antreten. Dabei standen die Musiker der verschiedenen Formationen und auch die Leader meist in freundschaftlichem Kontakt zueinander. Wenn sie ihren Auftritt hinter sich gebracht hatten, trafen sie sich oft in einem der intimeren kleinen Clubs, um miteinander zu spielen. Viele von ihnen brauchten diese Gelegenheit, einmal richtig Luft abzulassen, denn die Arbeit in einer großen Band war auf die Dauer zermürbend. Man hatte sich einer strengen Disziplin zu unterwerfen und war, was die eigene Entfaltung anbelangte, eingeschränkt. Einige beklagten sich ständig darüber, nicht genügend Soloraum zu haben. Auch diese nächtlichen »Jam Sessions« waren nicht frei von Wettbewerbsgeist: jeder wollte dem anderen zeigen, dass er der Größte war. Das hinderte sie aber nicht daran, anschließend friedlich ein paar Gläser miteinander zu trinken. Kaum ein Jazzmusiker sprach schlecht über einen anderen. Gene Krupa war geradezu stolz darauf, dass er einmal bei einem Duell der Chick-Webb-Band und des Benny-Goodman-Orchesters im Savoy von dem »kleinen Riesen des großen Lärms« niedergemacht worden war: »ich kann auch jetzt nur wiederholen, was ich schon damals gesagt habe: Ich bin nie von einem besseren Mann geschlagen worden.«[32]

---

32 Shapiro/Hentoff (Hrsg.): Jazz erzählt. S. 115.

»Kansas City, Here I Come«

Count Basie und seine Version des Bigband-Jazz

New York war zwar das Zentrum des großorchestralen schwarzen Swing, aber ähnliche Musik konnte man von Ende der zwanziger Jahre an in vielen amerikanischen Städten hören. Die Bands, die sich außerhalb des »Big Apple« formierten, wurden »Territory Bands« genannt. Vielleicht hatte das zunächst einen verächtlichen Beiklang und sollte auf die Provinzialität dieser Gruppen hinweisen. Die meisten dieser Bands schafften nie den großen Durchbruch, viele von ihnen hinterließen auch keine Schallplattenaufnahmen. Zwar saßen in ihnen durchaus kompetente Musiker, aber man war einfach zu weit vom Zentrum der Unterhaltungsindustrie entfernt. Wenn man sich Diskographien ansieht, dann stellt man fest, dass spätestens von 1930 an fast neunzig Prozent aller Aufnahmesitzungen in New York stattfanden.

Die »Territory Bands« verdienten sich ihr Geld meist mit Tourneen durch die nähere Umgebung ihres Heimatorts, sie spielten für lokale Radiosender, die nur eine relativ geringe Reichweite hatten, nur wenige von ihnen schafften es, in den ganzen USA bekannt zu werden. Eine große Ausnahme bildete die Band des Pianisten Bill Basie; sie rangierte ab Mitte der dreißiger Jahre in der Gunst des Publikums an zweiter Stelle hinter der Band Ellingtons. Basie, der wie Ellington ›geadelt‹ und zum »Count« erhoben wurde, vertrat eine Spielweise, die sich von der der

New Yorker Bands unterschied; dieser andere Stil hatte sich in den zwanziger Jahren in Kansas City herausgebildet. Basie, 1904 in Red Bank (New Jersey) geboren, hatte zwar seine ersten Schritte als Berufsmusiker ebenfalls in New York gemacht – Fats Waller hatte ihn auf der Orgel unterrichtet –, 1925 war er jedoch mit einer Show-Truppe auf eine Tournee durch die USA gegangen, und in Tulsa (Oklahoma) war er zum ersten Mal mit dem Kansas-City-Style in Berührung gekommen, durch »Walter Page and His Blue Devils«, bei denen Basie für ein paar Auftritte mitspielte. Walter Page, der Leader, später einer der führenden Kontrabassisten, spielte damals noch Tuba; sein Trompeter war Oran »Hot Lips« Page, Buster Smith blies Altsaxophon und Dan Minor Posaune. Als die »Gonzel White«-Truppe, zu der Basie gehörte, wenig später wegen finanzieller Schwierigkeiten aufgelöst wurde – und zwar, wie der Zufall wollte, in Kansas City –, reiste Basie nicht wie die anderen Musiker, Tänzer und Sänger nach New York zurück, sondern blieb in der Stadt am Missouri.

Kansas City war in den zwanziger Jahren bereits eine wichtige Handels- und Industriestadt und ein bedeutender Eisenbahnknotenpunkt. Um 1928 zählte sie ungefähr fünfhunderttausend Einwohner, davon etwa zehn Prozent Farbige. Die Stadt galt als Sündenbabel – wofür ihr korrupter Bürgermeister Tom Pendergast verantwortlich war. Pendergast kontrollierte fast alle illegalen Unternehmungen, die in der Stadt abliefen, vom Alkoholschmuggel bis zur Prostitution. Dieses permissive Klima kam den einheimischen Musikern natürlich zugute. Zahllose Nachtlokale und Cabarets lebten von den Farmern aus der Umgebung, die in die Stadt kamen, um ihre Geschäfte abzuschließen, ihr Vieh oder ihren Weizen zu verkaufen, und sich dann abends nach getaner Arbeit amüsieren wollten. Keiner von ihnen musste Angst haben, bei einer Razzia von der Polizei aufgegriffen zu werden. Die Pianistin Mary Lou Williams erinnert sich an jene Zeit: »Nun wurde Kansas City in jenen Tagen – als die Prohibition ja noch nicht aufgehoben war – von dem großen Gangsterboß Tom Pendergast beherrscht und kontrolliert. Die meisten Nachtlokale wurden von Politikern und dunklen Existenzen geleitet, und in der Stadt wimmelte es von Schnapsbuden, Spielhöllen und Gelegenheiten zu so ziemlich jeder Art von Laster. Unter diesen Umständen hatten die Musiker natürlich ausgezeichnet zu tun, obwohl einige ihrer Arbeitgeber wüste Typen waren.«[1]

Für die Pianistin war Kansas City eine »himmlische Stadt« – mit Sicherheit war es eine der lebenslustigsten, und etwas von diesem überschäumenden Lebensgefühl scheint sich auch in dem Musikstil niederzuschlagen, der dort entstand. Irgendwie wirkt der Kansas-City-Jazz unbeschwerter, leichter und flüssiger als die Musik, die zur gleichen Zeit in Harlem gespielt wurde, obwohl er fest in der Bluestradition verwurzelt ist.

Zu den bekanntesten Bands, die diese Spielweise pflegten, gehörten Andy Kirks »Twelve Clouds of Joy«, bei denen Mary Lou Williams am Klavier saß, die schon genannten »Blue Devils« von Walter Page, die um 1929 aus zehn Musikern bestanden, und vor allem Bennie Motens »Kansas City Orchestra«. Aus der letztgenannten Formation ist das Count Basie Orchestra, das bis in die achtziger Jahre zu den Top-Swing-Orchestern gehörte, hervorgegangen. Basie stieg dort 1929 ein, nachdem er sich eine Zeitlang durchgeschlagen hatte, indem er in Kinos Stummfilme musikalisch untermalte, und dann bei den »Blue Devils« mitgemacht hatte. Er schrieb später:

---

1 Shapiro/Hentoff (Hrsg.): Jazz erzählt. S. 172 f.

> Damals, zu Beginn der dreißiger Jahre, existierte in Kansas City eine Band, die mehr oder weniger die dortige Jazzszene beherrschte. Es war die Band des inzwischen verstorbenen Bennie Moten. Diese Band war außerhalb Kansas Citys nie sehr bekannt geworden, weil man in jenen Tagen noch nicht die Möglichkeit hatte, eine Band durch Radio, Schallplatten und Musikboxen im ganzen Land bekannt zu machen, und weil man sich damals eine Band, die in der Provinz spielte, auch in der Provinz anhören mußte. Ja, und dann platzten die Blue Devils, und einige von uns, darunter Page und Rushing, gingen zu Bennie. Ich spielte »Drittes Klavier« in der Band. Bennie war natürlich der Tastenfürst, und sein Bruder Buster spielte Klavier und Akkordeon.[2]

Diese Band trat, so Basie, in fast jedem Lokal in Kansas City auf und unternahm zahlreiche Tourneen durch den Südwesten. Sie spielte einen recht einfachen, soliden, rhythmisch betonten Swing und verfügte mit dem »Blues Shouter« Jimmy Rushing über einen zusätzlichen Publikumsmagneten. Die Band nahm bis 1932 eine ganze Reihe von Schallplatten auf, darunter den berühmten *Moten Swing* (1932). 1935 starb der Leader an den Folgen einer missglückten Mandeloperation, sein Bruder Buster versuchte die Band zusammenzuhalten, musste sie aber nach wenigen Monaten auflösen. Aus Mitgliedern der Ex-Moten-Band stellte Basie sein erstes eigenes Ensemble zusammen. Basie:

> 1935 vergrößerte ich dann diese Band im Reno Club in Kansas City, und daraus wurde schließlich das Orchester, das ich jetzt habe. Rushing, Page, Jo [Jo Jones, dr],

2 Ebd. S. 181.

Bennie Motens »Kansas City Orchestra«, bei dem Count Basie 1929 als zweiter Pianist einstieg. Der Leader sitzt vor dem rechten Klavier, Basie ihm gegenüber. Zwischen den beiden der Sänger Jimmy Rushing, der Ende der dreißiger Jahre wesentlich zum Erfolg der Basie-Bigband beitrug. Ganz links im Bild der Trompeter Oran »Hot Lips« Page

Durham [Eddie Durham, tb, g, arr], Ed Lewis [tp] und Jack Washington [bs] gehörten zu denen, die sich mir anschlossen. Ich will gern zugeben, daß die Band es zuerst nicht leicht hatte, sich durchzusetzen. Im Gegenteil, es war ein verdammt harter Kampf. Wir spielten fast ein Jahr lang im Reno Club, wurden an die Luft gesetzt, wieder engagiert, und nichts rührte sich. Nicht mal der Anfang eines Anfangs war zu entdecken.[3]

Der Wendepunkt kam, als der Musikkritiker John Hammond auf die Band und ihre mitreißende Art aufmerksam machte. Benny Goodman – damals in Chicago – mußte, wie Basie sich erinnert, mit seinem Kofferradio »weit weg

---

3 Ebd. S. 182.

in die freie Natur« gehen, um eine der Sendungen mit Basies Orchester, die ein kleiner Regionalsender aus Kansas City übertrug, hören zu können. Was er durch das Rauschen, Knacken und Pfeifen hindurch vernahm, versetzte ihn so sehr in Begeisterung, dass er nach Kansas City fuhr, um Basie live zu erleben, und sich für den farbigen Kollegen – und Konkurrenten – einzusetzen beschloss. »Er fuhr nach Chicago zurück und rief seinen eigenen Agenten, Willard Alexander von der Music Corporation of America, in New York an. In der Zwischenzeit hatte auch John schon mit Willard über uns geredet. Dann machte Willard selbst eine Reise nach Kansas City und nahm die Band für MCA unter Vertrag.«[4]

Hammond holte die Band nach New York, wo sie zunächst im Roseland Ballroom auftrat. Den Tänzern behagte die Musik aber nicht sehr; sie war zu stürmisch und ließ sie zu schnell außer Atem geraten. Hammond fand eine neue Auftrittsmöglichkeit im Famous Door, einem Lokal, das für eine Bigband eigentlich zu klein war. Zeitweise sollen mehr Musiker auf dem Podium gesessen haben als zahlende Gäste an den Tischen. Buck Clayton, der damals der Trumpet-Section angehörte, äußerte sich im Nachhinein recht kritisch über die Qualität der seiner Meinung nach noch immer zu provinziellen Band: »Wir hatten alle noch eine Menge zu lernen. Als die Basie-Band zum erstenmal nach New York kam, waren wir noch nicht einmal in der Lage, immer sauber zu intonieren, und unsere Bläser klangen oft ziemlich verstimmt. Wir mußten die Technik des Zusammenspiels lernen. Wir mußten lernen, wie man sich gute Instrumente aussucht. Einige von uns waren mit irgendwie zusammengestoppelten Instrumenten in die Band gekommen, und manche Hörner wurden mit Gummiband

[4] Ebd. S. 183.

Eine der berühmtesten Rhythmusgruppen der Jazzgeschichte: Count Basies »All-American Rhythm Section«, bestehend aus Basie selbst, dem Bassisten Walter Page, dem Schlagzeuger Jo Jones und dem Gitarristen Freddie Green

und ähnlichem Zeug zusammengehalten. Und wir mußten lernen, wie man ordentliche Aufnahmen macht.«[5]

Sie lernten offenbar rasch. Am 21. Januar 1937 begann Basie eine Serie erfolgreicher Plattenaufnahmen für Decca. Das Orchester sah wie folgt aus: Buck Clayton, Joe Keyes, Carl Smith (tp); George Hunt, Dan Minor (tb); Caughey Roberts (as), Jack Washington (as, bs); Herschel Evans, Lester Young (cl, ts); Count Basie (p); Claude Williams (g); Walter Page (b); Jo Jones (dr); Jimmy Rushing (voc). Es wurden vier Titel aufgezeichnet: *Honeysuckle Rose, Pennies From Heaven, Swinging At The Daisy Chain* und *Roseland Shuffle.* Der Gitarrist Williams wurde wenig später durch Freddie Green abgelöst – und damit war eine der

5 Ebd. S. 185.

Lester Young

berühmtesten Rhythmusgruppen der Jazzgeschichte komplett: Basie, Green, Page und Jones bildeten die »All-American Rhythm Section«; wenig spektakulär, aber enorm swingend und präzise trieben sie die Bläser voran; Jones schlug den durchgehenden Beat auf den Becken, und Basie warf äußerst sparsam Noten ein, Green – vom Boss »Mr. Holdtogether« genannt – schrammte sanft auf der Gitarre, und Pages volltönender Bass gab dem Ganzen eine robuste Grundlage. Ihr Spiel ist des Öfteren mit dem Pulsieren eines Herzens verglichen worden oder auch mit gleichmäßigen Atemzügen. Basie verzichtete zunehmend darauf, solistisch hervorzutreten, er betrachtete sich als Teil der Rhythmusgruppe, was bei einigen Leuten – zu Unrecht – Zweifel an seinen pianistischen Fähigkeiten aufkommen ließ. Der Kornettist Ruby Braff prägte das Bonmot vom »größten Drummer, der heute Piano spielt«.[6]

Von besonderer Bedeutung waren die beiden Tenorsaxophonisten Herschel Evans und Lester Young, die ihr Instrument auf sehr unterschiedliche Weise spielten. Evans war der Coleman-Hawkins-Schule zuzuordnen, er spielte mit viel Vibrato; der äußerst sensible und leicht verletzliche Young hingegen bevorzugte eine ganz andere Spielweise, die zunächst nicht sehr geschätzt wurde. Sein Ton war wesentlich ›dünner‹, nahezu ohne Vibrato, dafür aber auch lyrischer. Das, was er blies, wirkte sehr introvertiert, manchmal geradezu fragil und spröde. Es waren ›kühle‹ Klänge. Er selbst nannte Frankie Trumbauer und Bud Freeman – also zwei weiße Chicago-Musiker – als seine Vorbilder. 1934 hatte er im Fletcher-Henderson-Orchester die Nachfolge von Hawkins angetreten, und es hatte nichts als Ärger gegeben: »Die ganze Band schimpfte auf mich, sie wollten von mir, daß ich wie Hawkins spielte, aber warum sollte ich das tun, wo ich doch spielen konnte wie ich selbst? Fletcher Hendersons Frau machte mich halb wahnsinnig. Sie weckte mich früh am Morgen auf und spielte mir Hawkins-Schallplatten vor, damit ich wie er zu spielen lernen sollte. Aber ich wollte spielen wie ich. Ich hörte nur zu, um ihre Gefühle nicht zu verletzen.«[7]

Young musste seinen Stuhl bald räumen, statt seiner kam Ben Webster, der damals noch fast genauso wie der Meister Hawkins klang. Count Basie jedoch konnte den Mann mit dem leichten, vibratolosen Ton für sein Orchester gebrauchen. Für die dramatischeren Soli war Herschel Evans verantwortlich und – nach dessen frühem Tod im Jahr 1939 – der Texaner Buddy Tate. Young ›sang‹ auf dem

---

6 Zit. nach: Kunzler: Jazz-Lexikon. Bd. 1. S. 81.
7 Zit. nach: Joachim-Ernst Berendt: Das neue Jazzbuch. Frankfurt a. M. 1957. S. 55.

Tenor, er schien zu formulieren. Jo Jones sagte über ihn: »Lester spielte eine Menge musikalischer Phrasen, die in Wirklichkeit Worte waren. Er konnte buchstäblich auf seinem Horn sprechen. [...] Ich könnte seine Gedanken auf Papier schreiben, aufgrund dessen, was ich aus seinem Horn höre.«[8]

Young ist solistisch – sowohl auf dem Tenor als auch auf der Metallklarinette – auf vielen großen Aufnahmen des Orchesters aus den Jahren 1937 bis 1940 zu hören: auf *Blue And Sentimental,* dem berühmten *One O'Clock Jump* und *Jumping At The Woodside.* Nebenbei war er mit vielen kleinen Gruppen im Aufnahmestudio, unter anderem als Begleiter Billie Holidays. Er war wohl der kongeniale Partner für die Sängerin. Sein Tenorspiel war die Fortführung dessen, was sie sang – oder umgekehrt. Auf einer Aufnahme wie *This Year's Kisses* von 1937 nimmt Young den späteren Gesangspart der Holiday auf seinem Horn schon vorweg, auch die Figuren, die er auf vielen Platten hinter den Vocals blies, zeugen von einem tiefen Verständnis für die Kunst der Sängerin ebenso wie von einem starken menschlichen Einvernehmen. Billie Holiday nannte ihn »Prez«, eine Abkürzung für »President«. Für sie – und viele andere – war er der Größte aller Tenoristen.

Young hatte seine beste Zeit im Grunde während der wenigen Jahre, in denen er bei Basie war. Er spielte nach seinem Ausscheiden aus der Band Ende 1940 zunächst als Session-Musiker in New York, wurde 1944 zum Militär eingezogen und zerbrach in einem Ausbildungscamp physisch und psychisch. Nicht nur seine Spielweise war ihrer Zeit voraus – er nahm auch die selbstzerstörerische Lebensweise vieler Bebopper vorweg. Drogenabhängig und alkoholkrank, trat er bis zu seinem Tod im Jahr 1959 im-

---

8 Zit. nach: Kunzler: Jazz-Lexikon. Bd. 2. S. 1321.

Billie Holiday

mer wieder in Clubs auf und spielte auch noch Schallplatten ein. Diese dokumentieren, in welch tragischer Weise es mit ihm bergab ging. Die Ideen waren immer noch da, oft war er aber nicht in der Lage, sie auf seinem Instrument umzusetzen. Sein Ton wurde immer brüchiger; manchmal hört man ihn zu Beginn eines Solos tief einatmen, aber nur ein Bruchteil der Luft findet ihren Weg in sein Horn. Diese unsicheren Töne erinnern in bestürzender Weise an die ›Altersstimme‹ der Holiday, die wie Young ein Opfer von Alkohol und Drogen wurde. Die Sängerin starb, gerade vierundvierzigjährig, im Juli 1959, einige Monate nach Lester Young.

In den letzten Monaten seines Lebens wohnte Young in dem schäbigen Alvin-Hotel, das direkt gegenüber dem berühmten Jazzlokal Birdland lag. Abends zog er einen Stuhl ans Fenster, stellte eine Flasche Gin neben sich, sah den Besuchern zu, die ins Lokal strömten, griff dann zu seinem Saxophon und fingerte auf ihm herum. Im Geiste spielte er, aber aus dem Instrument kam kein einziger Ton. So soll er bis spät in die Nacht gesessen und sich bis zur Bewusstlosigkeit betrunken haben. In diesem Hotelzimmer wurde Young am 15. März 1959 tot aufgefunden. Er hinterließ sein Instrument, eine Brieftasche mit ein paar Dollarnoten – und drei leere Ginflaschen.

Basie hatte nach dem Tod von Herschel Evans im Jahr 1939 und dem Weggang Youngs ein Jahr später noch eine Reihe hervorragender Tenoristen unter seinen Leuten: Buddy Tate, den ausgesprochen ›heiß‹ spielenden Illinois Jacquet, Paul Gonsalves, der später zu Ellington überwechselte, Don Byas und Wardell Gray, die zum Bebop tendierten, und in den fünfziger Jahren Frank Wess, Frank Foster und Eddie »Lockjaw« Davis. »Ich baue die Band von der Rhythmusgruppe über die Tenoristen zum Rest auf«, sagte er. »Ich war immer wild auf einen guten Tenorspieler.«[9] Aber irgendwie klang seine Band nie wieder so wie damals, als Evans und Young in der Reed-Section gesessen hatten.

Die Basie-Band war über Jahrzehnte hinweg das einzige ernsthafte Konkurrenzunternehmen für Ellington. Zeitweise, Anfang der fünfziger Jahre, überflügelte der »Count« sogar den »Duke«, der damals müde und ausgelaugt schien und oft glatte, kommerzielle Titel spielte. 1959 kam es zu einem freundschaftlichen musikalischen Wettkampf der beiden Bands. Resultat war eine LP mit dem

---

9 Zit. nach: Ebd. Bd. 1. S. 82.

Titel *First Time*, auf der die kontrastierenden Stile – auch die kontrastierende Pianospielweise der beiden Leader – besonders gut zu hören sind.

Von einer kurzen Unterbrechung im Jahr 1950 abgesehen, schaffte es Basie, seine Band bis kurz vor seinem Tod im April 1984 zusammenzuhalten. In den letzten Jahren seines Lebens ließ er sich sogar im Rollstuhl ans Klavier fahren. Er unternahm zahllose Tourneen durch die ganze Welt, wurde 1975 von Norman Granz für dessen Label Pablo unter Vertrag genommen und spielte weiter unermüdlich Platten ein; Granz entdeckte ihn auch als Solopianisten neu, brachte ihn mit immer wieder neuen Musikern zusammen, schaffte ungewöhnliche Kombinationen: so ließ er ihn beispielsweise mit Oscar Peterson Duette spielen. Mit seiner Bigband begleitete Basie für Granz Ella Fitzgerald und – nostalgische Rückkehr in seine Anfangszeit – den Kansas-City-»Blues Shouter« Joe Turner. Einige der reinen Bigbandaufnahmen aus den Jahren 1952 bis 1982 hören sich etwas fade an, oft macht sich auch die Tendenz bemerkbar, mit Hilfe von (weißen) Arrangeuren Anschluss an die Popmusik zu finden (*Basie On The Beatles*, 1970). Es stimmt, dass – wie oft gesagt wurde – die Band wie ein gutgeölter Motor lief, aber man hätte sich manchmal etwas mehr Ungeschliffenheit, etwas weniger Routine und dafür ein wenig mehr Feeling gewünscht. Der Kritiker Arrigo Polillo schrieb über die Band der fünfziger Jahre, als Basie – zwischen 1954 und 1957 – bei zahlreichen Polls den ersten Platz belegte: »Trotz des Erfolges und der vielen Lobeshymnen seitens der Kritik in diesen Jahren fällt es einem beim Hören der Einspielungen dieses Orchesters (und noch mehr bei den Aufnahmen neuerer Basie-Bigbands) schwer, der alten Band nicht nachzutrauern. Eher versteht man den Grund, warum irgend jemand in Europa die neue Orchesterbesetzung eine ›Swing-Maschine‹ und ihre Mitglieder

›Swing-Funktionäre‹ genannt hat.«[10] Und Polillo sah mit Genugtuung, dass die Kritiker »das Duke Ellington-Orchester wieder auf den ihm gebührenden Platz und Basie eine Stufe tiefer«[11] stellten.

Es fragt sich, ob es wirklich einen Sinn hat, solche Klassifikationen vorzunehmen. Schließlich waren die musikalischen Konzeptionen Ellingtons und Basies durchaus verschieden. Dass die beiden von Ende der dreißiger Jahre an Top waren und nicht nur in der Beliebtheit beim schwarzen Publikum vor allen anderen Bands führten, sondern auch von weißen Kollegen geschätzt wurden und deren Musik mitbeeinflussten, wurde schon 1938 bei einem spektakulären Konzert deutlich, das der regierende »King of Swing« Benny Goodman gab. Goodman lud einige »Ellingtonians« und »Basie-ites« ein, bei dieser Veranstaltung mitzumachen, die kein Konzert wie jedes andere war.

---

10 Polillo: Jazz. Geschichte und Persönlichkeiten. S. 423. – Basie gewann »die Critics' Polls von *Down Beat* 1954 bis 1957, die Readers' Polls von *Down Beat* 1955 und 1957, 1956 von *Le Jazz Hot*, 1957/58 von *Metronome*, wurde 1955 in das *Who's Who* und 1958 in die *Down Beat Hall* of Fame aufgenommen.« (Kunzler; Jazz-Lexikon. Bd. 1. S. 83.)
11 Ebd. S. 424.

»Don't Be That Way«

Benny Goodman, der weiße »King of Swing«

New York, Sonntag, den 16. Januar 1938. Hunderte von meist jüngeren Menschen, die vor den Ticket-Counters der Carnegie Hall Schlange stehen, um die letzten Karten für ein Konzert am selben Abend zu ergattern, haben sich in dicke Wintermäntel gehüllt und Hüte aufgesetzt, einige Damen bergen ihre Hände in Pelzmuffs. Es ist kalt, und ein feiner Regen hängt in der Luft, dennoch spiegelt sich Vorfreude auf den Gesichtern der Wartenden; sie unterhalten sich animiert miteinander. Sie wirken aber auch ein bisschen besorgt: offiziell ist die »Hall« seit Tagen ausverkauft, man kann nur noch darauf hoffen, dass irgendjemand seine Karte zurückgegeben hat oder dass vielleicht doch noch ein paar Stehplätze frei sind. Schlimmstenfalls muss man sich eben von einem der Spekulanten, die die Menschenreihen entlanggehen und halblaut ihre Ware anbieten, zu völlig überhöhten Preisen eine Eintrittskarte kaufen. Entgehen lassen will man sich das musikalische Ereignis auf keinen Fall.

Die nach dem Industriellen und Mäzen Andrew Carnegie benannte Konzerthalle ist für die Musikliebhaber New Yorks so etwas wie ein Tempel. Wer in ihr als Interpret oder als Dirigent einmal aufgetreten ist, der hat die höheren Weihen empfangen. Allerdings verbindet man mit der Hall ausschließlich klassische Musik europäischer Provenienz, Bach und Beethoven etwa. Oder man denkt an den großen italienischen Dirigenten Arturo Toscanini, der seit

1931 mit Unterbrechungen in New York lebt und das Orchester der Metropolitan Opera leitet. Besonders bei Amerikanern der höheren und der höchsten Gesellschaftsschicht gilt als ›Kultur‹ nur das, was aus Europa kommt. Amerikanische Kunst, Musik und Malerei, mit Abstrichen auch die Literatur, ist zu roh, zu ungehobelt, letztlich auch zu modern. Ihr fehlt die Patina des Altehrwürdigen. Als der immens reiche Stahlmagnat Henry Clay Frick, der einigen als Philanthrop galt, anderen als brutaler Unternehmer – er hatte einen Streik von Stahlarbeitern in Homestead (Pennsylvania) durch mehrere Hundertschaften von Pinkerton-Detektiven mit Waffengewalt niederschlagen lassen –, seine 1913 am Rand des Central Park für unglaubliche fünf Millionen Dollar erbaute palastähnliche Villa bezog, ließ er in der Alten Welt Kunstobjekte zusammenkaufen, auf die jedes Museum stolz gewesen wäre: Statuetten von Cellini, Gemälde von Rembrandt und Turner. Wenn Frick in seinem Haus Gäste bewirtete – wozu er allerdings wohl nicht allzu oft Gelegenheit gehabt haben dürfte, da er bald nach seinem Einzug in die Villa starb –, dann engagierte er bestimmt ein Streichorchester, das irgendetwas von Vivaldi zum Besten gab oder vielleicht auch von Schubert. Die klassische Musik Europas hatte in den USA Hochkonjunktur – jedenfalls in den besseren Kreisen.

Schon 1851 hatte William H. Fry, Musikkritiker der New Yorker *Tribune* und der erste Amerikaner, der eine Oper komponiert hatte (*Leonora*), die Servilität beklagt, mit der man sich in seinem Land nach dem ausrichtete, was auf der anderen Seite des Ozeans geschah. »Ein amerikanischer Komponist sollte sich nicht von Namen wie Beethoven oder Händel oder Mozart peinigen lassen und ihnen auch keine Ehrerbietung erweisen. Er sollte sich […] mannhaft und unabhängig in bislang noch nicht betretene Bereiche aufmachen und dabei dem Ruf seiner Veranlagung und seiner Inspiration folgen, sonst wird er nie bleibenden Ruhm erwerben.«[1] Fry hatte eine »Declaration of Independence« für die Kunst gefordert und die Begründung einer eigenen amerikanischen »Schule«. Dafür seien aber die Unterstützung und Anerkennung durch das große Publikum erforderlich. Die hatten jedoch noch lange auf sich warten lassen. Als der junge Fats Waller eine beunruhigende Neigung für den Jazz zeigte, hatte ihn sein Vater bei der Hand genommen und in die Carnegie Hall geführt, damit er sich dort den berühmten polnischen Pianisten Ignacy Paderewski anhörte und auf diese Weise auf den rechten Pfad zurückgeführt würde.

Die Hall war für viele eine Gralsburg der Kultur in einem Land der Unkultur. Viele rümpften die Nase, als Paul Whiteman schon in den zwanziger Jahren dort Konzerte gab, aber irgendwie hatte man sich mit seiner Musik noch arrangieren können. Da hatten zwar einige Jazzmusiker auf der Bühne gesessen, aber sie waren von einem stattlichen Aufgebot an Streichern umrahmt gewesen, und ein bisschen hatten die Kompositionen auch noch an europäische symphonische Musik erinnert. An jenem Abend des 16. Januar 1938 stand aber etwas ganz anderes auf dem Programm: Benny Goodman und sein Orchester würden in der Hall auftreten – und zur Überraschung und Missbilligung vieler selbsternannter Wächter über die Kultur hatte ein ungeheurer Run auf die Karten eingesetzt. Sogar der Bandleader selbst sah sich schließlich gezwungen, Schwarzmarktpreise zu bezahlen, um seine Familienmitglieder in den Saal zu bringen, und in allerletzter Minute hatten Arbeiter noch eine provisorische Tribüne gezimmert, die man auf die Bühne selbst stellte, damit noch ein paar zusätzliche Zuhörer Platz fanden. Das Konzert war

---

[1] Zit. nach: Elliot Paul: That Crazy American Music. Indianapolis / New York 1957. S. 49.

ein überwältigender Erfolg – das mussten schließlich auch die anerkennen, die mit der Musik nichts anzufangen wussten: »Als Mr. Goodman die Bühne betrat, erhielt er eine Begrüßung wie Toscanini«, schrieb am Tag darauf der Kritiker der *New York Times,* der bei den Darbietungen immer unruhiger wurde, weil seine zehnjährige Tochter vor Begeisterung auf ihrem Sitz herumhopste, während er selbst – gar nichts verspürte.

Dass Goodman einmal als umjubelter Star auf der Bühne der Carnegie Hall stehen würde, hatte er sich wohl selbst nicht erträumt. Oder vielleicht doch. Gerade das mag ihn angetrieben, ihm die Zielstrebigkeit und das Durchsetzungsvermögen gegeben haben, die neben Talent nötig waren, um im Amerika der dreißiger Jahre als Unterhaltungskünstler zu einem solchen Gipfel des Ruhms zu gelangen.

Benjamin David Goodman wurde 1909 in einem Viertel Chicagos geboren, das im Volksmund »The Ghetto« hieß, weil in ihm vor allem Juden lebten; die meisten von ihnen waren gegen Ende des 19. Jahrhunderts aus Osteuropa in die USA eingewandert. Goodmans Vater stammte aus Warschau, seine Mutter aus Kowno in Russland. Goodman senior versuchte seine vielköpfige Familie – Benny hatte nicht weniger als elf Geschwister – als Schneider durchzubringen. Wie viele Väter war er von dem Wunsch besessen, dass seine Kinder es einmal besser haben sollten, und das Musikgeschäft schien ihm eine Möglichkeit, wirtschaftlichen Wohlstand zu erwerben. 1919 meldete er daher Benny und zwei seiner Brüder bei der örtlichen Synagoge zum Musikunterricht an. Dass der Lehrer Benny eine Klarinette in die Hand drückte, soll daran gelegen haben, dass er der zarteste und schmächtigste von den dreien war; sein Bruder Harry hatte eine so kräftige Statur, dass ihm eine Basstuba anvertraut wurde, Freddie durfte sich immerhin noch auf der Trompete versuchen. In seiner Autobiographie meinte Goodman später: »Ich bin sicher, dass ich, wenn ich zwei Pfund schwerer gewesen wäre und zwei Zoll größer, heute wohl eine Trompete und nicht die Klarinette blasen würde.«[2]

Obwohl es für ihn ein großes finanzielles Opfer darstellte, vervollständigte der Vater die musikalische Ausbildung seiner Söhne durch Privatstunden. 1922 wurde ein gebrauchtes Grammophon angeschafft, und irgendwie fanden auch ein paar Schallplatten den Weg in die elterliche Wohnung. Eine Einspielung von Ted Lewis faszinierte den jungen Klarinettisten so, dass er sie Takt für Takt nachzuspielen lernte. Im Alter von zwölf Jahren hatte er seinen ersten öffentlichen Auftritt in einem Varieté des Viertels; die dazu nötige Union Card, den Gewerkschaftsausweis, verschaffte er sich, indem er den Geburtsschein eines älteren Bruders vorlegte. Der Besitzer des Lokals bestand darauf, dass Goodman in kurzen Hosen auf der Bühne erschien, um seine Jugend herauszustreichen. Auch in den Jahren danach wurde Goodman oft als »boy wonder«, als musikalisches Wunderkind präsentiert. Sein erstes Gehalt – es soll sich um fünf Dollar gehandelt haben – ließ in dem Jungen den Entschluss reifen, Berufsmusiker zu werden.

Entscheidend zu seiner weiteren formalen Ausbildung trug der deutschstämmige Klarinettenlehrer Franz Schoepp bei, der dem Chicago Symphony Orchestra angehört hatte. Schoepp besaß für einen eher konservativ eingestellten Weißen eine erstaunlich liberale Einstellung gegenüber Schwarzen; er unterrichtete gleichzeitig Goodman und den farbigen Klarinettisten Buster Bailey – später eine der Säulen der Fletcher-Henderson-Band. Vielleicht war dies nicht ohne Einfluss auf Goodman, jedenfalls stellte er in den dreißiger Jahren allen Anfeindungen zum Trotz als erster

2 Zit. nach: Pino Maffei: Kings of Jazz. Benny Goodman. Mailand 1961. S. 23.

weißer Bandleader eine gemischte Gruppe auf die Bühne. Mit dem Jazz kam Goodman durch Schoepp allerdings nicht in Berührung. Dies geschah, als er von Anfang der zwanziger Jahre an zusammen mit Bruder Freddie, dem Trompeter, und ein paar Freunden eine Band gründete, die alles mögliche spielte, Hymnen, populäre Melodien aus Opern und Tagesschlager, und so selber ins ›Musikgeschäft‹ einstieg. Unter anderem hörte er eine von Lil Hardin-Armstrong geleitete Gruppe, zu der Johnny Dodds gehörte.

Auf der Oberschule lernte der Junge auch den etwas älteren Jimmy McPartland kennen und durch diesen die anderen Mitglieder der »Austin High School Gang«, Dave Tough, Bud Freeman und Frank Teschemacher. Freeman erinnerte sich: »Obwohl er nicht aus der Austin Highschool Gang kam, gehörte er damals ziemlich fest zur Szene. Und wir lernten eine Menge von ihm, denn er war schon weit mehr Profi als jeder andere von uns und spielte – im Grunde genommen professionell –, als er zehn Jahre alt war.«[3] Besonders herzlich scheint das Verhältnis zwischen ihm und den Austin-High-Musikern aber nicht gewesen zu sein. Goodman: »Es waren sehr talentierte Jungs, aber die meisten von ihnen lasen nicht gut vom Blatt, und ihre Art zu spielen kam mir ungeschliffen vor.«[4] Für Freeman und Co. wiederum war seine Spielweise *zu* geschliffen, dafür aber nicht vom richtigen ›Geist‹ beseelt. Für die Chicagoans war Jazz eine Lebensweise; wenn da einer auf seinem Instrument nur krächzende Töne produzierte – wie Mezz Mezzrow zum Beispiel –, das aber mit glühender Inbrunst, dann war das für sie in Ordnung. Goodman war Perfektionist, Jazz zu spielen war nur eine der vielen Möglichkeiten, Musik zu machen – gute, technisch brillante Musik.

3 Zit. nach: Kunzler: Jazz-Lexikon. Bd. 1. S. 424.
4 In: Musica Jazz. August 1986. S. 39.

1923 wurde Goodman ein Job auf einem Ausflugsdampfer vermittelt, der auf dem Lake Michigan zwischen der gleichnamigen Stadt und Chicago hin- und herpendelte – und der Kornettist, der auf dem kleinen Show-Boat spielte, war kein Geringerer als Bix Beiderbecke. Die Anerkennung, die ihm von Seiten des Publikums und seiner Musikerkollegen zuteil wurde, vor allem aber auch das Geld, das er sich mit seinen Gelegenheitsauftritten verdiente, veranlassten Goodman dazu, 1923, also im Alter von vierzehn Jahren, die Schule zu verlassen, um sich ganz und gar auf eine musikalische Laufbahn zu konzentrieren. Er hatte zunächst wechselnde Engagements in Chicago, erlebte Louis Armstrong, King Oliver und Bessie Smith und trat 1925 in die Band Ben Pollacks ein, des ehemaligen Schlagzeugers der »New Orleans Rhythm Kings«. Pollack hatte eine Bigband zusammengestellt, die anfangs aus elf Musikern bestand; der Leader saß nicht nur an den Drums, er sang auch. Als Goodman dem Ensemble beitrat, blies ein junger Mann namens Glenn Miller die Posaune. Ende der zwanziger Jahre war die Band recht populär, auch weil der Drummer ein talentierter Showman war und etwas von Public Relations verstand. Am Ende vieler Platteneinspielungen pflegte er mit weicher Stimme zu sagen: »Ben Pollack, may it please you«, und dieser Spruch wurde zu einer Art Markenzeichen. Vielen der Chicago-Jazzer, die bei ihm Zuflucht suchten – auch McPartland und Freeman waren eine Zeitlang dabei –, war die Musik aber zu kommerziell ausgerichtet. Pollack musste die Band 1934 auflösen, er startete über Jahrzehnte hinweg mehrere Comeback-Versuche, die allesamt scheiterten, und nahm sich schließlich 1971 physisch zerbrochen und desillusioniert das Leben.

Goodman war schon 1929 wieder aus der Band des Schlagzeugers ausgeschieden und – wie so viele andere – nach New York übersiedelt. Immerhin hatte er sich in den

Jahren bei Pollack eine beträchtliche Routine als Solist und als Sectionmusiker erworben, er hatte an zahlreichen Aufnahmesitzungen der Band teilgenommen und 1927 mit Kollegen aus Pollacks Ensemble auch die ersten Platten unter eigenem Namen gemacht. Die Gruppe nannte sich »Benny Goodman's Boys with Jim and Glenn«, und Jim und Glenn waren Jimmy McPartland und Glenn Miller. Schon als Zwanzigjähriger war Goodman einem breiten Publikum bekannt.

In New York erging es dem jungen Klarinettisten besser als vielen seiner Kollegen. Er war zu Kompromissen bereit, gab den Jazz, der beim Publikum in Ungnade gefallen war, auf, arbeitete in Rundfunkorchestern, spielte bei großen Tanzveranstaltungen, stellte allerdings auch gelegentlich kleine »Hot«-Formationen zusammen, mit denen er Schallplattenaufnahmen machte. Zu einer Zeit, da andere, wie die Musiker um Eddie Condon, zu sechst in einem schäbigen Hotelzimmer wohnten und nicht wussten, woher sie das Geld für eine Mahlzeit nehmen sollten, verdiente Goodman an die vierhundert Dollar pro Woche. Es verwundert daher eigentlich nicht, dass er von sich aus keine Neigung verspürte, zum Jazz zurückzukehren.

Mittlerweile war aber in Europa das Interesse an der amerikanischen Musik gewachsen, die man als neue Kunstform betrachtete. Die britische Columbia erteilte 1933 dem jungen John Hammond, der damals in Yale studierte, den Auftrag, in den USA ›echte‹ Jazzgruppen zusammenzustellen und aufzunehmen. Hammond trat an Goodman heran, der aber zunächst wenig Lust zeigte, sich wieder in solch gefährliches Fahrwasser zu begeben. Er riet Hammond, leichter verkäufliche Musik aufzunehmen. Um ihn wieder auf den Geschmack zu bringen, schleifte Hammond ihn durch die Nachtlokale in Harlem. Goodman lernte die Sängerin Billie Holiday kennen und erklärte sich schließlich bereit, ein Begleitensemble für eine Aufnahme für die British Columbia zusammenzustellen. Für die Sitzung am 27. November 1933 griff er auf Musiker zurück, mit denen er zuvor schon im Aufnahmestudio gewesen war, unter anderem auf den Posaunisten Jack Teagarden, dessen Bruder Charlie, der Trompete spielte, und auf den einen alten Kumpel aus Chicago, den Drummer Gene Krupa. Es war Billie Holidays Plattendebüt, kein sehr glückliches. Sie nahm einen einzigen Song auf, *Your Mother's Son-In-Law*, der sich vor allem durch seinen skurrilen Text auszeichnet. Erfolgssongs, die etwa aus der Feder von Komponisten wie George Gershwin oder Jerome Kern stammten, wurden damals von den Plattenfirmen nur weißen Interpreten anvertraut.

Goodman begleitete am selben Tag auch noch die Sängerin Ethel Waters, die zwar in künstlerischer Hinsicht nicht an die Holiday heranreichte, aber schon seit Anfang der zwanziger Jahre im Geschäft und deshalb viel bekannter war. Hammond wollte offenbar kein allzu großes Risiko eingehen und ›koppelte‹ daher die Aufnahme einer jungen Debütantin mit zweien einer berühmten Unterhaltungskünstlerin. Mut hatte er allerdings ein paar Tage zuvor bewiesen, als er die große Blues-Sängerin Bessie Smith, mit der es in künstlerischer wie persönlicher Hinsicht bergab gegangen war – sie war oft zu alkoholisiert, um aufzutreten – und die seit mehr als zwei Jahren kein Aufnahmestudio mehr von innen gesehen hatte, vors Mikrophon gestellt hatte. Zu der nominell von dem Pianisten Buck Washington geleiteten Gruppe hatten Benny Goodman und Jack Teagarden gehört, also zwei weiße Musiker, und neben dem Leader die anderen Farbigen Frank Newton (tp), Chu Berry (ts), Bobby Johnson (g) und Billy Taylor (b): was die Rassenintegration betraf, waren Hammond und Goodman einer Meinung. Goodman war allerdings gar nicht eingeplant gewesen, er soll mehr durch Zufall in die Gruppe hineingeraten sein: er war eigentlich im Studio nebenan bei Aufnahmen mit »Adrian Rollini and His Tap Room Gang«, die solch kuriose Titel wie *Coffee In The Morning And Kisses In The Night* und *Sittin' On A Log, Pettin' My Dog* auf die Wachsmatrizen bannte, und kam – vielleicht, weil er sich angeödet fühlte –, herüber, um den Kollegen zuzuhören. Eingestiegen ist er offenbar nur bei *Gimme A Pigfoot And A Bottle Of Beer* (einem Song, den Billie Holiday später in ihr Repertoire nahm), jedenfalls ist auf dieser Aufnahme seine Klarinette im Hintergrund zu hören.

Die vier Titel, die Bessie Smith begleitet von »Buck and His Boys« an diesem Tag, dem 24. November 1933, aufnahm, waren ihre letzten überhaupt. Eigentlich wäre Goodman in einer Begleitband für eine Blues-Sängerin fehl am Platze gewesen; sein kristalliner Ton, an dem er immer mehr gefeilt hatte, und die Eleganz seiner Phrasierungen waren Ausdruckselemente, die man nicht mit dem Blues in Zusammenhang brachte. Aber Bessie Smith hatte sich selbst gewünscht, dass es keine »Blues Session« werden sollte. Die vier Songs wurden eigens von Leola und Wesley »Socks« Wilson komponiert, die in der Vaudeville-Tradition zu Hause waren. Es waren »Swing Songs«, die einzigen, die die »Empress of the Blues« je aufnahm; vielleicht erhoffte sie sich ein Comeback, wenn sie diese neue Art von Musik sang.

Goodman hat später behauptet, die Einspielungen mit schwarzen Musikern und den beiden Sängerinnen hätten ihn zum Jazz zurückgeführt – was nicht ganz überzeugend ist, denn so vollkommen konnte er den Kontakt zur schwarzen Musik kaum verloren haben. Vielleicht sagte ihm auch sein Instinkt, dass die Zeit für den Jazz wieder gekommen war. Die wirtschaftliche Reformpolitik des Präsidenten Franklin D. Roosevelt, der sogenannte »New

Deal«, begann zwar nur langsam konkrete Ergebnisse zu zeitigen, die Amerikaner schöpften aber wieder neue Hoffnung, und die große Depression fing an, einer optimistischeren Stimmung zu weichen. Vor allem die jüngeren Amerikaner waren den zuckersüßen Sound der großen Unterhaltungsorchester und auch die dümmlichen Texte vieler Songs allmählich satt und verlangten nach einer neuen, frischeren Musik. Natürlich setzten sich diese Trends aber nur langsam durch.

1934 stellte Goodman seine erste eigene Band zusammen, deren Personal zunächst recht häufig wechselte. Hammond, der inzwischen zu seinem ständigen Berater avanciert war, bestand darauf, dass Gene Krupa mit dabei war. Tatsächlich sollte der Schlagzeuger in den folgenden Jahren am Aufstieg des Goodman-Orchesters maßgeblichen Anteil haben. Goodmans Musik war rhythmisch betont, sie hatte Drive, und diesen Drive lieferte Krupa. Goodman wollte ein Orchester, das »Tanzmusik in einem freien und musikalischen Stil spielte, mit anderen Worten, in der Art, in der die Mehrheit der guten Musiker spielen wollte, ohne dazu bei der täglichen Arbeit die Möglichkeit zu haben.«[5] In den ersten Monaten fand die Band keinen besonderen Anklang; der Durchbruch kam, als die National Biscuit Company eine neue Kekssorte lancieren wollte und zu diesem Zweck vom Dezember 1934 an eine wöchentliche Radiosendung mit Tanzmusik finanzierte, die den Titel »Let's dance« trug. Jede Sendung dauerte drei Stunden und wurde von drei Bands, der Bigband Goodmans und den Formationen Xavier Cugats (der lateinamerikanisch eingefärbte Musik spielte) und Murray Kellners, einer Sweet-Band, bestritten. Goodman erkannte, dass dies eine große Chance war, über die Grenzen New Yorks hin-

---

5 Zit. nach: Polillo: Jazz. Geschichte und Persönlichkeiten. S. 408.

aus bekannt zu werden, änderte seine Besetzung noch einmal und kaufte vor allem einige Arrangements von Fletcher Henderson ein, dessen eigene Band sich zu dieser Zeit schon im Niedergang befand. Goodman: »Die ersten Arrangements, die wir von Fletcher bekamen, waren solche, die er schon für seine Bigband verwendet hatte: *King Porter Stomp* und *Big John Special* von seinem Bruder Horace. Soweit ich weiß, war dies das erste Mal, daß die Arrangements von einem weißen Orchester ausgeführt wurden, und es war eine der größten Freuden meiner Karriere, diesen Partituren zu folgen und die Musik aus ihnen herauszuholen […]. Wir hatten zwar noch nicht die richtige Band, um diese Sorte Musik zu spielen, aber ich gelangte mehr denn je zu der Überzeugung, daß das der richtige Weg war. Das einzige, was noch zu tun blieb, bestand darin, die Musiker zu finden, die gut mit diesen Arrangements fertig werden würden.«[6]

Diese Musiker fanden sich bald ein: den Stamm der Band bildeten – außer Krupa – Pee Wee Irwin (tp), Red Ballard (tb), Toots Mondello und Hymie Shertzer (as) sowie George van Eps (g). Am Kontrabass stand Harry Goodman, der kräftigere der Goodman-Brüder, der damals in Chicago auf der Basstuba begonnen hatte. Am 6. Juni 1935 stellte Goodman einen einsamen Rekord auf. Für die NBC, die National Broadcasting Corporation, nahm er eine Reihe von Platten auf, die über den Rundfunk übertragen werden sollten – und zwar in einer einzigen achtstündigen Sitzung nicht weniger als einundfünfzig Stücke. Darunter waren berühmte Titel wie *Makin' Whopee, I Can't Give You Anything But Love, Rose Room, St. Louis Blues, I Surrender Dear, Royal Garden Blues, Sugar Foot Stomp, King Porter Stomp* und *Stomping At The Savoy*. Für insge-

6 Ebd. S. 409.

samt sechzehn Stücke hatte Fletcher Henderson die Arrangements geliefert.

Die Radiosendungen gingen nach dreieinhalb Monaten zu Ende, ohne dass sich der erhoffte ganz große Durchbruch eingestellt hatte. Goodman musste mit seinen Leuten auf eine zermürbende Tournee von One-Nighters gehen – etwas, das ihm persönlich gar nicht behagte: »Mit-einer-Band-Reisen kommt gleich hinter Zirkus-auf-und-ab-Bauen.«[7] Diese Tournee drohte ein großer Reinfall zu werden. Die Zuhörer reagierten ziemlich gelangweilt oder sogar verärgert, wenn Goodman die neuen, schnellen Nummern aus dem Bandbook spielen ließ, und verlangte nach »sweet music«. Aber dann sprang eines Abends der Funke urplötzlich über – und es kam zu einer regelrechten Explosion.

Man weiß genau, wann und wo es geschah – am 21. August 1935 im Palomar Ball Room in Los Angeles –, eigentlich ist es aber immer noch ein Rätsel, warum es geschah. Durch vorhergehende Erfahrungen – ein Konzert in Denver hatte einen Tiefpunkt dargestellt – eingeschüchtert, spielte die Band erst ein paar langsame Stücke. Eine Handvoll älterer Zuhörer klatschte müde, die jüngeren schienen unruhig zu werden. Goodman war plötzlich alles egal, er drehte sich zu seinen Männern um und sagte: »Also gut, Jungs, es kommt sowieso nicht mehr drauf an. Zeigt ihnen wenigstens, was wir können.« Nachdem sie die ersten ›heißen‹ Stücke gespielt hatten, begann das Publikum plötzlich vor Begeisterung zu toben. Goodman:

Als wir den ersten Abend im Palomar spielten, sagten wir uns: »Was haben wir denn schon noch zu verlieren«, und meinten, jetzt könnten wir genauso gut aufs

---

7 Shapiro/Hentoff (Hrsg.): Jazz erzählt. S. 200.

Ganze gehen und unsere besten Pferde aus dem Stall lassen. Also spielten wir Sachen wie *Sugarfoot Stomp*, *Sometimes I'm Happy* und all die anderen. Trotzdem hatten wir in Wirklichkeit eine Todesangst.

Ich trat das Tempo an, und dann schafften die Männer sich rein und spielten so gut, wie ich sie seit unserer Abreise von New York kaum irgendwo gehört hatte. Ich weiß nicht, woran es lag, aber die Leute wurden wild vor Begeisterung.[8]

Man hat natürlich versucht, Erklärungen dafür zu finden, warum dieselbe Musik, die in den Wochen zuvor nur so etwas wie mildes Gelangweiltsein bei den Zuhörern hervorgerufen hatte, plötzlich einen solchen Sturm entfesseln konnte. Ob die Band wirklich an diesem Abend um eine Nuance besser gespielt hat und dieses winzige Quentchen ›mehr‹ entscheidend war? Es ist fraglich, ob das breite Publikum eine solche Nuance überhaupt gespürt hätte. Möglicherweise spielte die Zeitverschiebung innerhalb der USA, das heißt von der Ostküste zur Westküste, eine Rolle. Die Radiosendungen, an denen Goodman beteiligt war, wurden von New York aus zu einer Zeit ausgestrahlt, in der im Westen auch jüngere Leute vor den Empfängern saßen. Vielleicht war Goodmans Band daher in Los Angeles schon bekannter als in ihrem eigentlichen Hauptquartier. Gene Krupa hat eine andere Erklärung gefunden; er meinte, dass es einfach ein bisschen dauerte, bis die Leute ihre Hörgewohnheiten umgestellt hatten und die neue Musik verstanden: »Die Leute brauchten Zeit, aber als sie einmal Goodmans musikalische Heilsbotschaft begriffen hatten, nahmen sie sie sofort an und folgten ihr.«[9]

8 Ebd. S. 198.
9 Ebd.

Von diesem Tag im August 1935 an hatte Goodman eine treue Fan-Gemeinde, die im Laufe der Zeit immer mehr anwuchs. Bisweilen nahm der Enthusiasmus der Zuhörer bedrohliche Formen an, so 1937 bei einem Konzert im Paramount Theatre, einem riesigen Kino in New York:

Ich glaube, mein Manager Willard Alexander saß mit Bob Weitman, dem Manager der Paramount, im Zwischengeschoß. Sie waren von der enthusiastischen Reaktion des Publikums genauso begeistert wie wir. Das änderte sich schlagartig, als plötzlich ein paar junge Leute aufstanden und anfingen, in den Stuhlreihen Jitterbug zu tanzen. Dann begannen noch ein paar über das Geländer zu klettern und auf das Podium zu kommen, und Bob sprang auf, rannte vor die Tür und schrie: »Hilfe! Schnell! Sonst gibt es Verletzte! Da drinnen ist der Teufel los!«

Er lief die Treppen runter und hinter die Bühne, und sobald die Saalordner ihn sahen, nahmen sie blitzartig Haltung an und grüßten.

»Laßt den Quatsch, verdammt nochmal!« rief er. »Schnell in den Saal, sonst bringen sich diese Gören gegenseitig um.«

Als er nun so durch das ganze Theater lief, um die Saalordner zu mobilisieren, mußte er immer erst diese Grüßerei über sich ergehen lassen, ehe er das Ganze wieder in seine Gewalt kriegen konnte.

Als es drei Uhr nachmittags war, hatte die Kasse an elftausendvierhundert Personen Eintrittskarten verkauft, und die Gesamtbesucherzahl des ersten Tages betrug einundzwanzigtausend.[10]

---

10 Ebd. S. 200.

Eine der ersten ›gemischten‹ Gruppen des Jazz: das Benny Goodman Quartet – Lionel Hampton, Teddy Wilson, Goodman und Gene Krupa

Goodman bot aber nicht nur Musik, die die Zuhörer aus den Sesseln hob und auf die Tanzfläche rasen ließ – oder wie in diesem Fall auf die Bühne. Schon 1935 hatte er – wieder auf Anraten Hammonds – den Pianisten Teddy Wilson verpflichtet, zögerte aber eine ganze Zeitlang, ihn mit den anderen Musikern zusammen auf die Bühne zu bringen – denn Wilson war ein Schwarzer, und Goodman fürchtete rassistische Reaktionen. Irgendwann wagte er es dann aber doch, seinem Publikum Wilson zu präsentieren, allerdings nicht in den Bigbandnummern, bei denen der reguläre Pianist Jess Stacy auf dem Klavierschemel saß. Goodman bildete mit Wilson und Krupa eine »Band within the Band«. Das Trio spielte introvertiertere, zartere Musik, die nicht zum Tanzen aufforderte, sondern gehört werden wollte. Es war eine zusätzliche Attraktion, weil es Abwechslung in das Programm brachte und den Tänzern Gelegenheit zu einer Verschnaufpause bot. 1936 wurde das Trio zum Quartett erweitert. Der neue Vierte im Bunde war ein Farbiger wie Wilson, er hieß Lionel Hampton und spielte ein ungewöhnliches Instrument: das erst im Jahr 1920 erfundene Vibraphon.

Der wohl 1908 in Kentucky geborene Hampton hatte sich schon als Fünfjähriger von allen möglichen Perkussionsinstrumenten magisch angezogen gefühlt. Mit fünfzehn war er von dem Altsaxophonisten Les Hite entdeckt worden, der ihn als Schlagzeuger in seine Band geholt hatte, die an der Westküste stationiert war. Als Louis Armstrong 1930 in Los Angeles als Solostar einige Konzerte gab und Plattenaufnahmen machte, hatte die Hite-Band die Begleitung übernommen. Während einer dieser Aufnahmesitzungen hatte sich Hampton erstmals auf dem Vibraphon versucht: »Les Hites Band spielte im Sebastians Cotton Club, als Louis zu uns stieß, um als Starsolist mit der Band zu spielen, und Louis gefiel die Band so sehr, dass er uns eine Aufnahmesession mit sich machen ließ. Wir gingen ins Studio, wo ein Vibraphon in der Ecke rumstand, und Louis fragte mich: ›Kannst du auf dem Ding da irgendwas spielen?‹ Ich fühlte mich unheimlich geschmeichelt und sagte: ›Na klar!‹ Ich stellte mich also hin und spielte auf ein paar von Louis' Platten: *Memories Of You, Just A Gigolo* und *You're Driving Me Crazy*.«[11] Das Vibraphon wurde danach zu Hamptons Hauptinstrument, obwohl er weiterhin Schlagzeug spielte und auch eine sehr persönliche Spielweise auf dem Piano perfektionierte: bei dem sogenannten »Two Finger Style« hämmerte er mit den ausgestreckten Zeigefingern wie mit Klöppeln auf die Tasten.

Dafür, dass Hampton zu Goodman stieß, war wieder einmal Hammond verantwortlich. Er hatte Hampton mit

---

11 Zit. nach: Stan Woolley: Lionel Hampton. A Jazz Ambassador. In: Jazz Journal. 27. Jg. Nr. 8 (August 1974). S. 4f. Hier: S. 4.

der Gruppe, die dieser nach seinem Ausscheiden aus Hites Band gegründet hatte, in einem Club in Los Angeles erlebt und brachte eines Abends Goodman mit, damit der sich den Vibraphonisten anhörte. Goodman war begeistert und engagierte Hampton vom Fleck weg. Hampton selbst erzählte die Geschichte später einmal im Telegrammstil: »Dann kam Goodman nach Kalifornien und er hatte ein Trio und er fragte mich, ob ich zu ihm kommen und mit dem Trio Vibraphon spielen wollte, und so wurde es das Quartett.«[12] Er verschwieg dabei, dass der Klarinettist so begeistert von ihm war, dass er mit ihm, Krupa und Wilson eine Nacht hindurch jammte und dann am nächsten Morgen mit den dreien nach Hollywood ins Plattenstudio zog, wo sie *Dinah, Exactly Like You* und *Vibraphone Blues* aufnahmen. Der klare und geschmeidige Sound von Goodmans Klarinette, Wilsons perlendes Spiel auf den Tasten, die ätherischen, nachhallenden Töne von Hamptons Vibraphon, das Ganze getragen und vorangetrieben von Krupas solidem Beat – das ergab eine Mischung, die man zuvor noch nie vernommen hatte: Kammermusik des 20. Jahrhunderts. Wenn Goodman in der Folgezeit bei einem der Auftritte der Bigband ankündigte, dass nun »The Quartet« einige Nummern zum Besten geben würde, dann raste das Publikum vor Begeisterung, um bei den ersten Takten in andächtiges Schweigen zu versinken und ebenso konzentriert und kennerhaft zu lauschen wie andere einem klassischen Streichquartett. Ohne dass es den Mitwirkenden und den Zuhörern bewusst war, vollzog sich da eine Entwicklung; der Jazz war auch in seinem Heimatland dabei, als Kunstform anerkannt zu werden. Hampton wurde 1936 von der Zeitschrift *Down Beat* zum »Musician of the Year« gewählt. Die Idee der Band in der Band wurde von anderen

---

12 Zit. nach: Ebd.

Leadern kopiert: Artie Shaw hatte seine »Gramercy Five«, Tommy Dorsey seine »Clambake Seven«, Bob Crosby, der eine Art von großorchestralem Dixieland spielte, seine »Bobcats«.

Hampton war überzeugt davon, dass das Quartett mit seinen zwei weißen und zwei schwarzen Musikern entscheidend dazu beitrug, einige der Barrieren zwischen den Rassen niederzureißen. Von ein paar Ausnahmen abgesehen, gab es bei den öffentlichen Auftritten der Goodman-Band auch keine Zwischenfälle. Der Leader meinte: »Als dann Teddy Wilson und später Lionel Hampton zu uns stießen, redete natürlich alles von den Problemen, die sich ergeben würden, wenn man innerhalb einer rein weißen Band eine aus Weißen und Farbigen gemischte Gruppe, wie das Trio und das Quartett, auftreten läßt. Ich habe jedoch feststellen können, daß Teddy und Lionel vom Publikum fast überall begeistert aufgenommen wurden und daß man sich ihnen gegenüber wohltuend verständnisvoll verhielt. Die meisten Leute, die uns zuhörten, beurteilten diese beiden Musiker nicht nach ihrer Hautfarbe, sondern nach der wundervollen Musik, die sie machten.«[13]

1936 und 1937 war Goodmans Orchester *die* Band der USA – andere weiße Swingbands schossen wie Pilze aus dem Boden und profitierten von der Popularität Goodmans: die Orchester von Artie Shaw, Tommy Dorsey, Glenn Miller und andere hatten ebenfalls bald eine treue Anhängerschaft, aber Goodmans Bighand blieb die Nummer eins. *Sing, Sing, Sing, Big John Special, King Porter Stomp, Blue Skies* – das waren einige der Nummern, nach denen die Leute immer wieder verlangten. Goodman tourte durch die Staaten, nahm unzählige Schallplatten auf und war regelmäßig im Radio in der »Camel Caravan Show« zu hören.

---

13 Shapiro/Hentoff (Hrsg.): Jazz erzählt. S. 202.

Ein Mitarbeiter der Agentur, die sich um diese Radioshow kümmerte, hatte dann im Dezember 1937 die Idee zu dem großen Coup – dem Konzert in der Carnegie-Hall. Es ging alles relativ schnell, die Halle wurde für den 16. Januar des folgenden Jahres gemietet, Plakate wurden gedruckt und ein Programmheft in Auftrag gegeben. Aus diesem Programmheft ging hervor, dass das Konzert mehr als nur eine Abfolge der beliebtesten Nummern sein sollte. Der Kritiker Irving Kolodin hatte sich etwas Besonderes einfallen lassen: die Zuhörer sollten einen Überblick über die historische Entwicklung des Jazz erhalten. Dieser Plan wurde am 16. in die Tat umgesetzt.

Das Konzert wurde über ein einziges über der Bühne angebrachtes Mikrophon in das NBC-Studio übertragen und dort mitgeschnitten, sodass man sich noch heute einen Eindruck von diesem Ereignis machen kann. Die Band spielte zur Einstimmung *Don't Be That Way*, und dieses eine Stück zeigte schon, dass die Veranstaltung ein triumphaler Erfolg werden würde. Ein paar Töne aus Harry James' Trompete reichten, um den ersten spontanen Beifall auszulösen, bei einem kurzen Drum-Break von Krupa ertönten die ersten anfeuernden Zwischenrufe. Nach zwei weiteren Bigbandnummern begann der historische Teil, der den Titel »Twenty Years of Jazz« erhalten hatte. Zuerst wurde mit *Sensation Rag* der »Original Dixieland Jazz Band« gedacht, wobei man sich an einer Schallplatte der ODJB aus dem Jahr 1918 orientierte. Es folgte mit *I'm Coming Virginia* eine Hommage an Bix Beiderbecke: der Kornettist Bobby Hackett übernahm dabei den Part des 1931 verstorbenen berühmten Kollegen. Dann kam eine ziemlich bösartige Parodie auf die Band von Ted Lewis, Goodman blies selber das zickige Klarinettensolo in *When My Baby Smiles At Me*. Trompetenstar Harry James ehrte Louis Armstrong mit *Shine*, und danach traten drei prominente Gast-Stars auf: Cootie Williams, Johnny Hodges und Harry Carney. Goodman meinte zu Recht, dass ein Titel von Duke Ellington in einer solchen kurzgefassten »History of Jazz« nicht fehlen dürfe, dass man aber den Ellington-Sound nicht imitieren könne, da mussten schon ein paar echte Ellingtonians für *Blue Reverie* gewonnen werden. Der Duke selbst war auch eingeladen worden, hatte aber abgelehnt – wie Kolodin später schrieb, hatte er gut daran getan: er sollte wenige Jahre später mit seiner eigenen Bigband in die Carnegie Hall einziehen. Schon die Idee, die Entwicklung des Jazz über einige seiner Stationen nachzeichnen zu wollen, zeigt, dass man diese Musik mittlerweile ernst nahm und dass man dies auch vom Publikum verlangte. Das Publikum applaudierte brav nach jedem Stück – vor allem James' Solo über *Shine* schien zu gefallen –, wurde aber erst richtig warm, als die Bigband wieder loslegte mit *Life Goes To A Party*, womit man sich bei dem Magazin *Life* bedankte, das eine Bildreportage über die Band veröffentlicht hatte.

Es folgte ein weiteres Experiment in der Art von »Twenty Years of Jazz«. Goodman wollte den Leuten demonstrieren, was eine »Jam Session« war, also ein spontanes, ungeprobtes Zusammenspiel von Jazzmusikern, wie es normalerweise »after hours« in einem Club oder auch auf einer privaten Party stattfand. Count Basie hatte sich bereit erklärt mitzumachen und aus seiner Band Buck Clayton, Lester Young, Freddie Green und Walter Page mitgebracht. Das Goodman-Kontingent bestand aus dem Leader, Krupa, Harry James und dem Posaunisten Vernon Brown. Außerdem bat man Johnny Hodges und Harry Carney wieder auf die Bühne. Fats Wallers berühmte Komposition *Honeysuckle Rose* war als Grundlage für die Jam Session ausgewählt, die jedoch nicht so recht in Schwung kommen wollte. Offenbar war es doch etwas anderes, ob man im intimen Kreis vor wenigen sachkundigen Zuhörern oder Musikerkollegen jammte oder vor einem zweitausend Köpfe zählenden Auditorium. Im Anschluss an die Session trat die langerwartete »Band within the Band« auf den Plan, zunächst im Trio, dann mit Hampton. Für Kolodin war dies der Höhepunkt, er glaubte, dass die »Sound Showers« nicht mehr zu überbieten seien. Es sollte aber noch besser kommen. Nach einer Pause – als man Goodman gefragt hatte, wie lang die »Intermission« sein sollte, hatte er geantwortet: »Ich weiß nicht. Wie viele Minuten hat Toscanini?« – wurde das schon aufgeheizte Publikum regelrecht in Ekstase gebracht. Bigband-Stücke, Titel des Quartetts – bald wurde jedes Solo frenetisch beklatscht. Und dann kam ganz gegen Ende das berühmte *Sing, Sing, Sing,* in dem sich Krupa die Seele aus dem Leib trommelte und die führenden Solisten auftraten. Es passte einfach alles zusammen. Als alle dachten, das Stück sei schon zu Ende, wurde der Bandpianist Jess Stacy von der Inspiration davongetragen und spielte Chorus um Chorus. Die abschließenden Passagen der ganzen Band hatten schon einen triumphalen Beiklang.

Die Band, die das historische Carnegie Hall Concert gegeben hatte, zerfiel kurz darauf. Innerhalb weniger Monate verlor Goodman zwei seiner Starsolisten, wobei er – wie einige meinen – gar nicht so betrübt darüber war, dass sie gingen. Zuerst gab es einen gewaltigen Krach mit Gene Krupa. Angeblich sollen sie unterschiedlicher Ansicht gewesen sein, was die Musik anbelangte. Entscheidend ist aber mit Sicherheit die Tatsache gewesen, dass Krupa mittlerweile in der Gunst des Publikums so hoch gestiegen war, dass er nicht länger als Sideman in der Band eines anderen sitzen wollte. Umgekehrt wird es wohl Goodman nicht angenehm gewesen sein, dass sein Drummer so große Aufmerksamkeit auf sich zog. Von Krupa hieß es, dass er den Swing geradezu sichtbar machen könne, er besaß eine außerordentliche Mimik, grimassierte in mitreißender Manier zu seinem Spiel. Er sah außerdem sehr gut aus, sein Markenzeichen war eine Haartolle, die im Takt mitwippte. Krupa schied im März 1938 im Unfrieden, um seine eigene Bigband zu gründen. Harry James folgte im Januar 1939 seinem Beispiel, mit dem Unterschied allerdings, dass Goodman ihn dazu ermutigte und ihm bei der Gründung einer eigenen Band half. Krupa wurde durch Dave Tough ersetzt, der spieltechnisch nicht weniger kompetent war, aber nicht denselben Show-Appeal wie sein Vorgänger hatte.

Alte Mitstreiter gingen, neue kamen hinzu. Spektakulär war der Wechsel Cootie Williams' von Ellington zu Goodman; er wurde in der Fachpresse vielfältig kommentiert. Es hielt ihn nur etwas über ein Jahr bei seinem Arbeitgeber, gefeatured wurde er vor allem in kleineren Formationen: an die Stelle des Quartetts war jetzt ein Sextett getreten. Ein anderer Neuzugang war der Gitarrist Charlie Christian aus Dallas in Texas. Hammond hatte den Einundzwanzigjährigen spielen gehört und war so beeindruckt gewesen, daß er ihn seinem Freund empfohlen hatte. Der auf äußere Form bedachte Goodman war zunächst von dem Erscheinungsbild des jungen Musikers schockiert gewesen: grüner Anzug, purpurnes Hemd, gelbe Schuhe, ein Riesencowboyhut und eine jener schmalen Krawatten, wie sie berufsmäßige Spieler in Wild-West-Filmen tragen. Hammond, der einer der größten Talentscouts war, die es jemals gegeben hat, war jedoch entschlossen, den Gitarristen auf irgendeine Weise in der Band unterzubringen: er schmuggelte Christian einfach auf den Bandstand. Dem verblüfften Goodman blieb nichts anderes, als gute Miene zum bösen Spiel zu machen und den jungen Mann einsteigen zu lassen. Er sagte *Rose Room* an, ein nicht sehr bekanntes Stück, in der Hoffnung, dass der ungebetene Gast

Charlie Christian, Pionier der elektrischen Gitarre, verlieh der Musik Goodmans in den Jahren 1939 bis 1941 neue Impulse

sich blamieren würde. Der ließ sich aber in keiner Weise irritieren, improvisierte mühelos Chorus um Chorus, bis die Nummer nach unglaublichen 48 Minuten endlich zu Ende ging. Mit Christian stieß der dritte Farbige zu Goodman, Hampton war immer noch dabei, und auf dem Klavierschemel saß mittlerweile Fletcher Henderson.

Christian, ursprünglich Saxophonist, war einer der Pioniere der elektrischen Gitarre. Er animierte andere Gitarristen dazu, ebenfalls auf die E-Gitarre umzusteigen – nicht nur der Klangverstärkung wegen, sondern weil es auf diese Weise auch möglich war, wie ein Bläser zu phrasieren. Er machte aus dem Begleitinstrument ein Soloinstrument, ging von der herkömmlichen Akkordspielweise zur »Single Note«-Technik über, experimentierte vor allem im Bereich der Harmonik und war ein Vorläufer der Bebopper. Mit einigen dieser jungen Revolutionäre – mit Thelonious Monk und Kenny Clarke – hielt er auch lange Jam Sessions im Minton's Playhouse von New York ab. Goodman stellte ihn besonders in Sextettnummern heraus, wie *Flying Home, A Smo-o-oth One, Air Mail Special, Six-Appeal.* Bei Konzerten pflegte er Christian jetzt als eines der größten jungen Talente vorzustellen, die es im Jazz gab; während er ihm anfangs nur eine Wochengage von siebeneinhalb Dollar zugestanden hatte, zahlte er ihm jetzt einhundertfünfzig Dollar. Christian gehörte der Band nur wenige Jahre an; er starb, fünfundzwanzigjährig, im März 1944 an Tuberkulose.

Goodman hatte sich schon 1939 als historische Persönlichkeit betrachtet und zusammen mit Irving Kolodin unter dem Titel *The Kingdom of Swing* seine Autobiographie vorgelegt. Danach entwickelte sich seine Musik kaum noch weiter, wenn man von den Nummern absieht, bei denen Charlie Christian dabei war. Anscheinend verspürte der »King of Swing« von ungefähr 1945 an auch keine große Lust mehr, weiter eine Bigband zusammenzuhalten, mit all den Problemen, die dies mit sich brachte. Er löste sein Orchester auf, formierte es aber gelegentlich für bestimmte Anlässe und für Tourneen neu.

Bei vielen seiner Musiker galt er als ein ziemlich harter, unangenehmer, ja geradezu unmenschlicher Boss. Bud

Freeman war froh, als er der Hölle, die die Goodman-Band für ihn bedeutete, entronnen war. Er erzählte, wie bei einem Abgang von der Bühne im Dunkeln einmal der Klarinettist Buddy DeFranco zu Fall gekommen war. Goodman sei über den stöhnend am Boden Liegenden hinweggeschritten, habe dessen Klarinette aufgehoben und ausgerufen: »Gott sei Dank, es ist ihr nichts passiert.« Namen neu hinzugekommener Musiker konnte sich Goodman grundsätzlich nicht merken. Er war ein Perfektionist, der Leute, die seinem hohen Standard nicht genügten, gnadenlos feuerte. In späteren Jahren wurde er geradezu diktatorisch: er schrieb seinen Männern genauestens vor, was sie zu spielen hatten, und ließ ihnen kaum Raum für persönliche Entfaltung. Er wärmte vor allem alte Arrangements auf. Eine Tournee für das State Department nach Russland löste einen kleinen Skandal aus. Nach Hause zurückgekommen, beschwerten sich viele der jüngeren Instrumentalisten darüber, dass der Chef sie nur abgestandene Sachen habe blasen lassen: wenn man schon eine Bigband nach Russland schicken musste, dann hätte man diejenige Ellingtons auswählen sollen, sie sei wesentlich repräsentativer für den Jazz. Manchmal bestand auf einer solchen Tournee das angepriesene »Benny Goodman Orchestra« auch nur aus dem Star selbst und einem Haufen kompetenter, aber recht biederer englischer Studiomusiker. Dem Publikum gefiel es zumeist trotzdem. Der Name Benny Goodman zog nicht so sehr die Jazzfans an als vielmehr alle die, die sich in die gute alte Zeit des Swing und der großorchestralen Tanzmusik zurückführen lassen wollten. Und denen genügte es, wenn das Original sich selbst kopierte. 1978 gab es aus Anlass des vierzigsten Jahrestages ein neues Carnegie-Hall-Konzert. »Well, here we are again«, sagte der Boss launig zur Begrüßung, aber was dann folgte, war eine ziemlich enttäuschende Angelegenheit. Von den alten Kämpen war eigentlich nur noch Lionel Hampton dabei. Die anderen waren in der Zwischenzeit gestorben, oder sie waren von Goodman nicht eingeladen worden; manche hatten auf ihre Teilnahme verzichtet. Die Nostalgiker kamen auf ihre Kosten, aber der alte Funke war erloschen.

Wie kaum ein anderer Musiker erkannte Goodman den Geist der Zeit. Er gab den weißen Amerikanern in der Zeit von 1935 bis 1940 genau die Musik, die sie haben wollten. Damals begründete er sein persönliches »Kingdom of Swing«, machte Jazzmusik gesellschaftsfähig – und häufte ein immenses Vermögen an. In den Jahren danach war er kaum noch ein Musiker, der entscheidend zur Weiterentwicklung des Jazz beitrug. Auch Ellington und Basie, die beiden schwarzen Bandleader, die Goodman bewunderte, blieben einem musikalischen Grundkonzept treu, aber vor allem der Erstgenannte war mit dem Erreichten nie zufrieden, stieß immer wieder in neue Bereiche vor. Ellington inspirierte jüngere Musiker; Charles Mingus, der in den fünfziger und sechziger Jahren von sich reden machte, interpretierte die Musik Ellingtons auf seine Art. Der Pianist Mal Waldron, der Tenorist Joe Henderson, der Klarinettist Tony Scott und viele andere Instrumentalisten nachfolgender Generationen haben sich immer wieder kreativ mit Ellington-Songs auseinandergesetzt. Wenn hingegen jemand Benny-Goodman-Songs spielt und aufnimmt, dann hat das immer den Charakter einer Retrospektive, einer Reise in die Vergangenheit.

»Montmartre Stomp«

Amerikanische Jazzmusiker im Vorkriegseuropa

In einer Tageszeitung war 1927 Folgendes zu lesen: »Schwarz. [Die Stadt] hat die erste Sensation der neuen Saison. Drei Nigger. Richtige, schwarze Nigger im Café Marcelle. Sie gehören zur Jazzband, diesem Orchester des 20. Jahrhunderts. Auge und Ohr kommen auf ihre Kosten. Wir sind weiß, die Nigger schwarz. Wie wunderbar ist doch die Welt.«[1] Über die Musik, die der »Trommelschläger«, der »Banjomann« und die anderen Mitglieder der Band machten, heißt es dann: »[Sie] hat die Grenzen ihrer Ausdrucksmöglichkeit durchbrochen, sie ist Urproduktion geworden, allerdings in Schranken gehalten von einem strengen Rhythmus. Aber auch der Rhythmus hat sein Gesicht verloren. Er steht irgendwo, streng und unhörbar in der Mitte, und um ihn rankt sich die bizarre Ornamentik von Xylophon, Trommel, Becken und Klingel.«[2]

Die Stadt, die sich im Jahr 1927 mit dieser Sensation konfrontiert sah, war nicht irgendein verschlafenes Nest im amerikanischen Mittelwesten, wo man »Nigger« selten zu Gesicht bekam, sondern Reval in Estland. Schon sehr früh waren schwarze Bands, die als »Jazzbands« bezeichnet wurden, obwohl sie für unser Verständnis allenfalls jazzverwandte Musik spielten, in Europa unterwegs. Sie traten

---

1 Zit. nach: Rückblende. Herbst 1927. In: Jazz Podium. 37. Jg. Nr. 4 (April 1988). S. 7.
2 Zit. nach: Ebd.

nicht nur in den großen Revuepalästen und Tanzsälen auf, sondern auch in exklusiven Restaurants und Hotelbars. Und sie machten fast überall Furore, wobei nicht immer ihre Musik ausschlaggebend war, sondern die Exotik ihres Aussehens und ihres Auftretens. Schwarze waren ›in‹, das Publikum wollte Schwarz sehen. »Ted Heath, der berühmte englische Bandleader der fünfziger Jahre, erwähnte einmal in einem Interview, daß er mit dem ›Syncopated Orchestra‹ [1922] in Wien spielte. Vor den Konzerten mußte er damals sein Gesicht schwarz schminken, um dem Wiener Publikum, darunter viel Prominenz wie der Architekt Adolf Loos und Conrad Veidt, den ungetrübten Eindruck einer vollständigen Negerband zu geben.«[3]

Nicht alle kamen jedoch allein des ungewohnten Anblicks, des Spektakels wegen. Vor allem viele europäische Intellektuelle waren von der Musik aus anderen Gründen fasziniert; sie entdeckten im Jazz eine neue künstlerische Ausdrucksweise, in seinen Rhythmen spiegelte sich für sie etwas von der Hektik oder von der Dynamik – je nach Standpunkt – des neuen Zeitalters. Der Jazz war die Musik, die dem Lebensgefühl der Moderne in adäquater Weise Ausdruck verlieh, er hatte seine Wurzeln in einer jahrtausendealten Volkskunst, war aber gleichzeitig Produkt einer urbanen Kultur, entstanden und gereift in den Großstädten der Neuen Welt. Für viele europäische Künstler, die sich selbst zur Avantgarde zählten, war der Jazz eine ›Bewegung‹, die Parallelen zu ihren eigenen Kunstbestrebungen aufwies, und sie setzten sich auf ihre Weise mit dem Phänomen auseinander. Otto Dix nahm in sein »Großstadt«-Triptychon (1927/28) einen Saxophonisten auf, der inmitten von blasiert und dekadent wirkenden Nachtclub-

---

3 Klaus Schulz: Vor 60 Jahren kam der Jazz nach Wien. Arthur Briggs und Sam Wooding. In: Jazz Podium. 34. Jg. Nr. 11 (November 1985). S. 10f. Hier: S. 10.

besuchern sein Instrument bläst. René Schickele schrieb 1925 den Roman *Symphonie für Jazz*, der mit einem aus Silben komponierten Solo beginnt: »Bäbä, tu. Bäbä, tut. Tut! bäbä. / Ein Hurra – Bäbätu. / Auf das Känguruh! / Miau.«

Moderne europäische Komponisten ließen sich vom Jazz oder von seinen Vorläufern, dem Ragtime und dem Cakewalk, beeinflussen. Claude Debussy komponierte schon um 1906 *Golliwog's Cakewalk*, Erik Satie nahm 1917 in die Musik für sein Ballett *Parade* einen *Ragtime du Paquebot* auf, und Igor Strawinsky fügte 1918 einen Ragtime in seine *Geschichte vom Soldaten* ein. 1927 wurde in Leipzig Ernst Kreneks »Jazzoper« *Johnny spielt auf* uraufgeführt.

In Europa verlief die Rezeption des Jazz gewissermaßen zweigleisig: einmal durch das große Publikum, das in ihm eine neue, aufregende Art der Unterhaltung entdeckte, zum zweiten durch die Fachleute, die in ihm eine neue Kunstrichtung entdeckten, über die nachzusinnen sich lohnte, die man ernst zu nehmen, zu analysieren, zu diskutieren und, wenn man selber Künstler war, auch kreativ weiterzuentwickeln hatte. Jazz war beides: U- und E-Musik. 1919 gab eine von Will Marion Cook geleitete Truppe von »Negermusikern« ein Konzert in der Londoner Royal Philharmonie Hall. Im Publikum saß der Schweizer Dirigent Ernest Ansermet, der für die *Revue Romande* eine begeisterte Besprechung verfasste – nicht anders, als ob er einem gelungenen Beethoven-Konzert gelauscht hätte. Ansermet hob vor allem die Künste des Klarinettisten hervor: »Es gibt im ›Southern Syncopated Orchestra‹ einen außergewöhnlichen Klarinettenvirtuosen [...]. Ich möchte den Namen dieses genialen Künstlers hier festhalten. Was mich betrifft, so werde ich ihn nie vergessen. Er lautet: Sidney Bechet.«

Über Bechets Soli schrieb Ansermet: »[...] ihre Form war zupackend, abrupt, harsch, mit einem brüsken und erbarmungslosen Ende wie dem von Bachs zweitem *Brandenburgischen Konzert*. [...] wie sehr es einen ergreift, wenn man diesem ganz schwarzen, dicken Burschen begegnet, mit seinen weißen Zähnen und seiner niedrigen Stirn, der sehr froh darüber ist, dass einem gefällt, was er tut, der aber nichts über seine Kunst zu sagen weiß, außer dass er seinen ›own way‹, seinen eigenen Weg, verfolgt, und wenn man bedenkt, dass dieser ›own way‹ vielleicht die Straße ist, in die die ganze Welt sich morgen ergießen wird.«[4]

Bechet wird damals kaum begriffen haben, was Ansermet von ihm wollte. »Ich habe immer die Musik, die ich kenne, so gespielt, wie ich sie in mir spüre«, war das, was er dem Dirigenten auf dessen Fragen antwortete. Aber der Klarinettist fühlte sich von der Aufmerksamkeit, die ihm geschenkt wurde, so geschmeichelt, dass er Ansermets Artikel aus der Zeitung ausschnitt und lange Zeit mit sich herumtrug. Nicht nur die Tatsache, dass man seine Darbietungen auf der Klarinette für hohe Kunst hielt – ihm selbst war eine solche Vorstellung fremd – wird dem farbigen Künstler Auftrieb gegeben haben, sondern ganz allgemein die Aufnahme, die den »Southern Syncopators« in England zuteil wurde. Immerhin war die Royal Philharmonic Hall etwas anderes als ein New Yorker Cabaret, und die Truppe hatte mit der Show einen solchen Erfolg, dass man den großen Konzertsaal einen ganzen Monat lang füllte.

Quasi als Krönung kam im August 1919 die Einladung, im Buckingham-Palast vor König George V. und einer Reihe illustrer Gäste aus dem Hochadel zu spielen. Bechet:

---

4 Ernest Ansermet: Sur un orchestre nègre. In: La Revue Romande. Nr. 10 (15. Oktober 1919). S. 10–13. Hier: S. 13.

»Ich wusste gar nicht, was ich dazu sagen sollte, einfach so in den Palast eines Königs hineinzuspazieren. Ich hatte keine Vorstellung davon, was mich erwartete, aber es stellte sich dann heraus, dass der Palast einfach größer als alle anderen Gebäude war, er war wie die Grand Central Station mit einer Menge Teppichen und so Sachen, die an den Wänden rumhingen. Nur dass er mehr Türen hatte. [...] Da stand dieser prächtig rausgeputzte Butler rum, und er ließ uns durch all diese Türen hindurch, und schließlich führte er uns in den Garten, wo wir spielen sollten, und dann war es eigentlich wie immer. Sofort, nachdem wir losgelegt hatten, fing die ganze königliche Familie an, mit den Füßen zu wippen. Es waren über tausend Leute da. Und Will erzählte mir später, dass er sie gefragt hatte, was ihnen am meisten gefallen habe, und der König hat gesagt, dass das dieser Blues war, der *Characteristic Blues*.[5]

Während der Jazz in seinem Heimatland als »dirty and sinful« galt, schämten sich in Europa Angehörige der höchsten Kreise nicht, ganz offen zuzugeben, dass sie Vergnügen an ihm fanden, und so seriöse Musiker wie Ansermet hatten den Mut, ihn als eine neue, richtungweisende Kunst zu feiern – eine ganz neue Erfahrung für die Jazzer. Hinzu kam für einen schwarzen Musiker noch, dass er sich in Europa freier fühlte, weil es offiziell keine Rassentrennung gab. Dass nirgends Schilder hingen, auf denen »Whites only« zu lesen war, bedeutete allerdings nicht, dass alle Europäer die Neger als gleichberechtigte menschliche Wesen ansahen.

Der alte Kontinent besaß für farbige Unterhaltungskünstler zwischen den Weltkriegen eine ungeheure At-

---

5 Bechet: Treat It Gentle. S. 128.

traktion – für sie war Europa und nicht Amerika das Land der Freiheit und der unbegrenzten Möglichkeiten. Dort war man nicht in ein Ghetto verbannt, man war weniger Diskriminierungen ausgesetzt, man brauchte nicht in schäbigen kleinen Bars oder Speakeasies zu musizieren: man war jemand. Und: »the money was good«. In den Goldenen Zwanzigern gab es in den großen Metropolen, in London, Paris, Brüssel und auch in Berlin einen riesigen Bedarf nach Bands, zu deren Musik man den Charleston tanzen oder einen Shimmy aufs Parkett legen konnte. Überraschend groß ist die Liste der Jazzmusiker, die, von Reiselust, Verlangen nach Ruhm oder Aussicht auf materiellen Gewinn getrieben, bald nach dem Ende des Weltkriegs die Überfahrt auf einem der großen Transatlantic Liner antraten und dann von Cherbourg oder Liverpool her ausschwärmten, um den alten Kontinent zu erobern. Zu diesen Pionieren gehörten: der Pianist Sam Wooding, der 1925 mit seinen »Chocolate Kiddies« in Hamburg, Wien und in Skandinavien Aufsehen erregte und Tourneen bis in die Türkei und nach Russland unternahm, der Tenorsaxophonist Frank Goodie, der sich im gleichen Jahr Paris zum Hauptquartier erwählte, der Klarinettist Willie Lewis, der von 1924 bis 1940 in verschiedenen europäischen Ländern eine Bigband leitete, und viele andere weniger prominente Musiker, deren Namen heute in Vergessenheit geraten sind, wie die der obskuren Band, die es 1927 nach Reval verschlagen hatte.

Die amerikanischen Musiker fanden in den europäischen Staaten, in denen sie auftraten, rasch Nachahmer. In England hatte eine weiße Band, die »Original Dixieland Jazz Band«, die am 1. April 1919 in Liverpool eintraf und bis zum Juli 1920, als drei der fünf Musiker wieder in die USA zurückkehrten, in verschiedenen Städten spielte, als

Erste für Furore gesorgt. Der ODJB waren in den Jahren 1920 bis 1925 zahlreiche andere amerikanische Orchester gefolgt, die zum Teil stilistisch schon weiter entwickelt waren als die Formation aus New Orleans: das »Original Capitol Orchestra«, das »Ohio-Lido-Venice Dance Orchestra«, das »Carolina Club Orchestra«, die »M. C. B. Blowers« und die »Georgians« von Frank Guarante, die das englische Publikum mit dem New Yorker Musikstil bekannt machten. Von Beginn der zwanziger Jahre an bildeten sich die ersten englischen Bands, die Jazz oder zumindest »hot music« spielten. Eine der wichtigsten war die Jack Hyltons, zu der auch der Posaunist Ted Heath gehörte, der 1925 – mit geschwärztem Gesicht – vor den Wiener Zelebritäten auftrat und später eine eigene erfolgreiche Band gründete. 1927 erhielten die Engländer einen neuen Impuls, als mehrere weiße Musiker, von denen einige zum Kreis um Bix Beiderbecke gehört hatten, eintrafen und sich für längere Zeit im Land niederließen: die Trompeter Sylvester Ahola und Chelsea Quealey, die Saxophonisten Frankie Trumbauer, Bobby Davis und Adrian Rollini und der Gitarrist Eddie Lang. Um Rollini und Quealey als Starsolisten herum formierte der junge Cambridge-Student Fred Elizalde ein Orchester, das rasch sehr beliebt wurde. Der – farbige – Klarinettist Danny Polo gab dem Orchester von Bert Ambrose Pep und einen Hauch von Authentizität.

An den amerikanischen Gastsolisten orientierten sich viele junge britische Musiker, die aber natürlich auch mit Begeisterung den importierten Schallplatten von Beiderbecke, Joe Venuti, Eddie Lang und anderen lauschten und die Soli Note um Note kopierten. Paris wurde im Laufe der Zeit zum europäischen Jazz-Zentrum, zum einen, weil das Klima dort liberaler war als in England – die Revue der schwarzen Tänzerin Josephine Baker, in deren Begleitensemble auch zahlreiche Jazzer waren, wäre in London wohl kaum geduldet worden –, zum anderen, weil eine engstirnige englische Musikergewerkschaft sich zunehmend gegen die Auftritte von Ausländern, die den einheimischen Musikern angeblich die Butter vom Brot nahmen, sperrte. In Frankreich entstand der erste »Hot Club«, eine Einrichtung, die dann in England und anderen Ländern kopiert wurde. Die jungen Fans trafen sich, legten neueingetroffene Platten auf, hörten sie gemeinsam an und diskutierten darüber. Die ersten Bücher über Jazz erschienen, die ersten Fachzeitschriften wurden gegründet. Platten mit ›heißer‹ Musik wurden zu Kultobjekten. Die zerbrechlichen Schellacks wurden gehütet wie ein Schatz: man nahm sie ganz vorsichtig aus ihren Papphüllen, achtete darauf, dass die Nadel im Tonarm die Rillen nicht zerkratzte, und zelebrierte dann das Abspielen der Platte geradezu, indem man beispielsweise Freunde dazu einlud.

Von Anfang der dreißiger Jahre an konnte man echten, unverfälschten Jazz, wie er von den großen farbigen Stars gespielt wurde, auch live erleben. 1932 war das Jahr, in dem Louis Armstrong erstmals eine Tournee durch Großbritannien unternahm. Armstrong hatte in England schon eine Fan-Gemeinde; es waren über dreißig seiner Platten erhältlich, damals, als noch niemand von LPs und CDs zu träumen wagte, eine beachtliche Zahl. Einer von Armstrongs größten Bewunderern und Nachahmern war der Trompeter Nat Gonella, der die Musik des großen Musikers aus New Orleans über Schallplatten schon in den Zwanzigern kennengelernt hatte: »sein Stil und sein Feeling trafen mich wie ein Hammer, und ich wurde sein glühender Verehrer«, bekannte er.[6]

Die Fachzeitschrift *The Melody Maker* konnte in ihrer

---

6 Zit. nach: Max Jones / John Chilton: Louis. The Louis Armstrong Story 1900–1971. Frogmore / St. Albans 1975. S. 159.

Nummer vom Juli 1932 in großen Lettern melden: »Louis Armstrong Coming To London«. Armstrong reiste in Begleitung seiner dritten Frau Alpha, seiner Schwiegermutter und seines weißen und im Übrigen völlig unfähigen Managers an. Zunächst bereitete es Schwierigkeiten, die amerikanischen Gäste in einem Hotel unterzubringen, da Schwarze unter ihnen waren. Außerdem sahen die Amerikaner nicht gerade vertrauenerweckend aus: der Manager wirkte wie ein Gangster aus Chicago, und Armstrong fiel durch seine poppige Bekleidung auf, die er für todschick hielt, die aber einen konservativen Briten erschaudern ließ.

Nachdem das Hotelproblem endlich gelöst war, konnte man darangehen, ernsthaftere Schwierigkeiten aus dem Weg zu räumen: Es gab keine Begleitband; nach einigem Hin und Her verkündete Armstrongs Manager, dass er eine Gruppe farbiger Musiker aus Paris herüberkommen lassen werde. Die ergriffen die Gelegenheit auch beim Schopf und bestiegen den nächsten »Boat-Train«. Natürlich war aber kaum noch Zeit zu proben. Armstrongs Trompete hatte auf der Überfahrt an Bord der »Majestic« einen mysteriösen Unfall erlitten und musste in letzter Minute noch repariert werden.

Am 12. Juli hatte Armstrong englischen Boden betreten, die Eröffnungsshow war für den 16. im Londoner Palladium angesetzt. Der *Melody Maker* sah dem Ereignis mit gemischten Gefühlen entgegen; man war sich gewiss, dass Armstrong die Jazzfans, das heißt die, die schon zum rechten Glauben übergetreten waren, im Sturm erobern würde, hatte aber Zweifel, ob er auch beim allgemeinen Publikum ankommen würde: »Nur im Palladium ist dies möglich, denn dieses Haus hat eine Stammklientel, die an das Ungewöhnliche auf dem Gebiet der Unterhaltung herangeführt worden ist. In der Provinz und sogar schon in den Vororten wird, wie wir fürchten, Armstrong zu viel für das allgemeine Publikum sein.«[7]

Als Armstrong die Show eröffnete, *Shine* und *When You're Smiling* spielte, saßen natürlich so gut wie alle englischen Musiker, die sich der »hot music« verschrieben hatten, im Auditorium und klatschten frenetisch. Viele der ›normalen‹ Theaterbesucher verließen jedoch schon bald den Saal, wobei einige etwas von »music out of hell« murmelten. Dies wiederholte sich bei den folgenden Vorstellungen. Nat Gonella, der sich keine der Shows entgehen ließ, versuchte sein Idol zu rächen, indem er den Deserteuren ein Bein stellte, wenn sie im Halbdunkel an ihm vorbeizogen. Was die Beurteilung des Jazz durch das bürgerliche Publikum anbelangte, so gab es eben doch kaum einen Unterschied zwischen England und den USA. Der englische Sänger George Melly erzählt in seiner Autobiographie, wie er und seine Mitschüler in den dreißiger Jahren vom Direktor ihres ehrwürdigen Internats immer gezwungen wurden, sich die Übertragungen der großen Cricket-Matches im Radio anzuhören. Wie es heute noch Tradition ist, wurden die Cricket-Spiele unterbrochen, sobald der erste Regentropfen fiel, und man schaltete dann vom Sportplatz zurück ins Studio. Melly:

> Sogar heute noch ist der Satz »und wir schalten ins Studio zurück« für mich von einer irrationalen Schönheit erfüllt.
> Häufig gab der Ansager dann mit angemessen apologetischer Stimme bekannt, dass man eine Aufnahme von Ambrose oder Roy Fox und seiner Band spielen werde. Sofort stieß der Direktor mit jener hysterischen Heftigkeit, die alle seine Bewegungen auszeichnete, seinen Stuhl zurück und versuchte den uralten Apparat

[7] Zit. nach: Ebd. S. 161.

zum Schweigen zu bringen, bevor die erste Note erklingen konnte.

Wenn sich dann, wie es gewöhnlich geschah, der Drehknopf löste, übertönte er die Musik, während er herumfummelte, um den Knopf auf seine Achse zurückzustecken, indem er wie ein Stier »dreckiger Jazz, dreckiger Jazz« brüllte.[8]

Die Befürchtungen des *Melody Maker*, dass Armstrong für die Provinzler »too much« sein würde, trafen jedoch nicht überall ein. Er trat – mit englischen Begleitmusikern – in mehreren großen Städten auf und füllte fast immer die Säle. Allerdings mag sein Show-Appeal – wann bekam man im Hinterland schon mal einen echten Neger zu Gesicht – eine Rolle gespielt haben. Als er in die Staaten zurückkehrte, war er – wie der Kritiker Max Jones es nannte – »vielleicht nicht viel reicher [...], aber er hatte eine neue Vorstellung von der Bedeutung der Jazzmusik gewonnen und ein gesteigertes Vertrauen in seinen eigenen Status als Musiker.«[9]

Armstrong gab mit seiner Tournee, die er ein Jahr später wiederholte, eine Art von Initialzündung. Andere schwarze Musiker von Rang trafen in den folgenden Jahren in Großbritannien ein. 1933 reiste Duke Ellington an, 1934 Coleman Hawkins, 1936 Benny Carter, 1938 Fats Waller. Vor allem Carter und Hawkins förderten die Entwicklung nicht nur des britischen, sondern des europäischen Jazz im Allgemeinen. Beide kamen nicht nur zu kurzen Stippvisiten, sondern ließen sich für längere Zeit in Europa nieder, Carter blieb zwei, Hawkins fünf Jahre. Sie unternahmen von ihren Hauptquartieren, von London und Paris aus Reisen nach Belgien, in die Niederlande, in die

---

8 George Melly: Owning Up. Harmondsworth 1975. S. 8.
9 Jones/Chilton: Louis. S. 163.

Schweiz und in die skandinavischen Länder, spielten mit lokalen Bands und wirkten im echten Sinne als ›Lehrer‹.

Der Altsaxophonist und Trompeter Benny Carter hatte sich zunächst in Paris niedergelassen, wo er mit Willie Lewis spielte. Der Kritiker und Impresario Leonard Feather holte ihn nach London, und zwar – weil die englische Musikergewerkschaft das öffentliche Auftreten von Ausländern grundsätzlich verbot – als Arrangeur für den Bandleader Henry Hall. Dem *Melody Maker* war das wieder eine fette Schlagzeile wert: »Carter To Arrange For Henry Hall«. Feather organisierte in London sechs Aufnahmesitzungen, bei denen Carter von »Britain's best«[10] umgeben war. Auf einer dieser Aufnahmen, einer elegischen Ballade mit dem Titel *Nightfall*, war der Multiinstrumentalist zum ersten Mal auf dem Tenorsaxophon zu hören. Der »Daddy« aller Tenorsaxophonisten, Coleman Hawkins, war begeistert, als man ihm die Platte vorspielte, konnte sich aber einige chauvinistische Bemerkungen nicht verkneifen – das Instrument aller Instrumente war für ihn eben das Tenor: »Das ist Benny Carter, der größte Musiker der Welt. Er war gut auf dem Alto, sogar auf der Trompete, und seine Arrangements sind Spitze, aber *jetzt* hat er das Instrument gefunden, das am besten zu ihm passt – das *Tenorsaxophon*. Wissen Sie, sogar wenn Benny es spielt, ist das Alto letztendlich ein Instrument, das dem Tenor unterlegen ist.«[11]

Hawkins war gerade in Zürich, als man ihm die Aufnahme des Kollegen auf den Plattenteller legte. Er hatte von dem Bassisten June Cole so viel über Europa vorge-

---

10 Leonard Feather: The Jazz Years. Earwitness to an Era. London/Sidney/Auckland 1986. S. 33.
11 Jonny Simmen: Coleman Hawkins In Switzerland – 1935/6/8. A Few Personal Souvenirs. In: Storyville. Nr. 55 (Oktober/November 1974). S. 18.

Coleman Hawkins, »an American in Zürich«, mit dem Pianisten Ernest Berner. Der Tenorist nahm 1936 mit den Schweizer Amateurmusikern »The Berries« Schallplatten auf, die nicht zu den besten gehören, die er im Lauf seiner langen Karriere produzierte

schwärmt bekommen, dass ihn 1934 die Reiselust packte. Er schickte kurzerhand Jack Hylton ein Telegramm des Inhalts: »Möchte in Ihrer Band mitspielen«. Einen Tag später hielt er schon die Zusage in Händen. Der Tenorsaxophonist nahm von 1934 bis 1939 mit wechselnden europäischen Formationen Platten auf, von denen einige unter der mangelnden Erfahrung seiner Begleitmusiker litten. Eine Session mit einem Trio im November 1934 zum Beispiel krankte ganz deutlich daran, dass der Pianist eines der Stücke mit dem Titel *Lullaby* – also »Wiegenlied« – offenbar auf sich bezog und über den Tasten einzuschlafen drohte. Auch die Schweizer »Berries« spielten zwar mit viel Sympathie für den berühmten Gast, es mangelte ihnen aber einfach an Drive.

Den Höhepunkt von Hawkins' Aufnahmetätigkeit während seines Europaaufenthalts bildete eine Session am 28. April 1937 für das Pariser Etikett Swing, das von den beiden Jazz-Fanatikern Charles Delaunay und Hugues Panassié ins Leben gerufen worden und das erste reine Jazz-Label war. Die Zusammensetzung dieser »All-Star Jam Band« war ungewöhnlich: vier Saxophonisten und eine Rhythmusgruppe. Die vier Bläser waren neben dem Leader Hawkins Benny Carter und die beiden Franzosen André Ekyan (as) und Alix Combelle (ts). Die Rhythmusgruppe setzte sich aus dem amerikanischen Drummer Tommy Benford, den Franzosen Eugene d'Hellemes (b), Stephane Grappelli (p) und dem Gitarristen Django Reinhardt zusammen. Auf den letzten beiden der insgesamt vier Titel wechselte Carter zur Trompete, und Ekyan griff zur Klarinette; Hawkins erzählt: »Nur Saxophone zu verwenden war meine Idee – oder Bennys – oder vielleicht hatten wir beide dieselbe Idee ... Ich kann mich nicht genau erinnern. Nach zwei Titeln hatten wir jedoch genug davon und wollten ein bisschen Abwechslung reinbringen. Aber für zwei Stücke war es eine gelungene und originelle Konzeption.« Der die amerikanischen Gäste begleitende Django Reinhardt war für Hawkins »the genius of the guitar.«[12]

Reinhardt ist oft als der einzige originelle, das heißt: sich in seiner Spielweise nicht an amerikanischen Vorbil-

---

12 Zit. nach: Ebd. S. 23 f.

Django Reinhardt

dern orientierende Jazzmusiker bezeichnet worden, den Europa hervorgebracht hat. Seine Musik wurzelte in einer anderen Tradition – der Zigeunermusik.

»Django« wurde als Jean Baptiste Reinhardt 1910 in der Nähe der kleinen belgischen Stadt Liverchies in einem Wohnwagen geboren. Im Standesregister der Stadt war als Beruf des Vaters »Artiste« angegeben, als der der Mutter Hausfrau; in Wirklichkeit war sie Tänzerin. Die Eltern gehörten zu einer Truppe von Komödianten, die von Stadt zu Stadt zogen, Kunststückchen der verschiedensten Art zeigten und Zigeunertänze aufführten. Das Hauptquartier des fahrenden Volks befand sich in Paris, wo der Junge aufwuchs. Er sah nie eine Schule von innen, lernte nie lesen oder schreiben, schaffte es gerade, seinen Namen in Druckbuchstaben hinzumalen. Dafür war er schon als Zwölfjähriger ein Virtuose auf dem Banjo und der Gitarre. Er tat sich mit einigen Ziehharmonikaspielern zusammen, mit denen er 1928 auch eine Reihe von Walzern aufnahm. Seine Laufbahn als Musiker schien jedoch ein vorzeitiges Ende zu finden, als in der Nacht des 2. November 1928 sein Wohnwagen Feuer fing, er sich zwar noch ins Freie retten konnte, aber schwere Verbrennungen an der linken Hand davontrug. Zwei Finger dieser Hand waren fortan gelähmt. In einem mühsamen Prozess brachte sich Reinhardt eine neue Grifftechnik bei, mit der er dieses Handikap überwand.[13] Er begann wieder zu spielen und wurde von Stephen Mougin entdeckt, der ihn in sein Orchester aufnahm und mit dem Jazz vertraut machte. Der Maler Emile Savitry fand Gefallen an ihm und spielte ihm die Platten Armstrongs, Ellingtons und anderer Stars vor. Zusammen mit seinem Bruder Joseph, der ebenfalls Gitarre spielte, trat er in verschiedenen französischen Städten in Nachtclubs, Hotels und Cafés auf, begleitete Sänger und Violinisten und tauchte ab und zu auch bei Schallplattenaufnahmen in der Rhythmusgruppe einer größeren Besetzung auf.

1934 kam es mehr oder weniger zufällig zur Gründung der Gruppe, die seinen Ruhm begründen sollte: des »Quintette du Hot Club de France«. Der Bassist Louis Vola hatte eine Band, mit der er die Gäste des Hotels Claridge unter-

---

13 Vgl. hierzu: Kunzler: Jazz-Lexikon. Bd. 2. S. 966 f.

hielt; auf dem Programm standen konventionelle Walzer und Operettenmelodien. In den Pausen aber taten sich Vola und sein Gitarrist mit Reinhardt und dem Violinisten Stephane Grappelli zusammen, um zu jammen. Pierre Nourry, der zu den Begründern des »Hot Club de France« gehörte, kam die Idee, das Ganze auf eine dauerhafte Basis zu stellen, das heißt, eine kleine Formation ins Leben zu rufen, die ausschließlich aus Musikern bestand, welche Saiteninstrumente spielten. Das erste »Quintette du Hot Club de France«, das im Dezember 1934 ein Pariser Aufnahmestudio betrat, hatte folgende Besetzung: Stephane Grappelli (v), Django Reinhardt, Roger Chaput, Joseph Reinhardt (g) und Louis Vola (b). Sie nahmen vier Titel auf: *Dinah, Tiger Rag, Lady Be Good* und *I Saw Stars*, also ausnahmslos Kompositionen, die aus den USA stammten und zu Standards geworden waren, Stücke, die zum festen Repertoire vieler amerikanischer Bands gehörten. Diese Programmpolitik setzte das Quintett in den folgenden Jahren fort: *Sweet Sue – Just You, Swanee River, Avalon, Some Of These Days, I Can't Give You Anything But Love, After You've Gone, Georgia On My Mind, Exactly Like You, You're Driving Me Crazy, Solitude, Runnin' Wild, In A Sentimental Mood, The Sheik Of Araby, Sweet Georgia Brown, Honeysuckle Rose, Night And Day, Jeepers Creepers, I Wonder Where My Baby Is Tonight, My Melancholy Baby, Time On My Hands, Tea For Two, The Man I Love*: es gab kaum einen berühmten amerikanischen Song, den sie nicht spielten oder aufnahmen. Gelegentlich wurde ein Song aus – wie man heute sagen würde – Marketinggründen umgetauft: *The Sunshine Of Your Smile* wurde so zu *Ton doux sourire*, aus *Exactly Like You* wurde *Pour vous*; manchmal wurde auch ein Werk eines klassischen Komponisten aufbereitet, wie Liszts *Liebestraum* oder Ravels *Bolero*. Reinhardt und Grappelli steuerten auch eigene Kompositionen bei, das Fundament bildete aber das »Great American Songbook«. Trotzdem hörte sich die Musik nicht amerikanisch an, sie hatte etwas Eigenes: Elemente der Zigeunermusik, der französischen Volksmusik und des Jazz waren in ihr verschmolzen. Entfernt erinnerte sie an die Duette, die zwei Amerikaner italienischer Abstammung, der Geiger Joe Venuti und der Gitarrist Eddie Lang, in den zwanziger Jahren in Chicago aufgenommen hatten, aber ihr »esprit« war noch mediterraner. Sie swingte kraftvoll, war aber gleichzeitig sehr subtil, lässt sich vielleicht von ihrer kammermusikalischen Zartheit her mit der Musik des Benny-Goodman-Quartetts vergleichen oder auch mit jener, die zwei Jahrzehnte später vom »Modern Jazz Quartet« des Pianisten John Lewis populär gemacht wurde.

Reinhardt hatte einen ganz eigenen, charakteristischen Sound. Seine langen, fließenden Melodielinien pflegte er mit kleinen Klangeruptionen zu strukturieren; ein Verzierungselement vor allem, eine Art von anschwellendem Glissando, in Fachkreisen »Tremolo-Gliss« genannt, gibt immer sofort zu erkennen, dass er bei einer Aufnahme mit von der Partie ist. Unverwechselbar war auch sein vibratoreicher voller Ton. Seine Spielweise war kraftvoll, sein Ansatz manchmal geradezu ungestüm. Auf einigen Aufnahmen scheint er regelrecht in sein Solo hineinzuexplodieren. Faszinierend wirken noch heute die langen, scheinbar mühelos durchgehaltenen »Single string«-Läufe. Die Oktavgänge, die Reinhardt zuweilen zu Gehör brachte, nahmen gitarristische Techniken der sechziger Jahre voraus. Mit seiner dynamischen und ›harten‹ Spielweise kontrastierte in gewisser Weise seine Vorliebe für Molltonarten – ein Stilelement, das er wohl aus der musikalischen Tradition seines Volkes übernommen hat. Häufig stellt sich ein melancholisch-klagender, sehnsuchtsvoller Unterton ein –

dies vor allem bei langsamen Stücken, wie etwa bei seinen Kompositionen *Daphne* oder *Nuages,* die zu dem Besten gehören, was er je eingespielt hat.

Das Quintett hatte von Ende 1935 an ein festes Engagement in einem Nachtclub an der Place Pigalle. Reinhardt versäumte es nicht, sooft es ging, amerikanische Musiker, die sich in Paris niedergelassen hatten oder auf einer Tournee durch die Stadt kamen, zum Einsteigen aufzufordern. Der Trompeter Arthur Briggs, der 1925 mit Sam Wooding nach Paris gekommen und in der Stadt geblieben war, gehörte dazu, der Tenorsaxophonist Frank »Big Boy« Goodie, der Trompeter Bill Coleman, der Posaunist Dicky Wells und viele andere.

1937 kam es dann zu jener historischen Session mit Benny Carter und Coleman Hawkins. Vier Titel wurden eingespielt: *Crazy Rhythm, Honeysuckle Rose, Out Of Nowhere* und *Sweet Georgia Brown.* Benny Carter hatte ein paar einfache Arrangements zusammengestellt. Die beiden illustren Gäste waren in bester Spiellaune, vermutlich waren sie auch erleichtert, endlich einmal eine swingende Begleitband zu haben. Reinhardt beschränkte sich vorwiegend auf die Rolle des Rhythmusgitarristen. Hawkins' voluminöses, zupackendes Spiel auf dem Tenor, Carters singendes Alt und seine sirrende Trompete scheinen ihn so begeistert zu haben, dass er sich selbst zurückhielt. Auf *Crazy Rhythm* hört man, wie er im Anschluss an einen Chorus von Hawkins ruft: »Go on, go on!«, ihn also dazu auffordert, weiterzumachen, und vermutlich damit auf ein eigenes Solo verzichtete, das an dieser Stelle eingeplant gewesen war.

Kurze Zeit, nachdem Jack Hylton 1934 Hawkins verpflichtet hatte, unternahm er mit seinem Orchester eine Tournee durch Deutschland. Seinen farbigen Saxophonisten ließ er aber in England: Nicht-Arier waren im Deutschen

Reich nicht mehr erwünscht. Die politische Entwicklung in Europa begann sich in zunehmendem Maß auch auf das Musikgeschäft auszuwirken. Auch die Jazzmusiker und -fans in Deutschland waren von den Sanktionen betroffen, die das Naziregime gegen jede Art von »undeutscher« Kultur verhängte. Im Oktober 1935 wurde im *Völkischen Beobachter* eine Rede des »Reichssendeleiters« Eugen Hadamovsky referiert: »Nachdem wir heute zwei Jahre lang mit diesen Kulturbolschewisten aufgeräumt haben und Stein an Stein fügten, um in unserem Volk das verschüttete Bewusstsein für die deutschen Kulturwerte wieder zu wecken, wollen wir auch mit den noch in unserer Unterhaltungs- und Tanzmusik verbliebenen zersetzenden Elementen Schluss machen. Dieses Verbot ist kein Symptom für eine irgendwie geartete Auslandsfeindschaft des deutschen Rundfunks, vielmehr reicht der deutsche Rundfunk allen Völkern die Hand zum freundschaftlichen Kultur- und Kunstaustausch. Was aber zersetzend ist und die Grundlage unserer ganzen Kultur zerstört, das werden wir ablehnen. Wir werden dabei ganze Arbeit leisten. Der Niggerjazz ist von heute ab im deutschen Rundfunk endgültig ausgeschaltet.«[14]

Bis zu den Olympischen Spielen im Jahr 1936 gaben sich die neuen Herrscher noch weltoffen und hielten sich zurück; danach wurden die Maßnahmen gegen die »zersetzenden Elemente« immer schärfer. Ein Berliner Jazzfan und Plattensammler der ersten Stunde, Hans Blüthner, erinnert sich:

> Die der »entarteten Kunst« geneigte Gemeinde [musste] ruhiger, leiser und bescheidener werden. Trotzdem hatte man in Berlin immer noch Gelegenheit, recht gute und swingende Musik zu hören, wenn uns auch

[14] Zit. nach: Franz Ritter (Hrsg.): Heinrich Himmler und die Liebe zum Swing. Leipzig 1994. S. 25.

die amerikanischen Originale vorenthalten blieben. Herb Flemming, Posaunist vom Sam Wooding Orchester, war der einzige Neger, der Dank seines ägyptischen Passes noch über das Olympiadejahr 1936 hinaus eine Aufenthaltsgenehmigung erhielt. Er spielte in kleiner Besetzung u. a. zusammen mit Fritz Schulz-Reichel und Eugen Henkel in der »Sherbini«-Bar. Jack Hylton durfte weiter Gastspiele geben in der »Scala« und es war noch im Jahr 1939, als [...] Henry Hall in diesem Haus Triumphe feiern konnte. ... und dann kamen die Teddies unter Teddy Stauffer und The Lanigiro Hot Players (Lanigiro = original, rückwärts) unter René Schmassmann, beide aus der Schweiz, die Bands von Arne Hülphers aus Schweden, von Aage Juhl Thomsen aus Dänemark, Ernst van't Hoff aus Holland, sowie von Jean Omer und Fud Candrix aus Belgien. Ihre Bands brachten uns alles, was in den USA gespielt wurde. Man war mit dem Gebotenen glücklich und zufrieden, und die Ohren kamen nicht aus der Übung. Ich wollte mehr und war hungrig auf das, was in den Staaten geschah und worüber ich im »Down Beat« las. Diese Zeitschrift konnte ich ebenso wie den »Melody Maker« bis 1939 über die Post beziehen. [...] Es wurden Duke Ellington, Jimmie Lunceford, Count Basie, Chick Webb, Fats Waller und Teddy Wilson ebenso gesammelt wie Artie Shaw, Bunny Berigan, Tommy und Jimmy Dorsey und das Quintette du Hot Club de France mit Django Reinhardt und Stephane Grappelli.[15]

Im Sommer 1939 informierte das amerikanische Außenministerium alle US-Bürger, die sich in Europa aufhielten, dass Kriegsgefahr bestehe, und empfahl ihnen, das Krisen-

15 Hans Blüthner: Sweet and Hot. Blick in die Vergangenheit. In: Jazz Podium. 35. Jg. Nr. 9 (September 1986). S. 8–10. Hier: S. 9f.

gebiet schleunigst zu verlassen. Hawkins bestieg im Juli 1939 den Oceanliner, der ihn nach New York zurückbrachte, der Posaunist Herb Flemming, der sich mit kurzen Unterbrechungen von 1925 an in Europa aufgehalten hatte und auch nach 1933 noch in Deutschland und in Italien aufgetreten war, war schon 1937 wieder abgereist. Andere warteten zu lange: Arthur Briggs wurde vom Einmarsch deutscher Truppen in Frankreich überrascht und saß bis 1944 in dem Lager St. Denis. Willie Lewis blieb noch eine Zeitlang in der neutralen Schweiz, bevor er 1941 wieder die alte Heimat aufsuchte. Auch das »Quintette du Hot Club de France« wurde durch die politischen Ereignisse gesprengt. Die Gruppe hielt sich gerade zu einem Gastspiel in London auf, als im September der Krieg ausbrach, und Grappelli weigerte sich, nach Frankreich zurückzukehren.

Reinhardt teilte nicht das Schicksal vieler anderer Zigeuner, die in deutschen Konzentrationslagern umgebracht wurden. Er konnte sogar noch hin und wieder auftreten. 1946 wurde er zu einer Tournee in die USA mit dem Ellington-Orchester eingeladen, die kein großer Erfolg war. Auch in Europa unternahm er hin und wieder Tourneen, zog sich aber dazwischen immer wieder aus dem Musikgeschäft zurück, um sich seiner neuen Leidenschaft, der Malerei, zu widmen. Er starb 1953 ganz überraschend an den Folgen einer Gehirnblutung.

Wenn man in Europa nach Ausbruch des Krieges weiterhin dem »Niggerjazz« zuhörte oder ihn gar spielte, brachte man damit bewusst oder unbewusst auch seine Abneigung gegenüber dem Naziregime zum Ausdruck. Es gibt zahllose Anekdoten darüber, mit welchen Tricks sich die Jazzbegeisterten in Deutschland und den von Deutschland besetzten Ländern über die Jahre der Diktatur hinüberretteten. Oft wurde die Zensur umgangen, indem man die amerikanischen Originaltitel eindeutschte; so soll zum

Beispiel im Deutschen Reich selbst aus dem *St. Louis Blues* das *Lied vom Heiligen Ludwig* geworden sein. Mezz Mezzrow zufolge kam Hugues Panassié im besetzten Frankreich auf dieselbe Idee: »Es gelang [Panassié], trotz dem Haß der Deutschen auf ›entartete‹ amerikanische Musik im Radio ein Jazzprogramm beizubehalten. Als der deutsche Zensor seine Nase in das Programm steckte, um zu sehen, was Hugues da trieb, wurde ihm eine Platte mit der Etikette *La Tristesse de St-Louis* gezeigt, und Hugues erklärte ihm hilfreich, daß es ein trauriges Lied über den armen Ludwig XIV. sei, ganz in der alten französischen Tradition. Was der Kulturschnüffler nicht wußte, war die Tatsache, daß unter dem gefälschten Schild eine echte Victor-Etikette war, auf der Louis Armstrong angegeben war und der wirkliche Titel des Musikstücks – *St. Louis Blues*.«[16]

In einem Artikel über den Jazz in Frankreich meinen die Verfasser, Charles Delaunay und André Clergeat, über die Zeit von 1940 bis 1944: »Merkwürdigerweise wurde Jazz gerade in der Zeit, als er von seinen Quellen abgeschnitten war, in allen Schichten der Gesellschaft populär, quasi als ob er, ohne dass man sich dessen bewusst war, zu einem Symbol des Widerstands gegen den Feind geworden war oder man seine Sympathie für die Kultur eines Volkes, in das man seine Hoffnung setzte, zum Ausdruck bringen wollte.«[17]

Ähnliches galt für Deutschland selbst. Der 1928 geborene Posaunist Albert Mangelsdorff wurde einmal in einem Interview gefragt, ob er das, was im Jazz zum Ausdruck kam und was er im Alter von zwölf Jahren erstmals persönlich verspürte, als »eine Gegenwelt zum Militärischen im damaligen Deutschland empfunden« habe. Und er antwortete: »Ganz gewiß. Es wirkte entgegengesetzt zu dem, was man sich vorwiegend hat anhören müssen –

---

16 Mezzrow/Wolfe: Jazzfieber. S. 182.
17 Grande Enciclopedia del Jazz. Turin [o. J.]. S. 573.

Marschmusik und die Lieder, die damals gesungen wurden. Da mein Elternhaus sowieso antifaschistisch orientiert war, empfand ich das als künstlerischen Ausdruck dessen, was man dem Nazismus entgegensetzen konnte.«[18]

Als Gegenprogramm zum Nazismus, als eine Musik, in der Ur-Amerikanisches und damit eine freiheitliche Gesinnung und demokratische Einstellung zum Ausdruck kam, empfand man den Jazz nach Ausbruch des Kriegs auch in seinem Heimatland. Und die jahrzehntelang bei vielen braven Bürgern verpönte Musik erfuhr damit plötzlich eine unerwartete Aufwertung.

---

18 Zit. nach: Ritter (Hrsg.): Heinrich Himmler und die Liebe zum Swing [s. S. 211, Anm. 14]. S. 144.

»The Jeep Is Jumping«

Der Jazz während des Zweiten Weltkriegs

In seiner Autobiographie schreibt Max Kaminsky über den Sommer des Jahres 1942: »Jener Sommer stellte für die USA den Tiefpunkt des Krieges dar. Die Japaner hatten die Philippinen eingenommen, [...] und sie schauten jetzt begehrlich in Richtung Australien. Zuhause wurden wir mit Rationierungsmaßnahmen vertraut gemacht [...]. Die Fabriken fingen an, Tag und Nacht zu arbeiten, und als die Moral bei uns in der Heimat wie auch bei unseren Männern in Übersee zu einem Problem wurde, begann die Musik ihre Rolle zu spielen – nicht nur solche Songs wie *The White Cliffs Of Dover, The Last Time I Saw Paris, When The Lights Go On Again All Over The World*, sondern der aufbauende Rhythmus des Jazz fing endlich an, im Bewusstsein der Öffentlichkeit einen Widerhall zu finden.«[1]

In Europa hatten die Kriegshandlungen am 1. September 1939 mit dem deutschen Überfall auf Polen begonnen. Frankreich und England erklärten zwei Tage später Deutschland den Krieg; der amerikanische Präsident Roosevelt hingegen verkündete am 5. September, dass die USA eine neutrale Haltung einnehmen würden, und sprach damit für fast alle Bürger des Landes. Einer Meinungsumfrage zufolge waren nicht weniger als neunundneunzig Prozent der US-Amerikaner dagegen, dass sich die

---

1 Kaminsky/Hughes: Jazz Band. S. 129.

Vereinigten Staaten in eine wie auch immer geartete bewaffnete Auseinandersetzung einmischten. Trotzdem begannen die Vorbereitungen für den Ernstfall. Im Januar 1940 forderte der Präsident vom Kongress die Bereitstellung von 1,8 Milliarden Dollar für »nationale Verteidigungsmaßnahmen«, ein Jahr später waren es schon 10,8 Milliarden. Am 16. Mai 1940 hatte Roosevelt erklärt, dass die USA um ihrer eigenen Sicherheit willen im Jahr mindestens fünfzigtausend Flugzeuge der verschiedensten Typen produzieren müssten. Schon vor dem Kriegseintritt der Amerikaner kam eine gigantische Rüstungsindustrie ins Rollen. In den großen Industriestädten des Nordens wie zum Beispiel Detroit wurden Panzer, Artilleriegeschütze und Kampfflugzeuge in riesigen Stückzahlen hergestellt. Der Aufschwung, den die Rüstungsindustrie nahm, hatte auf der einen Seite positive Folgen, er bewirkte das, was Roosevelts »New Deal« nicht ganz zu erreichen vermocht hatte. Die rund neun Millionen Arbeitslosen, die es Anfang 1940 noch gegeben hatte, verschwanden schnell von den Straßen. Auf der anderen Seite geriet das soziale Gefüge durcheinander. Es setzte eine neue Zuwanderung in die großen Industriestädte ein, die von ihrem Ausmaß her die der zwanziger Jahre noch übertraf.

Wieder waren es vor allem die Schwarzen des Südens – die vorwiegend immer noch als Landarbeiter ihr Dasein fristeten –, die sich Richtung Norden aufmachten. Zwischen 1941 und 1943 sollen allein in Detroit fünfhunderttausend farbige Zuwanderer eingetroffen sein. Wie schon fünfundzwanzig Jahre zuvor sorgte dieser ungeheure Zustrom von Schwarzen für eine Verschärfung des Rassenkonflikts. Das Anschwellen der Bevölkerung in den ohnehin schon überfüllten Ghettos löste bei den weißen Einwohnern einer Stadt unreflektierte Ängste aus. Gleichzeitig hatten die Afroamerikaner jedoch an Selbstbewusstsein gewonnen: sie hatten erkannt, dass ihre Arbeitskraft unentbehrlich geworden war, und begannen, sich gegen jede Form von Unterdrückung zu wehren. Während sich viele von ihnen früher darein gefügt hatten, als Menschen zweiter oder dritter Klasse behandelt zu werden, reagierten sie jetzt mit Verbitterung auf die Diskriminierung, vor allem auch auf die ungerechte Behandlung, die ihnen am Arbeitsplatz zuteil wurde. Es kam wiederholt zu Auseinandersetzungen und auch zu Arbeitsniederlegungen. Roosevelt setzte ein Gesetz in Kraft, das solche Streiks verbot – mit wenig Erfolg, wie ein Vorfall aus dem Jahr 1943 zeigt: nicht weniger als zwanzigtausend weiße Arbeiter der Packard-Werke, die Flugzeuge herstellten, traten in Streik, um gegen die Beförderung von drei schwarzen Kollegen zu protestieren. Vermutlich waren sie vom Ku-Klux-Klan dazu angestachelt worden. In der Zeitung war zu lesen, dass die Machenschaften »kommunistischer Juden« an allem schuld seien. Diese zögen »die Neger – nachdem sie sich mit ihnen vermählt haben! – in alle jene Bereiche, die den Weißen vorbehalten sind – wie Hotels, Restaurants, Theater.«[2]

Mezz Mezzrow hatte schon vorhergesehen, dass es zu einem solchen neuen – von hysterischen Obertönen begleiteten – Pochen auf die Überlegenheit der »weißen Rasse« kommen würde. Die Hauptfeinde der Amerikaner waren ja nicht die Deutschen oder die Italiener, sondern die Angehörigen der dritten Nation, die zu den sogenannten Achsenmächten gehörte, die Japaner, jene »merkwürdigen gelben« – also nichtweißen – kleinen Männer aus Asien. Als die Japaner Pearl Harbor überfielen und damit den Kriegseintritt der USA provozierten, saß Mezzrow gerade wieder einmal wegen Marihuanahandels im Gefängnis,

[2] Zit. nach: Gian Carlo Roncaglia: Il Jazz e il suo mondo. Turin 1979. S. 194.

und zwar im Block für Farbige; er hatte darauf bestanden, dass in der Rubrik »Color« in seinen Einweisungspapieren »Negro« eingetragen wurde. »Am 7. Dezember 1941 hörten wir am Radio Jazzplatten, und mitten hinein platzte die Nachricht von Pearl Harbor. Aufregung rieselte durchs Gefängnis; die Weißen steckten in ihrer Abteilung die Köpfe zusammen und raunten erregt; die Farbigen hockten auf der andern Seite beisammen, still, gespannt, besorgt. Die Weißen redeten davon, dass sie jetzt vielleicht hinauskämen, der Luftwaffe beitreten, Helden werden [...] könnten, um berühmt und ordengeschmückt heimzukehren. In unserer Gruppe sprach niemand davon, ein Held zu werden. Bei uns standen tiefe Sorgen in den Gesichtern geschrieben – eine unausgesprochene Frage beschäftigte uns: Die Japaner sind eine farbige Rasse, da starrte uns wieder die alte Rassenfrage entgegen.«[3]

Die Rassendiskriminierung machte natürlich auch vor dem Showbusiness nicht Halt. Die Versicherung Hamptons, dass Benny Goodman mit seinem Quartett Brücken zwischen Weißen und Schwarzen geschlagen habe, wirkt vor dem Hintergrund dessen, was sich Anfang der vierziger Jahre abspielte, pathetisch. Die großen Swing-Bands florierten nach wie vor, die weißen mehr als die schwarzen. Benny Goodman soll 350 000 Dollar im Jahr verdient haben. Leader wie er lockten mit Spitzengagen prominente schwarze Musiker aus den Bands, in denen sie spielten. Im Bewusstsein der meisten Leute war Jazz schwarze Musik, und ein schwarzer Starsolist innerhalb eines weißen Orchesters verlieh dem ganzen Unternehmen mehr Authentizität. Harry James warb 1944 von Jimmie Lunceford den Altsaxophonisten Willie Smith ab, Tommy Dorsey hatte sich schon 1939 aus derselben Band den Trompeter und

---

3 Mezzrow/Wolfe: Jazzfieber. S. 294.

Arrangeur Sy Oliver geholt.[4] Goodman selbst heuerte, wie schon erwähnt, den Ellington-Trompeter Cootie Williams an. Ellington redete Williams sogar zu, der Goodman-Band beizutreten, weil er dort mehr verdienen und sich musikalisch perfektionieren könne. Der Wechsel wurde 1940 vollzogen: es war ein Ereignis, das die Jazzwelt erschütterte. Sogar eine Komposition dazu entstand: *When Cootie Left The Duke*. Der Klarinettist Artie Shaw, der einen glatten, gefälligeren Swing-Stil entwickelt hatte als Goodman, zeitweise auch eine Gruppe von Streichern in seine Band aufnahm, holte sich 1941 den Trompeter Oran Page, dessen Spitzname »Hot Lips« schon besagte, dass er sein Instrument in der Manier Armstrongs blies. Manche mögen den Kontrast zwischen seinem Trompetensound und dem oft eher süßlichen Sound der Band goutiert haben, Page selber hielt es nicht lange aus. 1944 verpflichtete Shaw den Trompeter Roy Eldridge, ebenfalls ein Vertreter der ›heißen‹ Schule, der vorher schon in Gene Krupas Band gesessen hatte. Eldridge erfuhr sehr bald, was es bedeutete, als Schwarzer mit einer rein weißen Band, die fast ausschließlich für ein weißes Publikum spielte, auf Tournee zu gehen. Dass die Nation sich im Krieg befand und schwarze Soldaten ebenso auf dem Schlachtfeld verbluteten wie weiße, schwarze Arbeiter neben weißen an den Fließbändern der Rüstungsfabriken standen, wurde verdrängt. Ein »Nigger« auf dem Podium inmitten all der sauberen weißen Jungs reichte, um irrationale Hassgefühle wach werden zu lassen. Eldridge erzählt:

4 Der berühmteste dieser Raubzüge wurde aber von einem schwarzen Leader ausgeführt. Als Duke Ellington 1950 auf einen Schlag von dreien seiner wichtigsten Musiker, Johnny Hodges (as), Lawrence Brown (tb) und Sonny Greer (dr), verlassen wurde, plünderte er das Harry-James-Orchester und holte sich Willie Smith, Juan Tizol (der früher schon bei ihm gespielt hatte) und Louie Bellson. Dieser Coup ging als »The Great James Robbery« in die Geschichte des Jazz ein.

Als ich [...] bei Artie Shaw in der Band war, ging ich zu dem Lokal, wo wir spielen sollten, und sie wollten mich nicht mal reinlassen. »Hier dürfen nur Weiße hinein«, sagten sie zu mir, und neben der Tür hing ein Schild mit meinem Namen drauf, »Roy ›Little Jazz‹ Eldridge«, und ich sagte ihnen, wer ich sei.

Als ich schließlich reingekommen war, spielte ich den ersten Set und gab mir alle Mühe, nicht loszuweinen. Als ich dann mit der Serie fertig war, liefen mir die Tränen die Backen runter. Ich weiß nicht mehr, wie ich es schaffte. Ich ging nach oben in meine Garderobe und stellte mich in eine Ecke und weinte. Ich sagte zu mir: »Verdammt nochmal! Warum hast du dich bloß wieder darauf eingelassen? Du hast doch gewußt, was passiert.«[5]

Eldridge schwor sich nach diesen Erlebnissen: »Solange ich in Amerika bin, werde ich nie wieder in meinem Leben in einer weißen Band arbeiten.«

In den Nachtclubs war es ähnlich. Die Besitzer waren weiß, das Publikum war weiß. Solange die farbigen Künstler brav auf dem Podium ihre Pflicht taten und die weißen Gäste unterhielten, war alles in Ordnung. Aber jede Grenzüberschreitung wurde geahndet. Billie Holiday und Teddy Wilson wurden einmal von einem erzürnten Nachtclubbesitzer gefeuert, weil sie es gewagt hatten, sich in einer Pause – und auf dessen Einladung hin – zu dem weißen Bandleader Charlie Barnet an den Tisch zu setzen. Der Saxophonist Barnet, aus wohlhabender Familie stammend, hatte seine erste Band schon 1932 gegründet. Er machte es sich nachgerade zur Pflicht, allen Schwierigkeiten und Anfeindungen zum Trotz immer wieder farbige Musiker in

---

5 Shapiro/Hentoff (Hrsg.): Jazz erzählt. S. 210 f.

sein Orchester aufzunehmen, das nicht nur deswegen, sondern auch wegen seiner am Blues orientierten Spielweise als schwärzeste aller weißen Formationen galt. Im Laufe der Jahre standen unter anderem die Trompeter Peanuts Holland und Dizzy Gillespie, der Posaunist Trummy Young und der Bassist Oscar Pettiford in seinem Sold.

Der Swing-Boom schien kein Ende nehmen zu wollen – und fast alle wollten an ihm teilhaben. Bigbands schossen aus dem Boden, und viele von ihnen verschwanden kurze Zeit später wieder in der Versenkung. Teddy Wilsons Orchester hielt sich 1940 nur wenige Monate, obwohl er solche »Giants« wie den Tenorsaxophonisten Ben Webster und die Trompeter Doc Cheatham und Shorty Baker dabeihatte. Der Chicago-Kornettist Muggsy Spanier und Jack Teagarden versuchten es ebenfalls – und scheiterten in einem schon fast bravourösen Stil. Beide waren gutmütige, etwas naive und weltfremde Kerle, die vor allem Musik machen wollten, weil das ihr Leben war. Sie hatten es sich angewöhnt, ihre Mitspieler wie Kumpel zu behandeln, auch wenn sie nominell »the Boss« waren und bis zu fünfzehn Sidemen dirigierten. Als Teagarden seine Band 1944 auflöste, saß er auf einem riesigen Schuldenberg. Um erfolgreich eine Bigband zu leiten, bedurfte es anderer Qualitäten, als selber musikalisches Talent zu haben und glücklich zu sein, wenn eine Zahl gleichgesinnter »Buddies« bereitwillig mitmachte. Goodman scheint die nötigen Fähigkeiten im Blut gehabt zu haben, Artie Shaw erwarb sie sich sehr schnell. Er selbst behauptet in seiner Autobiographie, dass seine Leute von ihrer Seite aus ein »Boss/Angestellten«-Verhältnis entwickelt hätten: »Mir fiel bald auf, dass sie sich mir gegenüber merkwürdig zu verhalten anfingen. Ich war gelegentlich mit dem einen oder anderen von ihnen zum Essen gegangen, wenn wir auf Tour waren. Jetzt bemerkte ich bei jedem von ihnen einen seltsamen Unwillen, sich in der Öffentlichkeit mit mir

Einer der vielen, die als Leader einer Bigband scheiterten: der Posaunist und Sänger Jack Teagarden

zusammen sehen zu lassen. Es wurde dann von Arschkriecherei geredet. Jeder Musiker, der sich irgendwie vertraut mit mir verhielt, wurde vom Rest voller Argwohn angesehen. Und da er mit ihnen leben und spielen musste, wollte er natürlich seinen Ruf bei ihnen nicht aufs Spiel setzen. Also gewöhnte ich es mir an, für mich zu bleiben und allen auf diese Weise jede Peinlichkeit zu ersparen.«[6]

6 Artie Shaw: The Trouble With Cinderella. An Outline of Identity. New York 1982. S. 339f.

Einer der Leute, die Shaw auf so taktvolle Weise nicht in Verlegenheit bringen wollte, war Max Kaminsky. Und der sah das alles ganz anders. Er hatte die Band mit aufgebaut und sich eine gewisse Position im Kreis seiner Kollegen geschaffen. Shaw – so schreibt er – reagierte allergisch auf diesen Akt der Insubordination: »Die Band fing an, Fuß zu fassen, und ich wurde bei den Jungs immer beliebter und blühte so richtig auf und genoss es alles in vollen Zügen. Und das war der Zeitpunkt, zu dem Artie anfing, sich zu verändern. Wir fingen an, einander auf die Nerven zu gehen – so passiert das eben in einer Band –, und ich wurde wütend auf ihn, und er wurde wütend auf mich, bis Artie eines Tages eine Versammlung der ganzen Band einberief und den Jungs sagte: ›Ich will, dass ihr eines wisst: dies ist nicht Maxies Band, dies ist *meine* Band.‹ Ich war schockiert und fühlte mich gedemütigt, als mir klar wurde, dass er so über mich dachte, wo ich mir doch die ganze Zeit über nur das Hirn zermartert hatte, um der Band zum Erfolg zu verhelfen.«[7]

Zwistigkeiten waren in den meisten Bands an der Tagesordnung; die Musiker waren zumeist ein Haufen undisziplinierter Individualisten, die sich nur ungern gängeln ließen und über alles ihre eigenen Vorstellungen hatten, es häufig auch nicht ertragen konnten, als anonymer Sideman auf dem Podium zu sitzen, während der Leader – unverdientermaßen natürlich – den Ruhm und das große Geld einstrich. Über das Eifersuchtsdrama Goodman–Krupa wurde schon berichtet. Count Basie soll Lester Young gefeuert haben, weil der sich weigerte, zu einer Aufnahmesitzung zu erscheinen, die der Boss für einen Freitag, den 13., anberaumt hatte (Basie selbst beteuerte später immer wieder, dass die Geschichte erlogen sei). Lionel Hampton war

---

7 Kaminsky: Jazz Band. S. 103.

als extrem geizig verschrien, mehrere Musiker verließen ihn, weil er es ihnen zum Beispiel zumutete, lange Strecken im Überlandbus zurückzulegen – ein Schlafwagen wäre teurer gewesen. Der Trompeter Dizzy Gillespie griff seinen damaligen Chef Cab Calloway sogar einmal mit dem Messer an. Über diese berühmt-berüchtigte »Spitball-Affäre« (ein Spitball ist ein kleines mit Speichel getränktes Papierkügelchen) berichtet der Messerheld selbst:

Jonah Jones, der hinten bei den Trompetern saß, fing an, Spitballs auf die Bühne in Richtung auf den Drummer Cozy Cole zu werfen [...]. Die Spitballs haben Cab gar nicht getroffen. Cab war überhaupt nicht auf der Bühne. Aber dann kam er und sah die Spitballs und beschuldigte mich, sie geworfen zu haben.

Ich sagte ihm, dass ich keine Spitballs geworfen hatte, und ein Wort gab das andere. Cab wurde so wütend, dass er mitten in die Band hineinraste, um mir an den Kragen zu gehen, und über die Posaunisten rüberstolperte. Er hat die Posaunen demoliert [Original: »fucked up the trombones«], als er versuchte, an mich ranzukommen. Natürlich passierte das, als der Vorhang schon gefallen war, denn ein Cab Calloway besitzt zu viel Klasse, um so 'ne Kacke auf offener Bühne zu machen. Wie auch immer, er ging mir an den Kragen, und die anderen haben ihn von mir runtergezogen, und er ist dann in seine Garderobe gegangen. Als ich zum Umkleideraum der Band gegangen bin, bin ich an Cabs Garderobe vorbeigekommen. Ich hörte, wie er sagte, er würde meinen Arsch durch das ganze Theater wischen. »Eine Scheiße wirst du tun!« habe ich gesagt. Ich hatte schon eine Hand in der Tasche. Er kam rausgerast und packte mich beim Kragen. Ich ließ zu, dass er mich anpackte, aber er ließ mich ganz schnell wieder los, als ob ich glühendheiß wäre. Ich muss ihm wohl den Arsch versengt haben, als er mich anfasste. Er fasste mich mit beiden Händen bei der Brust und zog mich hoch, er bereitete sich darauf vor, mir eine runterzuhauen. Er wusste nicht, dass ich mich darauf vorbereitete, ihn umzubringen. Oh ja, ich hab ihm einen kleinen Schlitz verpasst. Er ließ mich los, ganz schnell. Als er das Blut sah, brauchte ihn keiner dazu aufzufordern, mich loszulassen. Milt Hinton griff meine Hand, um mich davon abzuhalten, ihn ernsthaft zu verletzen. Ich hätte ihn ohne Weiteres töten können, so wütend war ich. Es war ein ernsthafter Kampf, eine sehr ernsthafte Sache, und jemand hätte wirklich verletzt werden können, weil ich ganz fest an Gewaltlosigkeit glaube – wenn es um meine eigene Person geht.

Und dann sagte Cab zu den anderen: »Schafft ihn hier raus!« Auf diese Weise habe ich den Job verloren.[8]

Zwar ging es nur selten so dramatisch zu, aber das Personal vieler Bands wechselte recht häufig – oft mit negativen Konsequenzen für die Musik.

Eine Bigband ist im Vergleich mit einer Combo ein äußerst komplizierter Apparat. Es kam nicht nur darauf an, Instrumentalisten zu finden, die musikalisch und – wenn möglich – auch in menschlicher Hinsicht miteinander harmonierten. Es musste auch ein Repertoire aufgebaut werden, ein »Bandbook«. Man brauchte einen Arrangeur und möglicherweise auch einen Kopisten, der die Arrangements unter Berücksichtigung der verschiedenen Parts, die den Trompeten, Posaunen, Saxophonen usw. zukamen, abschrieb. Eine so große Formation war teuer. Sie konnte nicht überall auftreten, sondern nur in Sälen, in denen auch eine entsprechend große Zahl von Gästen unterge-

---

[8] Dizzy Gillespie with Al Fraser: Dizzy. To Be Or Not To Bop. London / Melbourne / New York 1982. S. 129.

bracht werden konnte. Man war dazu gezwungen, auf Tourneen zu gehen, denn wenn man eine Zeitlang an einem Ort gespielt hatte, verflog oft der Reiz des Neuen, und es kamen nicht mehr so viele zahlende Besucher, dass sich das Engagement der vielköpfigen Truppe für den Besitzer einer Dancehall noch lohnte. Diese Tourneen mussten logistisch geplant werden. Man brauchte eine Transportmöglichkeit, einen Bus und einen Chauffeur. Ein Bandboy reiste zumeist mit, von ihm wurde erwartet, dass er sich um alle außermusikalischen Dinge kümmerte, nötigenfalls auch die Tuxedojacke eines Musikers zu flicken wusste.

Diese Tourneen waren anstrengend und nervenaufreibend. Jeden Tag Hunderte von Meilen im Bus, Ankunft in einer fremden Stadt, Suche nach einem Hotelzimmer, rasch etwas gegessen und – zur Kräftigung und Beruhigung der Nerven – ein paar Schluck Whisky heruntergestürzt. Dann den Tuxedo angezogen und die Instrumente ausgepackt – der Drummer war in dieser Beziehung besonders schlecht dran, weil er seinen ganzen Kit immer wieder neu aufbauen musste – und schließlich der Auftritt in einem unbekannten Lokal vor einem fremden Publikum, bis tief in die Nacht hinein. Dann ins Hotelzimmer, wieder ein paar Gläser Whisky, um einschlafen zu können. Nach ein paar Stunden Schlaf Koffer packen und wieder in den Bandbus. Oft waren die Mitglieder einer Band nach einer Serie von One-Nighters, die sie quer durch die Staaten geführt hatte, völlig ausgelaugt. Der Basie-Posaunist Dicky Wells, der viele Jahre seines Lebens »on the road« verbrachte, meinte: »Man muss einmal an den mentalen und körperlichen Verschleiß denken, dem wir Handlungsreisende in Sachen Musik auf einer Tour von One-Nighters ausgesetzt waren. Außerdem sorgten wir uns auch um das, was zu Hause passierte. Wir haben Ehefrauen verloren und

Geliebte, Wohnungen und Instrumente, Automobile und Kleider, und einige sogar ihr Leben – durch diesen Verschleiß, dem wir durch die Tourneen und unser Nightlife ausgesetzt waren. Ich habe oft Leute sagen hören: ›Ich wünschte, ich könnte wie ihr Burschen reisen. Ihr genießt das Leben in vollen Zügen.‹ Okay, aber es gibt da eine ganze Reihe Dinge, von denen diese Leute keine Ahnung haben.«[9]

Nach dem Kriegseintritt der USA wuchsen die Schwierigkeiten für die »touring bands« noch. Es traten eine ganze Reihe von Rationierungsmaßnahmen in Kraft, die das Reisen nach und nach fast unmöglich machten. Benzin war nicht mehr in unbeschränkter Menge zu haben, an der Atlantikküste gab es strenge Verdunkelungsvorschriften, Lokale mussten früher schließen. Gravierender war jedoch, dass viele Musiker ihren Einberufungsbescheid erhielten; sie mussten durch andere, oft weniger talentierte oder auch unerfahrenere ersetzt werden, die sich vielleicht gerade erst mit dem Bandbook vertraut gemacht und ein wenig Routine bekommen hatten, wenn sie ihrerseits eingezogen wurden.

Die wenigsten Musiker waren wirklich für den Dienst mit der Waffe geeignet. Zum einen waren sie als Künstler vielleicht sensibler als der Durchschnitt, zum anderen hatten sie oft jahrelang Raubbau mit ihrer Gesundheit getrieben. Eddie Condon erzählt, dass er bei der Musterung durchfiel. Entscheidend war das Gutachten eines wohlmeinenden Psychiaters, das nur aus einer einzigen Zeile bestand: »Dieser Mann braucht einen Schnaps, und zwar sofort.«[10] Dave Tough war zwar ein guter Schlagzeuger, überragte aber kaum die High-Hats seines Instruments. Er

---

9 Dicky Wells / Stanley Dance: The Night People. Reminiscences of a Jazzman. Boston 1971. S. 49.
10 Condon: Jazz. S. 337.

wollte eingezogen werden, um in der Marineband Artie Shaws Dienst tun zu können und Schlimmerem aus dem Weg zu gehen. Kaminsky berichtet:

> Dave [...] sah wie ein ausgemergelter Kobold aus. Seine Frau Casey hatte ihn zwei Wochen lang Tag und Nacht mit Spaghetti gefüttert, damit er etwas Fleisch auf die Knochen bekam, aber Artie hatte noch die zusätzliche Vorsichtsmaßnahme getroffen, ihn zur Musterungsstelle zu begleiten, um sicherzugehen, dass er genommen wurde. Als Dave sich für die Untersuchung auszog, warf der Mediziner nur einen ungläubigen Blick auf ihn, drehte sich dann zu Artie um und fragte fassungslos: »Brauchen Sie wirklich diesen Mann in ihrer Band?«
> »Er ist der größte Drummer der Welt«, belferte Artie zurück.
> »Dann hauen Sie, verdammt noch mal, mit ihm hier ab, bevor ihn jemand zu Gesicht bekommt. Dieser Kerl ist nicht nur in physischer Hinsicht ein unmögliches Exemplar, er verstößt auch gegen jede Grundvoraussetzung, was Größe, Gewicht und Gesundheit anbelangt«, fauchte er, während er Daves Papiere abstempelte.[11]

Andere hatten nicht das Glück, in einer Militärband unterzukommen, und die Zeit bei der Armee wurde für sie eine traumatische Erfahrung. Lester Young war ein gebrochener Mann, als er bei Kriegsende entlassen wurde. Young trank nicht nur, er war auch rauschgiftsüchtig und litt, als er durch seine Kasernierung von der regelmäßigen Versorgung mit ›Stoff‹ abgeschnitten war, unter fürchterlichen

---

11 Kaminsky: Jazz Band. S. 134.

Entzugserscheinungen. Als ein weißer Offizier bei einer Untersuchung seines Spinds nicht nur ›Beruhigungstabletten‹ zu Tage förderte, sondern auch eine Fotografie seiner zweiten Frau, einer Weißen, wurde der Musiker vor ein Militärgericht gestellt und zu fünf Jahren Haft verurteilt. Von diesen fünf Jahren saß er nur ein Jahr in einem Lager in Georgia ab, aber er soll ein anderer Mann gewesen sein, als er wieder in der Öffentlichkeit erschien. Er verewigte die Erfahrung in einem Blues: dem *D. B. Blues.* »D. B.« steht für »Detention Barrack«, Gefangenenbaracke.

Es kamen immer mehr Songs heraus, die sich mit dem Kriegsgeschehen auseinandersetzten. Bei Oran »Hot Lips« Page geschah dies in ironisch witziger Weise; *Uncle Sam Ain't No Woman, But He Sure Can Take Your Man* sang er: »Uncle Sam ist keine Frau, aber er kann dir doch deinen Mann wegnehmen.« Duke Ellington leistete einen Beitrag zur militärischen Sicherheit des Landes mit dem Lied *A Slip Of The Lip Can Sink A Ship*, was sich mit »Ein unbedachtes Wort kann ein Schiff untergehen lassen« oder auch mit »Vorsicht! Feind hört mit!« übersetzen lässt. Glenn Miller feierte die Ruhmestaten amerikanischer Soldaten, sein *American Patrol* wurde zu einem Riesenhit. Es gab sogar einen Gospelsong des Titels *Praise The Lord And Pass The Ammunition*: »Lobet den Herrn und teilt die Munition aus.« Noch kurioser – zumindest für deutsche Ohren – mutete der Text eines Liedes an, das die Sängerin Una Mae Carlisle 1944 aufnahm: *Blitzkrieg Baby, You Can't Bomb Me*: eine Frau lässt einen Casanova wissen, dass er sie nicht erobern wird, nicht mit all seinen Bomben, seinen Geschützen und seinem Dynamit.

Ellington und andere gaben Konzerte, um zur Zeichnung von »war bonds«, Kriegsanleihen, aufzufordern; jeder öffentliche Auftritt einer Band wurde zu einer patriotischen Angelegenheit. Die Musik vermittelte Botschaften, forderte zum Durchhalten auf und zur Solidarität mit den verbündeten europäischen Nationen, trug manchmal auch dazu bei, dass bestimmte Widrigkeiten, die der Krieg mit sich brachte, leichter überwunden wurden, indem sie diese in witziger Weise zum Thema machte. Ein Titel der englischen Harry Roy Band hieß: *When Can I Have A Banana Again* und nahm auf die Lebensmittelrationierung Bezug. Vor allem waren natürlich heitere, schwungvolle Kompositionen gefragt, die den Zuhörer für eine kurze Zeitspanne aus dem grauen Kriegsalltag entführten.

Beim Bigband-Jazz lässt sich in dieser Periode auch eine gewisse Verflachung feststellen; allzu Anspruchsvolles war nicht mehr gefragt, einfache, aber rhythmisch eingängige Kompositionen standen ganz oben auf der Hitliste. Tommy Dorsey landete einen Riesenhit mit *Boogie Woogie,* einer orchestralen Version des alten Boogie Woogie von Pinetop Smith; von dieser Einspielung wurden nicht weniger als vier Millionen Exemplare verkauft. Dorsey, der selbst für seine samtweiche Posaune berühmt war, näherte den Klang seiner Band immer mehr dem eines Tanzorchesters an: keine Ecken und Kanten, keine »dirty intonation«, alles möglichst glatt und gefällig. Eine Vokalgruppe mit dem Namen »The Pied Pipers« und ein kleiner, magerer Sänger italienischer Abkunft rundeten den Sound des Orchesters ab. Dieser Sänger hatte einen Namen, der für Dorsey unmöglich klang, der Bursche hatte sich aber geweigert, sich einen Künstlernamen zuzulegen: er wollte auch weiterhin Frank Sinatra heißen. Glenn Miller war von Anfang an den Weg in Richtung einer auf Hochglanz polierten gefälligen Tanzmusik gegangen; sein typischer weicher Sound kam dadurch zustande, dass die Klarinette die vierköpfige Saxophongruppe anführte. Lionel Hampton steuerte sein Orchester in eine entgegengesetzte Richtung. Ein dynamischer Jump-Rhythmus, aufschrillende Trompeten, ekstatisch kreischende Saxophone wurden zu seinem Markenzeichen, in vielem nahm er schon den Rhythm & Blues vorweg. Oft wirkte seine Musik künstlich überheizt, außermusikalische Effekte begannen bei seinen Liveauftritten eine große Rolle zu spielen: Tänze des Leaders auf der Bühne und zum Mitmachen aufforderndes Händeklatschen, Defilee der Trompeter mitten durch das Publikum, Scat-Wechselgesang zwischen Band und Publikum (der Leader: »Hey Baba Rey Bop« – Alle: »Hey Hey Hey«), zur Krönung ein Sprung des Meisters auf die »Stand-Toms«. Hampton blieb diesem Konzept bis in die neunziger Jahre treu: man konnte sich auf mancher Deutschlandtournee des Vibraphonisten davon überzeugen. Viele, die ihn via Schallplatte als Meister des lyrischen Spiels kennengelernt hatten, waren bitter enttäuscht und schworen, nie wieder zu diesen »Gorillafesten« hinzugehen, meist taten sie es dann aber aus sentimentalen Gründen doch.

Wie auch immer man die Musik jener Jahre heute beurteilen mag, man kann sich vorstellen, dass vor allem die GIs durch solche Musik tatsächlich den »Uplift« erfahren haben, von dem Kaminsky spricht. Der Jazz erreichte die amerikanischen Soldaten vor allem auf zwei Wegen. Einmal über die sogenannten »V-Discs« (V stand für »Victory«), die speziell für das War Department gepresst wurden und nicht im freien Handel erhältlich waren. Diese V-Discs hatten einen Durchmesser von dreißig Zentimetern und bestanden aus Vinyl, da das ansonsten übliche Schellackmaterial als kriegswichtig galt. Sie besaßen eine Spielzeit von bis zu sechs Minuten pro Seite (gegenüber den herkömmlichen drei), waren aber schnell durchgespielt, wenn eine der damals üblichen Stahlnadeln, die in einem schweren Tonarm saßen, ein paar Mal durch die Rillen gefahren war. Diese Platten wurden an die amerikanischen Soldatensender in Asien und Europa verteilt, drehten sich aber auch auf den Grammophonen in Mannschaftsunterkünften und Offiziersmessen. Im V-Disc-Katalog sind fast alle großen Namen der Zeit vertreten; für den Sammler sind sie heute auch deswegen interessant, weil sich für die Aufnahmen Musiker zusammenfanden, die normalerweise nicht gemeinsam im Plattenstudio saßen, da sie bei verschiedenen Firmen unter Vertrag waren. Oft wurden auch Konzerte mitgeschnitten. Die V-Discs schließen auch musikhistorisch eine Lücke: am 1. Juli 1942 war nämlich vom Präsidenten der Musikergewerkschaft ein »Recording Ban«, ein Aufnahmeverbot, verkündet worden. Man wollte auf diese Weise die großen Plattenfirmen dazu zwingen, die Honorare der Musiker zu erhöhen. Dieses Verbot war bis zum September 1943 in Kraft, wurde für die besonders renitenten Firmen RCA Victor und Columbia sogar noch bis 1944 verlängert, die V-Discs waren jedoch von ihm ausgenommen, da sie einem patriotischen Zweck dienten. 1948 versuchte man alle noch erhaltenen Exemplare einzusammeln und zu zerstören, viele waren aber über dunkle Wege in die Sammlungen von Privatleuten gelangt. In Europa gehörten sie von etwa 1944 an zu den begehrtesten Waren auf dem Schwarzmarkt.

Die Musik für die Männer an der Front kam aber nicht nur aus der Konserve. Ganze Bands wurden zur Truppenbetreuung zusammengestellt und in die Kampfgebiete geschickt. Die berühmteste war die des Posaunisten Glenn Miller – ab 1942 »Major« Miller – der das Army Air Forces Orchestra übernahm und im Dezember 1944 ums Leben kam, als das Flugzeug, in dem er saß, über dem Ärmelkanal abstürzte. Artie Shaw wurde 1943 zum Obermaat ernannt und leitete – wie schon erwähnt – eine Marineband. Max Kaminsky, der sich halbwegs wieder mit Shaw versöhnt hatte, wurde Mitglied dieser Band, um dem

Der Posaunist und Bandleader Glenn Miller in der Uniform eines Majors der US-Luftwaffe

Dienst in der Army zu entgehen. Es zeigte sich aber, dass die musikalische Truppenbetreuung im Südpazifik auch kein Zuckerschlecken war.

> Als wir auf Guadalcanal ankamen, war dort, obwohl der Höhepunkt der blutigen Auseinandersetzungen vorüber war, immer noch schwer was los. Jede Nacht flogen die Japs von ihren Stützpunkten auf Rabaul und Bougainville aus Luftangriffe. Zwei Tage vor unserer Ankunft hatte ein Schwarm von neunzig japanischen Flugzeugen Lunga Point mit verheerenden Folgen beschossen, und die Zelte, in denen wir untergebracht wurden, waren von Geschossen so durchlöchert, dass sie wie Moskitonetze aussahen. Ich brauche wohl kaum zu erwähnen, dass alle unsere Konzerte tagsüber stattfanden, und wir mussten gegen das Schnattern der Affen anspielen, das Kreischen der Papageien und das Pfeifen der buntgefärbten kleinen Sittiche, die dort so verbreitet waren wie bei uns die Spatzen. Aber wenn die Sirenen aufheulten […], um uns vor anfliegenden feindlichen Flugzeugen zu warnen, verstummte der Dschungel plötzlich, und in der beklemmenden Stille schien sich kein Blatt mehr zu rühren, bis man dann das Summen der Flugzeuge hörte und das Pfeifen der Bomben und der ganze Alptraum von vorne anfing.[12]

Für Kaminsky wurden diese Greuel aber durch die Dankbarkeit und die Begeisterung aufgewogen, mit denen die Matrosen die Musiker willkommen hießen: »Die Männer im südpazifischen Kampfgebiet waren so ausgehungert nach Musik, dass sie zu toben anfingen, wenn sie uns nur zu Gesicht bekamen.«[13]

12 Ebd. S 145.
13 Ebd. S. 142.

1945 war dann der Alptraum vorbei. Die Amerikaner konnten gleich zweimal V-Day, den Tag des Sieges, feiern: am 8. Mai VE-Day, Victory-Europe-Day, und am 2. September VJ-Day, Victory-Japan-Day. Die Euphorie hielt aber nicht lange an; zwar hatte man den Krieg gewonnen, die Truppen konnten demobilisiert werden, aber der durch die Aufrüstung verursachte Wirtschaftsboom hörte schlagartig auf. Auch der Bedarf nach Unterhaltungsmusik ließ nach, und unzählige Musiker saßen bald wieder auf der Straße.

»Now's The Time«

New-Orleans-Revival und Bebop

> Zum Trompetespielen braucht man eins, und das ist ein Gebiß, auf das man sich verlassen kann. Und gerade das fehlt mir so dringend. Neue Zähne und eine gute Trompete, und der alte Bunk ist wieder obenauf.
> *Bunk Johnson*[1]

> Hör zu, Dad. In New York passiert was. Die Musik ändert sich, ihr Stil, und ich will dabei sein, mit Bird und Diz.
> *Miles Davis*[2]

Der Jazz war gegen Ende des Zweiten Weltkriegs zu einer populären Musik geworden – dies aber im doppelten Wortsinn. Bei vielen Bands war das Raue und Urwüchsige gänzlich verschwunden, in den großen Formationen war auch das Element der Improvisation in den Hintergrund getreten. Die Zeit von 1935 bis 1945 wird oft als die Goldene Ära des Jazz bezeichnet – dieses ›golden‹ ist aber ganz wörtlich zu nehmen: es war – und ist bisher – die einzige Periode, in der sich mit dieser Art von Musik viel Geld verdienen ließ. Artie Shaw hatte 1945 – in wenig mehr als

---

1 Willie »Bunk« Johnson, Trompeter (*1879), 1940 in einem Brief an den Kritiker Frederic Ramsey jr. Zit. nach: Shapiro/Hentoff (Hrsg.): Jazz erzählt. S. 40.
2 Miles Davis (*1926) 1945 zu seinem Vater. Zit. nach: Miles Davis with Quincy Troupe: Miles. The Autobiography. London 1990. S. 63.

zehn Jahren – ein solches Vermögen angehäuft, dass er sich aus dem Musikgeschäft zurückziehen konnte. Auch Benny Goodman hatte den Grundstein für sein beträchtliches Vermögen in einer relativ kurzen Zeitspanne – von 1937 bis 1940 etwa – gelegt und stellte nach dem Krieg nur noch sporadisch eigene Bands zusammen. Schwarze Bandleader wie Ellington und Basie, die einer weniger kommerziellen Spielweise verpflichtet blieben, hatten allerdings bei weitem nicht so viel von dem Kuchen abbekommen.

Ohne dass man es zuerst so richtig bemerkte, waren jedoch gleichzeitig zwei Bewegungen entstanden, die beide auf eine Ablösung des großorchestralen Swing durch eine andere Art von Musik zielten – zwei Bewegungen, wie man sie sich gegensätzlicher kaum vorstellen kann, die aber beide in einem Widerwillen gegen die Kommerzialisierung des Jazz und die mit ihr verbundene Glättung oder auch Verharmlosung der Spielweise wurzelten: es waren dies der Revival-Jazz und der Bebop.

Der traditionelle Jazz, der Jazz der kleinen Formationen aus der Vor-Swing-Ära, war nie ganz ausgestorben. Einer seiner Gralshüter war etwa Eddie Condon gewesen, der unermüdlich neue Gruppen zusammengestellt und Propaganda für den Dixieland gemacht hatte, wann und wo immer sich eine Gelegenheit dazu bot. Die Bob-Crosby-Bigband besaß eine »Band within the Band«, die »Bobcats«, die sich aus einer aus Trompete, Posaune, Klarinette und Saxophon bestehenden Front Line und einer vierköpfigen Rhythmusgruppe zusammensetzte. 1942, auf dem Höhepunkt des Swing, nahmen sie solche Klassiker wie *Tin Roof Blues* und *Way Down Yonder In New Orleans* auf. Muggsy Spanier spielte 1939 eine Reihe von vielbeachteten Schallplatten ein, und schon der Name seiner Gruppe – »Muggsy Spanier's Ragtime Band« – zeigt,

Mezz Mezzrow und Sidney Bechet

dass man sich auf die Tradition bezog. In Dixielandmanier musizierte sogar einer der Hauptvertreter des kommerziellen Bigband-Swing, Tommy Dorsey. Seine »Clambake Seven« setzten sich aus Musikern seiner Bigband zusammen.

Die Revival-Bewegung, die dieser Art von Musik zu neuem Aufschwung verhalf, war im Grunde schon gegen Ende der dreißiger Jahre initiiert worden – und zwar nicht von den Musikern selbst, sondern von Theoretikern, sprich Jazzhistorikern und -kritikern. Sie hatten sich zunehmend mit den Ursprüngen der Musik beschäftigt und eine Rückkehr zu den Wurzeln, eine Rückbesinnung auf das konstituierende Element der ›schwarzen Folklore‹ gefordert. Einer der Hauptstreiter auf diesem Gebiet war der Franzose Hugues Panassié gewesen. Panassie war durch Mezz Mezzrow beeinflusst worden, der stets die Ansicht vertreten hatte, dass nur ein Schwarzer – oder ein Wahlschwarzer wie er – ›den Blues haben‹ und dass nur aus einer solchen Gestimmtheit heraus wahrer Jazz entstehen könne. Der französische Kritiker war 1938 nach New York gekommen und hatte mit Mezzrows Hilfe eine Handvoll schwarzer Musiker aufgestöbert, die noch im alten Stil zu spielen wussten: den Trompeter Tommy Ladnier, den Pianisten James P. Johnson, den Gitarristen Teddy Bunn und Sidney Bechet. Bei drei Sessions waren einige wunderschöne Aufnahmen entstanden – obwohl Mezzrow selbst mit seiner Klarinette und seinem Tenorsaxophon dabei war.

Der große New-Orleans-Klarinettist Johnny Dodds, der lange Jahre nicht aktiv gewesen war, erhielt Ende der dreißiger Jahre die Gelegenheit zu neuen Plattenaufnahmen. Der Regisseur Orson Welles grub als großer Jazzfan den Klarinettisten Jimmie Noone wieder aus, der in den zwanziger Jahren im Chicagoer Apex Club Triumphe gefeiert hatte, und verhalf ihm zu neuer Popularität. In den folgenden Jahren spürte man immer mehr Pioniere auf, die schon in der Zeit vor dem Ersten Weltkrieg Jazz gespielt, aber nie oder nur selten Plattenaufnahmen gemacht hatten. Einer von diesen war der 1879 geborene Trompeter Bunk Johnson, den Louis Armstrong als einen seiner Lehrer bezeichnet hatte – später nahm er dies zurück.

Einer Anekdote zufolge hatte Johnsons Karriere 1932 ein abruptes Ende gefunden, als er mit der »Black Eagle Band« unterwegs war. Bei einem der Auftritte der Band kam ein Mann ins Lokal gestürmt, der den Leader bezichtigte, mit seiner Frau »rumgemacht« zu haben und ihm – der, wie Bunk später beteuerte, völlig unschuldig war – kurzerhand die Kehle aufschlitzte. Anschließend zerstörte der Berserker die Instrumente der Musiker – darunter auch Johnsons Kornett. Johnson hatte nicht das Geld für ein neues Instrument, überdies verlor er nach und nach alle Zähne. Er konnte also nicht mehr spielen und schlug sich mit verschiedenen Jobs durchs Leben, unter anderem als Lastwagenfahrer: »Mir bleibt nichts anderes übrig, als wie Simson meine Schultern unter das Joch zu beugen und mich weiter in dieser Tretmühle zu schinden und meine Musik zu vergessen«,[3] meinte er noch 1940. Diese düstere Prognose sollte sich jedoch nicht erfüllen. Armstrong sorgte dafür, dass »Papa Bunk« ein neues Kornett bekam, und Sidney Bechets Bruder Leonard, seines Zeichens Zahnarzt, verpasste dem Veteranen ein neues Gebiss. So ausgerüstet, betrat Johnson im Alter von 64 Jahren zum ersten Mal in seinem Leben ein Aufnahmestudio. Viele sind der Meinung, dass er es besser unterlassen hätte. Was da auf die Azetat-Rohlinge gebannt wurde, klang zwar nach authentischem New-Orleans-Jazz, aber nach drittklassigem. Johnsons Tongebung war unsicher, und brillante Ideen hatte er auch nicht, meistens trug er erst einmal die Melodie vor, um sie danach geringfügig zu variieren. Für die Puristen lag aber gerade in dieser Kunstlosigkeit der Wert der Musik. Hier hatte man es endlich, ein genuines Beispiel für den uralten »Folk Jazz«, für die Musik, wie sie geklungen hatte, bevor King Oliver und Louis Armstrong sich ihrer angenommen und sie mit ihren Innovationen verfälscht hatten.

»Old Uncle Bunk« wurde zu einer kontroversen Figur: während die einen allenfalls ein mitleidiges Lächeln für ihn übrig hatten, idolisierten ihn die anderen; für sie war er nicht nur ein überragender Musiker, sondern auch eine Art Guru. Unter seinen fast ausschließlich weißen Anhängern hieß es bald, dass er »der größte *aller* lebenden Musiker sei; es dauerte nicht lange, da war Bunk ›größer als Louis Armstrong‹. Irgendwie war er auch zu einer Quelle der Weisheit geworden, ein Mann von einer solchen Tiefe, dass er alle Probleme der Welt lösen, alle ihre Übel beseitigen,

---

3 Shapiro/Hentoff (Hrsg.): Jazz erzählt. S. 39.

die menschliche Rasse von Hass und Krieg befreien konnte, ja das Böse aus der Welt zu bannen vermochte.«[4] Dergestalt wurde der alte Bunk zu einem wahren Gott erhoben, den Hunderte von jungen weißen Musikern, die in dem alten Idiom zu spielen versuchten, rückhaltlos verehrten. Er zog sich 1947 ein zweites Mal aus dem Musikgeschäft zurück und starb 1949. Der Klarinettist George Lewis führte seine Band weiter und gastierte mehrfach mit großem Erfolg auch in Europa.

Der Revival-Jazz wurde im Laufe weniger Jahre fast ausschließlich zu einer weißen Angelegenheit, obwohl auch einige der schwarzen Oldtimer dazu animiert wurden, wieder zu ihren Instrumenten zu greifen. So verließ der große Kid Ory seine Hühnerfarm in Kalifornien und gründete wieder eine eigene Band, die viel umjubelt wurde. Zu den prominentesten weißen Bands, die im Zuge des Dixieland-Revival entstanden, gehörte die an King Oliver orientierte Gruppe von Lu Watters, die ihr Hauptquartier in San Francisco hatte – bis dahin nicht gerade eine Hochburg des Jazz. Die Revivalmusik verbreitete sich geradezu epidemisch, drang auch in Gebiete vor, die für den Jazz Niemandsland gewesen waren. Ihr Siegeszug war nicht auf den amerikanischen Kontinent beschränkt: in Australien formierte sich die Graeme Bell Band, die 1949 eine Tournee durch Großbritannien unternahm und dort Tausende von Fans wie auch von einheimischen Musikern zum »Traditional Jazz« bekehrte. Eine der englischen Bands, 1949 gegründet, existiert heute noch: die von Chris Barber, der beileibe kein schlechter Posaunist ist und im Laufe der Jahre mit Männern vom Kaliber eines Ray Nance, des Ellington-Kornettisten, und Trummy Young, des Posaunisten bei Jimmie Lunceford, mit Louis Armstrong und vielen ande-

---

4 Martin Williams: Jazz Masters of New Orleans. New York 1979. S. 243 f.

Bunk Johnson betrat als Vierundsechzigjähriger erstmals ein Schallplattenstudio. Er wurde zur Leitfigur der Revival-Bewegung

ren Großen, zusammengespielt hat, bei vielen Puristen aber dennoch in schlechtem Ruf steht, weil er den alten New-Orleans-Stil glättete und simplifizierte. Sein Riesenhit war *Ice Cream*, ein Titel, der heute noch bei Konzerten seiner Band vom Publikum füßetrampelnd gefordert wird.

Überhaupt hat sich diese Stilrichtung als überaus langlebig erwiesen. Wenn heute bei einem Straßenfest in Berlin oder auf einem Vergnügungsfloß, das die Isar hinabtreibt, irgendwelche »Spree City Stompers« oder »Munich Feetwarmers« *When The Saints Go Marching In* intonieren, dann stehen die Musiker dieser Bands eigentlich immer noch in der Tradition, die mehr als fünfzig Jahre zuvor begründet wurde. Der Erfolg des wiederaufbereiteten Traditional Jazz liegt wohl zum Teil darin, dass sich auch Amateure unbekümmert an ihn heranwagen können. Wenn irgendetwas nicht perfekt klingt, dann ist das nicht so schlimm, es ist eben authentisch, es ist ›ehrlich‹. Wenn der Trompeter Ansatzprobleme hat, dann ist das sogar wunderbar: Bunk Johnson hat 1942 auch Ansatzprobleme gehabt. Viele der Musiker, die selbst zu den Pionieren gehört, schon in den zwanziger Jahren oder früher Jazz gemacht, ihren Stil aber ständig weiterentwickelt hatten, schüttelten schon auf dem Höhepunkt des Dixieland-Revival in den vierziger Jahren nur den Kopf über diese Art von Musik. Der Gitarrist Danny Barker, der mit Jelly Roll Morton, Bessie Smith, Cab Calloway, James P. Johnson, Benny Carter und vielen anderen zusammengearbeitet hatte, meinte: »Man kann eine Aufnahme von Morton, Oliver oder den Armstrong Hot Five nicht übertreffen, selbst wenn die Aufnahmetechnik jetzt viel besser ist als damals. Aber heutzutage braucht jemand ja bloß ein Instrument in die Hand zu nehmen und auf den Jazzwagen zu springen, und schon halten die Leute ihn für einen großen Jazzer. Aber das ist nicht die Art Jazz, die ich kenne und in meiner

Jugend gehört habe, und der größte Teil der jungen Leute, die im sogenannten Dixieland-Revival Jazz spielen, machen auf mich den Eindruck, als ob sie drittklassige Aufnahmen der frühen Perioden nehmen und kopieren, weil sie nicht über Technik und Raffinement, über Seele und Feeling eines Louis, eines Joe Oliver, eines Noone oder eines Dodds verfügen.«[5] Kürzer – und noch vernichtender – fiel das Urteil des Kornettisten Bobby Hackett aus: »Es ist doch wirklich komisch zu hören, wie diese jungen Burschen versuchen, wie alte Männer zu spielen.«[6]

Kurioserweise wurden viele Jazzliebhaber durch eine Bewegung in das Lager der Traditionalisten getrieben, die mit der alten Spielweise endgültig zu brechen versuchte – und dies nicht nur aus ästhetischen Gründen. Es war eine neue Generation junger schwarzer Musiker herangewachsen, die eine oppositionelle Haltung zum – fast ausschließlich von Weißen beherrschten – Musikbusiness einnahm. Zu dieser Auflehnung hatten sie eigene Erfahrungen gebracht, aber auch das, was schon ihre Vorgängergeneration – Männer wie Roy Eldridge zum Beispiel – im Showgeschäft erlebt hatte. Sie wollten nicht länger Entertainer sein und sich von weißen Managern, Plattenproduzenten oder Bandleadern vermarkten und ausbeuten lassen. Sie betrachteten sich als Künstler; ihre Musik diente nicht primär kommerziellen Zwecken, sie sollte vor allem ein bestimmtes Lebensgefühl zum Ausdruck bringen, das wesentlich vom Überdruss am Alten, und zwar in musikalischer wie in gesellschaftlicher Hinsicht, geprägt war. Sehr krass hat James Lincoln Collier den Unterschied beschrieben. Die jungen Farbigen, so sagt er, waren nicht mehr wie etwa Louis Armstrong auf einen Weißen angewiesen, der

5 Shapiro/Hentoff (Hrsg.): Jazz erzählt. S. 260.
6 Ebd. S. 259.

ihnen die Hand auf die Schulter legte und sagte: »Dies ist mein Nigger«.[7]

Die emblematische Figur dieser revolutionären Spielweise, die lautmalerisch erst »Rebop« und dann »Bebop« oder kurz »Bop« genannt wurde, war der Altsaxophonist Charlie Parker.

Als Parker 1949 von der Zeitschrift *Down Beat* aufgefordert wurde, den Bop zu definieren, erklärte er sich außerstande dazu: »Es ist einfach Musik. Es bedeutet, nach Möglichkeit sauber zu spielen und nach den hübschen Noten zu suchen.« Auf hartnäckiges Drängen hin ließ er sich zu weiteren Ausführungen herab. Er gab zu, dass die Musik möglicherweise atonal sei, erklärte, dass er Paul Hindemith bewundere, dass der Bop sich aber nicht in dieselbe Richtung bewegen werde wie die moderne klassische Musik: er werde »flexibler sein, emotionaler, farbiger«. Er erklärte, dass er gerne die präzisen, komplexen harmonischen Strukturen Hindemiths nachahmen würde, aber »mit einer emotionalen Einfärbung und einer dynamischen Differenzierung«, die seinem Gefühl nach der modernen klassischen Musik abgehe. Der Kommentar dazu war recht hart: »Parkers Indifferenz der hochverehrten Jazztradition gegenüber wird einige seiner Anhänger sicherlich in Erstaunen versetzen. Aber tatsächlich hat er selber keinerlei Wurzeln im traditionellen Jazz. Während der wenigen Jahre, die er mit traditionellen Jazzmusikern zusammenarbeitete, irrte er wie eine verlorene Seele herum. In den Jahren, in denen er geprägt wurde, hörte er nie die Musik, von der man gemeinhin annimmt, dass sie die jungen Jazzer inspiriert – nichts von Louis, nichts von Bix, nichts von Hawk, nichts von Benny, überhaupt nichts.«[8]

---

7 Vgl. James Lincoln Collier: The Making of Jazz. A Comprehensive History. New York 1978. S. 324.
8 Michael Levin / John S. Wilson: No Bop Roots In Jazz: Parker. In: Down Beat. 16. Jg. Nr. 17 (9. September 1949). Hier zit. nach dem revi-

Mit Sicherheit wollte Parker mit seiner Aussage, dass der Bop keine Wurzeln im Jazz habe, provozieren, so wie er mit der Musik selbst provozierte. Als die neue Musik um 1945 auch auf Schallplatten gepresst wurde, da fühlte sich mancher ahnungslose Käufer einer solchen Scheibe schlichtweg düpiert. Schon die Titel der Songs waren eine Zumutung: man konnte sich nichts mehr unter ihnen vorstellen, sie erweckten keine romantischen Assoziationen, Schlüsselwörter wie »Love« oder »Baby« verschwanden nahezu aus ihnen: nicht mehr *I'm In The Mood For Love* oder *My Melancholy Baby*, sondern *Bloomdido* oder *Oop Bop Sh'Bam* hießen die neuen Kompositionen – oder noch schlimmer: *Klact-Oveeseds-Tene*.

Befremdet waren auch Musikerkollegen, die eine Bop-Gruppe in einem Club erlebten. Dave Tough: »Als wir hereinkamen, nahmen die Burschen da drin ihre Hörner und bliesen verrücktes Zeug. Auf einmal hörte einer ganz plötzlich auf, und ein anderer fing aus einem völlig unerfindlichen Grund an. Wir wußten nie, wann ein Solo anfing oder aufhörte. Schließlich hörten sie alle auf einmal auf und verschwanden vom Podium. Wir waren ziemlich erschrocken.«[9]

Um die neue Musik goutieren zu können, musste man seine Hörgewohnheiten radikal umstellen, einigen gelang dies ein Leben lang nicht. Was Melodik, Rhythmus, Harmonik anbetraf, schien der Bebop alle herkömmlichen Strukturen aufzuweichen oder gar zu zerstören, der alte ästhetische Kanon wurde in Frage gestellt – und ob dies das Publikum störte oder nicht, das war den Boppern völlig egal, auf Zustimmung legte man ostentativ keinen Wert. Der Name »Bebop« ahmte lautmalerisch ein bei den ›jun-

---

dierten Wiederabdruck in: Down Beat. 57. Jg. Nr. 12 (Dezember 1990). S. 20.
9 Polillo: Jazz. Geschichte und Persönlichkeiten. S. 161.

gen Wilden‹ besonders beliebtes Intervall nach: die verminderte Quinte.[10] Außergewöhnliche Intervalle prägten den Charakter der Musik: Nonen, Undezimen, Tredezimen. Die Grundtonart, in der ein Stück stand, war häufig nicht mehr auszumachen. Die Tempi waren oft überaus schnell, geradezu hektisch; zusätzlich improvisierten die Solisten in langen Achtel-Ketten oder sogar in Sechzehntel-Linien, die über dem triolischen Beat ein Gefühl doppelten Tempos erzeugten. Die Phrasierungsmöglichkeiten wurden um bisher unübliche Varianten erweitert. Die Themen der Stücke glichen sich durch Kompositionsweise und freiere Interpretation der Improvisation an. Der Rhythmus emanzipierte sich; vor allem der Schlagzeuger beschränkte sich nicht mehr auf die Begleitung, sondern griff in das solistische Geschehen ein. Jede romantische Tongebung war verpönt, die Bläser versuchten so vibratolos wie möglich zu spielen, ihre Instrumente klangen plötzlich alle hart, stählern, nahezu unerbittlich. Keine Musik, zu der man tanzen oder der man einfach entspannt zuhören konnte. Aggressivität und eine manchmal kaum noch zu ertragende Nervosität waren die Haupteindrücke, die sich einem ungeübten Ohr vermittelten; vielen schien sie sogar ein destruktives Element zu beinhalten. Martin Kunzler sieht in vielen dieser Tendenzen eine Parallele zur Entwicklung der neueren europäischen Kunstmusik: »Harmonik und Tonalität betreffend, holte der Bop in einem knappen Jahrzehnt die gesamte Spanne von Jean Philippe Rameau bis zum späten Claude Debussy nach: eine auf der Grundlage des temperierten Systems durch Chromatik und harmonische Umdeutung mögliche Durchsetzung der Dissonanz, eine

---

10 Die Bedeutung des Namens ist nicht ganz unumstritten. Jürgen Wölfer meint: »Das Wort selber hat keine Bedeutung. Es ist eine lautmalerische Umschreibung der Schlagzeugspielweise.« (J. Wölfer: Lexikon des Jazz. S. 47.)

wachsende Tendenz zur Kadenzverschleierung, einschließlich sogar zur völligen Grundton-Entmagnetisierung, zu Poly- und Freitonalität.«[11]

Dieses scheinbar wirre Zeug war Anfang der vierziger Jahre von einer Handvoll Musiker ausgebrütet worden, die sich in einem New Yorker Lokal in der 118. Straße West, dem Minton's Playhouse, zu Jam Sessions zu treffen pflegten, wenn ihre Jobs in den verschiedenen Bands ihnen Zeit dazu ließen. Das Lokal war einigermaßen heruntergekommen, »ein ziemlich schäbiger Laden, in den eigentlich nur die alten Busenfreunde von Mr. Minton kamen.«[12] Minton's Playhouse wurde von dem Saxophonisten und ehemaligen Bandleader Teddy Hill gemanagt. Hills Konzept – wenn man es so nennen kann – bestand darin, den Musikern in der Gestaltung des Programms freie Hand zu lassen. Ein großer Teil der Gäste waren selber praktizierende Jazzer, und sie wurden dazu aufgefordert, einzusteigen, das heißt, sich zu der kleinen »Houseband« zu gesellen, die aus dem Pianisten Thelonious Monk, dem Bassisten Nick Fenton, dem Schlagzeuger Kenny Clarke und dem Trompeter Joe Guy bestand. Zu denen, die regelmäßig von diesem Angebot Gebrauch machten, gehörten vor allem junge Instrumentalisten wie der Goodman-Gitarrist Charlie Christian, der Trompeter Dizzy Gillespie und der Pianist Bud Powell. Dazu kamen aber gelegentlich auch noch einige Ältere, die sich schon fest in der Musikszene etabliert hatten, wie Coleman Hawkins, Lester Young, Teddy Wilson, Benny Carter und die Pianistin Mary Lou Williams. Vor allem montags, am traditionellen Ruhetag der Bigbands, soll es im Minton's von Musikern der verschiedensten Couleur nur so gewimmelt haben. Irgendwann gegen Ende des Jahres 1941 tauchte dann auch der gerade zwanzigjährige

11 Kunzler: Jazz-Lexikon. Bd. 1. S. 92.
12 Kenny Clarke, in: Shapiro/Hentoff (Hrsg.): Jazz erzählt. S. 216.

Charlie Parker dort auf, der immer recht abgerissen aussah und sein verbeultes Horn in einer braunen Papiertüte mit sich trug.

Der Altsaxophonist stammte aus Kansas City. Er wurde 1920 in die denkbar ärmsten Verhältnisse hineingeboren. Sein Vater war ein drittklassiger Entertainer, er sang und tanzte, nebenbei war er aber wohl auch noch als Zuhälter tätig. Als er heiratete, versuchte er es kurzfristig mit einem bürgerlichen Beruf, er wurde Schlafwagenschaffner, hielt dies aber nicht lange durch, ebenso wie er der Ehe bald überdrüssig wurde. Er verließ seine Frau Addie, die sich und ihren Sohn als Putzfrau durchbrachte. Es scheint nur konsequent, dass Parker senior 1937 von einer Prostituierten umgebracht wurde. In gewisser Weise ähnelt die Jugend Parkers der Louis Armstrongs – und vieler anderer Schwarzer. Parker besaß aber nicht das sonnige und etwas naive Gemüt Armstrongs, das diesem half, die Entbehrungen relativ unbeschadet zu überstehen. Er war sehr intelligent und sensibel, litt in extremer Weise unter seiner Lebenssituation und verfiel auf den Ausweg, den auch sehr viele andere suchten: er betäubte sich, indem er Drogen nahm, erst weiche, dann immer härtere. Später warnte er stets vor dem Gebrauch von Rauschmitteln aller Art, betonte, dass sie – abgesehen von allen anderen schädlichen Nebenwirkungen – einen Musiker keineswegs beflügelten, sondern dass man im Gegenteil am besten spielte, wenn man »sober« sei.

Im Alter von sechzehn Jahren heiratete Parker zum ersten Mal; seine Frau, die drei Jahre älter war als er, brachte 1937 einen Sohn zur Welt. Natürlich verstärkte sich dadurch noch der finanzielle Druck auf die Familie. Der junge Vater ließ sich aber in keiner Weise beirren: er hatte schon als Dreizehnjähriger begonnen, sich mit Musik zu befassen, und in der Band seiner Schule Klarinette

Charlie Parker und Dizzy Gillespie. Der Bassist ist Tommy Potter, und bei dem jungen Mann, der von rechts ins Bild hereinschaut, handelt es sich um keinen Geringeren als John Coltrane, der zum Zeitpunkt dieser Aufnahme gerade 23 Jahre alt war

und Baritonhorn gespielt. Am Thanksgiving Day des Jahres 1935 hatte er sein erstes Engagement, das ihm die stolze Summe von 1 Dollar 25 Cents einbrachte, und er hatte begonnen, regelmäßig im Green Leaf Gardens in Kansas City aufzutreten. Im Jahr seiner Eheschließung verbrachte er den Sommer mit der Combo George Lees in einem Ferienort in den Ozark Mountains. Der Pianist der Band – vielleicht war es auch der Gitarrist – nahm sich seiner an und brachte ihm einiges über Harmonien bei. Seinem späteren Chef Jay McShann zufolge waren die Musiker der ersten Bands, in denen Parker spielte, alles andere als begeistert über ihren Kollegen – und zwar nicht so sehr wegen irgendwelcher Innovationen, die dieser ihnen zumutete, sondern weil er technisch noch nicht reif war. McShann:

Die Burschen in und um K[ansas] C[ity], sie wollten nicht mit ihm zusammenspielen. Bird hatte seine Koordination noch nicht beisammen; sie begriffen nicht, was er zu tun versuchte. Der Hals seines Saxophons löste sich ständig, und er spielte immer »off-beat«; er hatte es alles schon im Kopf, bevor er es in der Praxis zusammenbekommen konnte. Die anderen standen dann auf und verließen den Bandstand. Einmal sagte ein Bandleader zu ihm: »Mann, halt dein Horn bloß in den Händen.« Das muss ihn verletzt haben, aber er ließ es sich nicht anmerken. Er war ein richtig cooler Typ. Er zeigte nach außen hin keine Reaktion. Aber es war eine Herausforderung für ihn. Machte ihn nur noch entschlossener. Er sagte, dass er in den Holzschuppen gehen [d. h. üben] werde. Er zog mit Prof. Buster Smith und George E. Lee in die Ozarks. Es war sein erster Job mit älteren Burschen, und das war die Gelegenheit, bei der er in den Holzschuppen ging. In der Ozarks schlief er mit seinem Horn und lernte alles über Akkorde und Tonarten von Efferge Ware, der der Gitarrist der Gruppe war. Als Bird nach weniger als einem Jahr zurückkam, nun, da sagte keiner mehr etwas Schlechtes über ihn. Niemand glaubte, dass das derselbe Typ war, der da blies. Bird meinte, dass es seine Koordination sei. Bird was the Man.[13]

McShanns Aussagen wurden von anderen Musikern bestätigt: Charlie »Bird« Parker war innerhalb kürzester Zeit zu einem ausgereiften Instrumentalisten geworden. Psychisch blieb er aber weiterhin ein äußerst labiler Mensch, vor allem seine raschen Stimmungsumschwünge machten den

---

13 Zit. nach: Robert Reisner: Bird. The Legend of Charlie Parker. London 1977. S. 147.

Umgang mit ihm alles andere als einfach. Im September 1937 trat er zum ersten Mal in die Band McShanns ein, wurde aber nach wenigen Wochen wieder gefeuert. »We had to let him go«, umschrieb es der Leader später euphemistisch, »wir mussten ihn wieder ziehen lassen«.

Parker ging mit der Band von Lawrence Keyes auf Tournee, musste dann aber zum Begräbnis seines Vaters nach Kansas City zurückkehren. Er spielte für kurze Zeit in zwei verschiedenen Formationen bei Buster Smith, einer fünfköpfigen Combo und einer größeren, zwölf Musiker umfassenden Gruppe, und in der Bigband Harlan Leonards, dann wurde Kansas City ihm zu eng, und er beschloss, sich in den Jazz-Metropolen Chicago und New York umzusehen. Er ›reiste‹ in der klassischen Manier des amerikanischen Hobos, des Landstreichers, indem er sich in einem Güterwagen versteckte. Als er 1939 in New York ankam, hatte er keinen Cent mehr in der Tasche. Sein alter Lehrer und Boss Buster Smith hatte sich schon vor ihm auf den Weg in den »Big Apple« gemacht und nahm ihn zunächst bei sich auf. Smith erinnert sich:

Er sah wirklich schrecklich aus, als er ankam. Er hatte seine Schuhe so lange anbehalten, dass seine Beine ganz geschwollen waren. Er blieb eine ganze Zeit bei mir in meinem Apartment. Tagsüber arbeitete meine Frau, und ich selbst war ständig unterwegs, und ich ließ ihn bei mir wohnen und in meinem Bett schlafen. Er zog immer los und blies irgendwo die ganze Nacht lang, und dann kam er und legte sich in meinem Bett schlafen. Ich sorgte immer dafür, dass er am Nachmittag, bevor meine Frau nach Hause kam, wieder weg war. Ihr gefiel es nicht, dass er in unserem Bett schlief, weil er nie seine Kleider auszog, bevor er sich hineinlegte. [...] Das war typisch für ihn. Er ging immer ins

Monroe's und spielte die ganze Nacht hindurch. Die Jungs fingen an, ihm zuzuhören.[14]

Das zum Lebensunterhalt nötige Kleingeld verdiente Parker aber nicht im Monroe's, wo er kein festes Gehalt bekam und, wenn wenig Besucher da waren, nur vierzig bis fünfzig Cents einstecken konnte,[15] sondern als Tellerwäscher in einem Restaurant. In diesem Restaurant unterhielt ein Pianist namens Art Tatum die Gäste. Der 1909 geborene Tatum gilt als einer der größten Virtuosen auf seinem Instrument. Musikgeschichtlich ist er eine transitorische Figur, der auf der einen Seite noch dem eleganten Swing verpflichtet war, aber, vor allem was die Improvisation betraf, neue Ideen entwickelte. Grundlage für seine Improvisationen war nicht so sehr die Melodie eines Songs, sondern dessen harmonisches Gerüst – eine Neuerung, die von den Boppern aufgegriffen wurde.

Wie er selbst erzählt, fand Parker im Dezember 1939 bei einer Jam Session seinen endgültigen Stil: »Mich langweilten allmählich die stereotypen Harmonien, die zu der Zeit ständig von allen gebraucht wurden, und ich dachte immer, dass es doch noch etwas anderes geben müsse. Manchmal konnte ich es hören, aber ich konnte es nicht spielen. Nun, in jener Nacht improvisierte ich über *Cherokee*, und als ich das tat, fand ich heraus, dass ich, wenn ich die höheren Intervalle einer Harmonie als Melodielinie benutzte und entsprechende verwandte Harmonien darunter legte, das spielen konnte, was ich gehört hatte. Ich erwachte zum Leben.«[16]

1940 wurde er zum zweiten Mal von McShann verpflichtet, mit dessen Band er auch die ersten Schallplatten-

---

14 Zit. nach: Ebd. S. 15.
15 Vgl. ebd. S. 238.
16 Zit. nach: Ebd. S. 39.

aufnahmen seines Lebens machte. Er wurde Stammgast im Minton's, wo er in langen Jam Sessions mit Monk, Clarke und anderen seine musikalischen Ideen verwirklichte. Minton's war für viele nicht nur eine Experimentier-, sondern auch eine Art Heimstätte, es herrschte dort eine familiäre Atmosphäre, die einigen der jungen Musiker umso attraktiver erschien, als sie sich ihr Brot in einem Ambiente – in traditionellen Bands – verdienten, in dem sie sich nicht wohlfühlten und oft feindseligen Reaktionen von Seiten des Publikums, aber auch einiger Kollegen ausgesetzt waren.

Dizzy Gillespie schrieb über die legendären »Monday Nights« in dem Lokal: »In den Montagnächten ging es rund. Jedermann aus dem Apollo war Montag nacht im Minton's zu Gast, die ganze Band. Wir hielten eine gewaltige Jam Session ab. Montag nacht war *die* Nacht, die freie Nacht des Musikers. Immer gab es was für dich zu essen. Oh ja, das war auch schön daran. Teddy Hill behandelte die Jungs gut. Er bezahlte ihnen nicht viel Gage – ich hab nie eine bekommen – aber er behandelte die Burschen nett. Immer gab es was für einen zu essen. Es gab dort eine Küche, und da konnte man essen.«[17]

Die zwanglose Atmosphäre, das Gefühl, unter sich zu sein, ermunterte viele zum Einsteigen – auch solche, die es besser gelassen hätten. Gillespie: »Es gab da einen Kerl, den sie den Dämon nannten. Er kam, um zu spielen, aber tat es eigentlich nie. Er konnte ums Verrecken nicht spielen. Aber er spielte mit jedem – Lester [Young], Charlie Parker. Er war der erste ›freie‹ Spieler – frei von der Harmonie, frei vom Rhythmus, frei von allem.«[18] Angeblich auch, um solche Dilettanten auf möglichst höfliche Weise vom Mitmachen abzuhalten, dachten sich Monk und Gille-

17 Gillespie/Fraser: Dizzy. S. 139.
18 Ebd.

spie möglichst »schwierige und komplizierte Ausweich-Harmonien«[19] aus.

Eigentlich war es durch die Musikergewerkschaft verboten, in öffentlichen Lokalen ohne Vertrag, das heißt: ohne bezahlt zu werden, zu jammen, und Zuwiderhandlungen wurden mit saftigen Strafgeldern belegt. Ab und zu tauchte daher in verdächtigen Lokalen ein Spitzel der Gewerkschaft auf: »Er heftete sich einem an die Fersen und wartete nur darauf, dass du ohne einen Vertrag zu deinem Horn greifen würdest und er dir dann eine Strafe von einhundert bis zu fünfhundert Dollar aufbrummen könnte. Im Minton's genossen wir jedoch eine Art von Immunität, da Henry Minton, dem der Laden gehörte, der erste farbige Gewerkschaftsabgeordnete in New York war.«[20]

Einige der illegalen Sessions wurden aufgezeichnet: ein junger weißer Fan namens Jerry Newman machte aus dem, was er auf einem tragbaren Aufnahmegerät mitgeschnitten hatte, sogar eine Schallplatte – wie Gillespie bitter anmerkt, ohne einem der Beteiligten einen Cent zu zahlen: »Er gab keinem von uns einen einzigen Dime – mir nicht und auch Joe Guy, Don Byas, Charlie Christian, Nick Fenton, Ken Kersey nicht, ganz zu schweigen von Kenny Clarke.«[21]

Wie schon gesagt, hatte das Minton's eine kleine Houseband, deren wichtigste Mitglieder der Pianist Thelonious Monk und der Schlagzeuger Kenny Clarke waren. Gillespie beurteilt die Rolle, die die beiden bei der Entwicklung der neuen Musik spielten, folgendermaßen: »Monks Beitrag zu dem neuen Musikstil war vor allem harmonischer und auch spiritueller Natur, aber Kenny Clarke bereitete die Bühne für den rhythmischen Gehalt unserer Musik. Er war der Erste, der an bestimmten Stellen Akzen-

---

19 Shapiro/Hentoff (Hrsg.): Jazz erzählt. S. 214.
20 Gillespie/Fraser: Dizzy. S. 140.
21 Ebd. S. 139.

te auf der Basstrommel spielte. Er spielte sehr sanft vier Beats, aber die Breaks und die Akzente auf der Basstrommel, die konnte man wirklich hören. Es war, wie wir es nannten, wie Bombenwerfen [dropping bombs].«[22]

Der 1917 geborene Gillespie war vom Swing her zum Bebop gekommen. Sein großes Vorbild war Roy Eldridge: vibratoreicher Ton und eine fließende, an ein Saxophon erinnernde Art der Phrasierung. Der Trompeter war 1937 in die Bigband von Teddy Hill eingestiegen und hatte die Jahre 1938 bis 1941 – bis zu der Messerstecheraffäre – in der Formation Cab Calloways abgesessen. Auf Aufnahmen mit der Hill-Band und mit Lionel Hampton (1938) spielt er noch in durchaus traditioneller Manier, wenig später ist sein Ton nahezu vibratolos und auch etwas dünner geworden, die Spielweise dafür umso flexibler. Gillespie war ein äußerst extrovertierter Mensch, einer der wenigen Bopper, die Wert darauf legten, Kontakt zum Publikum herzustellen. Er tat dies auch durch witzige Geschichten und Clownerien und durch burleske Scat-Vocals. Wenn er in sein Horn blies, dann blähten sich seine Backen so, dass man fürchtete, sie könnten platzen. Gillespie kreierte auch eine Art von Bop-Mode, die sich an der Bekleidung der französischen Existentialisten orientierte: Sonnenbrillen und schwarze Baskenmützen waren eine Zeitlang zwingend vorgeschrieben. Tausende von »Hipsters«, wie man die Fans oder Mitläufer der Bop-Musiker nannte, imitierten den äußeren Look und die exzentrische Verhaltensweise Gillespies.

Gillespie beteuerte, dass sie alle damals gleich wichtig gewesen, dass alle ›Beiträge‹ auf demselben Level gewesen seien: »No one is more than the other«[23] – für die meisten war aber Bird der Kopf der neuen Bewegung, derjenige, der

22 Ebd. S. 137.
23 Ebd. S. 141.

den anderen, die sich nach und nach für den Bebop entflammten, die Richtung wies. So sagte zum Beispiel der Klarinettist Tony Scott: »Jeder experimentierte um 1942, aber niemand hatte einen Stil gefunden. Das hatte Bird. Das Seltsame an Birds Einfluss [...] ist, dass der Stil, den er entwickelt hatte, auf allen Instrumenten gespielt wurde, nur nicht auf seinem eigenen – dem Altsaxophon. Der Grund war, dass Bird auf dem Altsaxophon so überlegen war.«[24]

Der Bebop blieb eine ganze Zeitlang nur wenigen Eingeweihten bekannt, den Musikern, die in ihrer freien Zeit ins Minton's Playhouse kamen; auf die ›normalen‹ Gäste des Lokals soll er – wie Gillespie es nennt – wenig Eindruck gemacht haben; man könnte wohl auch sagen, dass er noch über ihren Horizont ging. Die jungen Revolutionäre waren zunächst noch auf Jobs in anderen, traditionell ausgerichteten Bands angewiesen. Parker verschlug es 1942 für ein paar Wochen in die Band Noble Sissles, ein Showorchester, zu dessen Stars in den dreißiger Jahren Sidney Bechet gehört hatte; Sissle hatte keinen Bedarf für einen Altsaxophonisten, und Parker bekam daher eine Klarinette in die Hand gedrückt. Als er später über seine Erfahrungen mit Bird befragt wurde, äußerte Sissle sich sehr diplomatisch: »Er erregte mich und er regte mich auf, in dieser Reihenfolge.«[25] Es steht jedoch außer Zweifel, dass Parker nicht in den Kontext einer solchen Band passte, aus musikalischen Gründen nicht, aber auch weil der 1893 geborene Sissle eine Einstellung vertrat, die der viel Jüngere ablehnte: Sissle war der Entertainer par excellence, dem es nichts ausmachte, für ein weißes Publikum in die Uncle-Tom-Rolle zu schlüpfen, wenn das Geld stimmte.

1943 trat Parker ein Engagement in der Bigband von

---

24 Zit. nach: Joachim-Ernst Berendt: Das neue Jazzbuch. Frankfurt a. M. 1959. S. 66.
25 Zit. nach: Reisner: Bird. S. 212.

Earl Hines an, in der schon einige andere Modernisten saßen, unter anderem sein alter Bekannter Gillespie. Wieder hatte er das Pech, dass er nicht sein eigentliches Instrument spielen konnte. Hines war mit Altisten eingedeckt, und der Neuankömmling wurde dazu verdonnert, auf dem Tenor zu blasen. Es gab keine Klagen über seine Kompetenz als Musiker, aber er fiel nach wie vor durch sein unberechenbares Benehmen und seine Unzuverlässigkeit auf. Billy Eckstine, der Sänger des Orchesters, wusste folgendes zu berichten: »Die Hälfte der Zeit über konnten wir Bird nicht finden. Er saß irgendwo rum und schlief. Daher erschien er oft nicht zum ersten Auftritt, und Earl knöpfte ihm Bußgelder ab, dass es ihm schwarz vor Augen wurde. [...] Bird versäumte die Show, und Earl bestrafte ihn. Wir fielen auch über ihn her, weil wir mehr oder weniger eine Clique waren. Wir sagten zu ihm: ›Wenn du dich nicht blicken lässt, Mann, haut's nicht hin, weil die Band einfach nicht richtig klingt. Verstehst du, da sitzen nur vier Saxophonisten da oben, und alles ist doch für fünf geschrieben.‹ In gewisser Weise versuchten wir, ihn zu beschämen.«[26]

Der reine, unverfälschte Bop ließ sich lange Zeit nicht verkaufen, die großen Schallplattenfirmen nahmen ihn kaum zur Kenntnis, weil er sich ihrer Meinung nach nicht kommerzialisieren ließ. 1944 machte Parker seine ersten Aufnahmen mit einer Combo, deren Musiker jedoch noch unterschiedliche Stilrichtungen vertraten. Der nominelle Leader, der Gitarrist Tiny Grimes, der bei dieser Session auch als Sänger in Erscheinung trat, war ein ausgesprochener Swing-Musiker, der sich als Begleiter von Art Tatum einen Namen gemacht hatte. Plattenfirmen hielten an dem Konzept fest, bekannte Swing-Musiker mit den Mo-

---

26 Zit. nach: Ebd. S. 85.

dernisten zu koppeln. So betraten Gillespie und Parker Anfang 1945 gemeinsam mit dem Posaunisten Trummy Young und dem Tenorsaxophonisten Don Byas, der zu der Zeit in der Basie-Band saß, ein Aufnahmestudio. Young war ein sehr versierter und anpassungsfähiger Musiker, und Byas hatte ohnehin schon mit dem neuen Stil geliebäugelt und des Öfteren im Minton's auf der Bühne gestanden. Überhaupt nicht zu den anderen passen wollte allerdings »Rubberlegs« Williams, »ein Veteran, seit dreißig Jahren im Showgeschäft [...] als Damenimitator, exzentrischer Tänzer wie auch als Bluessänger.«[27] Solch ein Sänger brauchte ›Bottleneck‹-Gitarren, ein Waschbrett und eine Flasche Gin.«[28] *I Want Every Bit Of It* hieß der zweite Titel, den die Gruppe einspielte, und Rubberlegs sang in dem unkultivierten und grammatikalisch falschen Englisch, das die weißen Amerikaner mit den ihrer Meinung nach primitiven und gutmütigen Niggern aus dem Süden assoziierten und das seinen Vocals Authentizität verleihen sollte: »Ah wants all yo' lovin', or none at all, / Ah wants all yo' kisses, / Yo' big fat juicy kisses / Or none at all ...«[29]

Parker war von den Darbietungen des alten Mannes, der sich aufgrund seiner Erfahrungen den Jüngeren auch noch überlegen fühlte, so genervt, dass er zur Selbsthilfe schritt. Als man nach dieser Aufnahme eine Pause einlegte, schüttete er Rubberlegs, der von Gillespie geschickt abgelenkt wurde, eine Handvoll Benzedrintabletten in den Kaffee. Der Sänger stürzte den heimtückischen Cocktail aus Koffein und Aufputschmitteln ahnungslos herunter, und was dann passierte, kann man heute noch auf den Platten

---

27 Ross Russell: Bird Lives. London 1976. S. 192.
28 Ebd.
29 »Ich will deine ganze Liebe, oder überhaupt keine, / Ich will alle deine Küsse, / Deine großen, saftigen Küsse, / Oder gar keine ...«

hören: er hatte plötzlich eine Stimme wie ein Nebelhorn, übertönte die Bläser, die sich ohnehin nur noch darauf beschränkten, auf ihren Instrumenten kurze, bissige Kommentare zu seinem ›Gesang‹ abzugeben.

In wesentlich adäquaterer Gesellschaft fand sich Parker bei einer Session vom 28. Februar 1945, obwohl in der Gruppe ebenfalls ein Oldtimer hockte, der Drummer Cozy Cole. Das kleine unabhängige Label Guild war zu dem Wagnis bereit. Dizzy Gillespie hatte das Quintett zusammengestellt, und er und der Altsaxophonist hielten den Standard *All The Things You Are* sowie zwei Kompositionen Gillespies fest, *Groovin' High* und *Dizzy Atmosphere*, die heute als Klassiker gelten, sich damals aber überhaupt nicht verkauften. Am 11. Mai wurden bei einer zweiten Session für Guild *Salt Peanuts, Shaw 'Nuff, Lover Man* und *Hot House* produziert. Merkwürdigerweise saß wieder ein Nicht-Bopper am Schlagzeug, der große Swing-Drummer Sid Catlett; die Lyrics von *Lover Man* sang eine bis dato noch unbekannte Sängerin namens Sarah Vaughan. Der Parker-Biograph Ross Russell feiert die Guild-Masters in seinem 1974 erschienenen *Bird Lives* in überschwenglichen Tönen: »Die Musik scheint aus den Plattenrillen heraus in die Ohren des Hörers zu explodieren. […] Das Wechselspiel von Trompete und Saxophon klingt wie Computer-Dialoge, Ideen, die auf kürzestem Raum komprimiert sind.«[30] Zur Zeit ihrer Entstehung wurden diese – und ähnliche – Aufnahmen aber von der überwiegenden Mehrheit der Kritiker abgelehnt. Der rührige Leonard Feather, der damals für einen der Giganten auf dem Schallplattenmarkt, RCA, tätig war, erfuhr, wie schwierig es war, Bebop-Platten zu produzieren. Schon der Name stieß bei den Bossen auf Widerstand: es sei ein »kontroverses«

---

30 Russell: Bird Lives. S. 193.

Wort.[31] Feather zitiert eine Rezension von zwei Aufnahmen Parkers, *A Night In Tunisia* und *Ornithology* – heute gelten sie als Meisterwerke –, die 1946 im *Record Changer* erschien: »Unglaublich langweilige Musik. Wenn dies ein Beispiel für das ›fortschrittliche‹ Zeug sein soll, über das die sogenannten Progressiven in Verzückung geraten, dann kann man sich nur wundern, was all das Geschrei auslöst. [...] keiner dieser Männer bringt wirklich kreative Musik hervor. Die pseudo-orientalische Atmosphäre von *Tunisia* macht den Song recht vulgär. *Ornithology (How High The Moon)* folgt einem verwässerten Harmonieschema, ähnlich wie Gillespies *Groovin' High (Whispering)*. Zu der Dürftigkeit des Materials kommt noch ein Mangel an Feuer in der Ausführung. [...] die Rhythmusgruppe ist grauenhaft und besitzt überhaupt keinen Beat. Es gibt also nichts, überhaupt nichts, was Sie interessieren könnte.«[32] Als Parker 1946 seine Komposition *Now's The Time* aufnahm, weigerte sich der Kritiker von *Down Beat*, die Platte überhaupt zu beurteilen.

Bop blieb noch eine ganze Zeitlang »a musician's music«, Musik für Musiker. Es waren allerdings immer mehr Instrumentalisten, die sich dieses Idiom zu eigen machten: die Trompeter Miles Davis, Kenny Dorham und Fats Navarro, der Posaunist J. J. Johnson, die Saxophonisten Sonny Stitt, Dexter Gordon und Wardell Gray, die Bassisten Charles Mingus und Ray Brown, die Schlagzeuger Max Roach und Art Blakey. Auch weiße Musiker wurden vom Bop-Fieber infiziert: der Trompeter Red Rodney, der Altsaxophonist Phil Woods, die Pianisten Al Haig und Dodo Marmarosa. Während sich früher die weißen Bigbands mit einem farbigen Starsolisten geschmückt hatten, hatten jetzt die schwarzen Bop-Combos oft einen weißen ›Gast‹ – was

---

31 Leonard Feather: The Jazz Years. Earwitness to an Era. London/Sidney/Auckland 1986. S. 105.
32 Ebd. S. 103.

auch der Theorie widerspricht, dass die musikalische Revolution von einem Rassenhass – einer Ablehnung aller weißen Musiker und der weißen Musik durch die jungen Schwarzen – beflügelt worden sei.

Die 52. Straße in New York, kurz »The Street« genannt, wurde zum Zentrum des Bop. Parker hatte nach seinem Ausscheiden aus der Band von Earl Hines für einige Zeit einem von Billy Eckstine zusammengestellten Orchester angehört, in dem es von Modernisten nur so wimmelte – Dizzy Gillespie, Miles Davis, Art Blakey. Irgendwann hatte er es aber satt, in der Saxophon-Section einer Bigband zu sitzen, und kündigte. Im August 1944 stellte sich Parker in einem der Clubs an der 52. Straße, dem »Three Deuces«, mit seiner ersten eigenen Combo vor. Das Quartett bestand aus ihm, dem Pianisten Joe Albany, dem Bassisten Curley Russell und Stan Levey an den Drums. Einige Wochen später kam Dizzy Gillespie hinzu, und Albany wurde durch Al Haig ersetzt. An diesem Ort und mit diesen Begleitern konnte der Altsaxophonist kompromisslos *seine* Musik spielen. Das »Three Deuces« wurde zum Mekka der Bopper und der Hipsters. Vor allem andere Musiker strömten Abend für Abend in das kleine Lokal, und sie waren begeistert von dem, was sie hörten. Eine ganze Schar von Saxophonisten versuchte, wie Parker zu spielen – ohne Erfolg. Es ergaben sich immer mehr Aufnahmemöglichkeiten für Parker, weil eine Reihe kleiner Plattenlabels gegründet wurden, von denen allerdings viele schon nach einigen Monaten wieder eingingen: Guild, Comet und Apollo sind heute nur noch wenigen Sammlern bekannt. Im November 1945 kam es dann zu der berühmten Session für Savoy, bei der unter anderem *Now's The Time* entstand.[33]

33 Die anderen Titel, die bei dieser Gelegenheit entstanden, waren: *Billie's Bounce, Warming Up A Riff, Meandering, Ko-Ko, Thriving From A Riff.*

Am Klavier hätte eigentlich Thelonious Monk sitzen sollen, der erschien aber aus irgendwelchen Gründen nicht im Studio, und man holte rasch den relativ unbekannten Argonne Thornton aus einem Club. Auf den meisten Aufnahmen übernahm jedoch Gillespie den Klavierpart, Curley Russell und Max Roach waren für den Rhythmus verantwortlich. Das zweite Meisterstück, das bei dieser Sitzung entstand, hieß *Ko-Ko;* es folgte den Harmonien des alten, von Bird so geliebten Standards *Cherokee*.

Parker war der Mann der Stunde, von anderen Musikern bewundert, von einem immer größer werdenden Kreis von Fans geradezu verehrt. Er hatte auch erstmals in seinem Leben so etwas wie kommerziellen Erfolg. Allerdings war er bekannt dafür, dass er Bekannte ständig um ein paar Dollar anging. Was er verdiente oder erschnorrte, verwendete er restlos für Drogen, für Alkohol und auch für Frauen. Seine Lebensweise war in jeder Beziehung exzessiv. Der Trompeter Howard McGhee, der dem Altisten eine Zeitlang sehr nahe stand, berichtet: »Bird war ein Extremist. Was auch immer er tat, er ging so weit, wie er gehen konnte. Ich habe mit eigenen Augen gesehen, wie er einen Quart [etwa ein Liter] Whisky trank und dazu eine Handvoll Benzedrintabletten nahm. Eine ganze Handvoll, er hat sie runtergeschluckt und Whisky dazu getrunken und Pot geraucht und noch anderes getan, und dann ist er aufgestanden *wie ein Mann*. [...] Manchmal schlief er ein, aber in dem Augenblick, in dem man ›Bird‹ sagte, war er hellwach. Was ich ihn schlucken sah, hätte einen gewöhnlichen Menschen umgebracht, ein gewöhnlicher Mensch hätte danach nicht mehr aufstehen können.«[34]

Wenn Parker auch nach einem Cocktail aus Whisky, Benzedrin und Marihuana noch in der Lage war, aufzuste-

---

[34] Zit. nach: Reisner: Bird. S. 145.

Charlie Parker

hen und zu spielen, so wurde doch bald augenfällig, dass er dabei war, sich zu zerstören. Von einigen wurde er bald »the most famous junkie in Jazz« genannt. Unzuverlässig war er schon immer gewesen, jetzt steigerte sich dies bis zur Unerträglichkeit. Er erschien fast nie rechtzeitig auf dem Bandstand, öfters musste ein verzweifelter Clubbesitzer in letzter Minute einen Ersatzmann aufspüren.

Bald nach dem Ende des Kriegs kam die 52. Straße immer mehr herunter, und die Auftrittsmöglichkeiten wurden knapp. Ende 1945 nahmen Parker, Gillespie, Haig, Levey, der Vibraphonist Milt Jackson und der Bassist Ray Brown ein Engagement in einem Club an der Westküste an. Gillespie, der das Unternehmen organisierte, hatte vorsichtshalber Milt Jackson angeheuert, um noch eine Melodiestimme zu haben, falls Parker wieder einmal ausfiel. Dessen denkbar schlechte Verfassung war offensichtlich. Auf der Zugfahrt nach Kalifornien hatte er Halluzinationen – vermutlich infolge von Entzugserscheinungen.

Die Auftritte des Sextetts im Billy Berg's in Los Angeles trugen viel zur Verbreitung des Bop bei, viele junge West-Coast-Musiker hatten erstmals die Gelegenheit, den neuen Stil live zu erleben, aber das große Publikum zeigte sich desinteressiert und verständnislos, und unter finanziellen Gesichtspunkten war das Engagement der New Yorker Gruppe, das im Februar 1946 zu Ende ging, ein Desaster. Für Gillespie und Parker hatte es aber das positive Ergebnis, dass der Impresario Norman Granz auf sie aufmerksam wurde. Granz, der später die berühmte Plattenfirma Verve gründete, war wild entschlossen, dem Jazz durch Konzerte, die – wie klassische Konzerte – in großen, eine entsprechende Anzahl von Zuhörern fassenden Sälen stattfanden, zum Durchbruch zu verhelfen. 1944 hatte er das erste seiner »Jazz at the Philharmonic«-Konzerte organisiert. Er entwickelte ein Konzept, dem er jahrzehntelang treu blieb: er versammelte auf der Bühne Musiker, die recht unterschiedliche Spielweisen vertraten, und versuchte eine Art Wettbewerbsstimmung zu erzeugen und so eine Jam Session in Gang zu bringen. Manchmal übertrieb er dabei: sicher war eine solche »Battle« publikumswirksam, aber der musikalische Inhalt blieb auf der Strecke, wenn beispielsweise ein Saxophonist wie Illinois Jacquet mit kreischendem Ton und durch pure Lautstärke seine ›Konkurrenten‹ niederzumachen versuchte: »Die Musiker fanden bald heraus, dass die Zuhörer in Jubel ausbrachen, wenn die Saxophone wild quäkten und die Trompeten in höchsten Tönen schrillten und auf die Drums eingehauen wurde, und erlagen daher oft der Versuchung.«[35]

Bei den JATP-Konzerten im Philharmonic Auditorium von Los Angeles, an denen Parker 1946 teilnahm, war die Atmosphäre nicht so künstlich aufgeheizt. Beim ersten und beim zweiten Konzert stand er neben Lester Young auf der Bühne und konnte in Stücken wie *Sweet Georgia Brown* und *I Can't Get Started* beweisen, dass er, was Ideenreichtum und Technik anbelangte, den Altmeister erreicht hatte. Die Bläser des dritten Konzerts konnten sich mit Fug und Recht als »All-Stars-Gruppe« bezeichnen: es waren Basies Trompeter Buck Clayton, Parker und der ehemalige Lunceford-Altist Willie Smith, sowie erneut Young und Coleman Hawkins auf dem Tenor.

Als die anderen Mitglieder des Sextetts, das im Billy Berg's aufgetreten war, nach New York zurückkehren wollten, war Parker verschwunden. Nachdem sie ein paar Stunden lang vergeblich nach ihm gesucht hatten, reiste die Gruppe schließlich ohne ihn ab. Später stellte sich heraus, dass Bird sein Flugticket wieder verkauft und das ganze Geld an einem Tag ausgegeben hatte. Er nahm ein Engagement im Finale-Club von Los Angeles an, nicht zuletzt auch deswegen, weil er sich dort ohne Probleme mit Drogen versorgen konnte. Das Finale erwarb sich den Ruf, eine Art Minton's der Westküste zu sein – Musiker wie Stan Getz und Gerry Mulligan gehörten zu den Stammgästen. Parker

---

35 Collier: The Making of Jazz. S. 369.

kam psychisch und physisch immer mehr herunter. Auch aus dem Wunsch heraus, dem von ihm bewunderten Musiker zu helfen, schlug Ross Russell ihm vor, Schallplatten für sein neugegründetes Label Dial aufzunehmen. Russell setzte sogar einen Vertrag auf, nach dem Parker regelmäßig Tantiemen aus dem Verkauf der von ihm eingespielten Schallplatten beziehen sollte. Parker stellte in Windeseile eine Studiogruppe zusammen, zu der Miles Davis gehörte. Davis war ein introvertierterer Trompeter als Gillespie; er hatte schon damals – er war gerade neunzehn Jahre alt – einen unverwechselbaren, verhangenen Sound und verlieh den Aufnahmen des Parker-Septetts eine intime Note.

Die erste Session fand im März 1946 statt; Parker war in bester Spiellaune. Russell berichtet, dass er die anderen Mitglieder des Septetts souverän in die Musik einwies, sie korrigierte, selber keine Fehler machte und auf allen Takes wunderschöne Chorusse blies. Er schien sich gefangen zu haben. Kurze Zeit nach der Sitzung spielte ihm jedoch das Schicksal einen Streich – oder genauer: die Anti-Drug Squad der Polizei von Los Angeles. Das Finale wurde nach einer Razzia geschlossen, »Moose the Mooche«, der Mann, der ihn regelmäßig mit Drogen versorgte und den der Altist mit einer gleichnamigen Komposition unsterblich gemacht hat, verhaftet. Parker war ohne Job und vor allem vom regelmäßigen Heroinnachschub abgeschnitten. Offenbar beschloss er, die Gelegenheit beim Schopf zu ergreifen und sich selbst einer Entziehungskur zu unterwerfen. Die Kur sah aber so aus, dass er unmäßig zu trinken begann. Es dauerte nicht lange, bis sich dieser Missbrauch am eigenen Körper rächte. Nachdem er ein paar Wochen lang untergetaucht war, meldete sich der Musiker wieder bei Russell und bedrängte ihn, eine neue Aufnahmesitzung einzuberufen. Er wünschte sich, dass Howard McGhee, der sich seiner in der Zwischenzeit angenommen und ihn gepflegt hatte, mit dabei sein sollte. Russell war zum einen von Parker bitter enttäuscht, weil er erfahren hatte, dass dieser vor einem Notar fünfzig Prozent der Einnahmen, die ihm in aller Zukunft aus dem Verkauf von Dial-Platten zukommen sollten, an Moose abgetreten hatte; der Dealer hatte auch schon aus dem Staatsgefängnis von St. Quentin heraus seine Forderungen geltend gemacht. Zum anderen schien der Altist krank zu sein, er schwitzte stark und konnte seine Körperbewegungen nicht mehr kontrollieren. Obwohl ihm also gar nicht wohl bei der Sache war, willigte Russell schließlich ein.

Am 29. Juli 1946 versammelte man sich im Studio. Außer den fünf Musikern und den Aufnahmetechnikern war noch ein Psychiater, der Bruder von Russells Partner Norman Freeman, anwesend. Die Sitzung stand von Anfang an unter schlechten Vorzeichen. Parker schien jedes Interesse an ihr verloren zu haben, er hatte auch nichts vorbereitet. Ihm schien völlig egal, was man spielte oder ob man überhaupt etwas spielte. Als Erstes wurde *Max Is Making Wax* aufgezeichnet: das Spiel des Altisten wirkte kalt und mechanisch. Die Rhythmusgruppe wurde unsicher, weil sie merkte, in welch schlechter Verfassung der Leader war, das Tempo war viel zu schnell. Russell: »Saxophonphrasen kamen in kurzen Salven, wie Gewehrfeuer. Der Take war nach gerade zweieinhalb Minuten schon zu Ende und ganz offensichtlich wertlos.« Der Psychiater wurde aus dem Kontrollraum zu Parker geschickt: er beschloss, ihm ein paar Phenobarbital-Tabletten zu geben. Russell berichtet detailliert, was dann geschah:

Richard ließ sechs gelbe Tabletten in einen Papierbecher fallen und füllte diesen mit Wasser. Charlie stürzte es herunter. Mit erzwungenem Enthusiasmus sagte Marvin: »Charlie, diese letzte Nummer war wundervoll

– einfach wundervoll!« Charlie nickte abwesend und sagte, dass er gerne *Lover Man* versuchen wolle. Die Rhythmusgruppe begann die Harmoniefolgen durchzuspielen, und Howard säuberte die Ventile seines Horns. Ich wies Ben Jordan an, sich nicht an unsere übliche Prozedur zu halten, sondern einfach alles aufzunehmen: falsche Einsätze, schiefe Noten, Aussetzer, Gespräche, und die Musiker in keinem Fall zu unterbrechen [...]. Ich setzte mich hin und hörte mir die Eröffnung von *Lover Man* an.

Es gab eine lange, scheinbar nicht enden wollende Piano-Einleitung, als Jimmy Bunn weitermachte und auf das Saxophon wartete. Charlie hatte seinen Einsatz verpasst. Endlich stieg das Alto ein, mehrere Takte zu spät. Charlies Ton war sicherer geworden. Er war kreischend und voller Angst. Es lag etwas Herzzerreißendes darin. Die Phrasen waren von der Bitterkeit und der Frustration der Monate in Kalifornien erstickt. Die Noten reihten sich mit einer Art trauriger, feierlicher Größe aneinander. Charlie schien nur noch reflexhaft zu spielen, er war kein denkender Musiker mehr. Es waren die schmerzvollen Töne eines Alptraums, die aus einer ganz tiefen, unterirdischen Schicht heraufstiegen. Es gab eine letzte unheimliche und unvollendete Phrase, die in der Luft schwebte, dann Stille. Die Männer in der Kontrollkabine waren ein bisschen verlegen, aufgewühlt und zutiefst erschüttert.[36]

Erschüttert ist man auch heute noch, wenn man diese Aufnahme hört, die Russell nach langem Zögern veröffentlichte. Arrigo Polillo hat sie ein »mißgestaltetes Meisterwerk« genannt.[37]

36 Russell: Bird Lives. S. 223.
37 Polillo: Jazz. Geschichte und Persönlichkeiten. S. 491.

Man versuchte es an jenem Tag noch mit zwei weiteren Nummern: die Ergebnisse waren immer katastrophal. Russell rief schließlich ein Taxi herbei, ein Freund brachte den Kranken zu dem drittklassigen Hotel, in dem er wohnte, und legte ihn ins Bett. Kurze Zeit später tauchte der Musiker plötzlich unbekleidet in der Empfangshalle auf, um zu telefonieren. Er wurde von ein paar kräftigen Männern in sein Zimmer zurückgebracht, wenig später wiederholte sich die Szene. Man schloss ihn in seinem Zimmer ein. Kurz darauf quoll Rauch unter der Tür hervor: Parker hatte aus Wut sein Bett in Brand gesetzt. Er wurde von der herbeigerufenen Polizei verhaftet und abtransportiert. Zunächst wusste keiner wohin. Russell machte ihn schließlich in der psychiatrischen Abteilung des Gefängnisses aus und sorgte dafür, dass er ins Camarillo, eine Nervenheilanstalt in der Nähe von Los Angeles, eingewiesen wurde. Man hielt ihn dort sechs Monate lang fest – wegen Verdachts auf Schizophrenie, wie es offiziell hieß. Die Ereignisse machten natürlich die Runde in der Jazzwelt. Miles Davis erzählt: »Als sie Bird wegsteckten, waren alle in der Szene schockiert, vor allem in New York. Was jeden in Schrecken versetzte, war, dass sie Bird eine Elektroschockbehandlung verabreichten, als er in Camarillo war. Einmal haben sie so viel in ihn reingejagt, dass er beinahe seine Zunge abgebissen hätte. Ich konnte nicht verstehen, warum sie ihm Elektroschocks gaben. Sie sagten, dass es ihm helfen würde. Aber einen Künstler wie Bird brachte eine solche Behandlung nur noch mehr durcheinander.«[38]

Ob nun trotz oder wegen der Elektroschocktherapie – Parkers Zustand besserte sich schnell, er fühlte sich bald wieder fit genug zum Spielen und sprach davon, dass er über die Mauer klettern würde, wenn man ihn nicht entlie-

---

[38] Davis/Troupe: Miles. S. 83.

ße. Einige Hipsters schmiedeten sogar einen Plan, ihr Idol zu befreien. Um Schlimmeres zu verhüten, übernahm Ross Russell formell die Vormundschaft über den Musiker, und im Januar 1947 konnte er einen äußerlich sehr veränderten Parker abholen: »Wenn auch die Psychiater mit ihrer Therapie nicht sehr weit gekommen waren, hatte es Camarillo in jedem Fall geschafft, seine Batterien neu zu laden.«[39] Im Dezember 1946 hatte schon ein Benefizkonzert für den Musiker, der bei dem Hotelbrand seine wenigen Habseligkeiten verloren hatte, stattgefunden. Er bekam neue Kleidung und ein neues Instrument in die Hand gedrückt. McGhee erwies sich wieder einmal als selbstloser Freund: er machte den Altsaxophonisten zum Co-Leader des Sextetts, mit dem er im Hi-De-Ho-Club auftrat; Parker verdiente immerhin zweihundert Dollar die Woche: »Charlies Spiel war entspannter und lyrischer als zuvor. Er hatte nie besser gespielt oder besser ausgesehen.«[40] Er nahm wieder für Dial auf: einen der Songs taufte er *Relaxin' At Camarillo*. Im April 1947 kehrte er – nach einer Abwesenheit von sechzehn Monaten – nach New York zurück.

An der Ostküste hatte sich in der Zwischenzeit einiges im Musikbusiness verändert. »Der Bebop hatte plötzlich auf dramatische Weise einen Durchbruch erzielt. Die neue Musik mit ihren kühlen Klängen und galvanischen Rhythmen war von der Generation der Unterdreißigjährigen in den Ghettos der Städte angenommen worden. Die großen Städte der Ostküste rühmten sich jetzt eleganter Jazzclubs, die jenen der 52. Straße nachempfunden, aber größer und komfortabler waren [...]. Die Gäste kamen, um zuzuhören, nicht um zu tanzen. Der Jazzmusiker – signifikanterweise der Saxophonspieler – war als der kulturelle Held der neu-

---

39 Russell: Bird Lives. S. 234.
40 Ebd. S. 235.

Von 1952 an verwendete Dizzy Gillespie eine nach oben gekrümmte Trompete. Angeblich war jemand auf einer Party auf sein Horn getreten und hatte es verbogen. Gillespie probierte es aus und stellte fest, daß die Töne besser an sein eigenes Ohr drangen. Sicher gefielen ihm aber auch die bizarre Form des deformierten Instruments und der damit verbundene Show-Effekt. Die »bent trumpet«, in die er mit immens aufgeblähten Backen hineinblies, wurde zu seinem Markenzeichen

en Generation in Erscheinung getreten.«[41] Der bekannteste Jazzmusiker – bekannter als Louis Armstrong oder Duke Ellington – war aber mittlerweile kein Saxophonist, sondern Dizzy Gillespie, der während der Zeit, die Parker in Camarillo saß, vom Boom des Bop profitiert hatte. Ihn

41 Ebd. S. 242.

hielt man für den Erfinder der Musik, er war »Mr. Bebop«. Charlie Parker hingegen blieb für das große Publikum »eine mysteriöse, prophetische Figur«.[42] Für die Insider war er aber derjenige, der den Bop verkörperte. Der Manager des Three Deuces bot ihm sofort einen Job an: »achthundert Dollar die Woche, vier Wochen lang, mit Option auf eine Verlängerung, für eine fünfköpfige Band.«[43] Parker zögerte nicht lange und stellte seine Combo zusammen. Für die Rhythmusgruppe wählte er Duke Jordan, Tommy Potter und Max Roach. Der Trompeter war Miles Davis, dem Bird jetzt ganz eindeutig den Vorzug vor Gillespie gab. Russell schreibt: »Jeder von Charlies Sidemen hätte anderswo für eine höhere Gage arbeiten können, aber die Möglichkeit, mit Bird zu spielen, hatte Vorrang vor allem anderen. Jordan und Potter erhielten 125 Dollar die Woche, Max und Miles 135. Charlie blieben also 280 Dollar. Das war die höchste Gage, die er in seinen zwölf Jahren im Musikgeschäft jemals erhalten hatte. Er wusste nicht, dass Jazzer, die nur einen Bruchteil seiner Fähigkeiten besaßen, tausend Dollar in der Woche verdienten oder sogar noch mehr.«[44]

Es war eine der besten Combos, mit denen Parker je gespielt hat. Das Three Deuces wurde sofort wieder zum Treffpunkt der Hipsters. Bisweilen übernahm ein junger Mann, den sie aufgrund seiner Körperfülle »Fats« Navarro nannten oder wegen seiner hohen Stimme auch »Fat Girl«, von Davis die Trompete und machte an seiner Stelle mit. Navarro war der ›heißeste‹ der Bebop-Trompeter, mit einem sehr reinen und vollen Ton. Es wurde ernsthaft darüber diskutiert, ob »Fats« nicht besser in das Quintett passen würde als Miles. Aber Navarro war vom Typ her Par-

---

42 Ebd. S. 243.
43 Ebd.
44 Ebd.

ker sehr ähnlich, extrem unzuverlässig, drogensüchtig, ein Träumer, der die Probleme des alltäglichen Lebens nicht zu bewältigen wusste – seine Trompete war immer wieder im Pfandhaus. Die Hipsters kamen daher überein, dass er und Parker zusammen in einer Gruppe nicht mehr auszuhalten gewesen wären. Unheil stiftete Parker allein schon genug – der Leidtragende war in erster Linie er selbst. Russell zufolge hatten die Psychiater mit ihren Elektroschocks in seinem Inneren nichts verändert. Er fiel bald in seine alte, selbstzerstörerische Lebensweise zurück. Zunächst hatte er aber noch Kraft genug, um weitere Aufnahmen für Dial und für Savoy zu machen. Fast immer war Davis der Trompeter. Dass Parker Gillespie gegenüber geradezu feindselige Gefühle entwickelt hatte, wurde bei einem Konzert in der Carnegie Hall am 29. September 1947 ganz deutlich. Die Hauptattraktion des Abends war die Bigband, die Gillespie mittlerweile gegründet hatte – eine der wenigen Bop-Bigbands, die es überhaupt gegeben hat. Parker sollte nur in einem kurzen Set mit dem alten Partner erscheinen. Es wurde ein erbarmungsloser Kampf daraus – wie Ross Russell schreibt: »die Waffen waren Trompete und Saxophon, und der Boden, auf dem sie es austrugen, solche etablierten Bop-Klassiker wie *A Night In Tunisia* und *Dizzy Atmosphere. Dizzy Atmosphere* gingen die beiden Kontrahenten in einem so halsbrecherischen Tempo an, dass die Rhythmusgruppe nicht mehr nachkam.«[45]

Nach Aufnahmesitzungen ließ Parker sich oft einen Teil der Gage in bar auszahlen – es war allen klar, wofür er das Geld brauchte. Zwischenfälle wie damals in Los Angeles passierten wieder, nur waren sie harmloser Natur – für die anderen –, und die Polizei brauchte nicht auf den Plan gerufen zu werden. In Detroit erwischte Bird einmal

---

45 Ebd.

›schlechtes‹ Heroin, brach einen Streit mit dem Besitzer des Nachtclubs, in dem er spielte, vom Zaun, verließ einfach das Podium, marschierte zu seinem Hotel und warf sein Instrument aus dem Fenster seines Zimmers im dritten Stock. Ende des Jahres 1947 schloss er sich der JATP-Truppe von Norman Granz an, die eine Serie von One-Nighters in den verschiedensten Städten der USA spielte. Granz machte ähnlich bittere Erfahrungen wie zuvor schon andere Arbeitgeber Parkers: sein Starsolist kam mit schöner Regelmäßigkeit zu spät zu den Konzerten, und als man in Los Angeles ankam, verschwand er ganz von der Bildfläche, um einen Tag später wieder aufzutauchen und Granz unbekümmert um einen Vorschuss anzugehen. Wie er dann en passant erzählte, hatte er die Gelegenheit wahrgenommen, sich im nahegelegenen Mexiko von einem Friedensrichter mit seiner dritten Frau trauen zu lassen – allerdings hatte er irgendwie vergessen, sich zuvor von seiner zweiten scheiden zu lassen.

Er gefiel sich immer mehr in der Rolle des Enfant terrible, liebte es, das Publikum zu brüskieren und seine Arbeitgeber vor den Kopf zu stoßen. Russell merkt verbittert an: »An evening with Charlie Parker was not an entertainment«, nimmt ihn aber gleichzeitig in Schutz, indem er Erklärungen für dieses Verhalten sucht: »Charlie Parker was the first angry black man in music. Because he was ahead of his time, he bore the burdens of loneliness and frustration.«[46] Irgendwann kam es auch zum Konflikt mit Miles Davis, der die herablassende Art nicht mehr ertragen konnte, mit der sein Leader ihn behandelte. Im Oktober 1947 spielte Parker die letzten Aufnahmen für ein »inde-

---

46 »Ein Abend mit Charlie Parker war kein Vergnügen. […] Charlie Parker war der erste zornige Schwarze in der Musik. Weil er seiner Zeit voraus war, hatte er die Last von Einsamkeit und Frustration zu tragen.« Ebd. S. 258.

pendent label«, in diesem Fall für Dial, ein, danach nahm ihn Norman Granz für Mercury unter Vertrag und ließ ihn Platten einspielen, die auf ein breites Publikum zielten, so unter anderem mit dem afro-kubanisch orientierten »Machito Orchestra« und mit einer String-Section. Granz schickte den Altisten auch wieder mit JATP auf Tour. Er glaubte, dass Parker nur mit rigorosen Methoden beizukommen war, »heuerte einen Privatdetektiv an, damit der auf Charlie aufpasste, die Drogendealer fernhielt und dafür sorgte, dass der Star der Show pünktlich war und in der Lage zu spielen.«[47]

Dass Parker – zumeist jedenfalls – in der Lage war zu spielen, zeigt die Tatsache, dass er 1948 und 1949 den »*Metronome*-Poll« gewann. 1949 nahm er auch am Jazz-Festival von Paris, einem der frühesten seiner Art, teil. Die Traditionalisten, Sidney Bechet etwa oder Hot Lips Page, wurden zwar in der Salle Pleyel vom Publikum mehr bejubelt, aber Parker konnte durchaus einen Achtungserfolg verbuchen. Er nahm beim Parisaufenthalt die Gelegenheit wahr, in die Avantgardeszene einzutauchen. Er lernte Boris Vian kennen und traf eines Abends auch Jean-Paul Sartre. Sartre soll Parker seine Bewunderung ausgedrückt haben, worauf dieser erwiderte: »Ich bin froh, Ihre Bekanntschaft gemacht zu haben, Mr. Sartre. Ich mag Ihr Spiel sehr.«

Dass Parker es – Gillespie zum Trotz – wieder zur Nummer eins gebracht hatte, jedenfalls bei den Sachverständigen, wurde am 15. Dezember 1949 manifest. Da eröffnete nämlich in New York ein neuer prächtiger Club seine Pforten, der dem Saxophonisten zu Ehren Birdland genannt wurde. Das Eröffnungskonzert war eine große Sache: man lud Musiker der verschiedensten Stilrichtungen

---

[47] Ebd. S. 265.

ein, Lester Young, Stan Getz, Hot Lips Page, Max Kaminsky – sogar Harry Belafonte soll dabeigewesen sein.

Zu Birds regulärer Gruppe gehörten mittlerweile zwei Weiße, der Pianist Al Haig und der Trompeter Red Rodney. Mit seinem Quintett trat Parker häufig im Birdland auf; nebenbei setzte er die Reihe der »Charlie Parker with Strings«-Einspielungen für Granz fort. Ende 1949 reiste er zum zweiten Mal nach Europa. Seine Gastspiele in Schweden wurden ein triumphaler Erfolg, und wie schon andere farbige Musiker vor ihm genoss Parker die liberale Atmosphäre, die in Europa zu herrschen schien, und wurde von einer Art Euphorie ergriffen. Er jammte bis tief in die Nacht hinein mit skandinavischen Jazzern und feierte wahre Orgien mit ihnen: *Swedish Schnapps* hieß eine seiner Kompositionen, die er später aufnahm. Auf dem Rückflug in die USA machte er in Paris Halt, wo er wie im Vorjahr beim Jazz-Festival auftreten sollte. Der Organisator, Charles Delaunay, war aber nicht so gewieft wie beispielsweise Granz und zahlte dem Musiker sein Honorar im Voraus aus. Streifzüge durch die Bars und Nachtlokale mit allem, was dazugehörte, waren die Folge. Auf den schwedischen Schnaps wurde noch reichlich französischer Cognac gegossen. Das Festival wurde eröffnet – es war kein Charlie Parker zu sehen. Der fühlte sich mittlerweile so elend und so krank, dass er das nächste Flugzeug nach Hause nahm – ohne Delaunay zu informieren. Er entschuldigte sich bei seinen enttäuschten Fans, indem er bei einer der »Overseas Broadcasts« von Leonard Feather mitmachte. In Paris war aus dem Lautsprecher nur Folgendes zu hören: »Tut mir leid, Leute. *It was just one of those things.* Ich musste einfach abhauen.«

Parkers plötzliches ›Unwohlsein‹ war auf ein ausgewachsenes Magengeschwür zurückzuführen, das ihn Anfang 1951 zu einem längeren Krankenhausaufenthalt zwang.

Parker hatte im Juli 1950 Chan Richardson geheiratet, eine Frau, die ihn und seine Musik wirklich verstand und ihm in jeder Hinsicht zu helfen versuchte. Ihr zuliebe hatte er sich noch einmal verzweifelt bemüht, eine bürgerliche Existenz zu führen. Durch den Plattenvertrag mit Granz war er finanziell relativ gut abgesichert, jedenfalls hatte er eine Basis. Zum ersten Mal in seinem Leben besaß er so etwas wie ein ›Heim‹; bezeichnenderweise zog er mit Chan aus der Nähe der »Street« und auch aus Harlem fort und ließ sich im sogenannten East Village nieder, einer vorwiegend von jüdischen Mittelstandsfamilien bewohnten Gegend. Die Drogen machten ihm bei diesem letzten Versuch, ein braver Ehemann und Familienvater zu werden, erneut einen Strich durch die Rechnung. Fotos aus der Zeit zeigen einen kranken Mann; der einst eher zarte Bird ist aufgeschwemmt, seine Augen haben einen leeren Ausdruck, seine Körperhaltung signalisiert Müdigkeit und Resignation.

Die Drogenfahnder – die »narcs« – schlugen erneut zu. Zwar gelang es – zum wiederholten Mal – nicht, Parker zu überführen, das heißt, ihm den Besitz und die Verwendung von Narkotika nachzuweisen, aber sie erwirkten, dass er auf die »graue Liste« gesetzt und dass ihm die »cabaret card«, die ihn dazu berechtigte, in Lokalen mit Lizenz zum Alkoholausschank – in allen Clubs also –, aufzutreten, entzogen wurde. Wegen mangelnder Auftrittsmöglichkeiten in New York war er danach gezwungen, alle möglichen Engagements in anderen Städten anzunehmen. Er spielte in Etablissements wie dem Howard Theater in Washington, dem Times Square Club in Rochester, Tiffany's in Los Angeles, Tootie's in Kansas City, der Glass Bar in St. Louis und Bop City in San Francisco. Sein Quintett zerfiel, als Rodney verhaftet und für sechs Monate ins Gefängnis gesteckt wurde. Der junge Trompeter hatte seinem Idol Parker nicht nur in musikalischer Hinsicht nachgeeifert, sondern auch beim Heroinkonsum.

Im Mai 1953 kam es in Toronto anlässlich eines Konzerts zu einer Wiedervereinigung mit Gillespie. Dieses »Massey Hall Concert« ist in die Jazzgeschichte eingegangen: es war vielleicht der letzte große Auftritt Charlie Parkers. Knapp einen Monat später starb seine und Chans Tochter Pree an Lungenentzündung. Der Musiker wurde von Schuldkomplexen heimgesucht; er warf sich vor, sein gesamtes Geld für Drogen verschleudert und so die medizinische Behandlung Prees unmöglich gemacht zu haben. Diese Schuldgefühle schlugen in Aggressivität um, sich selbst und anderen gegenüber. Zwar erhielt er seine »cabaret card« zurück und konnte wieder in den New Yorker Clubs auftreten, aber er stritt immer häufiger in aller Öffentlichkeit mit seinen Sidemen und ließ manchen Auftritt platzen: zum großen Eklat kam es ausgerechnet im Birdland. Die Gäste konnten über die Lautsprecheranlage mit anhören, wie Bird die Mitglieder der Streichergruppe, mit der er spielen sollte, fertigmachte und sie schließlich alle feuerte. Der Saxophonist kletterte mühsam von der Bühne herunter, ging zur Bar und ließ sich volllaufen. Der aufgebrachte Manager kam zu ihm und teilte ihm mit, dass er nie wieder ein Engagement in dem nach ihm benannten Club bekommen werde. Parker stand auf, verließ das Birdland mit Tränen in den Augen und betrank sich im nahegelegenen Basin Street Club bis zur Besinnungslosigkeit. Er wurde schließlich von einem Taxifahrer zu Hause abgeliefert; seine Frau machte ihm eine Szene, drohte damit, sich von ihm zu trennen. Bird verschwand im Badezimmer; als er nach zwanzig Minuten noch nicht wieder aufgetaucht war, sah sie nach ihm und fand ihn bewusstlos auf dem Fußboden liegen. Er hatte versucht, sich umzubringen, indem er eine Flasche Jodtinktur hinunterstürzte.

Parker wurde noch einmal gerettet. Im Grunde war aber allen, die ihn kannten, klar, dass er am Ende war. Fast grotesk mutet es heute an, wenn man liest, dass die von ihm gefeuerten Streicher über die Gewerkschaft ihren Lohn einklagten. Parker sollte dreitausend Dollar zahlen. Da er keinen Cent besaß, einigte man sich darauf, dass man ihm bei künftigen Auftritten jeweils einen Teil von seinem Lohn abziehen werde, bis er seine Schulden abgetragen hätte. Solche »künftigen Auftritte« sollte es kaum noch geben. Am 25. September nahm er in der Carnegie Hall an einem Konzert teil, das zur Hauptsache vom Basie-Orchester bestritten wurde – nach einigen mageren Jahren war es jetzt dabei, sich wieder in die Gunst des Publikums hineinzuspielen. Außerdem wurde das »Modern Jazz Quartet« des Pianisten John Lewis herausgestellt, das den neuen Trend im Jazz verkörperte. Dem Parker-Quartett wurden nur drei Nummern zugestanden, aber wahrscheinlich war Bird das nur recht. Sein Spiel hörte sich lustlos an, etwas von dieser Indifferenz übertrug sich auch auf die Rhythmusgruppe, die sich regelrecht durch die drei Stücke zu schleppen schien. Zwei Tage nach diesem Auftritt ließ sich der Saxophonist in die psychiatrische Abteilung des New Yorker Bellevue-Hospitals einweisen. Nach eingehenden Untersuchungen attestierte man ihm eine »überdurchschnittliche Intelligenz, eine feindselige, evasive Persönlichkeitsstruktur, primitive und sexuelle Phantasien, die mit Feindseligkeit einhergehen, und eindeutige Anzeichen für paranoides Denken«. Er wurde nach vierzehn Tagen entlassen, nachdem er versprochen hatte, sich einer Psychotherapie zu unterziehen. Aus dieser Therapie wurde nichts. Der Musiker war gezwungen, alle möglichen Jobs anzunehmen, um etwas von den Schulden abzutragen, die auf ihm lasteten. Solche Jobs zu finden fiel ihm immer schwerer, nicht nur weil viele Clubbesitzer und Konzertveranstalter dem Junkie gegenüber Vorbehalte hatten, sondern weil sich auch der Geschmack des Publikums gewandelt hatte. Die »Coolsters« gaben jetzt den Ton an, weiße Musiker zumeist wie Stan Getz, Dave Brubeck und Gerry Mulligan. Parkers Verhalten wurde immer unberechenbarer. Er war verbittert darüber, dass er geradezu um Auftrittsmöglichkeiten betteln musste. Bei seiner letzten Session für Norman Granz am 10. Dezember brachte er gerade zwei Nummern zustande, *Love For Sale* und *I Love Paris*. Wieder fiel seine Gleichgültigkeit auf, und da er sich auch körperlich unwohl fühlte, brach man die Aufnahmesitzung bald ab.

Parker hatte sich von seiner Frau getrennt und war irgendwo im New Yorker »Village« untergekommen. Er vernachlässigte sein Äußeres immer mehr und sah bald aus wie ein Tramp. Sein Horn hatte er zum Pfandleiher gebracht. Eine Handvoll Freunde aus besseren Tagen hielt zu ihm. Robert Reisner besorgte ihm einen Gig im Open Door und beteiligte ihn an den Einnahmen. Seine alte Agentur vermittelte ihm ein viertägiges Engagement in Chicago; am ersten Abend verlor er in der Garderobe das Bewusstsein, aber zum Erstaunen aller war er tags darauf wieder auf dem Bandstand, wirkte entspannt und ausgeruht und blies ein bisschen so wie früher. Nach New York zurückgekehrt, verfiel er jedoch erneut in Depressionen. Er schweifte ziellos durch die Straßen des Village, setzte sich in die U-Bahn und fuhr nächtelang umher. An einem bitterkalten Januarnachmittag brach er auf dem Straßenpflaster zusammen – wie der Zufall es wollte, vor einem Haus, in dem zwei Bekannte von ihm, der Maler Harvey Cropper und der Trompeter Ahmed Basheer, in einem winzigen Einzimmerapartment hausten. Die beiden zogen den Bewusstlosen ins Haus, steckten ihn ins Bett und versorgten ihn einige Wochen lang.

Parker bemühte sich immer verzweifelter um ein Comeback. Seine Agentur hatte ihn mehr oder minder fallenlassen. Mehr aus Mitleid vermittelte man ihm einen »Two-Nighter« im Birdland und ein Engagement im Storyville in Boston. Der Auftritt im Birdland wurde ein einziges Fiasko. In dem nach ihm benannten Club erhielt Bird so etwas wie den Todesstoß. Seine Begleitmusiker waren der Trompeter Kenny Dorham, Art Blakey an den Drums, Charlie Mingus am Bass und, unglücklicherweise, Bud Powell am Piano. Powell hatte mit ähnlichen Problemen zu kämpfen wie Parker. Am Eröffnungsabend war er sturzbetrunken, klimperte mühsam auf den Tasten herum, und die einzige Melodie, die ihm in den Kopf zu kommen schien, war *Little Willie Leaps*. Parker sagte als erste Nummer *Hallucination* an, Powell spielte die Einleitung zu *Little Willie Leaps*. Der Leader brach die Nummer ab, man versuchte es erneut – mit demselben Ergebnis wie zuvor. Daraufhin machte der Saxophonist den Pianisten auf offener Bühne fertig. Powell war nicht zu betrunken, um Parker seinerseits mit ein paar kräftigen »motherfucker« zu bedenken, dann torkelte er von der Bühne. Parker stellte sich ans Mikrophon und rief immer nur den Namen des Pianisten. Die anderen Musiker standen betreten herum. Blakey versuchte, mit einigen Trommelwirbeln Ablenkung zu schaffen, Dorham drückte sich mit der Trompete unterm Arm zur Seite, Mingus trat schließlich ans Mikrophon und entschuldigte sich bei den Gästen, die bereits abwanderten: »Ladies and Gentlemen, bitte bringen Sie mich nicht mit dem, was hier passiert, in Verbindung. Dies ist nicht Jazz. Dies sind kranke Menschen.«

Parker stand noch eine Zeitlang allein auf der Bühne und sah zu, wie der Club sich leerte. Dann ging er ins benachbarte Basin Street, wo er stundenlang einen Whisky nach dem anderen in sich hineinschüttete. Um vier Uhr in der Nacht, kurz bevor das Birdland schloss, tauchte er dort schwer angeschlagen wieder auf. Er setzte sich neben Mingus an die Bar und sagte zu dem Bassisten: »Mingus, bald werde ich irgendwo hingehen, wo ich keinem mehr zur Last fallen kann.«

Die Voraussage sollte sich nur vier Tage später erfüllen. Auf dem Weg zum Bahnhof, von wo er nach Boston fahren wollte, machte Parker beim feudalen Hotel Stanhope Halt, um der »Jazz Baroness« einen kurzen Besuch abzustatten. Unter diesem Namen war die Baroness Pannonica de Koenigswarter in Musikerkreisen bekannt. »Nica« stammte aus der wohlhabenden Rothschild-Familie und war schon in ihrer Jugend durch ihr unkonventionelles Verhalten und ihren Hang zur Boheme aufgefallen. Im Zweiten Weltkrieg hatte sie in Afrika für de Gaulles Freie Französische Armee gearbeitet. 1951 war sie des Lebens an der Seite ihres Gatten, des Diplomaten Jules de Koenigswarter, überdrüssig geworden und hatte sich eine luxuriöse Suite im Stanhope genommen. In diese Suite lud sie immer wieder Jazzmusiker ein, ab und zu fand dort auch – zur Verbitterung des Managements und der anderen Gäste – eine nächtliche Jam Session statt. Die exzentrisch gekleideten Bopper passten natürlich schlecht in das noble Ambiente – vor allem wenn es Schwarze waren. »Thelonious Monk lungerte oft in der Empfangshalle herum, in einem roten Hemd, mit einer englischen Jagdmütze auf dem Kopf, einer Brille mit schwarzen Gläsern und einem weißen Stock – was die würdigen alten Witwen, die dort wohnten, einigermaßen aus der Fassung brachte.«[48] Die Baroness wurde von einigen Jazzern geradezu angebetet, Thelonious Monk widmete ihr die Komposition *Pannonica*, und Horace Silver schrieb ihr zu Ehren *Nica's Dream*.

---

48 Ebd. S. 314.

Thelonious Monk

Als Parker an jenem 9. März 1955 bei ihr hereinschaute, lehnte er zu ihrem Erstaunen den angebotenen Drink ab. Er gab zu, entsetzliche Magenschmerzen zu haben. Wenig später erbrach er sich und spie große Mengen Blut. Die Baroness rief einen Arzt herbei, der den Musiker sofort in ein Krankenhaus einweisen wollte. Parker wollte dies aber unter keinen Umständen zulassen. Nica de Koenigswarter erklärte sich bereit, ihn in ihrem Apartment zu beherbergen und zu pflegen. Parker starb am 12. März 1955 im Stanhope. Als mögliche Todesursache wurde von verschiedenen Seiten ein durchgebrochenes Magengeschwür, Lungenentzündung, fortgeschrittene Leberzirrhose oder ein Herzinfarkt angegeben. Ross Russells trockene Bemerkung dazu lautet: »Wie bei allem anderen war Charlie Parker auch in medizinischer Hinsicht nicht auf halbem Weg stehengeblieben.«[49]

Parker wurde fünfunddreißig Jahre alt. Als sie von seinem Tod erfuhren, schmückten die Hipsters die Hauswände New Yorks mit »Bird Lives«-Graffiti.

---

49 Ebd. S. 358.

»Birth Of The Cool«
Cool Jazz

»They teach you there's a boundary line to music, but, man, there's no boundary line to art«, lautet einer der berühmten, vielzitierten Aussprüche Charlie Parkers.[1] Er brach persönlich viele dieser Grenzen nieder und hat dadurch entscheidend zur Entwicklung des Jazz beigetragen. Wie immens dieser Beitrag gewesen ist, kann man eigentlich erst heute, Jahrzehnte nach seinem Tod, richtig ermessen. »Bird *still lives*« war der Titel der Ausgabe von *Down Beat*, die im August 1995 erschien, dem Monat, in dem Parker fünfundsiebzig Jahre alt geworden wäre. In diesem Heft kamen einige junge Musiker zu Wort, die noch nicht einmal auf der Welt waren, als Bird starb, die sich ihm aber verpflichtet fühlen. Michael Weiss, Pianist des Johnny-Griffin-Quartetts, meinte: »Bird hatte den tiefgehendsten Einfluss auf mein Konzept der Improvisation. [...] Die unendliche Wärme seiner Ideen und seine melodische Integrität – die Art, wie er seinen melodischen Ideen Gestalt verlieh. Seine Logik. Eine Idee war die perfekte Ergänzung der vorhergehenden. Seine Phrasen. Wie er eine Geschichte erzählte. Die Kommas, die Perioden. Seine übergreifende Organisation musikalischer Ideen. [...] Und das ist nur ein Teil. Er hatte dieses starke Gespür für Rhythmus. Man kann die Rhythmus-Sektion ausschalten und nur Bird zu-

---

1 Levin/Wilson: No Bop Roots [s. S. 246, Anm. 8]. S. 20.

hören, und man schnippt immer noch mit den Fingern. […] Seine Freiheit, sich jede Idee zunutze zu machen. In einer Ballade konnte er von der Melodie abschweifen und doch zum richtigen Zeitpunkt zur Melodie zurückkehren. Auf den Bruchteil einer Sekunde genau.«[2]

Wenn aber Parker – und in geringerem Maße andere Innovatoren der vierziger Jahre wie Gillespie und Monk – nachfolgenden Generationen von Jazzmusikern mit dem von ihnen entwickelten Konzept der musikalischen Freiheit auf der einen Seite den Weg wiesen, bürdeten sie ihnen auf der anderen Seite eine Last auf. Der Swing war im echten Sinne des Wortes populäre Musik gewesen, Millionen von Fans waren in die Konzerte von Benny Goodman, Harry James und Tommy Dorsey geströmt und hatten die Platten dieser Bands gekauft. Die Bopper widersetzten sich ganz bewusst der Popularisierung und auch Kommerzialisierung des Jazz, intellektualisierten die Musik. Bop war Musik für einige wenige Eingeweihte, und wenn auch der Kreis dieser Insider sich im Laufe der Jahre vergrößert hatte, wurde der Bebop doch nie zu einer Musik, die die Massen erreichte. Während der Jazzmusik bei den Anhängern ›ernsthafter‹ Musik schon immer das Odium angehaftet hatte, vulgär, laut und misstönend zu sein, galt sie jetzt auch noch bei den Fans populärerer Musikformen als zu kompliziert und zu hochgestochen. Das Ergebnis war, dass der Jazz insgesamt vom Ende der vierziger Jahre an zu einer Musik für Minderheiten wurde – wenn man bestimmte Stilrichtungen wie zum Beispiel den Dixieland-Revival-Jazz, der vor allem in Europa bis in die fünfziger Jahre ungemein beliebt blieb, ausklammert. Hinzu kamen noch eine allgemeine wirtschaftliche Baisse und ein Niedergang des Showgeschäfts und der Unterhaltungsindustrie nach dem Ende des Kriegs.

---

2 In: Down Beat. 62. Jg. Nr. 8 (August 1995). S. 20.

Nicht nur die Revolutionäre aus Minton's Playhouse, auch schon seit Langem etablierte Musiker und Bands hatten gegen Ende der vierziger Jahre mit erheblichen finanziellen Schwierigkeiten zu kämpfen: Count Basie konnte seine Bigband nicht mehr zusammenhalten, in den Jahren 1950 und 1951 trat er nur noch mit einem Oktett auf; Earl Hines musste sein großes Orchester ebenfalls auflösen, er wurde der Pianist der Louis Armstrong Allstars, einer Combo, die sich an den Gruppen der zwanziger Jahre orientierte und vom Revival-Boom profitierte. Viele Instrumentalisten zogen sich ganz aus dem Musikgeschäft zurück oder nahmen einen »daytime job« an, um eine finanzielle Grundlage zu haben. Andere wechselten das Lager, sie wirkten als Begleitmusiker in den immer beliebter werdenden Rhythm-&-Blues-Gruppen mit oder suchten sich einen Job als Studiomusiker in Hollywood. Es wurde einfach immer schwerer, sich mit purem Jazz seinen Lebensunterhalt zu verdienen – und an dieser Situation änderte sich jahrzehntelang nichts. Als Musiker konnte man sich nicht wirklich auf einen Stil festlegen, Anpassungsfähigkeit war gefragt; man musste ebenso in der Lage sein, inmitten eines gewaltigen Orchesters mit Streichern und Chor an der Einspielung einer Filmmusik mitzuwirken, wie dazu, in einer Bar vor alkoholseligen Zuhörern mit ein paar anderen zusammen *When The Saints Go Marching In* anzustimmen. In seiner 1971 erschienenen Autobiographie bekannte der Posaunist Dicky Wells, der in den dreißiger Jahren zum Stamm der Basie-Band gehört hatte: »Die letzten Jahre haben für mich alle möglichen Arten von Musik bedeutet. Ich habe mich an Dixieland versucht, an lateinamerikanischer Musik, an jüdischer und an Rock 'n' Roll. […] Ich ließ mich in progressiven Jazz verwickeln und was weiß ich sonst noch.«[3]

3 Dicky Wells / Stanley Dance: The Night People. Reminiscences of a Jazzman. Boston 1971. S. 84.

Wells meinte, dass es für einen Musiker förderlich sei, wenn er sich in verschiedensten Stilrichtungen versuchte: »Alle möglichen Gigs zu spielen ist wirklich erhellend, schon allein aus dem Grund, dass es dein Repertoire so sehr erweitert. Gute Musik ist gute Musik, welches auch immer der Stil sein mag. Manchmal überrascht es mich selbst, wenn ich darüber nachdenke, was ich meinem Repertoire hinzufügen musste, nachdem ich aus den Bigbands ausstieg – nicht nur die Dixieland-Nummern, sondern auch eine ganze Menge Cha-Cha-Chas, Meringues, Calypsos und wer weiß sonst noch was.«[4]

Nicht alle verstanden es, aus der Not eine Tugend zu machen. Der überaus begabte Pianist Herbie Nichols – er schrieb für Billie Holiday den Song *Lady Sings The Blues* –, der eine von Thelonious Monk beeinflusste Spielweise pflegte, war lange Zeit dazu gezwungen, sich als Mitglied von Dixieland- und Rhythm-&-Blues-Bands oder als Begleiter drittklassiger Sänger und Sängerinnen durchzuschlagen. Erst 1955 hatte er die Gelegenheit, auf einem Solo-Album für Blue Note seine eigenen musikalischen Ideen zu verwirklichen. Die Aufnahmen waren jedoch in kommerzieller Hinsicht ein Fiasko, und Nichols musste seine frühere Tätigkeit wieder aufnehmen. Die Tatsache, dass er es eigentlich nie schaffte, seine eigene Musik zu spielen, wurde von den meisten seiner Bekannten für seinen frühen Tod im Jahr 1961 mitverantwortlich gemacht.

Dass sich keine bestimmte Stilrichtung als besonders erfolgsträchtig herauskristallisierte, wird auch mit dazu beigetragen haben, dass es vom Ende der vierziger Jahre an eine verwirrende Pluralität von Jazzstilen gab. 1949 etwa konnte man in einer Stadt wie New York in zahlreichen Bierlokalen Revival-Bands hören, die die Musik King Oli-

---

4 Ebd. S. 84f.

vers aus den frühen zwanziger Jahren zu rekonstruieren versuchten. Wenn man in Eddie Condons Club ging, sah man auf der kleinen Bühne eine Gruppe von mittlerweile auch schon leicht angegrauten Herren, die den Chicago-Jazz der Golden Twenties am Leben erhielten. In einem anderen Club spielte Machitos Band lateinamerikanische Klänge, während in einem der großen Ballrooms eine der noch existierenden schwarzen Bigbands die erfolgreichen Swing-Titel der dreißiger und vierziger Jahre präsentierte. Irgendwo im Village hetzten die Bopper immer noch durch *Klact-Oveeseds-Tene*, während vielleicht gleichzeitig in einem Hotel eine Gruppe elegant gekleideter, nicht mehr ganz junger weißer Musiker im Stil von Benny Goodman oder Harry James Evergreens wie *Tea For Two, I'm Coming Virginia* oder *Stardust* vortrugen. Wenn man dann zufällig am Royal Roost vorbeikam, in dem Miles Davis spielte, konnte man noch ganz andere, ganz neue Klänge vernehmen: Musik, die an den Bebop erinnerte, aber weniger hektisch und weniger aggressiv war, zarter und verhaltener, irgendwie leichter zu konsumieren. Diese neue Musik wurde nach einiger Zeit als »Cool Jazz« bezeichnet. Das Wort »cool« besitzt eine ganze Vielfalt von Bedeutungen, in wenigen Fällen nur meint es »kühl« oder gar »kalt«. Wenn eine Person »cool« ist, dann ist sie entspannt, lässt sich auch in schwierigen Situationen nicht aus dem Gleichgewicht bringen. »That's cool, man« kann aber auch einfach heißen: »Mensch, das ist ausgezeichnet«. In musikalischen Zusammenhängen lässt es sich vielleicht am besten mit »sanft« oder »gedämpft« übersetzen, aber es wurde und wird oft missverstanden.

Der Pianist Lennie Tristano, der einer der Begründer der »Cool«-Spielweise war, wandte sich Jahrzehnte später in einem Interview heftig gegen diese Bezeichnung. Er erklärte: »›Cool Jazz‹ hat für mich keinerlei Bedeutung. Es ist ein geschmackloses Etikett, ein kommerzielles Etikett, das ohne jede Logik den Aufnahmen aufgeklebt wurde, die ich vor Jahren mit meinen Gruppen gemacht habe. Cool Jazz ist ein dummer Ausdruck. Der Jazz, den wir gespielt haben, war überhaupt nicht ›kalt‹. Er war entspannt, frei von *showmanship*, ernst und engagiert, das ja, aber er war gewiss nicht kalt.«[5]

Tristano gibt hier im Rückblick – das Interview fand im Jahr 1966 statt – vielleicht eine der besten Definitionen des Cool Jazz überhaupt; es wird deutlich, dass die von ihm mitentwickelte Spielweise durchaus in Beziehung zum Bop steht, denn »ernst und engagiert« war dieser auch, was aber den großen Unterschied ausmacht, war das Moment des Entspanntseins. »Relaxed« war der Bebop – wenn man von einigen Aufnahmen Parkers wie *Yardbird Suite* oder dem lyrischen *Parker's Mood* absieht – kaum jemals. Das Ideal der Bopper war eine Art von ungehemmter Expressivität, ein spontanes Formulieren der eigenen Ideen und Gefühle, der Wut, die man empfand, und der Ängste, selten der Freude oder der Heiterkeit. Bop war eine emotionsgeladene Musik, die »Coolsters« hingegen führten ein Element der Selbstkontrolle ein: ihr Lebensgefühl unterschied sich vielleicht gar nicht so sehr von dem der Bopper und Hipsters, aber sie gaben ihm nicht so hemmungslos Ausdruck. Ihre Musik war reflektierter, sie versuchten ihre Emotionen zu zügeln, schalteten einen Verarbeitungsprozess vor. Sie waren nicht weniger kritisch als die Bopper, aber anstatt sich Hals über Kopf in den Kampf zu stürzen, entzogen sie sich, nahmen sie die Warte distanzierter Beobachter ein. Der Cool Jazz war nicht weniger intellektuell als der Bebop, auch er machte gegen die Tendenzen des Musikgeschäfts Front, dennoch war er auf Anhieb, allerdings nur für einige wenige Jahre, von den Kritikern hoch

---

5 Zit. nach: Giuseppe Piacentino: Cool Jazz. In: Musica Jazz. 41. Jg. Nr. 6 (Juni 1985). S. 38f.

geschätzt und in einem gewissen Rahmen auch vom zahlenden Publikum, und somit kommerziell viel erfolgreicher als der Bop.

Tristano wurde 1949, knapp drei Jahre nachdem er erstmals in Erscheinung getreten war, von der renommierten Fachzeitschrift *Metronome* zum besten Pianisten des Jahres gewählt, Billy Bauer, der damals in seiner Gruppe spielte, zum besten Gitarristen. In der Kategorie der Altsaxophonisten belegte der Tristano-Schüler Lee Konitz hinter Charlie Parker den zweiten Platz, und ein weiterer Zögling des Pianisten, der Tenorist Warne Marsh, der ein Jahr zuvor erstmals an die Öffentlichkeit getreten war, konnte immerhin den sechsten Platz für sich verbuchen. Miles Davis, der unabhängig von Tristano ganz ähnliche musikalische Ideen entwickelt hatte, hielt eine einigermaßen zynische Erklärung für den Erfolg des Cool Jazz bereit: »Damals mochten die Weißen Musik, die sie verstehen, die sie sich anhören konnten, ohne sich anzustrengen. Der Bebop kam nicht aus ihnen heraus, deshalb war es für viele von ihnen schwer zu verstehen, was in der Musik vor sich ging. Es war eine rein schwarze Angelegenheit. Aber *Birth [Of The Cool]* ließ sich nicht nur mitsummen, es war auch so, dass Weiße die Musik spielten und eine prominente Rolle hatten. Den weißen Kritikern gefiel das; ihnen gefiel die Tatsache, dass sie etwas mit dem zu tun haben schienen, was vor sich ging.«[6]

Was in jedem Fall stimmt, ist, dass die meisten Coolsters Weiße waren. Lennie Tristano war italienischer Ab-

---

6 Davis/Troupe: Miles. S. 109. – Während diese Äußerungen von Davis einen invertierten Rassenhass bezeugen, war er damals einer derjenigen, die sich für die Integration einsetzten; er verteidigte seine Wahl weißer Mitspieler hartnäckig gegenüber aller Kritik: »Eine Menge schwarzer Musiker machten mir die Hölle heiß, weil sie keine Arbeit hatten und ich weiße Burschen für meine Band anheuerte. Ich antwortete ihnen einfach, dass, wenn ein Kerl so gut spielen konnte wie Lee Konitz – über den regten sie sich am meisten auf, weil es von schwarzen Altisten nur

Lennie Tristano, Mitbegründer des Cool Jazz, und einige seiner Schüler: Lee Konitz (as), Warne Marsh (ts) und Billy Bauer (g)

stammung; er wurde 1919 in Chicago geboren, erblindete in früher Jugend; schon als Kind nahm er Klavierunterricht, spielte aber auch Cello, Saxophon und Klarinette. Später gab er an, dass er eigentlich mehr durch Saxophonisten beeinflusst worden sei als durch andere Pianisten – vor allem durch Lester Young und Charlie Parker. Tristanos Klavierspiel war durch lange, fließende Linien charakterisiert, in denen sich kaum dynamische Abstufungen

> so wimmelte –, ich ihn immer wieder anstellen würde und es mich überhaupt nicht scheren würde, wenn er grün wäre und sein Atem rot. Ich stelle einen Kerl wegen seines Spiels ein, und nicht wegen der Farbe, die er hat. Als ich ihnen das sagte, ließen mich viele von ihnen in Ruhe. Aber einige von ihnen waren weiter wütend auf mich.« (Ebd. S. 107.)

fanden. Er führte die musikalische Emanzipation der Bopper noch weiter, kann in gewisser Weise als einer der Vorläufer der »Free«-Spielweise gelten. So fällt an vielen seiner Einspielungen eine komplizierte polyrhythmische Struktur auf. Tristano: »Ich versuche, den Bop zu überwinden, der an der gegebenen harmonischen Struktur hängt. Wir beschränken uns nicht auf den Akkord, wenn wir eine Melodie spielen. Unsere Rhythmen sind überlagert, einer über dem anderen. Manchmal spiele ich drei verschiedene Rhythmen zur selben Zeit, während jeder der Mitspieler zusätzlich einen separaten hält.«[7]

Das Ergebnis waren komplexe Klanggeflechte, zart und wenig spektakulär; manchmal hörte sich die Musik an, als ob sie in Watte gepackt sei. Das Ganze klang, ohne dass man genau hätte sagen können warum, ›kultiviert‹; die Beeinflussung Tristanos durch die europäische klassische Musik war unüberhörbar.

Um sich das Studium am Konservatorium von Chicago zu finanzieren, war Tristano dazu gezwungen, in Dixieland-Kapellen und Mambo-Orchestern zu spielen; eine Zeitlang war er sogar als »Mambo-King« bekannt. 1946 zog er nach New York, trat im Birdland, im Three Deuces und anderen Clubs auf und erregte vor allem bei anderen Musikern Aufsehen. Als Mensch war er unnahbar, ein Einzelgänger; viele, die ihn kannten, haben ihn als verbittert bezeichnet. Das Auftreten in der Öffentlichkeit lag ihm wenig, und er war auch nur schwer dazu zu bewegen, ein Aufnahmestudio zu betreten. Der Pianist wirkte vor allem als Lehrer und wurde in Musikerkreisen zu einer Kultfigur: in seinem kleinen New Yorker Apartment nahmen Nachwuchstalente wie Lee Konitz, Warne Marsh, Phil Woods und Billy Bauer Unterricht, aber auch Traditiona-

---

[7] Zit. nach: Kunzler: Jazz-Lexikon. Bd. 2. S. 1193.

listen wie Bud Freeman und der Sopransaxophonist Bob Wilber, der als eine Art Ziehsohn des großen alten Sidney Bechet galt.

Der Klarinettist, Altsaxophonist und gelegentlich auch Sänger Woody Herman hatte schon in den dreißiger Jahren eine Bigband gegründet, die zunächst eine Art von großorchestralem Dixieland und traditionellen Swing gespielt hatte; sie war als »Band that plays the Blues« bekannt gewesen. Anfang der vierziger Jahre waren besonders viele seiner Bandmitglieder zum Militär einberufen worden. Die Ersatzleute – Männer wie Billy Bauer, der Posaunist Bill Harris und der Tenorist Flip Phillips – hatten der Gruppe einen neuen Sound verliehen; auf einigen Aufnahmen aus der Zeit – unter anderem dem berühmten *Caldonia* – hört man ausgeprägte Bop-Einflüsse. Diese Formation wurde, vermutlich weil der Altersunterschied zwischen dem Leader und den meisten seiner Musiker größer als gewöhnlich war, bald »Herman's Herd« getauft – Herman war also der »Hirte«, der über die unerfahrenen Jungen wachte –, und sie wurde vor allem für die Einspielung einer Reihe der im Krieg gepressten V-Discs herangezogen. In den Polls von *Down Beat* und *Metronome* belegte die »Herde« in der Kategorie Bigbands 1946 den ersten Platz. Herman hatte sich zu dieser Zeit schon aus dem Musikgeschäft zurückgezogen, wurde aber durch die Erfolge dazu motiviert, eine zweite »Herd« zu gründen. Das Herzstück dieser neuen Band bildete eine einzigartige Saxophon-Section, die aus den Tenoristen Herbie Steward, Zoot Sims und Stan Getz und dem Baritonsaxophonisten Serge Chaloff bestand. Das Bemerkenswerte an diesen vier Musikern – alle erst um die zwanzig – war ihr Zusammenspiel: sie schienen sich intuitiv zu verstehen und klangen tatsächlich wie *ein* Mann. Bald nannte man sie die »Four Brothers«, und eine Plattenaufnahme, die ebendiesen Titel hatte und die vier Saxophonisten herausstellte, wurde zum ersten großen Erfolg der zweiten »Herd«. Der Klang der »vier Brüder« war elegant und geschliffen, lyrisch und eigentlich wenig aufsehenerregend. Chaloff, dessen Eltern aus Russland eingewandert waren, war einer der Ersten, die dem unhandlichen Bariton moderne Klänge entlockten, nicht so tieftönend wie die Harry Carneys und der anderen großen Swing-Baritonisten, aber einfühlsam, mit einem melancholischen Timbre, »hummable«, wie Miles Davis es genannt hatte, »zum Mitsummen«.

Stan Getz wurde nach und nach zum Primus inter Pares. Sein von Lester Young beeinflusstes Spiel war zart und poetisch, bisweilen auch ein wenig fragil und verletzlich. Ihm wurde der Ehrentitel »The Sound« verliehen – wahrscheinlich in Anlehnung an Frank Sinatras Spitznamen »The Voice«. Trotz seiner Jugend – er war 1927 geboren und mithin gerade neunzehn, als er zu Herman stieß –, konnte er schon auf eine längere Karriere als Berufsmusiker zurückblicken. In seiner Heimatstadt Philadelphia hatte er als Kind auf dem Kontrabass und dem Fagott begonnen, dann aber herausgefunden, dass das Tenorsaxophon *sein* Instrument war. Mit sechzehn hatte er sich entschlossen, die Schule zu verlassen, um sich einen Job als Berufsmusiker zu suchen. Sein erstes professionelles Engagement fand er bei Jack Teagarden, der damals, 1943, noch seine eigene Bigband leitete, die er wenig später wegen anhaltenden finanziellen Misserfolgs auflösen musste. Getz fand erst in der Band von Dale Jones und dann in der von Bob Chester Unterschlupf, beide Orchester spielten kommerziell ausgerichtete Tanzmusik. Eine ganz andere musikalische Umgebung fand der Tenorsaxophonist in der Band von Stan Kenton vor, der eine Spielweise kreiert hatte, die er »Progressive Jazz« nannte. Bei Kenton blieb Getz vom März

Stan Getz, einer der »Four Brothers« im Orchester von Woody Herman – zu Beginn der fünfziger Jahre der erfolgreichste und bekannteste Tenorsaxophonist in Amerika

1944 bis zum Juni 1945. Einer ganz kurzen Verpflichtung durch Jimmy Dorsey schloss sich ein Engagement bei Benny Goodman an, der im Winter 1945 eine neue Band zusammengestellt hatte. Goodman konnte sich später, als der Tenorsaxophonist zu Ruhm gekommen war, angeblich kaum noch daran erinnern, dass dieser einmal zu seinen Sidemen gehört hatte. Anderen Mitgliedern der Band war er in Erinnerung geblieben, aber weniger wegen seines musikalischen Könnens als wegen seines schwierigen Charakters, einer ausgeprägten Arroganz, mit der er aufzutreten pflegte, und der Respektlosigkeit, mit der er dem »King of Swing« entgegentrat. Es krachte des Öfteren zwischen ihnen; einmal, in Kalifornien, hatte Goodman den jungen Musiker kurz vor einem Konzert bereits gefeuert, aber die Tränen von Getz' Mutter, die eigens aus Philadelphia gekommen war, um ihren Jungen zu hören, sollen den sonst so Unerbittlichen dazu bewogen haben, die Kündigung noch einmal zurückzunehmen. Irgendwann aber brachte der Tenorist dann das Fass zum Überlaufen, es knallte gewaltig, und er saß auf der Straße.

Getz bekam weder bei Goodman noch bei den anderen Leadern, bei denen er vorher gespielt hatte, viele Gelegenheiten, seine solistischen Fähigkeiten unter Beweis zu stellen. Erstmals richtig hören konnte man ihn auf Schallplatten, die er am 31. Juli 1946 für Savoy aufnahm. Er war bei dieser Gelegenheit ausschließlich von Modernisten umgeben: dem Pianisten Hank Jones, dem Vibraphonisten Terry Gibbs, dem Bassisten Curley Russell und Max Roach. Getz' eigenes Spiel bei dieser Session zeigte auf der einen Seite noch deutliche Swing-Einflüsse – dies sollte auch immer so bleiben –, auf der anderen Seite bemühte er sich aber schon um einen ›harten‹ Ton, wie ihn schwarze Tenoristen wie Gene Ammons und Dexter Gordon populär gemacht hatten.

Nach seinem Rausschmiss aus der Goodman-Band spielte der Tenorsaxophonist eine Zeitlang mit einem Sextett und auch mit einem eigenen Trio in den Clubs von Hollywood. Dann, im September 1947, holte ihn Herman in die zweite »Herd«, und dieses Engagement sollte für den noch nicht Zwanzigjährigen den großen Durchbruch bringen. Die Einspielung der Jimmy-Giuffre-Komposition *Four Brothers*, auf der er und Zoot Sims die interessantesten Soli bliesen, war der erste wichtige Meilenstein in seiner Karriere. Die Aufnahme war gleichzeitig ein frühes Dokument für den neuen Stil, der – so Leonard Feather – »die entspannte und ›coole‹ Spielweise von Lester Young mit Bebop-Einflüssen verband.«[8]

---

[8] Zit. nach dem Begleitheft zur LP »I Grandi del Jazz: Stan Getz« (Fabbri-Editore). S. 32.

Wirklich berühmt wurde Getz dann durch eine andere Einspielung. *Early Autumn* stammte aus der Feder des Pianisten und Arrangeurs der Herman-Band Ralph Burns. Getz' nachdenkliches und ruhiges Spiel auf dem Tenor vermochte tatsächlich etwas von Frühherbststimmung zu vermitteln; besonders in den Klavierpassagen stand dieses Stück der europäischen klassischen Musik sehr nahe: es war alles sehr gezügelt, anständig und wohlerzogen.

Anfang 1949 verließ der Tenorsaxophonist Herman, um sich selbständig zu machen. Er formierte ein eigenes Quartett, mit dem er für das Label Prestige eine Reihe von Einspielungen machte – zumeist Standards aus dem »Great American Songbook« wie *Indian Summer, I've Got You Under My Skin* und *Too Marvelous For Words*. Aller »Coolness« zum Trotz zeigten diese Aufnahmen ganz deutlich, dass Getz sehr stark in der Swing-Tradition verwurzelt war, und auch der Einfluss von Lester Young war nicht zu verkennen. 1950 erhielt die Gruppe neue Impulse durch den Pianisten Horace Silver, der einige Jahre später zum Mitbegründer der Hard-Bop-Schule wurde. Getz war – obwohl noch nicht einmal fünfundzwanzig Jahre alt – schon so etwas wie ein Star, der sich bei vielen Polls unter den Ersten in seiner Kategorie platzierte. Nach einer erfolgreichen Tournee durch Schweden – *Dear Old Stockholm* gehörte danach zu seinem Repertoire – nahm der Tenorist einer Klangerweiterung zuliebe den Gitarristen Jimmy Raney in seine Gruppe auf. Eine geradezu frenetische Aufnahmetätigkeit setzte ein. Beeindruckend war Getz vor allem auf den Balladen, bei denen sein Ton hauchend, aber gleichzeitig fest und kräftig war: Stücke wie *These Foolish Things, How Deep Is The Ocean, Body And Soul*. Auf allen diesen Aufnahmen gelang ihm eine Synthese zwischen traditioneller Spielweise und einer moderneren, frischeren Auffassung, er entstaubte gewissermaßen die altehrwürdigen Songs, die sich in der Interpretation vieler anderer Musiker abgestanden oder auch unangenehm zuckrig anhören konnten. Einen zusätzlichen Reiz erhielt seine Musik, als er sich mit Bob Brookmeyer zusammentat, der einen weichen und klaren Posaunenton hatte. Brookmeyer verwendete nicht die allgemein übliche Zugposaune, sondern ein Modell mit Ventilen, das eine flexiblere Spielweise zuließ. Zusammen feierten die beiden 1954 Triumphe bei einem Konzert im Shrine Auditorium von Los Angeles. Norman Granz, der mittlerweile das Plattenlabel Verve gegründet und viele der ganz großen Musiker – Count Basie, Ella Fitzgerald, Billie Holiday, um nur einige zu nennen – unter Vertrag hatte, hatte sich 1952 auch des Jungstars versichert und veröffentlichte den Mitschnitt dieses Konzerts auf einem Doppelalbum mit dem Titel *Stan Getz At The Shrine*.

Getz schien in jeder Hinsicht ein gemachter Mann zu sein – der Plattenvertrag mit Granz garantierte ein sicheres Einkommen, er konnte sich, sowohl was die Meinung der Kritiker als auch die Beliebtheit beim Publikum betraf, als Nummer eins unter den amerikanischen Tenorsaxophonisten betrachten. Dafür, dass seine Karriere dann doch nicht ganz so glatt verlief, war er selbst verantwortlich. Wie viele andere Berufsmusiker war er schon seit seiner Jugend rauschgiftabhängig. Ähnlich wie Charlie Parker 1946 in San Francisco versuchte auch Getz, sich selbst mit Gewalt von seiner Sucht zu befreien. Er wählte dafür einen denkbar ungünstigen Zeitpunkt, er setzte sich nämlich während einer nervenaufreibenden Tournee auf Entzug. In Seattle kam es schließlich zu einem Zwischenfall, der sich für einen Außenstehenden vielleicht amüsant anhört, der aber für Getz' Laufbahn als Musiker und für sein Privatleben gravierende Konsequenzen haben sollte. Eine Apothekerin der Stadt sah sich plötzlich einem schlanken, fast noch kindlich wirkenden und offenbar sehr nervösen jungen

Mann gegenüber, der die rechte Hand in die Jackentasche steckte, behauptete, dass er einen Revolver darin habe, und mit bemüht gebieterischer Stimme die sofortige Aushändigung von Rauschgift verlangte:

> Die Dame hinter dem Ladentisch glaubte offenbar nicht, daß ich eine Waffe bei mir hätte, und machte daher einen anderen Kunden auf mich aufmerksam. Der Mann kam näher, lachte, sah mich an und sagte: »Fräulein, der will Sie nur auf den Arm nehmen, der hat gar keinen Revolver.« Ich glaube, ich sah nicht so aus. Das war das erste Mal gewesen, daß ich so was machte, und es ist schiefgegangen. Ich verließ das Geschäft und ging in mein Hotel. Als ich in meinem Zimmer war, entschloß ich mich, den Drugstore anzurufen und mich zu entschuldigen. Während ich das tat, wurde ermittelt, von wo aus ich angerufen hatte, und anschließend wurde ich verhaftet.[9]

Auf dem Weg ins Krankenhaus versuchte Getz Selbstmord zu begehen, indem er ein Schlafmittel schluckte, das er ursprünglich eingesteckt hatte, um die Entzugserscheinungen zu bekämpfen. Er wurde in letzter Minute gerettet, lag drei Tage auf der Intensivstation und nahm, als er wieder einigermaßen bei klarem Verstand war, sofort die Gelegenheit wahr, einen Brief an den Herausgeber von *Down Beat* zu schreiben, in dem er sich für das Vorgefallene entschuldigte und Besserung gelobte. »Wenn ich sage, daß es mir leid tut«, schrieb er, »ist es nicht annähernd genug. [Es hat] nichts mit dem Druck zu tun [...], unter dem ein schöpferischer Musiker in diesem Lande ständig steht, sondern [es ist] ganz einfach eine geistige Verfallserscheinung [...], ein

---

9 Shapiro/Hentoff (Hrsg.): Jazz erzählt. S. 243.

Mangel an Moral und persönliche Unzulänglichkeit.«[10] Bemerkenswerterweise ließen ihn seine Fans nicht fallen; er bekam zahlreiche aufmunternde Zuschriften: »Die Leute schrieben mir, daß ich nicht verzweifeln sollte, daß sie meine Musik bewunderten, daß ich beten sollte, wie sie für mich beten würden, und vor allem: daß sie mir verzeihen würden.«[11]

Auch Norman Granz erwies sich als äußerst loyal: er verschaffte Getz Auftrittsmöglichkeiten und arrangierte Aufnahmesitzungen, bei denen er den Tenoristen mit anderen berühmten Musikern aus seinem Stall zusammenbrachte – mit dem Pianisten Oscar Peterson, mit Lionel Hampton und Dizzy Gillespie. 1956 wirkte Getz in dem Film *The Benny Goodman Story* mit, was unter künstlerischen Gesichtspunkten keine besonders befriedigende Erfahrung gewesen sein dürfte, da in diesem Film nur die alten Erfolgsnummern wiederaufgewärmt wurden. Einen unbestrittenen Höhepunkt jener Jahre stellte ein Konzert im Chicago Opera House von 1957 dar, bei dem Getz sich in kongenialer Gesellschaft befand: zusammen mit dem Posaunisten J. J. Johnson, mit Oscar Peterson, Ray Brown (b), Herb Ellis (g) und Connie Kay (dr) blies er in allen Stücken überragende Chorusse. Der geschäftstüchtige Granz brachte auch diesen Konzertmitschnitt als LP heraus.

Obwohl Getz sich nach wie vor der Gunst des amerikanischen Publikums erfreute, beschloss er 1958 nach Skandinavien überzusiedeln. Zum einen wollte er damit privaten Problemen ausweichen – seine Ehe mit der Sängerin Beverly Stewart war in die Brüche gegangen –, zum anderen hatte er Schweden auf seiner Tournee von 1955 lieben gelernt und hegte wohl auch die Hoffnung, dass in diesem

---

10 Ebd. S. 244.
11 Ebd.

Land weniger Druck auf einem Jazzmusiker lastete. Getz lebte von 1958 an in Stockholm und Kopenhagen. 1961 kehrte er mit seiner zweiten Frau, einer Schwedin, in die USA zurück. Wie er feststellen musste, hatte sich in der Zeit seines Exils eine andere Musikform durchgesetzt: der neue Star auf dem Tenorsaxophon hieß John Coltrane. Getz konnte sich mit seiner reservierten Spielweise nicht durchsetzen; er trat mit seinem neugegründeten Quartett in halbleeren Clubs auf, bis er dann 1962 mit dem Gitarristen Charlie Byrd das Album *Jazz Samba* aufnahm und damit eine neue Mode auslöste. Mit lateinamerikanischem Jazz, der »Bossa Nova«, spielte er sich wieder ganz nach oben in der Gunst des Publikums.

Die Zeitschrift *Metronome* pflegte eine Zeitlang aus den einzelnen Gewinnern ihres jährlichen »Readers' Poll« eine Band zusammenstellen und diese einige Aufnahmen machen zu lassen. 1950 hatte Stan Getz dazugehört, weil er in der Kategorie Tenorsaxophon den ersten Platz belegt hatte. Andere Schlüsselmitglieder der »Metronome All Stars« von 1950 waren Coolsters wie Miles Davis, der Posaunist Kai Winding und Lee Konitz. Davis nahm die Ehrung damals natürlich gerne an und machte die obligatorischen Schallplattenaufnahmen. In der Rückschau beurteilte er die Wahl, die die Leser des Magazins getroffen hatten, aber sehr kritisch.

> Alle in der Band waren weiß, außer mir und Max [Roach]. Bird hatte es nicht geschafft – sie hatten ihm Lee Konitz vorgezogen und Kai Winding statt J. J. Johnson gewählt und Stan Getz statt einen der vielen großen schwarzen Tenorspieler. Ich kam mir seltsam vor, da ich ausgesucht worden war und nicht Dizzy. Und dann auch, weil eine Menge weißer Musiker wie Stan Getz, Chet Baker und Dave Brubeck, die durch meine

Aufnahmen beeinflußt worden waren, dauernd und überall Platten einspielten. Jetzt nannten sie die Art von Musik, die sie machten, »Cool Jazz«. Ich nehme an, es sollte eine Art Alternative zum Bebop oder zur schwarzen Musik oder zum »Hot Jazz« sein, was in den Köpfen der weißen Leute gleichbedeutend mit schwarzer Musik war. Aber es war die alte Geschichte, schwarze Musiker wurden von den weißen ausgeplündert.[12]

Davis nahm also für sich in Anspruch, die neue Spielweise mitentwickelt oder vielleicht sogar erfunden zu haben, und beschuldigte die Weißen, ihn zu plagiieren. Dieser Vorwurf war, wenn überhaupt, nur zum Teil berechtigt. Zwei der von ihm namentlich Attackierten – Getz und Brubeck – hatten schon den Weg in Richtung Cool Jazz – wenn man bei diesem auch von Davis nicht geliebten Terminus bleiben will – beschritten, bevor die Aufnahmen, auf die der Trompeter sich bezieht, veröffentlicht wurden. Auf der anderen Seite muss man gelten lassen, dass sie tatsächlich in ihrer weiteren Entwicklung via Schallplatte von Davis beeinflusst wurden.

Davis hatte, nachdem er im Zorn aus dem Parker-Quintett ausgeschieden war, zusammen mit dem zweiten Abtrünnigen, Max Roach, eine eigene Bop-Combo gegründet, zu der unter anderem der damals als neues Talent geltende Tenorsaxophonist Dexter Gordon gehörte. Da jedoch keiner von ihnen einen zugkräftigen Namen besaß und die Jobs für Jazzmusiker im Allgemeinen und für Bopper im Besonderen rar geworden waren, stand das Unternehmen auf sehr unsicherem Fundament. Irgendwie gelang es Miles jedoch, für sich und seine Leute ein Engagement im Royal Roost an Land zu ziehen, einem neuen Club an der

---

12 Davis/Troupe: Miles. S. 131.

54. Straße. Das Royal Roost galt als äußerst seriöses Unternehmen, das Management befolgte nicht die Laissez-faire-Politik, die an der 52. Straße üblich gewesen war. Man verlangte von den Musikern Pünktlichkeit und gesittetes Auftreten und versuchte auch das bisweilen in Chaos endende ›Einsteigen‹ anderer Instrumentalisten zu unterbinden. Die Atmosphäre war bei weitem nicht so zwanglos und daher wohl auch nicht so kreativ wie etwa im Minton's, aber das wurde auf anderer Ebene dadurch ausgeglichen, dass man ein gehobeneres und zahlungskräftigeres Publikum anzog und den auftretenden Bands auch entsprechend höhere Honorare zahlen konnte.

Davis verbrachte viel von seiner freien Zeit mit einem Arrangeur und Komponisten, den er kurz zuvor kennengelernt hatte. Gil Evans war gebürtiger Kanadier, dreizehn Jahre älter als der Trompeter. Er hatte schon in den dreißiger Jahren begonnen, für einige »Sweet Bands« zu arbeiten, und 1942 hatte er für die Band Claude Thornhills, der sich einer viel moderneren, sehr subtilen Spielweise verschrieben hatte, arrangiert. Für Davis war die Thornhill-Band »die größte dieser modernen Zeit, ausgenommen die Billy Eckstine Band mit Bird«.[13] Als Davis mit Evans bekannt wurde, hauste dieser in Gesellschaft einer Katze nicht weit vom Roost in einer fensterlosen Kellerwohnung. Diese Wohnung ist oft beschrieben worden, weil sie den romantischen Klischeevorstellungen von der Behausung eines verkannten und verarmten Avantgarde-Künstlers entspricht: »Sie lag hinter einer chinesischen Wäscherei auf der West 55th Street nahe der 5th Avenue und bestand aus einem einzigen unglaublich vollgestopften Raum, in dem sich die Rohrleitungen des gesamten Gebäudes, ein Klavier, ein schmales Bett, ein Spülstein und, als einzige

13 Zit. nach: Eric Nisenson: Miles Davis. Birth of the Cool. In: Jazz Podium. 34. Jg. Nr. 12 (Dezember 1985). S. 10–14. Hier: S. 10.

Miles Davis

technische Einrichtung, eine einzelne Kochplatte befanden. Außer der Wärme von den Rohrleitungen gab es keine Heizmöglichkeit.«[14] An diesem an sich wenig einladenden Ort versammelte sich regelmäßig eine Reihe von Musikern, um miteinander zu rauchen, einen Drink zu nehmen oder den Inhalt einer Dose, den Evans auf seiner einzigen technischen Errungenschaft erhitzt hatte, zu essen – vor allem aber um zu reden und im Gespräch neue musikalische Ideen zu entwickeln, die man dann auf dem Piano gleich ausprobieren konnte. Zu den regelmäßigen Besuchern des Arrangeurs zählten neben Davis und seinem Kompagnon Max Roach der Pianist John Lewis, der Baritonsaxophonist Gerry Mulligan und der Komponist und Arrangeur George Russell; gelegentlich schaute auch Charlie Parker vorbei. Zwischen Evans und Davis entstand bald ein enges freundschaftliches Verhältnis, das jahrzehntelang Bestand haben sollte. Evans meinte später: »Wir denken auf die gleiche Art. Wir ergänzen einander durch unsere Gegensätze. Nur meine Neigung zur Extrovertiertheit ist nicht so groß wie seine. Wir lieben beide dieselbe Art von Musik.«[15] Die Art von Musik, die sie in ihren Diskussionen mit anderen entwickelten, war zwar durch den Bop angeregt, sie versuchten aber, dem modernen Jazz ein rigideres formales Gerüst zu geben, und sie zielten vor allem auf einen neuen Sound ab.

Irgendwann wurde die Idee zu einer Band geboren, die sich schon in der Zahl ihrer Mitglieder wie auch in ihrer Zusammensetzung von den üblichen Bop-Combos unterschied. Zu einer Standard-Rhythmusgruppe sollten sechs Bläser kommen: ein Trompeter – Davis natürlich –, ein Baritonsaxophonist – Mulligan war hier der einzige Kandidat –, ein Altsaxophonist, ein Posaunist und – das war das

14 Ebd.
15 Zit. nach: Ebd.

Ungewöhnliche – ein Waldhornist und ein Tubaspieler. Das Waldhorn war bislang vor allem mit der europäischen klassischen Musik verbunden worden, die Tuba war noch nie als Melodieinstrument verwendet worden, außerdem galt sie als antiquiert, sie klang für die meisten irgendwie nach dem archaischen Jazz, wie er schon vor dem Ersten Weltkrieg auf den Straßen von New Orleans gespielt worden war. Für Gil Evans war vor allem das Waldhorn mit seinem begrenzten Klangumfang ein konstituierendes Element für den neuen Klang: »Dieser uralte, quälende Sound ohne Vibrato mischte sich in verschiedenen Kombinationen mit den Klangfarben der Saxophone und der Blechbläser [...]. Die Melodie war sehr langsam, ruhend, die Synkopierung auf ein Minimum reduziert. Alles mußte leiser gespielt werden, um diesen bestimmten Sound zu erzeugen, und nichts durfte getan werden, was die Aufmerksamkeit von ihm ablenken konnte. Dieser Sound lag wie eine Wolke über allem.«[16] J. J. Johnson wurde mit den Posaunenparts betraut, Lee Konitz war die gegebene Wahl für das Altsaxophon. Für die Rolle des Drummers kam niemand anders als Max Roach in Frage. Bill Barber nahm sich der Tuba an, als Waldhornisten gewann man einen klassisch geschulten Musiker namens Junior Collins.

Mit diesem Nonett zog Davis wieder ins Royal Roost ein. Er setzte durch, dass ein Schild vor der Eingangstür aufgestellt wurde, auf dem zu lesen war: »Miles Davis' Nonet; Arrangements by Gerry Mulligan, Gil Evans, and John Lewis.«[17] Es war das erste Mal, dass die Arrangeure in solcher Weise gefeatured wurden. Der Eigentümer des Roost hatte eine Art Rückversicherung abgeschlossen, indem er gleichzeitig mit der futuristischen Gruppe des Trompeters die Count-Basie-Bigband verpflichtete, die ja

16 Zit. nach: Polillo: Jazz. Geschichte und Persönlichkeiten. S. 191.
17 Davis/Troupe: Miles. S. 107.

konventionelle Swingmusik präsentierte. Basie selber war begeistert von dem, was die jungen Kollegen zu Gehör brachten: »Diese langsamen Dinge klangen seltsam, aber gut. Ich wusste nicht, was sie machten, aber ich hörte zu und es gefiel mir.«[18] Parker kam ab und zu vorbei, und auch er mochte, was sein ehemaliger Partner mit seiner Gruppe bot. Der Arrangeur Pete Rugolo, der damals für Capitol Records arbeitete, schlug Davis sogar vor, einige Stücke der Band aufzunehmen. Das Publikum hingegen reagierte keineswegs so enthusiastisch. Wer gekommen war, um sich von der effektvollen Musik Basies mitreißen zu lassen, war von dem kühlen Sound der Davis-Gruppe eher irritiert; nach zwei Wochen hatte der Eigentümer des Clubs, der sowieso Vorbehalte gegenüber dem Nonett hegte, keine Lust mehr, Musiker durchzufüttern, die so wenig Anklang bei den Gästen fanden. Davis war von diesem Misserfolg zutiefst deprimiert. Zwar fand er immer wieder neue Gigs für sich selbst, aber das Nonett am Leben zu erhalten erwies sich als unmöglich. Später meinte er, dass er damals zu viel freie Zeit gehabt habe und in falsche Gesellschaft geraten sei: »Ich glaube, ich bin damals mit den falschen Motherfuckers herumgezogen, alles, was sie interessierte, war, high zu werden.«[19] Wahrscheinlich war das die Zeit, als er, der bis dahin nur hin und wieder ein bisschen Kokain geschnupft hatte, ernsthaft heroinabhängig wurde.

Die Enttäuschung darüber, dass das Nonett kein Publikumserfolg war, wurde dadurch gemildert, dass Rugolo sein Versprechen hielt. Am 15. Dezember 1948 verpflichtete Capitol den Trompeter zu zwölf Aufnahmen mit seiner »Tuba-Band«. Am 21. Januar 1949 wurden die ersten vier

---

18 Zit. nach: Nisenson: Miles Davis [s. S. 306, Anm. 13]. S. 12.
19 Zit. nach: Ebd.

davon eingespielt: *Jeru, Godchild, Move* und *Budo*.[20] Der Davis-Biograph Eric Nisenson charakterisiert diese vier Stücke folgendermaßen: »Zusätzlich zu den raffiniert ausgeklügelten Arrangements enthielten diese Nummern die sichersten Soli von Miles, die er bis zu diesem Zeitpunkt auf Platte aufgenommen hatte, völlig verschieden von seinem zögernden Spiel auf den Platten mit Bird. Er hatte seinen Stil gefunden, einen Stil, in dem er sich wohlfühlte. Sogar Fröhlichkeit ist aus seinem Spiel herauszuhören, besonders in *Godchild* und *Jeru*.«[21]

Move und *Budo* wurden als Erste auf einer 78er Schellack veröffentlicht: die Platte war so gut wie unverkäuflich. Trotzdem hielt die Plattenfirma an ihrer Zusage fest. Am 22. April fand die nächste Aufnahme-Session statt, bei der unter anderem *Boplicity* von Gil Evans eingespielt wurde, das heute als das vielleicht wichtigste Stück der ganzen Reihe gilt. Bei der Kritik fanden diese Aufnahmen fast einhellig Zustimmung – ja mehr als das: Davis wurde als neuer Star gefeiert. André Hodeir schrieb in seinem 1953 erstmals veröffentlichten *Jazz: Its Evolution and Essence*: »Miles Davis scheint zu den Führungspersönlichkeiten des Jazz zu gehören. Nach seiner Zusammenarbeit mit Charlie Parker ergriff dieser junge farbige Trompeter, der begabteste seiner Generation, die Initiative und produzierte mit dem Nonett die repräsentativsten Arbeiten der neuen Schule. Seine Kunst zeugt, mehr als irgendetwas anderes, für die Vollendung und die Hoffnung des Jazz von heute.«[22] Wieder einmal waren es aber nur die Fachleute, Mu-

---

20 Die Besetzung variierte gegenüber der Band, die im Royal Roost aufgetreten war: Davis (tp), Kai Winding (tb), Junior Collins (frh), Bill Barber (tu), Lee Konitz (as), Gerry Mulligan (bs), Al Haig (p), Joe Shulman (b), Max Roach (dr). Außer Davis und Roach waren alle anderen Musiker Weiße.
21 Nisenson: Miles Davis [s. S. 306, Anm. 13]. S. 12.
22 Zit. nach: Ebd. S. 14.

sikerkollegen und Kritiker, die sich zu solchen Begeisterungsstürmen hinreißen ließen. Der durchschnittliche amerikanische Jazzfan nahm die Existenz dieser Platten gar nicht zur Kenntnis. Bei Capitol wurde man nervös; die letzte der geplanten Aufnahmesitzungen wurde immer wieder verschoben und fand schließlich erst am 13. März 1950 statt.

Trotz des Misserfolgs der Capitol-Recordings, die später auf einer LP mit dem Titel *Birth Of The Cool* vereint wurden, ging Davis seinen Weg als Musiker unbeirrt weiter. Er gewann einen *Metronome*-Poll nach dem anderen und wurde 1949 zum Pariser Jazzfestival eingeladen, an dem auch Charlie Parker teilnahm. Er trat mit wechselnden Formationen in den renommierten Clubs, im Roost und im Birdland, auf. Originalton Davis: »Ich wurde so richtig berühmt, und eine ganze Menge Musiker fingen an, mir den Arsch zu küssen, als ob ich jemand Wichtiges sei.«[23] Er war ein Star geworden, und doch war diese Phase, wie er später selbst meinte, die unglücklichste seines Lebens: er spritzte sich inzwischen regelmäßig Heroin in die Adern, obwohl er genug Musiker kannte, die an dieser Sucht zugrunde gegangen waren. Sein ganzes Denken kreiste nur noch darum, Geld für den nächsten ›Schuss‹ zu bekommen. Er ließ sich sogar zu einem Diebstahl an einem Kollegen, dem Trompeter Clark Terry, hinreißen:

> Ich habe sogar einmal Clark Terry betrogen, um Drogen kaufen zu können. Ich saß in der Nähe vom Hotel America, wo Clark ebenfalls wohnte, auf dem Trottoir rum und dachte darüber nach, wie und wo ich ein bißchen Geld auftreiben könnte, als Clark anmarschiert kam. Meine Nase lief und meine Augen waren ganz ge-

---

23 Davis/Troupe: Miles. S. 123.

rötet. Er spendierte mir ein Frühstück, und danach nahm er mich mit in sein Zimmer in dem Hotel und sagte mir, ich solle einfach mal ausschlafen. Er würde mit Count Basie auf Tournee gehen und war gerade dabei abzufahren. Er sagte, wenn es mir wieder besser gehe, sollte ich einfach abhauen und die Tür hinter mir zuziehen, aber ich könne bleiben, solange ich wollte. Solch enge Freunde waren wir. Er wußte, was mit mir los war, aber er glaubte, ich würde ihn niemals bescheißen, klar? Falsch.

Sobald Clark losgezogen war, um seinen Bus zu erwischen, öffnete ich seine Schubläden und Schränke und griff mir alles, was sich wegtragen ließ. Ich trug ein Horn und eine Menge Kleider ohne Umwege zum Pfandhaus, und das, was sich nicht verpfänden ließ, verkaufte ich für das bißchen, was ich für den Kram kriegen konnte. Ich verkaufte Philly Joe Jones sogar ein Hemd, in dem Clark ihn später sah.[24]

Als Terry den Diebstahl bemerkte, rief er seine Frau in St. Louis an, damit diese Davis senior, einem wohlhabenden Zahnarzt, mitteilte, in welch erbärmlichem Zustand sich sein Sohn befand. Dessen Reaktion war typisch für die eines Angehörigen der Mittelklasse. »›Das Einzige, was mit Miles nicht stimmt, ist, daß er mit solchen verdammten Musikern, wie Ihr Mann einer ist, herumhängt‹, sagte er zu Clarks Frau. Mein Vater glaubte an mich, und für ihn war es schwer zu glauben, daß ich wirklich tief in der Scheiße saß, und daher gab er Clark die Schuld.«[25]

Parker war dafür berühmt gewesen, dass die Polizei ihm bei keiner Razzia den Besitz von Drogen hatte nachweisen können, Davis war weniger geschickt oder hatte einfach

24 Ebd. S. 126 f.
25 Ebd. S. 127.

weniger Glück. 1950 wurde er in Los Angeles zusammen mit dem Drummer Art Blakey verhaftet. Blakey hatte die Adresse gekannt, er war mit Davis zu dem Dealer gefahren, beide hatten nicht gemerkt, dass die Polizei ihnen gefolgt war. Blakey gab an, dass Davis der eigentliche Junkie sei, um den eigenen Hals zu retten. »[...] es war das erste Mal, daß ich in den Knast wanderte, und mir gefiel diese Scheiße überhaupt nicht. Sie entmenschlichen dich dort, und man fühlt sich so verdammt hilflos hinter allen diesen Eisenstangen, wenn dein Leben in der Hand von jemandem liegt, der sich einen Furz um dich schert. Einige der weißen Aufseher sind totale Rassisten und würden dich, ohne mit der Wimper zu zucken, treten und dich töten, als ob du eine Fliege oder eine Schabe wärst. Meine Zeit im Gefängnis hat mir also wirklich die Augen geöffnet.«[26]

Down Beat beklagte Ende 1950 in einem Artikel, dass die Drogen den Jazz ruinierten, und machte die Davis-Blakey-Episode in den ganzen USA bekannt. Das Ergebnis war, dass der Trompeter, als er wieder auf freiem Fuß war, kaum noch einen Job bekommen konnte: »Die Eigentümer der Clubs stellten mich einfach kalt.«[27] Auch in dieser Beziehung war man als Schwarzer ein Underdog – als Stan Getz' Drogensucht bekannt wurde, verzieh man ihm großmütig. Für Davis gab es in New York keine Gigs, um Weihnachten herum zog er einen Job als Begleiter der großen Billie Holiday im Chicagoer Hi-Note-Club an Land. Er genoss diese Erfahrung, die Holiday faszinierte ihn, er fand sie nicht nur »schön, sondern auch sexy«, aber »sie war krank wegen all der Drogen, die sie nahm, und ich verstand das, weil ich auch krank war.«[28]

Wie durch ein Wunder tauchte in dieser schwierigen

26 Ebd. S. 129.
27 Ebd. S. 130.
28 Ebd.

Zeit der junge Bob Weinstock auf, der das neue Label Prestige gegründet hatte. Weinstock wollte unbedingt Davis unter Vertrag nehmen; da er aber nicht wusste, wo dieser steckte, schaute er in den Telefonbüchern von East St. Louis und St. Louis unter »Davis« nach, rief alle Teilnehmer dieses Namens an, bis er schließlich bei Miles' Vater landete, der ihm – zähneknirschend, wie man annehmen muss – verriet, dass sein Sohn in Chicago im Hi-Note auftrat. Weinstock lockte den Trompeter nach New York zurück. Er konnte ihm nicht besonders viel Geld bieten, aber Davis begriff, dass ihm die Chance zu einem Neubeginn präsentiert wurde: »Es gab mir die Möglichkeit, eine Gruppe meiner eigenen Wahl zusammenzustellen, ein bißchen von der Musik festzuhalten, die ich aufnehmen wollte, und auch ein wenig Geld beiseite zu legen. Den Rest der Zeit in Chicago verbrachte ich damit, darüber nachzudenken, mit wem ich die Aufnahmen machen wollte.«[29]

Unter den im Januar 1951 von ihm ausgewählten Begleitmusikern waren der Tenorsaxophonist Sonny Rollins und ein alter Gefährte aus den Tagen der Tuba-Band, der Pianist John Lewis. Die Zusammenarbeit mit Weinstocks Label sollte bis 1956 dauern, und Davis gewann in dieser Zeit für seine Aufnahmesitzungen die Crème de la Crème der jungen Musikergeneration – Jackie McLean (as), Kenny Clarke (dr), Horace Silver (p), J. J. Johnson (tb), Milt Jackson (vib), Thelonious Monk (p), Philly Joe Jones (dr), Paul Chambers (b) 1955 gründete er ein Quintett, zu dem ein Tenorsaxophonist gehörte, der bald darauf selber zu einem Star werden sollte: John Coltrane. Davis entwickelte seinen Stil ständig weiter: der ›coole‹ Sound war noch eine Zeitlang deutlich zu vernehmen – eigentlich kehrte Davis bis zum Ende seines Lebens immer wieder dazu zurück –,

---

29 Ebd. S. 131.

spätestens aber seitdem Coltrane zu seiner Gruppe gestoßen war, bewegte sich der Trompeter auf eine expressivere Spielweise zu, die stärker im Blues und auch in der religiösen Musik der amerikanischen Farbigen wurzelte. Auch in diesem neuen Stil, den man Hard Bop nannte, gehörte Davis zu den Wegbereitern.

1953 hatte er noch einen persönlichen Erfolg für sich zu verbuchen: es gelang ihm, sich von seiner Heroinsucht zu befreien. Er schloss sich in einem kleinen Gästehaus auf der Farm seines Vaters ein, legte sich aufs Bett und war entschlossen, nicht eher wieder ins Freie zu gehen, als bis sein Körper nicht mehr nach dem ›Stoff‹ verlangte. Natürlich war es die Hölle. Einmal wollte er sogar aus dem Fenster springen, um sich durch den Sturz zu betäuben. »Aber ich dachte, bei meinem Pech würde ich mir vielleicht nur mein verdammtes Bein brechen und da draußen liegen und leiden.«[30] Nach acht oder neun Tagen war es dann soweit: »Es war vorbei, einfach so. Vorbei. Endlich vorbei. Ich fühlte mich besser, gut und rein. Ich ging nach draußen in die saubere, milde Luft, hinüber zum Haus meines Vaters, und als er mich sah, lächelte er, und wir umarmten uns und weinten. Er wusste, dass ich endlich davon losgekommen war.«[31]

Eines der Schlüsselmitglieder der Tuba-Band, einer der wenigen Musiker, die Davis nicht austauschte und der bei allen *Birth Of The Cool*-Aufnahmen dabei war, war der Baritonsaxophonist Gerry Mulligan. Mulligan erlebte von Beginn der siebziger Jahre an eine zweite Blüte, er machte durch eine Reihe ungewöhnlicher Aufnahmen mit dem lateinamerikanischen Bandoneon-Spieler Astor Piazzola von sich reden und erschien bei zahllosen Festivals in den

30 Ebd. S. 160.
31 Ebd.

USA, aber auch in Europa. Wer ihn auf der Bühne stehen sah, mit seinem wallenden Bart und seinem schlohweißen Haar einem klassischen Komponisten des neunzehnten Jahrhunderts ähnlich, adrett in einen dunklen Blazer und Flanellhosen gekleidet, nicht ganz frei von Starallüren, konnte sich nur schwer vorstellen, dass Mulligan einmal zu den ›Jungen Wilden‹ gehört und wie viele andere Musiker seiner Generation ein Leben außerhalb der bürgerlichen Gesellschaft geführt hatte. Der 1927 in New York geborene Saxophonist konnte schon auf eine recht lange Karriere zurückblicken, als er seine Zusammenarbeit mit dem knapp ein Jahr älteren Trompeter begann. Ähnlich wie Stan Getz hatte er zunächst für Tanzkapellen gearbeitet, war dann 1946 von Gene Krupa als Arrangeur für dessen Bigband verpflichtet worden. Das Stück *Disc Jockey Jump*, mit dem Krupa 1947 einen großen Erfolg für sich verbuchen konnte, stammte aus Mulligans Feder. 1948 wurde der Saxophonist von Claude Thornhill angestellt, es war dies die erste ›progressive‹ Band, in der er saß. Einer seiner Kollegen in der Saxophon-Section war Lee Konitz. Im selben Jahr stieß er zu dem Kreis um Gil Evans. Davis erinnert sich, dass Mulligan sich damals in den Diskussionen mit den anderen Musikern als »angry young man« aufführte, sehr schnell aufzubringen war und keinem Streit aus dem Weg ging. Mit seinem Baritonspiel, das weniger voluminös war als das Harry Carneys, aber von einer spröden Sonorität, trug Mulligan wesentlich zum »Klangwolken«-Sound der Tuba-Band bei; er schrieb auch für mehrere der *Birth Of The Cool*-Titel die komplizierten Arrangements.

Nicht lange nach der letzten Session für Capitol geriet Mulligan in eine tiefe Krise, für die seine Heroinsucht und die finanziellen Schwierigkeiten, mit denen er als progressiver Jazzer ständig zu kämpfen hatte, verantwortlich waren. Er war kaum noch in der Lage zu spielen, geschweige denn ein Arrangement zu Ende zu schreiben. Im wahrsten Sinne des Wortes gerettet wurde er von einer jungen Frau. Gale Madden nahm sich des Musikers an, kümmerte sich um die alltäglichen Belange des Lebens, verkaufte einige seiner Arrangements und schaffte es vor allem, ihn allmählich vom Heroin wegzubringen. Aus therapeutischen Gründen bewegte sie Mulligan dazu, mit ihr nach Kalifornien zu ziehen. Die Reise an die Westküste unternahmen die beiden in der Manier, wie Jack Kerouac sie in seinem berühmten Roman *On the Road* beschrieben – oder besser vorgeschrieben – hat: sie packten ein paar Habseligkeiten zusammen, Geld hatten sie ohnehin so gut wie keins, begaben sich an einen der großen Highways und durchquerten Amerika per Autostop.

Kalifornien, die »West Coast«, war mittlerweile zum gelobten Land der jungen Jazzer geworden. Das, was Musiker wie Lennie Tristano und Miles Davis in New York ersonnen hatten, war hier weiterentwickelt, formalisiert, perfektioniert, aber oft auch zu sehr geglättet worden. Über lange Jahre hinweg hatten sich Jazzmusiker an der gesamten West Coast sehr schwer getan. Zwar hatten schwarze Pioniere wie Jelly Roll Morton schon vor dem Ersten Weltkrieg Gastauftritte in San Francisco und Los Angeles gegeben, ihre Musik war aber auf wenig fruchtbaren Boden gefallen. Eine eigenständige kalifornische Jazztradition hatte sich lange nicht herausgebildet – was unter anderem darauf zurückzuführen sein mag, dass bis zum Ausbruch des Zweiten Weltkriegs der Anteil der Schwarzen an der Bevölkerung relativ gering war. Das kulturelle Klima wurde überdies von etwa 1933 an durch zahlreiche europäische Intellektuelle geprägt, die vor den faschistischen Terror-Regimes aus ihren Heimatländern geflohen waren. Viele von ihnen fanden in der in den vierziger Jahren boomenden Filmindustrie Arbeit – als Regisseure, Drehbuchschreiber, Schauspieler und auch als Musiker oder Komponisten. Die meisten Musiker europäischer Herkunft besaßen eine klassische Ausbildung, und ein klassisches – oder klassizistisches – Element macht sich auch in dem Jazzstil bemerkbar, der sich in Kalifornien nach dem Krieg allmählich herausbildete und den der Kritiker Stanley Dance später mit dem Etikett »West Coast Jazz« versah. Eine Synthese zwischen dem Jazz, der mittlerweile als die authentische Musik der Neuen Welt galt, und der europäischen Klassik war etwas, das damals vielen Angehörigen des einen wie des anderen Lagers vorschwebte. André Previn, der 1929 in Berlin als Sohn eines französischen Musiklehrers geboren war, seit 1940 in den USA lebte, als Jazzpianist begann und dann zur Klassik überwechselte, meinte: »Ich hoffe, die klassische Musik und der Jazz werden sich recht bald an einem Ort treffen, wo sich beide wohlfühlen. Denn die klassischen Musiker interessieren sich mehr und mehr für den Jazz. Ich weiß, wenn ich irgendwo mit einem Sinfonieorchester spiele, ist es für mich jedesmal eine Art angenehmer Schock, wenn der Fagottist, der immer noch mit einem starken Akzent spricht, zu mir kommt und mich fragt, wo Bird spielt. Das ist ein gutes Zeichen.«[32]

Der Pianist Stan Kenton, der 1911 in Wichita (Kansas) geboren, aber in Los Angeles aufgewachsen war, hatte 1941 seine erste Bigband vorgestellt, die vor allem durch einen gewaltigen Blechbläsersatz aufgefallen war – nicht weniger als fünf Trompeter und fünf Posaunisten hatten für einen monumentalen Sound gesorgt, wie man ihn bis dahin eigentlich nur von Symphonieorchestern kannte. Er hatte vor allem bei der weißen Mittelschicht, der er das beruhigende

---

32 Shapiro/Hentoff (Hrsg.): Jazz erzählt. S. 255.

Gefühl ›seriöser‹ Musik vermittelte, mit seinen Klanggemälden Erfolg gehabt; er selber hatte dann die anspruchsvolle Bezeichnung »Progressive Jazz« dafür geprägt. Kenton wurde bald als »Rachmaninow des Jazz« bezeichnet; er fiel durch provozierende Äußerungen auf. Einmal betonte er das Primat weißer Musiker gegenüber den schwarzen, weil Letztere eben nicht in der Tradition der europäischen Musik stünden. Elemente, die man bis dato für konstituierend für den Jazz gehalten hatte, schätzte er nur gering: so behauptete er unter anderem, dass Jazz absolut nicht »swingen« müsse. Von 1946 an wurde die Musik des Orchesters entscheidend von dem Arrangeur Pete Rugolo geprägt, der – ebenso wie Dave Brubeck – bei Darius Milhaud studiert hatte. 1950 schlug Kenton endgültig die Brücke zur symphonischen Musik, indem er seine Band auf über vierzig Mitglieder erweiterte, darunter Streicher, ein Harfenist, ein Oboist und ein Fagottist. 1955 nahm er eine LP mit ›verjazzten‹ Melodien Richard Wagners auf; seine Kritiker bezeichneten seine Musik danach als »Teutonic Jazz«. Wenn auch Kenton als Mensch und als Musiker umstritten sein mag, so hat er doch das Spektrum der Ausdrucksmöglichkeiten einer Bigband erweitert und vor allem viele talentierte junge Musiker gefördert – die Saxophonisten Lee Konitz und Art Pepper, die Posaunisten Kai Winding und Frank Rosolino, die Trompeter Maynard Ferguson, Conte Candoli und Shorty Rogers, der Schlagzeuger Shelly Manne, die Sängerinnen Anita O'Day und June Christy gehörten zu verschiedenen Zeitpunkten einer Kenton-Formation an.

Kenton wurde 1951 der erste Arbeitgeber des Neu-Kaliforniers Gerry Mulligan. Der Saxophonist schrieb für ihn eine Reihe von Arrangements, von denen *Swing House* und *Young Blood* einen beachtlichen Erfolg erzielten. Nebenbei trat Mulligan in Hermosa Beach im Lighthouse auf, wo sich vor allem an den Wochenenden die West-Coast-

Musiker zu langen Jam Sessions zusammenfanden. Ein anderer Club, der sich diesem neuen Stil verschrieben hatte, war The Haig in Los Angeles. Für das Programm dieses Clubs war ein junger Universitätsstudent namens Dick Bock zuständig. Bock machte Mulligan mit dem dreiundzwanzigjährigen Trompeter Chet Baker bekannt.

Baker hatte zu diesem Zeitpunkt schon einiges hinter sich. Als Sechzehnjähriger hatte er sich, um der Enge des elterlichen Hauses zu entgehen, freiwillig zur Armee gemeldet – man schrieb das Jahr 1946, der Krieg war also vorüber – und war als Mitglied der 298th Army Band nach Berlin geschickt worden. Während dieser Zeit kam er erstmals mit dem modernen Jazz in Berührung. Nach seiner Entlassung im Jahr 1948 belegte er Kurse in Musiktheorie und Harmonielehre am El Camino College von Los Angeles, meldete sich aber zwei Jahre später, von innerer Unruhe getrieben, wieder zur Armee. Diesmal wurde er in eine Band gesteckt, die in San Francisco stationiert war. Er nahm jede Gelegenheit wahr, im Bop City und anderen Nachtclubs zu jammen, wurde aber nach einigen solcher Eskapaden strafweise nach dem inmitten des Niemandslands von Arizona gelegenen Fort Huachacha versetzt, wo die Militärbehörden Soldaten kasernierten, die durch Drogenmissbrauch oder andere Verstöße gegen die Disziplin aufgefallen waren. Baker hielt das Leben dort nicht lange aus: er desertierte, tauchte einen Monat unter, stellte sich dann und wurde schließlich wegen psychischer Labilität ›begnadigt‹. 1952 ließ er sich wieder in Los Angeles nieder, spielte mit Stan Getz und Dexter Gordon und kurze Zeit sogar mit Charlie Parker, als dieser im Tiffany von Hollywood auftrat. Dort hörte ihn Dick Bock, begeisterte sich für ihn, schleppte ihn ins Haig und zwang Mulligan geradezu, ihn in seine Combo aufzunehmen. Baker ergriff die Gelegenheit, mit Mulligan zusammen zu spielen, sofort beim Schopf, nicht zuletzt auch, weil dieser bereits Partner von Miles Davis gewesen war – und Davis war mittlerweile sein großes Idol geworden.

Mulligan stand dem zwei Jahre jüngeren Trompeter zunächst skeptisch gegenüber, ließ sich dann aber von dessen musikalischen Fähigkeiten, vor allem von seinem weichen und lyrischen, beim ersten Hören ein wenig an Davis erinnernden Ton überzeugen. Es entstand ein Quartett, das vom Üblichen abwich, weil in der Rhythmusgruppe kein Piano zu finden war. Ähnliches hatte es zum letzten Mal 1940 gegeben, als Sidney Bechet und Muggsy Spanier mit einem Gitarristen und einem Bassisten Aufnahmen gemacht hatten. Mulligan erklärte später, dass er gewissermaßen aus Respekt vor dem Instrument auf ein Klavier verzichtet habe, das in den meisten Formationen zu einer ›Krücke‹ für den Solisten reduziert werde.

Wahr ist, dass Mulligan das Piano schätzte und dieses Instrument auch selbst beherrschte; dass er aber damals auf die Idee des »pianolosen Quartetts« verfiel, wird eher darauf zurückzuführen sein, dass er einen ganz neuen Sound anstrebte. Wie er erklärte, wollte er Musik machen, die man sich mit Pantoffeln an den Füßen und der Pfeife im Mund anhören konnte. Von den komplizierten Klangstrukturen der »Tuba-Band« her näherte er sich wieder einer schlichten, transparenten Musik, die vor allem sehr sangbar war und sich wieder stärker auf den Swing bezog.

Bock gab ihm die Möglichkeit, diese Musik auch auf Platte festzuhalten: er hatte das Label Pacific Jazz gegründet. Die erste Aufnahmesitzung fand am 16. August 1952 statt; neben Baker und Mulligan nahmen der farbige Schlagzeuger Chico Hamilton und der Bassist Bob Whitlock, der einen besonders kräftigen Ton hatte, daran teil. In Abwesenheit eines Klaviers sollte der Kontrabass das Fundament der Gruppe bilden. Offensichtlich behagte Mulligan aber die robuste, etwas altertümliche Spielweise Whitlocks nicht, und er tauschte ihn bisweilen gegen Carson Smith aus. Bei der ersten Session für Pacific Jazz entstanden unter anderem die Klassiker *Bernie's Tune* und *Lullaby Of The Leaves*. Im September war das Quartett wieder im Studio, danach beinahe monatlich. In den zehn Monaten seines Bestehens nahm es ungefähr sechzig Titel auf. Mulligans Musik kam an; ein besonderer Hit war *My Funny Valentine* vom September 1952, mit einem überragenden Solo Chet Bakers. Der junge Weiße schien ein ernsthafter Konkurrent für Miles Davis zu werden. Im Januar 1953 stellte Mulligan ein Tentett zusammen, mit dem er Erinnerungen an die Sessions mit Miles Davis wachrief, aber natürlich blies Baker die Trompete.

Während sich Mulligan und Baker musikalisch perfekt ergänzten, kamen sie menschlich überhaupt nicht miteinander zurecht. Wahrscheinlich waren sie sich in ihrer Persönlichkeitsstruktur zu ähnlich. Mulligan fühlte sich durch den Trompeter, der eine Menge persönlicher Probleme mit sich herumschleppte und sich aufgrund seiner Rauschgiftsucht immer an der Grenze zur Illegalität bewegte – der Leader pflegte ihn als »jugendlichen Delinquenten« zu bezeichnen –, belastet und geradezu gefährdet. Nach seinen eigenen turbulenten Jugendjahren suchte er die Ruhe und verspürte auch den Wunsch, sich fest im Musikgeschäft zu etablieren – was ihm nur mit Mühe gelang, da er selber immer noch mit seiner Drogenabhängigkeit zu kämpfen hatte. Er trennte sich Mitte 1953 von Baker und ersetzte ihn durch den Ventilposaunisten Bob Brookmeyer.

In der Besetzung Mulligan, Brookmeyer, Red Mitchell am Bass und Frank Isola an den Drums gab das neue pianolose Quartett 1954 eine Reihe vielbeachteter Konzerte in der Pariser Salle Pleyel, die den Namen des Baritonsaxophonisten auch in Europa bekannt machten. Mulligan galt

Harmonierten musikalisch miteinander, kamen aber in menschlicher Hinsicht nicht miteinander zurecht: der Trompeter Chet Baker und der Baritonsaxophonist Gerry Mulligan

bald als einer der ganz Großen – nicht nur als Instrumentalist, sondern auch als Komponist und Arrangeur. Er leitete eigene Gruppen und trat als Gastsolist in anderen Bands auf – er vertrat sogar einmal für kurze Zeit den erkrankten Harry Carney bei Ellington. Im Laufe der Zeit machte sich eine Tendenz zur Kommerzialisierung seiner Musik bemerkbar: so nahm er zum Beispiel ein Album mit dem Titel *If You Can't Beat Them, Join Them* auf, auf dem er unter anderem ›verjazzte‹ Songs von den Beatles und von Bob Dylan vorstellte. 1968 ersetzte er den verstorbenen Altsaxophonisten Paul Desmond in dem populären Dave-Brubeck-Quartett, das von Jazzpuristen immer mit Misstrauen betrachtet worden war.

In den siebziger Jahren kam es dann zu den schon erwähnten Aufnahmen mit Astor Piazzola, die von der Popularität des Tangos zu profitieren suchten. Nicht zuletzt wegen dieser Ausflüge in die Bereiche der Pop- und der Tanzmusik war Mulligan keine unumstrittene Erscheinung. Arrigo Polillo schreibt: »Für viele Jazzfreunde ist Gerry Mulligan der letzte ›Große‹, der annehmbare Musik gemacht hat, bevor das Chaos kam. Für viele andere hingegen ist er der letzte der bourgeoisen Musiker, ein Konservativer, der im erlogenen Gewande eines Erneuerers aufgetreten ist, um sanfte, wohlgeformte und ebenso gefällige wie anspruchslose Konsummusik zu produzieren.«[33] Der Vorwurf, zur bourgeoisen Konsummusik verkommen zu sein, zu einer Musik, mit der weiße Jazzer der weißen Mittelschicht eine heile Welt vorgaukelten, wird von vielen gegen den West-Coast-Jazz im Allgemeinen erhoben. Miles Davis, der mit seinen *Birth Of The Cool*-Aufnahmen ungewollt zum Entstehen der ›weißen‹ Stilrichtung des West-Coast-Jazz beitrug, ging mit seinen Kollegen sehr hart ins Gericht:

Nun, ich sage nicht, dass diese Burschen keine guten Musiker waren, denn das waren sie: Gerry, Lee [Konitz], Stan [Getz], Dave [Brubeck], Kai [Winding], Lennie [Tristano], alle von ihnen waren gute Musiker. Aber sie haben nichts ins Leben gerufen, und sie wussten das, und sie waren nicht die Besten bei dem, was da ge-

---

33 Polillo: Jazz. Geschichte und Persönlichkeiten. S. 544.

macht wurde. Was mich am meisten aufregte, war, dass alle die Kritiker anfingen, über Chet Baker in Mulligans Band zu reden, als ob er der neue Messias wäre. Und dabei klang er genau wie ich – schlechter sogar, als ich geklungen hatte, als ich ein schlimmer Junkie war. Manchmal fragte ich mich, ob er tatsächlich besser spielen konnte als ich und Dizzy und Clifford Brown, der damals gerade erst in die Öffentlichkeit trat. Also, ich wusste, dass Clifford alle anderen jungen Trompeter um Haupteslänge überragte, jedenfalls tat er das meiner Meinung nach. Aber Chet Baker? Mann, ich konnte einfach nichts an ihm finden.[34]

In der 1953 erschienenen ersten Auflage seines bekannten *Jazzbuchs* schrieb Joachim-Ernst Berendt: »Der Cool-Jazz steht erst in seinen Anfängen. Wenn sich das Gesetz, nach dem sich die Jazzmusik entwickelt hat, weiterhin bestätigen wird, muß er die Musik der fünfziger Jahre werden. Jeweils im Anfang der Jahrzehnte – so zeigt die Jazzgeschichte – prägt sich der Stil des kommenden Jahrzehnts.«[35] Berendt urteilte damals aus der Sichtweise eines Weißen, eines Europäers überdies. Seine Voraussage erwies sich als falsch, sie bestätigte sich nicht. Als der Musikwissenschaftler seine These aufstellte, dass der Cool-Jazz die fünfziger Jahre dominieren werde, hatte sich schon längst eine andere Spielweise herausgebildet. Den kühlen Klängen der Weißen stellten andere, meist farbige Musiker einen ganz anderen Stil gegenüber. Da dieser in der Kapitale des Jazz, in New York, entwickelt wurde und zunächst auch dort florierte, sprachen die Kritiker, wie stets um griffige Termini bemüht, bald vom »East-Coast-Jazz« und später – um die Rückbeziehung zum Bop der vierziger Jahre herzustellen – vom Hard Bop.

34 Davis/Troupe: Miles. S. 146.
35 Berendt: Das Jazzbuch. S. 22/24.

»Better Git It In Your Soul«
Hard Bop

Wenn man 1953 einen weißen amerikanischen Jugendlichen gefragt hätte, was Jazz ist, dann hätte er entweder nur den Kopf geschüttelt und gesagt, dass er auf ganz andere Musik stehe, oder er hätte geantwortet, »Jazz ist das, was Leute wie Gerry Mulligan und Stan Getz spielen.« Das Wort »Jazz« hatte einen neuen Beiklang bekommen: es war nicht mehr gleichbedeutend mit »Niggermusik«, primitiver Unterhaltungsmusik, die vor allem von Schwarzen für Schwarze gemacht wurde, es löste aber auch nicht mehr Vorstellungen von einem rauschhaften Sichgehenlassen aus; die Musik war von dem Odium befreit, auf irgendeine dunkle Weise mit Sex, Gewalt und Verbrechen zu tun zu haben, der Jazz war respektabel geworden, zu einer Kunstform avanciert. Und auch die ausführenden Musiker wurden nicht mehr für Versager gehalten, die sich vor den Pflichten eines bürgerlichen Lebens drücken wollten. Der Psychologieprofessor Edward Harvey stellte »eine gesteigerte positive Bewertung der Jazzmusik durch das allgemeine Publikum« fest, die wiederum dazu geführt habe, dass »die abweichende Ideologie und das abweichende Verhalten, das früher die Gruppe der Jazzmusiker charakterisiert haben soll«, geringer geworden sei.[1] Die altehrwürdigen Colleges, die sich auch als

---

1 Zit. nach: Ben Sidran: Black Talk. New York 1983. S. 124 f.

Das »Modern Jazz Quartet«. Hinten: Connie Kay (dr) und John Lewis (p); vorne: Percy Heath (b) und Milt Jackson (vib)

Wächter über die Moral der Jugend verstanden, luden Jazzgruppen ein, beim Abschlussball zu spielen oder auch richtige Konzerte zu geben, um den Studenten zu demonstrieren, was es mit ihrer Musik auf sich habe. Einer, der gerne bei solchen »College Concerts« auftrat, war Dave Brubeck. Was sein Quartett spielte – *Blue Rondo Alla Turk* und *Take Five* hießen seine großen Hits –, das konnte keinem wehtun und keinen Heranwachsenden auf falsche Gedanken bringen.

Der moderne Jazz war eine seriöse Sache geworden, allerdings auch eine fast rein weiße. Die einzige bedeutende schwarze Formation, die sich von der Cool-Welle mittragen ließ – mitreißen kann man nicht sagen –, war das »Modern Jazz Quartet«, bald unter dem Kürzel MJQ weltweit bekannt. Das MJQ wurde 1951 von dem Pianisten und Arrangeur John Lewis gegründet, dem Mitstreiter von Miles Davis bei den *Birth Of The Cool*-Aufnahmen, der sich inzwischen an der Manhattan School of Music eingeschrieben hatte und 1953 einen Master of Art in Musik erwarb. Die Gruppe bestand aus Lewis, dem Vibraphonisten Milt Jackson, der früher mit Parker und Gillespie gespielt hatte, dem Bassisten Percy Heath und dem Schlagzeuger Kenny Clarke, der später durch Connie Kay ersetzt wurde – es gab keine störenden lauten Bläser, und dem Mann an den Drums, dem einzigen Instrument, das zu größerer Lautstärke fähig gewesen wäre, wurde höchste Zurückhaltung auferlegt. Kay erweiterte seine Maschinerie um so subtile Klangerzeuger wie eine Triangel und winzige Becken, die mit dem Finger angeschlagen wurden. Lewis steckte seine Leute in schwarze Anzüge und weiße Hemden und verdonnerte sie dazu, eine Fliege umzubinden. Ebenso klassisch wie ihr Look war auch ihre Musik, die immer wieder stark an Bach und andere europäische Komponisten erinnerte. Der einzige Musiker, der tief im Blues verwurzelt blieb und sich ab und zu gehenließ, war Jackson, der eine besondere Spielweise entwickelt hatte. Er befreite das Vibraphon von dem perkussiven Klang, den es unter den Händen anderer immer noch hatte, indem er besonders weiche Klöppel benutzte. Das MJQ existierte bis 1974 – was ein einsamer Rekord für eine Jazz-Combo ist – und wurde dann aufgelöst, weil Jackson schlicht keine Lust mehr hatte, diese domestizierte Musik zu machen. Es erregte einiges Aufsehen, und mancher Fan empörte sich, als bekannt wurde, dass der Vibraphonist bei einer Plattensession sein Instrument ›bediente‹ und gleichzeitig auf einem tragbaren Fernsehapparat die Übertragung eines Baseballspiels verfolgt hatte – wie man im Englischen sagt: »he just went through the motions«, das heißt, er führte seine Bewegungen aus, ohne emotional in irgendeiner Weise beteiligt zu sein. Letztlich konnte aber auch Jackson es sich nicht leisten, auf die finanzielle Absicherung, die die Zugehörigkeit zum MJQ bedeutete, zu verzichten. Als Lewis die Gruppe im Jahr 1982 neu formierte, war er wieder mit von der Partie.

Der Musiksoziologe, Pianist und Sänger Ben Sidran schreibt: »Das Modern Jazz Quartet machte auf die Gemeinde schwarzer Musiker überraschend wenig Eindruck. Viele schwarze Musiker fingen sogar an darüber zu klagen, dass John Lewis, der musikalische Leiter der Gruppe, ›früher swingte, es jetzt aber nicht mehr tut [used to swing but he don't any more]‹.«[2]

Was für die anderen schwarzen Musiker galt, traf auch für das schwarze Publikum zu. Ein Mann wie der Vater von Miles Davis hätte vielleicht Gefallen an einer Musik gefunden, die versuchte, die Brücke zur europäischen Kunstmusik zu schlagen. Für den durchschnittlichen schwarzen Konsumenten aber war sie schlicht zu zerebral, zu intellektuell; sie brachte in ihm keine Saite zum Klingen, veranlasste ihn nicht dazu, mit den Füßen zu wippen, geschweige denn zu tanzen. In den Clubs von Harlem hätte das MJQ keine Chance gehabt – überhaupt wurde die Gruppe erst in Europa so richtig berühmt. Wenn das Quartett in Mailand gastierte, in Stockholm oder in Paris, dann

---

2 Ebd. S. 123.

ging ›man‹ hin und brauchte kein schlechtes Gewissen zu haben – man nahm an einem kulturellen Ereignis teil.

Es liegt jedoch auf der Hand, dass eine solche Musik nur die Bedürfnisse einer Minderheit befriedigen konnte. Jeder, der einfach nur hin und wieder Entspannung suchte, vielleicht auch wieder einmal tanzen wollte, orientierte sich in andere Richtungen. Der subtile Cool Jazz war eigentlich auf Konzertsäle angewiesen, auf ein gesittetes Publikum, das ruhig dasaß und andächtig lauschte. In einem Kellerclub oder einem Tanzsaal, wo sich die Musiker mit ihren Instrumenten gegen Gläserklirren, die Gespräche der Gäste oder das Stampfen ihrer Füße auf dem Parkett durchzusetzen hatten, wären solch zarte Töne fast ungehört verhallt. Einem farbigen – oder auch weißen – Fabrikarbeiter aus Detroit etwa, der sich nach der Arbeit amüsieren wollte, stand der Sinn nach handfesterer Kost.

Anfang der fünfziger Jahre kam eine Musikrichtung immer mehr in Mode, die ihre Wurzeln im Blues der Farbigen hatte und gleichzeitig schlicht, urwüchsig und zupackend war: der Rhythm & Blues. Vom R & B führte eine Linie zum Rock 'n' Roll, der Elemente der weißen Musiktradition, wie zum Beispiel des Hilliebillie, einschloss und sich durch schnelle Tempi und eine nicht gerade moderate Lautstärke auszeichnete. Generell erlebten dynamische, rhythmisch stark betonte Musikformen einen Aufschwung. Die religiösen Lieder der Schwarzen, die Gospel Songs und Spirituals, waren plötzlich en vogue und wurden auch vom weißen Publikum goutiert. Im strikten Sinne wurde hier eine Gebrauchsmusik kommerzialisiert und aus ihrem ursprünglich sakralen Kontext herausgelöst – und mancher fromme alte »Churchgoer« schüttelte missbilligend den Kopf, wenn eine Sängerin wie Mahalia Jackson in einem profanen Ambiente wie der Carnegie Hall oder sogar bei einem Anlass wie dem Newport Jazz Festival *Praise The*

Lord anstimmte. Als besonders erfolgreich erwies sich über Jahrzehnte hinweg das schon 1936 gegründete »Golden Gate Quartet«, das die Kirchenlieder im Laufe der Zeit ihres religiösen Inhalts immer mehr entkleidete und bei einem Gastspiel in Deutschland mitten zwischen *Joshua Fit The Battle Of Jericho* und *Go Down Moses* auch schon einmal *Schwarzbraun ist die Haselnuss* zum Besten gab.

Count Basie, ein weiterer Spezialist für »Hot Music«, erlebte nach einigen mageren Jahren einen neuen Aufstieg; er konnte Ende 1952 eine neue Bigband zusammenstellen und tat das, was er schon zwei Jahrzehnte lang getan hatte: er spielte swingende Musik – zum Tanzen oder zum Zuhören, ganz wie man wollte. Duke Ellington hatte es mit seinen komplizierteren Kompositionen wesentlich schwerer. Schon 1949 hatte man in *Down Beat* gefragt: »Ist es nicht an der Zeit, daß das Ellington-Orchester aufgelöst wird, bevor das, was von seinem großen Ruf übriggeblieben ist, völlig in den Dreck gezogen wird?«[3] Ellington löste die Band nicht auf, es gelang ihm, sie am Leben zu erhalten, allerdings unter schweren finanziellen Opfern. Bereits 1949 musste er eingestehen, dass das Orchester mit Verlust arbeitete. Um die Gagen der Musiker bezahlen zu können, musste er auf das Geld zurückgreifen, das ihm die Tantiemen aus seinen zahlreichen Kompositionen einbrachten. Er konnte keine neuen Spitzenleute mehr verpflichten, da diese zu teuer waren. 1949 gründete er eine eigene Schallplattenfirma, weil er meinte, dass die etablierten Gesellschaften ihn dazu zwängen, zu kommerzielle Musik aufzunehmen. Die Firma, Sunrise, war schon nach wenigen Monaten pleite. Die Konzerte der Band waren schlecht besucht: »seine allgemeine Zuhörerschaft begann zu schwinden. Sie setzte sich jetzt hauptsächlich aus alten Fans und einer kleineren

---

3 Zit. nach: Collier: Duke Ellington. S. 416.

Anzahl junger Leute zusammen, die tanzen wollten und denen es nicht darauf ankam, welche Musik gespielt wurde, wenn sie sich nur zum Tanzen eignete.«[4]

1950 verließ Johnny Hodges die Band, zu deren Stützen er zweiundzwanzig Jahre lang gezählt hatte, und nahm gleich ein paar andere Leute wie zum Beispiel das Gründungsmitglied Sonny Greer mit. Er stellte eine eigene Gruppe zusammen, die von Norman Granz unter Vertrag genommen wurde. Granz dazu: »Ich hatte den Eindruck, daß Johnny in der Band unterdrückt wurde. Ich wollte ihn außerhalb des Ellington-Kontextes aufnehmen, und deshalb gingen er und die anderen weg. Fast wäre Harry Carney auch mitgekommen, aber er hatte Angst zu kündigen [...].«[5] Hodges, der für Granz eine ganze Reihe von Platten einspielte, die aber nur mäßigen Erfolg hatten, kehrte vier Jahre später reumütig zu seinem alten Leader zurück.

Dafür, dass die Band urplötzlich wieder an die Spitze zurückkatapultiert wurde, war aber nicht Hodges verantwortlich, sondern der Tenorsaxophonist Paul Gonsalves, der 1950 zum Duke gestoßen war. Gonsalves war mit seinem Sound und seinem Ideenreichtum vielleicht keiner der ganz Großen auf dem Tenor, aber er vermochte die ganze Band mitzureißen. 1956 wurde Ellington eingeladen, am Newport Jazz Festival, einer Open-Air-Veranstaltung, teilzunehmen. Der Impresario und Pianist George Wein hatte dieses Festival mit der Unterstützung einiger reicher Gönner, die in Newport (Rhode Island) zu Hause waren, ins Leben gerufen. Bei der dritten Auflage des Festivals sollte die Ellington-Band keineswegs die Hauptattraktion sein, und ihr Auftritt schien von Anfang an unter einem schlechten Stern zu stehen:

4 Ebd. S. 419.
5 Ebd. S. 421.

Duke eröffnete das letzte Konzert am Samstagabend gegen 22.30 Uhr mit einem kurzen Satz von Stücken und machte dann Platz für eine Serie von Modernisten jener Zeit: Bud Shank, der mit der sogenannten Westküsten-Schule assoziiert war, Jimmy Giuffre und Friedrich Gulda aus Wien, die zur Avantgarde des Tages gehörten. Die Musik war cool und intellektuell – und obgleich interessant, löste sie bei der Menge keine Begeisterung aus. Das Konzert sollte etwa gegen Mitternacht enden, doch die Chico-Hamilton-Gruppe, die vor Ellington spielte, verließ die Bühne erst um 23.15 Uhr. Inzwischen wurden die Ellington-Leute zunehmend ärgerlicher, da sie seit drei Stunden herumsaßen, und Ellington war zornentbrannt: »Wer sind wir denn eigentlich – die Tiernummer, die Akrobaten?« sagte er knurrend mit Bezug auf die Vaudeville-Praxis, geringere Nummern das Programm beschließen zu lassen, wenn das Publikum schon zum Gehen bereit war.[6]

Es war schon fast Mitternacht, als die Band endlich die Bühne betreten konnte. Der Duke begann mit einem seiner ambitionierteren Stücke, einer Suite, die er eigens für das Festival geschrieben hatte. Mit dieser Komposition konnte er das Publikum gerade nicht davon abhalten, in immer größeren Scharen abzuwandern. Es folgten ein paar Standards aus Ellingtons Bandbook: Höflicher Applaus derer, die geblieben waren, aber nicht mehr. Dann gab der Leader seinen Leuten die Anweisung, *Diminuendo And Crescendo In Blue* zu spielen, eine Komposition, die aus dem Jahr 1937 stammte und eigentlich nicht oft gespielt wurde; Gonsalves, der bei diesem Anlass als Solist herausgestellt werden sollte, war sie gar nicht mehr so recht ver-

---

6 Ebd. S. 427.

traut: »›Es ist einfach ein Blues in B [in Wirklichkeit in Des]‹, sagte Ellington. ›Ich bring dich rein und hol dich wieder raus. Das ist alles, was du zu machen hast. Geh nur raus und blas dir die Seele aus dem Leib.‹«[7]

Gonsalves tat genau das. Der arrangierte Anfangsteil von *Diminuendo And Crescendo In Blue* schloss mit einem Pianosolo Ellingtons, Gonsalves trat an die Rampe und begann, nur von der Rhythmusgruppe begleitet, zu blasen. Er steigerte sich langsam in sein Solo hinein, sein Spiel wurde immer intensiver und ekstatischer und schien einfach nicht enden zu wollen. Ungefähr vom sechsten Chorus an begann das Publikum aufzuwachen. Der Tenorist wurde durch Zwischenrufe angefeuert, die ersten Zuhörer fingen an, im Rhythmus mitzuklatschen. Und »etwa beim siebten Chorus riß plötzlich die Spannung, die sich sowohl auf der Bühne als auch im Publikum aufgebaut hatte, seit Duke das Stück antrat. Ein platinblondes Mädchen in einem schwarzen Kleid fing an, in einer der Logen zu tanzen, und einen Augenblick später fing jemand in einem anderen Teil des Publikums ebenfalls zu tanzen an«, berichtet George Avakian, der das Glück hatte, bei diesem Ereignis zugegen zu sein. Auch Leonard Feather fielen besonders die Tänzer auf: »Hier und da in der reduzierten, aber noch vielköpfigen Menge stand ein Paar auf und fing an, Jitterbug zu tanzen. Innerhalb von Minuten verwandelte sich der ganze Freebody Park, als sei er von einem Donnerschlag getroffen worden. Fotografen rasten wie verrückt auf die Szene, wo sich Zuschauer zusammenballten, während Gonsalves, Duke und die ganze Band, inspiriert von der Reaktion, die sie hervorgerufen hatten, alles gaben, was das Werk hergab.«[8]

Gonsalves hielt ganze siebenundzwanzig Chorusse lang

---
7 Ebd. S. 428.
8 Beide zit. nach: Ebd. S. 429.

durch, gegen Ende schien sein Instrument geradezu heiser zu klingen. Wenn man sich heute den Konzertmitschnitt anhört, muss man zugeben, dass sein Solo in musikalischer Hinsicht nicht gerade ein Meisterwerk ist, eigentlich kaum Ideen entwickelt, aber man kann nachvollziehen, wie da langsam eine ungeheuer intensive Stimmung aufgebaut und eine Brücke zum Publikum geschlagen wurde, das durch Händeklatschen, Rufen und Tanz an der Performance teilnahm, gewissermaßen selber zum Ausführenden wurde.

Diese eine Nummer – oder genauer ein sechseinhalb Minuten langes brodelndheißes Solo – leitete ein sensationelles Comeback der Ellington-Band ein: der Duke war wieder da, und er stand wieder ganz oben.

Das Ereignis kann als symptomatisch gelten. Es zeigt, dass sich der Geschmack der Hörer wieder einmal radikal gewandelt hatte. Den Avantgardisten, Shank, Giuffre, Gulda und Hamilton, hatte man höfliches Interesse entgegengebracht, aber sie hatten mit ihrer West-Coast-Musik niemanden besonders berührt. Das emotionsgeladene Spiel der Ellington-Band hatte dagegen Begeisterungsstürme entfacht. »Blas dir die Seele aus dem Leib«, hatte der Leader zu seinem Saxophonisten gesagt, und genau das hatte dieser getan.

»Soul« wurde von etwa Mitte der fünfziger Jahre an zu einem Schlüsselwort, das eine bestimmte, schwer zu definierende musikalische Qualität beschrieb. »Soul« bezeichnete mehr als eine Stimmung, es war auch nicht gleichbedeutend mit schnellen Tempi oder mit Lautstärke. Es charakterisierte in erster Linie die innere Gestimmtheit des ausführenden Musikers; »soul« war viel mehr als »feeling«. Wenn jemand ›seelenvoll‹ spielte, dann bedeutete das, dass er sich ganz öffnete, dass er seine Emotionen ungefiltert aus sich herausspielte, ob das nun Freude war oder Trauer, Hass oder Liebe. Die distanzierte Pose der »Coolsters«, die sich stets zurücknahmen, dem Intellekt und der Technik mindestens den gleichen Rang zuwiesen wie dem Gefühl und der Intuition, war bei den »Soulbrothers« unten durch. Die gediegenen schwarzen Anzüge, die John Lewis und die anderen vom MJQ trugen, mochten ja von höchstem Raffinement und überragendem musikalischen Geschmack künden, so richtig ergriffen war man aber nur, wenn man eine Gruppe vor sich hatte, die sich so ins Zeug legte, dass ihre schäbigen Polohemden schon bald völlig durchgeschwitzt waren und der Drummer ekstatisch die Augen verdrehte. Der Erfolg von Paul Gonsalves beim Newport Jazz Festival zeigte, dass das Pendel nach der Cool-Phase wieder in die entgegengesetzte Richtung ausschlug, dass die Fans – und zwar eine breite Mehrheit von ihnen – wieder nach anderem verlangten. James L. Collier schreibt über die paar Minuten Gonsalves plus Rhythmusgruppe:

> Es war solider Jazz, kochend heiß, und es sagte etwas Wichtiges über die Musik, die – nach einem langen Abend voller Reflektionen der Modernisten, nach der aufwendigen Gestaltung von Ellingtons Suite – mit vier Mann, die sich aufmachten und sechs Minuten lang den Blues spielten, den Laden einfach hinwegfegte. Dies war kein Publikum von total weggetretenen Hippies oder bierdurchtränkten Motorradrockern; es waren hauptsächlich Leute aus der amerikanischen Mittelklasse, Collegestudenten, Automechaniker, Ärzte, Hausfrauen und ein paar der sehr Wohlhabenden aus Newport, die zufällig Jazzfans waren. Sie wurden durch die Musik erschüttert, und jene, die dort waren, werden es auch niemals vergessen.[9]

---

9 Ebd. S. 430.

Solider und zugleich emotional geprägter Jazz fing an, die kühlen Klänge zu verdrängen. Die Musiker, die den neuen Stil entwickelten, knüpften an den Bop der vierziger Jahre an, übernahmen aber durchaus auch Elemente des Cool Jazz. Sie vermieden jedoch die Extreme: sie eliminierten die fragmentarischen Klangfetzen des Bop und die ätherischen Klangwolken des Cool: was sie bliesen, war von der Melodie her nachvollziehbar und gleichzeitig eindringlich und handfest. Generell nannte man den Stil »Hard Bop«; wenn die Bezüge zur musikalischen Tradition des Blues und des Gospelsongs besonders stark ausgeprägt waren, sprach man von »Funky Jazz« – »funky« bedeutet eigentlich »stinkig«. ›Hart‹ zu swingen und alles mit einem ›harten‹ Rhythmus zu unterlegen war das neue Ideal. Es war eine herbe Musik, wenig elegant im Vergleich zum Cool Jazz und oft von einer beinahe primitiven Ursprünglichkeit. Dieser Jazz sollte in die Füße gehen – oder ins Herz, und nicht ins Hirn.

Die Zuhörer erschüttern zu können war jedoch eine Fähigkeit, die man am ehesten schwarzen Musikern zuschrieb. So kam es zu einer Neubewertung der afro-amerikanischen Künstler, ja, auf dem Gebiet der Musik machte sich sogar eine merkwürdige Form von invertiertem Rassismus bemerkbar, etwa nach dem Motto »Black is good«. Dies war vor allem auch in Europa die vorherrschende Meinung. So erzählt der schwarze Tenorsaxophonist Budd Johnson: »Ich erinnere mich an die Bemerkung eines Kritikers in einer Zeitung. Er sagte: ›Ich war drüben in Europa, und dort herrscht ›Crow Jim‹. Nicht ›Jim Crow‹, sondern ›Crow Jim‹. Mit anderen Worten, die Leute da drüben mögen nichts anderes als schwarze Musik.«[10]

Ben Sidran meint, dass die Wertsteigerung, die der

---

10 Zit. nach: Gillespie/Fraser: Dizzy. S. 364. – Zu »Jim Crow« vgl. S. 62.

schwarze Künstler in jenen Jahren erfuhr, entscheidend zu dem wachsenden Selbstbewusstsein der Afroamerikaner beigetragen habe, dass aber andererseits der neue schwarze ›seelenvolle‹ Jazz schon seine Ursprünge in einem Sichauflehnen gegen die jahrelange Dominanz der weißen »Coolsters« gehabt habe: »Ebenso, wie die ablehnende Haltung der Kritiker gegenüber der schwarzen Musik in den vierziger Jahren von den Bop-Musikern zu ihrem Vorteil ausgenutzt worden war, ließ die zustimmende Haltung der Kritiker gegenüber überwiegend weißen Ausdrucksformen des Jazz neue schwarze Idiome entstehen.«[11] Der Hard Bop habe eine Rückbesinnung des amerikanischen Schwarzen auf seine kulturellen Wurzeln beinhaltet, deren er sich vielleicht zum ersten Mal in seiner Geschichte nicht geschämt habe, und dies sei »eine der bedeutendsten Veränderungen, die sich jemals in der Psychologie der Schwarzen abgespielt hat«.[12] Das Aufkommen dieser Musik habe also auch Implikationen gesellschaftlicher und politischer Art gehabt: »*Soul*-Musik war nicht nur als musikalisches Idiom wichtig, sondern auch als ein von Schwarzen definiertes und von Schwarzen akzeptiertes Mittel, die Masse der Neger *aktiv* zu mobilisieren. Sie war nichts anderes als die ›Selbst-Definition‹, nach der Stokely Carmichael später verlangen sollte.«[13]

»Soul« bezeichnete eigentlich keine bestimmte Stilrichtung: »soul-ful« konnte der Gesang eines blinden Straßenmusikanten ebenso sein wie der eines Kirchenchors. Im Laufe der Zeit nannte man so aber vor allem den neuen schwarzen Jazzstil, der sowohl Elemente des alten, ländlichen Blues als auch des Gospel in sich vereinte.

Es ist kein Zufall, dass zu den Musikern, die den Hard

---

11 Sidran: Black Talk [s. S. 327, Anm. 1]. S. 125.
12 Ebd.
13 Ebd.

Max Roach

Bop und Soul-Jazz begründeten und weiterentwickelten, zwei Drummer gehörten: Max Roach und Art Blakey. Im Cool Jazz hatten die Drums keine sehr herausragende Rolle gespielt: meist war der Mann am Schlagzeug dazu verurteilt gewesen, mit weichen Filzschlegeln oder den sogenannten Besen-Schlegeln, die vorne in fächerförmig angeordneten Stahldrähten auslaufen, auf den Becken oder der kleinen Trommel den durchgehenden Beat zu spielen und auf der Basstrommel nur sparsame Akzente zu setzen. Das Drumming von Roach und Blakey war von ganz anderem Kaliber:

sie waren innerhalb ihrer Gruppen die »Main Men«, sie agierten gleichberechtigt mit den Bläsern und setzten bisweilen auch ihre Trommeln wie Melodie-Instrumente ein. Sie sorgten für den Drive, sie bauten eine emotionsgeladene, inbrünstige Atmosphäre auf und trieben mit harten Schlägen die anderen Mitglieder der Band vor sich her.

Wie Ironie mag es scheinen, dass die erste wichtige Combo des Hard Bop, das Max-Roach/Clifford-Brown-Quintett, an der Westküste geboren wurde. Max Roach, der, als er mit den Boppern auf der 52. Straße spielte, gleichzeitig klassische Musik und Harmonielehre studierte, gilt als einer der großen »Thinking Drummers« – als Schlagzeuger, der nicht stereotyp auf die verschiedenen Trommeln und Becken einhaut, sondern über eine Vielzahl von Schattierungsmöglichkeiten verfügt und sich den Gegebenheiten und den Bedürfnissen des Solisten, den er begleitet, anzupassen vermag. Roach verstand es, komplizierte »cross-rhythms« zu trommeln, und experimentierte als einer der Ersten mit anderen Taktarten als dem Viervierteltakt – dem Dreivierteltakt vor allem: *The Drum Also Waltzes* hieß eine seiner Aufnahmen. 1984 definierte er in einem Interview die Rolle, die ein moderner Drummer zu übernehmen habe:

In letzter Zeit habe ich mit *rappers* und *breakers* gespielt und versucht, mich an ihre musikalische Sprache anzupassen, und dabei natürlich meine eigenen persönlichen Lösungen vorgebracht. Zur gleichen Zeit habe ich Erfahrungen mit einem Symphonieorchester gemacht und habe mich gezwungen gesehen, ganz andere Techniken anzuwenden, die aber dem Idiom angemessen waren, in dem ich mich ausdrückte. Es handelte sich um ein Stück, das für ein Symphonieorchester und einen Schlagzeugsolisten geschrieben war: wenn die Violinen spielten, musste meine Technik ihre Ausdrucksmöglichkeiten berücksichtigen. Wichtig ist, kurz gesagt, nicht nur das eigene Idiom und die Technik, sondern auch und vor allem musikalischer Geschmack.[14]

Nach seinen Jahren mit Parker und Gillespie und der Zusammenarbeit mit Miles Davis war Roach 1952 mit der »Jazz at the Philharmonic«-Truppe von Norman Granz auf Europatournee gegangen. 1953 arbeitete er in New York mit einem Quartett, zu dem der Tenorsaxophonist Harold Land gehörte, und im April des Jahres machte er unter seinem Namen mit dieser Formation einige Aufnahmen für das kleine Label Debut. Im selben Jahr verschlug es ihn an die Westküste: der Bassist Howard Rumsey engagierte ihn für seine »All Stars«, die im Club The Lighthouse in Hermosa Beach auftraten. Dieser Club galt als Hochburg des West-Coast-Jazz – Musiker wie Shorty Rogers, Chet Baker, Shelly Manne, Jimmy Giuffre, Bud Shank und Gerry Mulligan hatten dort zu dem einen oder anderen Zeitpunkt ihrer Karriere auf der Bühne gestanden. Roach trennte sich jedoch bald wieder von Rumsey. Der Impresario Gene Norman hatte ihn aufgefordert, für ein Konzert in Los Angeles ein Quintett zusammenzustellen. Roach holte sich drei lokale Musiker und den Trompeter Clifford Brown.

Der 1930 geborene Brown galt als einer der talentiertesten Newcomer. Er hatte zunächst in Rhythm-&-Blues-Bands gespielt und dann 1953 sechs Monate in der Trumpet-Section der Lionel-Hampton-Bigband hinter sich gebracht. Die Band, die große Popularität genoss, war damals einigermaßen kurios zusammengesetzt. Neben soliden alten Swingern saßen einige junge Modernisten wie der Altsaxophonist Gigi Gryce und der Posaunist Jimmy Cleveland, und in der Trumpet-Section gab es neben

---

14 In: Musica Jazz. 40. Jg. Nr. 7 (Juli 1984). S. 32.

Brown einen Mann, der später vor allem als Arrangeur und Komponist von sich reden machen sollte: Quincy Jones. Hampton führte die Band im September 1953 auf eine Europatournee. Brown nahm in Stockholm und in Paris die Gelegenheit wahr, mit Gigi Gryce und einigen schwedischen bzw. französischen Musikern eine Reihe von Platten einzuspielen, obwohl Gladys Hampton, die Frau des Leaders, die die Geschäfte ihres Mannes managte und als eine Art Wachhund mit auf die Reise gegangen war, über solches Aus-der-Reihe-Tanzen gar nicht erfreut war.

Der junge Trompeter begeisterte alle, die ihn hörten, ob live oder auf Platte, durch die Brillanz seines Spiels. Hampton hätte ihn, obwohl er des Öfteren unbotmäßig war, gerne gehalten, aber Brown hatte die Arbeit in einer Section, die ihm wenig Freiheiten als Improvisator ließ, und wohl auch das strenge Regiment, das in der Band herrschte, satt und kündigte. Nach einem kurzen Aufenthalt in New York, wo er mit Art Blakey im Birdland spielte, erhielt der Trompeter die Einladung Roachs, nach Los Angeles zu kommen. Roach bot ihm die Co-Leaderschaft an, und Brown zögerte keine Sekunde, weil sich ihm nun die Möglichkeit bot, eigene musikalische Ideen zu verwirklichen. Zu den Gründungsmitgliedern des Max-Roach/Clifford-Brown-Quintetts gehörten die Kalifornier Teddy Edwards (ts), Carl Perkins (p) und George Bledsoe (b), doch war den beiden Leadern deren Sound nicht kräftig und erdhaft genug, und sie ließen aus New York den Bassisten George Morrow und den Pianisten Richie Powell, den Bruder Bud Powells, kommen. Der gebürtige Texaner Harold Land löste Edwards ab. Der Kritiker Mark Gardner urteilt über dieses zweite Quintett: »Land [...] hatte einen muskulösen Ton und einen unspektakulären, bodenständigen Stil, der dazu beitrug, das Gewagte und Virtuose von Browns Spielweise zu ergänzen. Powell und der unerschütterliche Morrow waren ideale Basisleute. Die fünf Mitglieder dieser Gruppe befanden sich in perfekter Übereinstimmung [...]. Zwischen ihnen bestand ein fast telepathisches Verständnis. Die Co-Leader erzeugten eine Art kontrollierter Hitze, eine koordinierte Disziplin, die niemals der Expressivität im Weg stand, aber verhinderte, dass es zu emotionalen Exzessen kam.«[15]

Nachdem das Quintett das Konzert für Gene Norman absolviert hatte, kehrte es an die Ostküste zurück, wobei man zwischendurch des Öfteren Station machte, um in irgendeinem Nachtclub zu spielen. Die fünf machten überall Furore. Brown, der meistens im mittleren Register blieb, hatte einen unverwechselbaren kristallklaren Sound, er pflegte eine leichte Stakkato-Spielweise: man hörte fast jeden der einzelnen Töne, die sich dennoch zu schwungvollen Melodiebögen verbanden. Er zeigte sich zwar als Erbe der Bebop-Trompeter, vor allem was den Umgang mit den Harmonien anbelangte, und erinnerte vom Sound her an Fats Navarro, legte aber nicht so viel Aggressivität in sein Spiel. Was er blies, war eingängig und nachvollziehbar, es ließ sich sogar mitpfeifen; er schuf eine »permanente Integration von Lyrik und rhythmischer Robustheit«.[16] Zum Standardrepertoire des Max-Roach/Clifford-Brown-Quintetts gehörten bald auch einige Kompositionen des Trompeters: *Dahoud*, *Jordu*, *The Blues Walk* und *Joy Spring*.

Als Land 1955 aus der Gruppe ausstieg, nahm Sonny Rollins seine Stelle ein, der aber nach Meinung einiger Kritiker zu »sophisticated« spielte und damit nicht mehr das ideale, robuste Gegengewicht zu Browns virtuosen Höhenflügen auf der Trompete schuf.

---

15 Mark Gardner: Bop and Related Styles. In: Barry Kernfeld (Hrsg.): The Blackwell Guide to Recorded Jazz. Oxford 1991. S. 232–348. Hier: S. 303.
16 Kunzler: Jazz-Lexikon. Bd. 1. S. 160.

Clifford Brown

Der Trompeter – von seinen Kollegen und Freunden liebevoll »Brownie« genannt – repräsentierte einen neuen Typus des schwarzen Jazzmusikers. Das exzentrische, provozierende Gehabe der Bopper war ihm fremd; er war seriös, voller Selbstbewusstsein, auch stolz darauf, »coloured« zu sein. Alle, die ihn kannten, schildern ihn als einen zurückhaltenden und ausgeglichen wirkenden Mann, der stets um gute Umgangsformen bemüht war und es nicht tolerierte, wenn sich einer aus der Gruppe danebenbenahm. LaRue Brown, die er 1954 heiratete, erinnert sich:

> [Max Roach und Clifford] hatten das Quintett zusammengestellt und spielten im California Club. Ich ging dorthin, um in den Pausen Schach zu spielen. An diesem Abend machte George Bledsoe, der erste Bassist der Gruppe, einige unhöfliche Bemerkungen zu mir. Clifford warnte ihn davor, so mit einer Frau zu sprechen; wenn er so weitermache, würde er gefeuert. Was mich erstaunte war, daß der 173 cm große Clifford mit ruhigen Worten das zehn Zentimeter größere Großmaul George zum Schweigen brachte. Ich war beeindruckt.[17]

Mit seinen musikalischen Fähigkeiten verschaffte Brown sich auch bei denen Respekt, die sich eigentlich einer anderen Art von Musik verschrieben hatten. LaRue Brown erzählt weiter:

> Als ich Clifford kennenlernte, war ich ein Musik-Snob. Ich schrieb an meiner Doktorarbeit, in der ich zu beweisen versuchte, daß Jazz keine Kunst-Form sei. Clifford und ich diskutierten oft über das Thema. Ist es zu fassen, daß ich Clifford Brown sagte, er könne nicht spielen? [...] Clifford war geduldig mit mir, glaubte aber weiterhin an seine Musik. Um aus dieser Sackgasse herauszukommen, beschloß ich, mit ihm meinen Lehrer (klassisch, natürlich) zu besuchen. Ich war sicher, er könne Clifford überzeugen, dieser schnelle dissonante Lärm sei keine Musik. Als mein Lehrer die Tür öffnete, sagte er: »Ist er das wirklich?« Er umarmte Clifford und zog ihn nach innen. Ich stand noch verlassen im Vorraum. Als ich ihnen folgte, fragte ich meinen Lehrer, ob er Clifford kenne, und was er von seiner Musik

17 LaRue Brown Watson: Clifford Brown. In: Jazz Podium. 46. Jg. Nr. 12 (Dezember 1987). S. 10f. Hier: S. 10.

halte. Seine Antwort war: »Dieser Mann ist ein musikalisches Genie. Du verstehst nicht, wie komplex diese Musik ist. Deine Musik ist formal, strukturiert; diese Musik ist reines überströmendes Leben.«[18]

Das Max-Roach/Clifford-Brown-Quintett schrieb Jazzgeschichte, obwohl es nur knappe zweieinhalb Jahre lang bestand. An einem Junitag des Jahres 1956 kam alles zu einem abrupten, tragischen Ende. Max Roach erzählt die Geschichte so:

Ich war nach New York zurückgekehrt, während Clifford und Richie Powell in Philadelphia geblieben waren [...]. Wir wollten uns auf dem Highway in Pennsylvania treffen, um nach Chicago zu fahren, aber Clifford rief mich mitten in der Nacht an. Er sagte mir, dass er eine Trompete ausprobieren wolle, die in Elkhart, Indiana, hergestellt wurde, und dass sie, um rechtzeitig in Chicago einzutreffen, sehr früh aufgebrochen seien. Ich habe immer darüber nachgedacht, dass ich, wenn ich in Philadelphia geblieben wäre und gewusst hätte, dass Nancy, die Frau von Richie, bei ihnen war, diese Reise verhindert hätte. Ich betrachtete mich als ihren Chef, einfach aufgrund meines Alters. Unglücklicherweise machten sie sich um drei Uhr in der Nacht auf den Weg. Es regnete. Clifford war müde. Nach ein paar Kilometern bat er Richie, das Steuer zu übernehmen. Ein bisschen später bat Richie vermutlich Nancy, ihn abzulösen. Clifford war sicherlich eingeschlafen, sonst hätte er es nie geduldet, dass Nancy fuhr, sie hätten sicherlich angehalten, um zu schlafen. Das Fahren auf dem Highway ist gefährlicher als in der Stadt. Der Lastwagenfahrer, der ihr Auto entdeckte, nahm an, dass derjenige, der am Steuer

---

18 Ebd. S. 10f.

Art Blakey, »the one-man Academy of Jazz«

saß, eine Ausfahrt verpasst und in letzter Sekunde gebremst habe: das Auto war gegen die Leitplanke geprallt und in einen Graben gestürzt. Alle drei Insassen, Nancy, Richie und Clifford, waren tot.[19]

Zur Erinnerung an den mit sechsundzwanzig Jahren aus dem Leben gerissenen Trompeter schrieb Benny Golson, damals Tenorsaxophonist von Art Blakeys »Jazz Messengers«, die Ballade *I Remember Clifford*.

19 Zit. nach dem Begleitheft zur LP »I Grandi del Jazz: Clifford Brown« (Fabbri-Editore). S. 43.

Art Blakey war ein weniger subtiler Schlagzeuger als Max Roach, er besaß eine weniger intellektuelle Persönlichkeit, aber er war das, was man einen »solid sender« nannte, ein Musiker, der mit seinem explosiven Spiel seine Partner und das Publikum mitzureißen verstand. Er verkörperte – so Tony Williams – »Drive, Swing, Kraft, Macht und Aufregung in Reinkultur«.[20]

Der 1919 in Pittsburgh geborene Blakey hatte sich seinen Lebensunterhalt zunächst als Fabrikarbeiter und Bergmann verdient. Das Schlagzeugspiel brachte er sich selbst bei und wurde Mitte der dreißiger Jahre professioneller Musiker. Seine ersten Erfahrungen sammelte er in Swing-Bands, unter anderem bei Fletcher Henderson und der Pianistin Mary Lou Williams. 1944 wurde er Mitglied der berühmten Eckstine-Band, in der später auch Parker und Gillespie saßen. Nach der Auflösung der Band arbeitete er als Session-Musiker mit vielen Bop-Größen zusammen, spielte mit Miles Davis, der nach dem Zwischenfall in Los Angeles im Jahr 1950, als er wegen Blakey ins Gefängnis wanderte, nicht besonders gut auf den Drummer zu sprechen war, und gründete 1953 ein eigenes Quintett, mit dem er im New Yorker Birdland auftrat. Clifford Brown half, diese Gruppe, die sich von der Besetzung her an den klassischen Bop-Combos orientierte, aus der Taufe zu heben. In gewisser Weise stellte dieses Quintett die Keimzelle für die »Jazz Messengers« dar.

Die erste Gruppe, die tatsächlich so hieß, fand sich 1955 zusammen. Ihr gehörten der Trompeter Kenny Dorham, der Tenorist Hank Mobley, der Bassist Doug Watkins und der Pianist Horace Silver an. Silver war eine weitere Schlüsselgestalt des Hard Bop. Er war von Stan Getz entdeckt worden, der ihn 1950 zu seinem Begleitpianisten gemacht hatte. Silver brachte das »Soul«-Element in die Musik der »Messen-

---

20 Kunzler: Jazz-Lexikon. Bd. 1. S. 120.

gers« hinein. Sein Spiel war eigentlich sehr schlicht, sein Anschlag sehr hart, fast schon perkussiv. Er spielte eingängige, kurze Figuren, die er oftmals nur geringfügig variiert wiederholte. Die Wiederholung melodisch einfacher Phrasen war überhaupt ein Stilmerkmal der Musik, die die Männer um Blakey machten; sie diente dazu, sich selbst und den Hörer langsam in die Musik einzustimmen – »to get into the groove«, wie man es im Jargon nannte. Die Bläser stellten das Thema oft unisono vor, bis dann ein prasselnder Trommelwirbel Blakeys die Reihe der Soli eröffnete, zwischen denen es immer wieder fanfarenähnlich klingende unisono geblasene Passagen gab. Die einzelnen Stücke tendierten dazu, immer länger zu werden, was auch durch die mittlerweile erfolgte Verbreitung der Langspielplatte ermöglicht wurde.

Silver machte sich später selbständig und nahm vor allem für Blue Note eine Reihe äußerst erfolgreicher Platten auf: *The Preacher* hieß sein großes Erfolgsstück, wobei schon der Titel auf die Tradition der religiösen Songs der Schwarzen hinwies. Überhaupt stellte ein Engagement bei den »Jazz Messengers« für viele junge Musiker das Sprungbrett zur eigenen Karriere dar. Blakey hielt seine Formation bis zu seinem Tod im Jahr 1990 zusammen, die Besetzung wechselte jedoch häufig. Im Lauf der Jahrzehnte spielten bei ihm Leute wie Lee Morgan, Donald Byrd, Freddie Hubbard (tp), Benny Golson, Wayne Shorter, Bobby Watson (sax) und Bobby Timmons, Cedar Walton, Keith Jarrett (p). Einer der letzten großen Stars, der aus dem Kreis der »Messengers« hervorging, war Wynton Marsalis. Nicht ohne Berechtigung ist Blakey »a one-man university for young jazz players«[21] genannt worden.

Während ein Mann wie Silver sowohl als Instrumentalist wie auch als Komponist dazu tendierte, die Musik immer

---

21 Ben Sidran: Talking Jazz. An Oral History. New York 1995. S. 103.

Der Pianist Horace Silver und der Tenorsaxophonist Sonny Rollins

mehr zu simplifizieren und ihr eine Art von primitiver Eindringlichkeit zu verleihen, ging Miles Davis wieder einmal eigene Wege. In seiner Autobiographie schreibt er:

> Die Gruppe, zu der John Coltrane gehörte, machte mich selbst und ihn zur Legende. Diese Gruppe machte meinen Namen in der musikalischen Welt wirklich bekannt, mit all den großartigen Alben, die wir für Prestige und später für Columbia Records einspielten [...]. Sie machte mich aber nicht nur berühmt, sie führte mich auch auf den Weg zum großen Geld – man hat

behauptet, daß ich mehr Geld verdient habe als jeder andere Jazzmusiker, aber dazu weiß ich nichts zu sagen. Die Gruppe brachte mir auch große Anerkennung durch die Kritiker ein; die meisten von ihnen liebten sie wirklich. Sie liebten vor allem mein Spiel und auch das von Trane, und sie machten jeden in der Band, Philly Joe, Red, Paul, zu Stars.[22]

Davis hatte es Anfang der fünfziger Jahre recht schwer gehabt; er hatte keine dauerhafte eigene Gruppe geleitet, aber immer wieder kleine Formationen für Aufnahmesessions zusammengestellt. Art Blakey und Horace Silver hatten zu seinen Begleitmusikern gehört, aber auch andere Hardbopper wie Sonny Rollins, der Schlagzeuger Philly Joe Jones und der Altsaxophonist Jackie McLean. 1955 war er als Mitglied einer All-Star-Band, die sich aus Zoot Sims, Gerry Mulligan, Thelonious Monk, Percy Heath und Connie Kay zusammensetzte, beim Newport Jazz Festival aufgetreten. Die Band hatte erst ohne Davis ein paar Nummern gespielt, dann war der Trompeter ans Mikrophon getreten und hatte zu Ehren des gerade verstorbenen Charlie Parker *Now's The Time* gespielt und danach *Round About Midnight*. Das verhaltene, mit einem Dämpfer geblasene Solo über Monks Komposition hatte das Publikum begeistert. Davis: »Everybody went crazy. It was something. I got a long standing ovation.«[23] Davis war kaum von der Bühne heruntergeklettert, als er schon alle möglichen Schallplattenverträge angeboten bekam.

Durch diesen unerwarteten Erfolg ermutigt, stellte er wenig später eine eigene Gruppe zusammen. Mit dem Pianisten Red Garland, dem Bassisten Paul Chambers und dem Schlagzeuger Philly Joe Jones hatte er schon einige

22 Davis/Troupe: Miles. S. 187.
23 Ebd. S. 180.

Miles Davis Ende der fünfziger Jahre

John Coltrane mit dem Bassisten Jimmy Garrison

Quartettaufnahmen gemacht, und die drei Musiker hatten ihn positiv beeindruckt. Der 1926 geborene John Coltrane war noch ein relativ unbeschriebenes Blatt: er hatte für Earl Bostic, Johnny Hodges und Dizzy Gillespie gearbeitet, war aber nie besonders in Erscheinung getreten. Es zeigte sich, dass er ähnliche musikalische Ideen hatte wie Davis. Die Rhythmusgruppe des Quintetts vermochte zwar in bester Hard-Bop-Manier zu ›kochen‹, wurde aber vom Leader vor allzu explosiven Ausbrüchen, vor hämmernden Marschrhythmen und Ähnlichem zurückgehalten. Die beiden Bläser ließen sich nicht zu der proklamativen Spielweise hinreißen, wie sie die Trompeter und Saxophonisten um Blakey bevorzugten. Coltrane hatte, zumindest anfangs, einen etwas trockenen und spröden Ton, er artikulierte recht ›wortreich‹; Davis hingegen blieb seiner lyrischen und sparsamen, manchmal geradezu lakonischen Spielweise treu: er wagte sich auch nur selten aus der mittleren Tonlage heraus und verwendete oft einen Dämpfer, einen sogenannten »Harmon-Mute«. Eine Überraschung war für viele der Pianist Garland – ein ehemaliger Boxer, der auch die entsprechende Figur und riesengroße Hände hatte, aber über einen sehr weichen Anschlag verfügte. Im Davis-Quintett wurden eindeutig Ideale des Cool weitertransportiert und mit dem neuen Genre des Hard Bop verschmolzen. Auffallend war eine Vorliebe des Trompeters für alte Standards und vor allem für Balladen, Titel wie *Bye Bye Blackbird, But Not For Me, Just Squeeze Me, When Lights Are Low* und natürlich *Round About Midnight*.

Menschlich hatten Davis und Coltrane Probleme miteinander. Was den Trompeter, der inzwischen »clean« war, an seinem Sideman am meisten störte, war dessen Drogenabhängigkeit. Coltrane zeigte zunächst auch keine Neigung, mit dem »junkie shit« aufzuhören. Davis bekannte, dass er jeden anderen Musiker, der ähnlich schwierig wie Coltrane war, gefeuert hätte, aber: »Ich liebte Trane, ich liebte ihn wirklich, obwohl ich privat nicht so viel mit ihm zusammen war wie mit Philly Joe. Trane war ein wunderbarer Bursche, ein wirklich bezaubernder Kerl, ein spiritueller Mensch und so weiter. Man mußte ihn wirklich lieben und sich auch um ihn sorgen.«[24] Der Leader fand bald heraus, dass Jones einen schlechten Einfluss auf den Saxophonisten ausübte. Der Drummer war oft selbst derartig »stoned«, dass er kaum spielen konnte: »Manchmal fühlte sich Philly Joe auf dem Bandstand so schlecht, daß er mir ins Ohr flüsterte: ›Miles, spiel 'ne Ballade. Ich hab das Gefühl, daß ich gleich kotzen und ins Klo verschwinden muss.‹ Er ging von der Bühne runter, übergab sich und

---

24 Ebd. S. 200.

kam dann zurück, als ob nichts gewesen wäre.«[25] Später soll Coltrane gegen seine Sucht angekämpft haben, indem er sich auf seine Religiosität besann und sich Clifford Brown zum Vorbild nahm, der in jeder Hinsicht ein ›sauberer‹ Musiker gewesen war. Trotz aller ›Liebe‹ hatte ihn Davis aber zuvor ein paarmal gefeuert und wenig später wieder eingestellt.

Davis erneuerte 1957 seine Zusammenarbeit mit Gil Evans. Mit dessen Bigband nahm er das vielbeachtete Album *Miles Ahead* auf und 1958 eine neue Version von Gershwins »Negeroper« *Porgy And Bess*. 1958 war auch das Jahr, in dem das Miles-Davis-Quintett zum Sextett erweitert wurde. Der Neuankömmling hieß Julian Adderley und wurde wegen seiner kugelrunden Figur »Cannonball«[26] genannt. Der 1928 in Tampa (Florida) geborene Altist war als Mensch und als Musiker wesentlich extrovertierter als Davis, der oft mürrisch und verschlossen wirkte, und als der sich in spirituellen Traumwelten verlierende Coltrane. Während Davis berühmt oder berüchtigt dafür wurde, dass er bei Konzerten dem Publikum den Rücken zuwandte, und sich in der Anonymität eines Plattenstudios offensichtlich wohler fühlte als auf einer Bühne, suchte Adderley den Kontakt zu den Zuhörern; er erklärte einmal: »Ich nehme viel lieber live auf. Ich bin gewohnt, für Leute zu spielen, direkt für sie.«[27] Cannonballs Ton konnte von beißender Schärfe sein, er konnte ungemein schnell und zugleich bemerkenswert rhythmisch spielen und wurde – nahezu zwangsläufig – von der Kritik als »neuer Charlie Parker« bezeichnet, betonte aber selber, dass er eher oder zumindest im gleichen Maße durch den Altmeister Benny

---

25 Ebd.
26 Anderen zufolge soll es sich bei diesem Spitznamen um eine Verballhornung von »Cannibal« gehandelt haben.
27 Zit. nach: Kunzler: Jazz-Lexikon. Bd. 1. S. 23.

Carter beeinflusst sei. Er war in der Tat tiefer in der Tradition und vor allem im Blues verankert – und einen Hauch ›primitiver‹ als Davis und Coltrane. Der Trompeter fügte ihn ganz bewusst in seine Gruppe ein: »Ich hatte das Gefühl, dass Cannonballs im Blues verwurzeltes Altsax, das mit Tranes harmonischer, akkordischer Spielweise, seiner freieren Auffassung kontrastierte, eine neue Art von Feeling und Sound erzeugen würde, denn Coltrane war damals schon dabei, in eine andere Richtung zu gehen.«[28]

Adderley bildete mit seinem bluesbetonten Spiel den perfekten Gegenpart zu Coltrane, der immer mehr zu langen, abstrakten, ›vielnotigen‹ Soli neigte und sich allmählich aus dem Kontext des Quintetts herauszubewegen schien. Ein herausragendes Ergebnis des Zusammenspiels von Adderley, Coltrane und Davis stellte das CBS-Album *Kind Of Blue* dar, das von der Kritik hoch gelobt wurde und sich sehr gut verkaufte.

Cannonball schied 1959 aus der Gruppe aus, er bekannte sich danach ungehemmt zum »Funk« und hatte große Erfolge mit Soul-Titeln wie *Mercy, Mercy, Mercy*, einer Komposition des gebürtigen Österreichers Joe Zawinul, und *This Here*. Coltrane entwickelte sich in eine ganz andere Richtung. Er hatte gemeinsam mit dem Trompeter mit einer neuen Art der Improvisation experimentiert, die nicht auf den Harmonien eines Themas basierte, sondern auf verschiedenen Arten von Skalen, von Tonleitern also. Diese modale Spielweise, die mit einer Auflösung der konventionellen starren Akkordfolge einherging, entwickelte er konsequent weiter; sein Ton hatte einen dunklen, bisweilen geradezu düsteren Beiklang bekommen: man spürte aus seinem Spiel eine ungeheure Intensität heraus, die allerdings gewöhnungsbedürftig war. (Als Coltrane 1960 mit

---

28 Davis/Troupe: Miles. S. 210 f.

Davis in Paris auftrat, wurde er vom Publikum mit Pfiffen und Buh-Rufen bedacht.) Er blies lange Melodiebögen und produzierte eine Vielzahl von sich zu »sheets of sound« – Klangflächen – verdichtenden Tönen. »Ich dachte in Notengruppen, nicht in einzelnen Tönen«,[29] sagte er selbst einmal über seine Spielauffassung, die sich immer mehr vom Gewohnten entfernte.

Der Saxophonist, der jetzt immer öfter auch auf dem Sopran spielte, war einer der wenigen etablierten Musiker, die sich Mitte der sechziger Jahre mit einer Gruppe junger musikalischer Underdogs solidarisierten, die eine neue musikalische Revolution zu entfesseln versuchten. Sie sollte noch radikaler als der Bebop sein, wäre aber auf der anderen Seite ohne diesen nicht denkbar gewesen. Der »Free Jazz« verlangte nach der Abschaffung jeglicher verbindlichen formalen Struktur. Miles Davis, im Grunde seines Herzens ein eingefleischter Romantiker, stand diesem neuen Stil, zu dessen Wegbereitern er indirekt gehört hatte, skeptisch gegenüber; er meinte, dass wieder einmal die weißen Kritiker zu viel Einfluss auf die Entwicklung des Jazz genommen hätten:

Die Musik, die wir noch vor ein paar Jahren gespielt hatten und die richtig populär geworden war und ein breites Publikum gefunden hatte, kam zu einem Ende, als die Kritiker – die weißen Kritiker – anfingen, den freien Stil zu puschen, und als sie ihm den Vorzug vor dem gaben, was fast jeder spielte. Damals fing der Jazz an, seinen Reiz für die Massen zu verlieren.

Viele Leute hörten sich statt Jazz Rockmusik an, die Beatles, Elvis Presley, Little Richard, Chuck Berry, Jerry Lee Lewis, Bob Dylan und der Motown Sound waren

---

29 Zit. nach: Kunzler: Jazz-Lexikon. Bd. 1. S. 243.

jetzt die große Mode, Stevie Wonder, Smokey Robinson, die Supremes. Auch James Brown wurde jetzt bekannt. Ich glaube, daß sie das freie Zeug so förderten, geschah bei vielen weißen Kritikern in voller Absicht, weil viele von ihnen der Meinung waren, daß Leute wie ich zu populär geworden waren und zu viel Macht in der Musikindustrie gewonnen hatten. Sie mußten sich etwas ausdenken, um mir die Flügel zu stutzen. Sie mochten das melodische, lyrische Zeug, das wir auf dem Album *Kind Of Blue* spielten, aber die Popularität dieser Musik und der Einfluß, den wir erhielten, indem wir diese Musik spielten, machte ihnen Angst.

Nachdem die Kritiker das verrückte neue Zeug gepuscht hatten und die Hörer den Musikern davonliefen, ließen sie das Neue wie eine heiße Kartoffel fallen.[30]

---

30 Davis/Troupe: Miles. S. 262.

»Freedom Now«

Free Jazz und Fusion

> Wir sind keine zornigen jungen Männer;
> wir sind rasend vor Wut.
>
> *Archie Shepp*

Es gibt ein sehr kurzes, sehr prägnantes und daher vielzitiertes Manifest der neuen Revolutionäre, dessen ›Autor‹ der Saxophonist Ornette Coleman ist. Coleman forderte 1959 ganz einfach: »Let's play the music and not the background.« Er verkündete damit ein ästhetisches Programm, das aber keinesfalls von ihm allein ersonnen worden war. Auch diese Revolution, die dann eine recht große Schar von meist jungen Musikern, die sich in der Szene noch nicht so richtig durchgesetzt hatten, zum Free Jazz führte, vollzog sich nicht über Nacht. Nachdem die Revolte stattgefunden hatte, wurde man sich bewusst, dass sie schon seit Längerem in der Luft gelegen hatte, dass man einige Jahre zurückgehen und im Spiel einiger Hardbopper wie Davis und Coltrane und sogar einiger Coolsters wie Tristano schon ›freie‹ Elemente entdecken konnte. Mit »Background« meinte Coleman den »allgemein akzeptierten Bezugsrahmen der Jazzimprovisation«; Ekkehard Jost interpretiert den Begriff so: »Hintergrund – das bedeutete eine Reihe von Vereinbarungen, die die Entfaltung der individuellen Ausdrucksweisen der improvisierenden Musiker steuerten und das Zusammenspiel in der Gruppe regulierten: das elementare Aufbauprinzip eines Jazzstückes (Thema – Improvisationen – Thema), die durch das Thema vorgegebene harmonisch-metrische Gliederung und der den Fundamentalrhythmus pulsartig steuernde *beat*.«[1]

Die Bopper hatten in den vierziger Jahren am Background herumexperimentiert, ihn komplexer gestaltet; einige Coolsters hatten diese Tendenzen fortgeführt, keiner jedoch hatte jemals daran gedacht, den Background abzuschaffen, das überkommene Rahmenwerk, in dem sich ein Musiker mit seinem Spiel bewegte, einfach aufzulösen. Genau dazu forderte aber Ornette Coleman auf.

Die Revolte gegen die Tradition war zum einen von einem musikalischen Erneuerungswillen, von einem künstlerischen Freiheitsstreben getragen. Man fühlte sich durch die überlieferten Strukturen eingeengt. Coleman: »Wenn wir einer bestimmten Note einen konventionellen Akkord unterlegen, schränken wir uns in der Wahl der folgenden Note ein.«[2] Zum anderen hatte der Bruch mit den Konventionen auch soziale Ursachen: der Free Jazz reflektierte jene Unzufriedenheit mit dem Überkommenen, die in den sechziger Jahren das Lebensgefühl der jüngeren Generation nicht nur in Amerika entscheidend prägte, und der Jazz war nur *eines* der Gebiete, auf denen sich eine umfassende Revolte gegen das »Establishment« in einem konsequenten Bruch mit den alten Normen niederschlug. Dass es bei der Free-Spielweise nicht nur um Ästhetisches ging, betonte der Saxophonist Archie Shepp: »der Jazz muss so entwickelt werden, dass er sich mit einem völlig neuen künstlerischen, kulturellen, sozialen und ökonomischen Kontext

---

[1] Ekkehard Jost: Free Jazz. In: Joachim-Ernst Berendt (Hrsg.): Die Story des Jazz. Vom New Orleans zum Rock Jazz. Reinbek 1978. S. 167–192. Hier: S. 168.
[2] Zit. nach dem Begleitheft zur LP »I Grandi del Jazz: Ornette Coleman« (Fabbri-Editore). S. 18.

Charles Mingus

deckt. [...] Man kann nicht leugnen, dass unsere Musik und die Art ihrer Entwicklung ihre Wurzeln in den gesellschaftlichen Strukturen haben.«[3]

Free Jazz war – nicht nur, aber doch in einem starken Maße – Protestmusik. Die Ersten, die mit Hilfe der Musik ihre Enttäuschung, ihre Wut, ihren Zorn hinausschrien, waren Schwarze. Der Bassist Charles Mingus hatte schon Mitte der fünfziger Jahre seinen eigenen Musikstil geschaffen, der sich in keine der gängigen Kategorien einordnen ließ. Mingus brach nicht mit der Tradition, aber er belebte sie neu, indem er aus der Gesamtheit schwarzer Musik schöpfte. Elemente des Blues, des Spiritual und des Gospel gingen bei ihm eine klanggewaltige Verbindung ein, er griff aber auch auf den archaischen New-Orleans-Jazz zurück, machte Anleihen bei Lester Young, Art Tatum und Charlie Parker und vor allem immer wieder bei Duke Ellington. Besondere Bedeutung kam bei ihm der alten Kunst der kollektiven Improvisation zu. Er forderte von seinen Musikern, dass sie es wieder lernten, einander zuzuhören und spontan auf das zu reagieren, was die anderen spielten. Er betrachtete sich in erster Linie als Komponist, ›komponierte‹ aber nur im Kopf, schrieb nichts auf, sondern erklärte seinen Leuten die Grundkonzeption eines Stücks und spielte es ihnen Phrase für Phrase auf dem Klavier vor; er wollte, dass sie »die komponierten Parts mit so viel Spontaneität und Soul spielen, wie sie ihre Soli blasen.«[4] Der Verzicht auf geschriebene, das Zusammenspiel regelnde Arrangements hatte bisweilen eine »aggressive Polyphonie«[5] zur Folge. In Mingus' langen Kompositionen gab es immer wieder Passagen, in denen es vielstimmig quietschte und

---

3 Zit. nach: Roncaglia: Il Jazz. S. 321.
4 Zit. nach: Kunzler: Jazz-Lexikon. Bd. 2. S. 797.
5 Polillo: Jazz. Geschichte und Persönlichkeiten. S. 572. – Der Ausdruck stammt von Demètre Iokamidis.

schrie und fauchte. Die Grenze vom musikalischen Klang zum Geräusch wurde überschritten. Tempowechsel und Akzelerationen des Tempos, die »Abschaffung der Taktstriche« trugen dazu bei, dass sich nicht mehr nur das Gefühl von Unruhe, sondern bisweilen auch von Chaos einstellte. In einer Fortführung der Technik Ellingtons ›komponierte‹ der Bassist auch mit Klangfarben. Der »Schrei«, ein Schrei der Anklage, der Wut oder des Schmerzes, wurde ein konstituierendes Element seiner Musik. Viele seiner Stücke hatten eine politische Botschaft: *Fables Of Faubus* war dem Gouverneur von Arkansas, Orval Faubus, ›gewidmet‹, der 1958 alle öffentlichen Schulen seines Bundesstaates schließen ließ, um zu verhindern, dass schwarze Kinder von ihren Eltern an weißen Schulen eingeschrieben wurden. Präsident Eisenhower hatte Truppen nach Little Rock in Arkansas entsandt, die dafür sorgen sollten, dass die Farbigen dieses ihnen zustehende Recht in Anspruch nehmen konnten; Faubus machte aber mit seinem Schulschließungs-Schachzug alle Anstrengungen der Bundesregierung zunichte und zeigte gleichzeitig, dass »Jim Crow« in den Südstaaten immer noch lebendig war.

Anders als bislang nahm aber die schwarze Bevölkerung die verschiedenen Erscheinungsformen der Rassendiskriminierung nicht mehr einfach hin. Vom Ende der fünfziger Jahre an bildeten die Schwarzen Organisationen, deren Ziel es war, endlich politische und gesellschaftliche Gleichberechtigung zu erreichen. Die einen versuchten es auf friedlichem Weg, indem sie christliche Grundwerte in Erinnerung riefen. Diese Bewegung, die Martin Luther King ins Leben gerufen hatte, wurde auch von einem Teil der weißen Bevölkerung unterstützt. Die militanten Organisationen, die »Black Muslims« von Malcolm X und später die »Black Panthers« von Bobby Seale, konnten auf solche Unterstützung nicht rechnen, da sie offen verkündeten, nur mit Gewalt sei Freiheit zu erlangen, und auch weniger für eine Integration der Rassen eintraten als vielmehr einem schwarzen Separatismus das Wort redeten.

Martin Luther King gewann viele schwarze Künstler für seine Sache, darunter auch Sammy Davis jr., Mahalia Jackson und Ella Fitzgerald. Diese versuchten nun nicht, über den Inhalt ihrer Songs eine Botschaft zu vermitteln – Ella Fitzgerald sang nach wie vor romantische Balladen oder fröhliche Swing-Songs –, was sie in die Waagschale warfen, war ihre Prominenz. Anders sah es bei vielen schwarzen Instrumentalisten aus, die aus dem Hard-Bop-Umfeld kamen: sie politisierten ihre Musik, sie spielten nicht mehr, um zu unterhalten, sondern um etwas zu bewegen. Ihre Musik war noch nicht »free«, aber auf dem Weg dorthin, sie wurde beunruhigend und aufwühlend, drückte Klage oder Wut aus, diente dem Protest, ließ aber bisweilen auch Hoffnung auf eine bessere Zukunft aufkeimen. Man konnte ihr nicht selbstzufrieden im Lehnstuhl lauschen, man wurde durch sie erschüttert. Über Mingus' *Fables Of Faubus* schrieben die beiden französischen Kritiker Carles und Comolli: »Die instrumentalen und vokalen Schreie, die besessenen Wiederholungen melodischer und rhythmischer Formeln, die bedrückende Stimmung, die die Musiker von Mingus hervorbringen, kündigen allesamt unmittelbar den Free Jazz an. Allmählich kann wahrgenommen werden, daß bis hinein in ihre Strukturen diese schwarze Musik aus Wut und Fluchen, aus Verwünschungen und Hieben besteht – all das, was den Schwarzen im Laufe der Geschichte beigebracht worden ist, wird in der Musik wieder ausgespuckt, freigesetzt wie durch eine Art Austreibung.«[6] Sonny Rollins komponierte eine *Freedom Suite*, Max Roach ließ eine *Freedom Now Suite* folgen, für die Oscar Brown jr. Texte

---

6 Carles/Comolli: Free Jazz. S. 205.

schrieb. Allerdings war eine solche Verdeutlichung der Botschaft durch Texte die Ausnahme. Oft waren es nur die Titel der Kompositionen, die etwas über das politische Anliegen verrieten, und die »Message« blieb eher nebulös. Vielen konservativ eingestellten Konsumenten reichte das aber schon. Rollins' *Freedom Suite* löste allein aufgrund der im Titel formulierten politischen Forderung Proteste aus, und die Plattenfirma taufte die Neupressung der Platte absurderweise in *Shadow Waltz* um.

Max Roach blieb seinem Konzept einer engagierten Musik beharrlich über Jahrzehnte hinweg treu. Sein *Sweet Mao* wurde 1976 im Duo von ihm und dem Saxophonisten Archie Shepp eingespielt, mit *Zuid Afrika 76* richteten sich die beiden gegen die Apartheid in Südafrika. Seine Suite *We Insist. Freedom Now* von 1960 verlangte zwar nach Freiheit, es handelte sich aber nicht um »freie« Musik im Sinne Ornette Colemans, da die konventionelle formale Struktur nicht völlig zerstört war. An der Einspielung des Werks wirkte neben der Sängerin Abbey Lincoln der Veteran Coleman Hawkins mit, und für viele der ganz jungen schwarzen Musiker wird Roach selbst noch etwas von einem Oldtimer und einem »braven Neger« an sich gehabt haben, der es nicht geschafft hatte, sich von den Fesseln der traditionellen Musik zu befreien, allem Engagement zum Trotz. Die jungen Männer, die – um Archie Shepp zu zitieren – »rasend vor Wut« waren, forderten eine andere Art von Musik. Ein namenlos gebliebener Schwarzer erklärte, warum der Jazz immer wieder bedingungslos revolutioniert werden musste:

> Wir brauchen Musik. Wir haben schon immer unsere Musik gebraucht. Wir haben ja sonst nichts. Unsere Schriftsteller schreiben wie die Weißen, unsere Maler malen wie die Weißen. Nur unsere Musiker spielen

nicht wie sie. So haben wir uns unsere eigene Musik geschaffen. Als wir sie hatten – damals den Jazz im alten Stil –, kamen die Weißen, fanden Gefallen daran und ahmten sie nach. Und sehr schnell war es nicht mehr unsere Musik [...]. Sobald wir eine Musik haben, kommt der weiße Mann und imitiert sie. [...] Nur die Farbigen haben Ideen gehabt. Und nun seht euch einmal an, welche Namen berühmt geworden sind: alles Weiße. Was können wir machen? Wir müssen pausenlos weiter Neues erfinden.[7]

Allein sein Erfolg mag Roach den Avantgardisten suspekt gemacht haben: die *Freedom Now Suite* blieb keineswegs unbeachtet in den Plattenregalen stehen, in Italien wurde sie sogar zum Sujet für einen Film. 1962 schien Roach gar in uralte Muster zurückzuverfallen, als er mit Charles Mingus und keinem anderen als Duke Ellington die Platte *Money Jungle* einspielte. Eine solche Kollaboration mit einem Swing-Musiker wäre für die meisten Free-Musiker undenkbar gewesen, und zwar aus ideologischen Gründen ebenso wie aus musikalischen. Ihnen war schon das Wort »Jazz« selbst unangenehm, weil es an die Jahrzehnte erinnerte, in denen schwarze Musiker sich durch weiße Bosse hatten ausbeuten lassen: sie sprachen lieber von »new music«, »new thing« oder auch »black music«. Dass sich dann allerdings doch die Bezeichnung »Free Jazz« für diese neue Musik durchsetzte, lag an einem Stück, das Ornette Coleman 1960 mit einem Doppelquartett aufnahm. Die ausführenden Musiker waren Coleman auf dem Alt und Eric Dolphy auf der Bassklarinette, zwei Trompeter, Don Cherry[8] und Freddie Hubbard, zwei Bassisten, Charlie Haden

---

7 Zit. nach: Ebd. S. 40f.
8 Cherry blies ein trompetenähnliches Instrument, das sogenannte Pocket-Cornet.

Eric Dolphy spielte häufig mit Mingus zusammen. Der Saxophonist und Flötist entdeckte die Baßklarinette, die seit den zwanziger Jahren fast in Vergessenheit geraten war, für den Jazz wieder

und Scott LaFaro, und zwei Schlagzeuger, Ed Blackwell und Billy Higgins. Die Besetzung war nicht das Außergewöhnlichste an dieser Platte. *Free Jazz* war eine 36 Minuten und 23 Sekunden lange kollektive Improvisation – für das ungeübte Ohr genau 36 Minuten und 23 Sekunden Chaos.

Die offizielle Kritik reagierte gespalten, viele Rezensenten lehnten das Album ab oder nahmen es gar nicht zur Kenntnis, andere setzten sich ernsthaft mit ihm auseinander und lobten es überschwenglich. Für eine große Zahl ausübender Musiker war *Free Jazz* ein Manifest, in dem erstmals ihre eigenen Anschauungen und Vorstellungen formuliert wurden. Für sie wurde Coleman eine Art spiritueller Leader, der den Mut hatte, auszudrücken, was viele von ihnen in sich spürten. Über das, was er fühlte, ließ er niemanden im Zweifel: »Ich bin ein Schwarzer, und ich bin ein Jazzmusiker [...]. Und sowohl als Schwarzer wie als Jazzmusiker fühle ich mich elend.«[9] Es war nicht nur die Musik selbst, die die jungen Schwarzen aus den Ghettos der Großstädte anzog, sondern die Haltung, die sich damit verband. Der Free Jazz wird »bald zu einem Akt kultureller Resistance: die schwarzen Amerikaner, Musiker wie Hörer, nehmen eine Musik wieder in ihren Besitz (und verändern sie entsprechend), die ursprünglich ihnen gehörte, das heißt, die sie aus ihren *ureigensten* historischen, gesellschaftlichen und kulturellen Voraussetzungen heraus (Deportation, Sklaverei, Armut, Rassismus) geschaffen haben. Musik, die sich jedoch alsbald, und über mehr als ein halbes Jahrhundert hinweg, dem Druck kommerzieller, gesellschaftlicher, rassischer und kultureller Faktoren ausgesetzt sah, die *annektiert* und *ausgebeutet* wurde von eben jener Macht, die einst die Afrikaner versklavt hatte und die die Schwarzen heute noch unterdrückt und ausbeutet:

---

9 Zit. nach: Carles/Comolli: Free Jazz. S. 16.

dem weißen US-Kapitalismus, seiner rassistischen Ideologie und seinem Wertgefüge.«[10]

Dass Coleman nicht nur in musikalischer Hinsicht aufbegehrte, verstanden die meisten Hörer zumindest instinktiv. Bei vielen stellte sich nicht nur ästhetisches Unbehagen ein, sondern ein nicht näher zu definierendes Gefühl von Angst. Nicht nur der normale Hörer und viele Kritiker entwickelten eine Aversion gegen eine solche Art von Musik, auch viele ältere Jazzmusiker, schwarze wie weiße, empfanden sie als destruktiv, spürten in ihr eine latente Gewalttätigkeit. Heute haben sich die Hörgewohnheiten gewandelt, der Free Jazz ist ein historisches Phänomen geworden, dem man nicht mehr unmittelbar ausgesetzt ist. Man erkennt die gesellschaftlichen und politischen Zusammenhänge, die zu seiner Entstehung beitrugen, und kann ein Album wie *Free Jazz* gewissermaßen in Ruhe analysieren. Schon 1978 stellte Ekkehard Jost fest, dass das Skandalöse von Colemans Musik »vor allem in dem *Fehlen* einiger in den Hörgewohnheiten der Zeitgenossen fest verankerter Selbstverständlichkeiten« gelegen habe: der »Vorhersagbarkeit des formalen Aufbaus« und der »harmonische[n] Entsprechung von Thema und Improvisation«.[11] Dass das Stück überhaupt so etwas wie »Konturen« hatte, die sich teilweise durch bewusste Negation bisher gültiger harmonischer Regeln bildeten, vermochten 1960 die wenigsten herauszuhören.

Wenn der Free Jazz – auch – eine Revolution gegen das weiße kapitalistische System gewesen ist, dann erscheint Coleman als Umstürzler, der von ›unten‹ kam. Er wurde 1930 in Fort Worth (Texas) geboren. Dass er sich als Schwarzer und als Jazzmusiker »elend« fühlte, verwundert

10 Ebd.
11 Jost: Free Jazz [s. S. 361, Anm. 1]. S. 172.

Ornette Coleman. Getreu dem Grundsatz, dass man als Jazzer immer wieder etwas Neues formulieren müsse, artikulierte sich der Saxophonist auch auf anderen Instrumenten, wie zum Beispiel der Violine

angesichts seiner Biographie nicht. Coleman wuchs in ärmlichen Verhältnissen auf, sein Vater starb früh, seine Mutter arbeitete als Näherin. Er brachte sich als Fünfzehnjähriger selbst das Saxophonspiel bei, machte in einer Rhythm-&-Blues-Gruppe mit, lernte dann den Bebop kennen und war überzeugt, dass dies *seine* Musik sei. Er war aber weiterhin gezwungen, in drittklassigen Rhythm-&-Blues-Formationen zu spielen, und musste dort all das tun, was man von einem ›heißen‹ Saxophonisten verlangte: während des Spiels Grimassen schneiden, ekstatisch gestikulieren, hin und wieder auch einmal auf einen Tisch springen und dort weiterblasen.

1952 ließ er sich in Los Angeles, genauer: in dem Elendsviertel Watts, nieder, wo er auch Don Cherry kennenlernte, und versuchte sich als Jazzmusiker. Mit seiner scheinbar ›schiefen‹ Spielweise stieß er auch bei den damaligen Modernisten auf keine Gegenliebe: »Oft erschien Coleman mit seinem Instrument in einem Lokal voller

Hoffnung, daß ihn die Musiker ein bißchen mitspielen ließen, doch manches Mal durfte er keine einzige Note blasen. Man kannte ihn vom Hörensagen und betrachtete ihn als unfähigen Musiker, der auf jeden Fall daneben spielte und noch nicht einmal wußte, was Harmonien sind.«[12] Don Cherry zufolge soll er viele Zeitgenossen auch durch seine äußere Erscheinung schockiert haben: er war einer der Ersten, die ihre Ablehnung der (spieß)bürgerlichen Gesellschaft dadurch zum Ausdruck brachten, dass er sich die Haare lang wachsen ließ. »People really put him down«, erzählt Cherry.[13] Engagements waren für den Bürgerschreck mehr als rar, er arbeitete als Portier, Babysitter – seltsamerweise schreckte die Mütter, die ihm ihre Kinder anvertrauten, sein bizarres Aussehen offenbar nicht ab – und Liftboy, wäre aber trotzdem wohl verhungert, wenn ihm seine Mutter nicht regelmäßig Lebensmittelpakete geschickt hätte.

Irgendwann aber hörte ihn der weiße Bassist Red Mitchell und hatte sofort das Gefühl, einem talentierten Youngster gegenüberzustehen, der einfach das Pech hatte, mit seinen musikalischen Ideen der eigenen Zeit weit voraus zu sein. Mitchell machte den Saxophonisten mit Lester Koenig, dem Besitzer des Contemporary-Labels, bekannt, der eigentlich fast ausschließlich West-Coast-Jazz produzierte. Coleman spielte Koenig unbegleitet auf dem Saxophon einige seiner Kompositionen vor und erhielt tatsächlich einen Plattenvertrag. Der Titel des Albums, das Anfang 1958 entstand, war so programmatisch wie bekenntnishaft: *Something Else!!!* Natürlich verkaufte sich die Platte mit dieser »etwas anderen« Musik nicht, und es zeugt von Koenigs Großzügigkeit oder aber seinem musikalischen Gespür, dass er den Avantgardisten trotzdem ein zweites Al-

---

12 Polillo: Jazz. Geschichte und Persönlichkeiten. S. 614.
13 Zit. nach: Sidran: Talking Jazz [s. S. 350, Anm. 21]. S. 407.

bum aufnehmen ließ: *Tomorrow Is The Question*. Immerhin erregte Coleman einige Aufmerksamkeit in Fachkreisen, er erhielt ein sechsmonatiges Engagement im New Yorker Five Spot, und Nesuhi Ertegun, Besitzer von Atlantic Records, fing an, sich für ihn zu interessieren. 1959 erschien auf dem Atlantic-Label Colemans *The Shape Of Jazz To Come*; seine Mitspieler aus dem Five Spot, Don Cherry, Charlie Haden und Billy Higgins, waren an der Aufnahme beteiligt, womit das eine der beiden Quartette, die am 21. Dezember 1960 – ebenfalls für Atlantic – *Free Jazz* aufnahmen, sein Plattendebüt gab.

Kritikerlob und gelegentliche Engagements hin oder her – vom breiten Publikum wurde Colemans Musik geradezu angefeindet, nicht nur vom weißen. Auch die schwarze Mittelschicht wollte mit solch ›disharmonischem Gequäke‹ nichts zu tun haben. Colemans Zuhörerschaft reduzierte sich auf einige wenige Intellektuelle und passionierte Nonkonformisten jeder Couleur. Ihm tat das weh: er betrachtete sich nicht nur als Vorkämpfer für die Gleichberechtigung der Schwarzen, sondern als Künstler, der mit seiner Kunst sowohl eine Botschaft vermitteln als auch schlicht Freude bereiten wollte. Dass man seine Musik ablehnte oder borniert erst gar nicht zur Kenntnis nahm, enttäuschte ihn zutiefst. Er zog sich 1962 für zwei Jahre aus der Öffentlichkeit zurück: als er wieder auftauchte, präsentierte er sich zur allgemeinen Überraschung auch auf der Trompete und der Violine – und bestätigte damit die Wahrheit der Erkenntnis, dass man »pausenlos weiter Neues erfinden« müsse. Seine Musik blieb weiterhin kompromisslos. Man diskutierte über sie und analysierte sie, aber kaum jemand kaufte Colemans Platten oder ging zu seinen Auftritten.

Der Saxophonist verbitterte zusehends; er verdammte das gesamte Musikbusiness in Bausch und Bogen und ließ sich auch zu einigen unüberlegten Äußerungen hinreißen.

Er verzichtete zunehmend darauf, in Clubs aufzutreten, weil es »dort um nichts anderes als um ›whisky and fucking‹« gehe, und konzentrierte sich immer mehr auf das Komponieren. Er fühlte sich weiterhin elend: als Neger und als Jazzer – und zog, nachdem er jahrzehntelang ein Schattendasein geführt hatte, ein resigniertes Fazit: »Ich werde nicht geliebt, niemand hat wirkliches Interesse an dem, was ich tue, alle sind nur daran interessiert, darüber zu sprechen und zu schreiben. Aber um die Musik an sich geht es ihnen nicht.«[14]

Allen Rückschlägen zum Trotz zog Coleman sich jedoch nicht von der Musik zurück. Er wich im Laufe der Zeit vom strengen »Free«-Konzept ab, arbeitete zunehmend auch mit Musikern zusammen, die andere Spielauffassungen vertraten. So gründete er 1981 die Gruppe »Prime Time«, die in den Bereich des rockverwandten Electric-Jazz vorstieß. 1985 kam es zum ersten Mal zur Zusammenarbeit mit dem Fusion-Gitarristen Pat Metheny. Anfang der neunziger Jahre kehrte er wieder zum ›akustischen Jazz‹ zurück; die neue »Prime Time«-Gruppe umfasste einen Leadgitarristen, einen rein akustisch spielenden Pianisten, »einen speziell dafür ausgesuchten klassischen Gitarristen«,[15] den Inder Badal Roy an den Tablas, Colemans Sohn Denardo am Schlagzeug und den Leader selbst. 1995 legte die neue Gruppe das Album *Tone Dialing* vor; in einem Interview, das Coleman dazu gab, wurde deutlich, dass er weiterhin wichtigen Prinzipien des Free Jazz treu blieb: »Wenn du eine Jazzband hast, dann steht der Leader ganz vorne, die anderen sind im Hintergrund. Die Musiker im Hintergrund vermögen den Frontmann nicht richtig her-

---

14 Zit. nach: Gudrun Endress: Jazz Podium. Musiker über sich selbst. Stuttgart 1980. S. 184.
15 Die Bekenntnisse des Harmolodikers Ornette Coleman. In: Jazz Podium. 44. Jg. Nr. 11 (November 1995). S. 4.

auszufordern, anzuspornen. Ich brach mit dieser Regel bereits in den 6oer Jahren, schon da brachte ich alle nach vorne. Meine Band ist so strukturiert, daß ich nur die Musik schreibe und die Rechnungen bezahle. Wenn die Musiker etwas spielen wollen, das avancierter ist, zumindest, was sie für fortschrittlicher halten als das, was ich spiele, dann sollen sie es spielen. Ich halte sie niemals davon zurück.«[16]

Man musste nicht unbedingt wie Ornette Coleman aus dem schwarzen Proletariat kommen, um den Weg zum Free Jazz zu finden. Der zweite Musiker, der für die Entwicklung dieses Stils entscheidend mitverantwortlich war, Cecil Taylor, stammte aus einer gutbürgerlichen Familie. Sein Vater arbeitete als Koch und Diener bei einem Senator, seine Mutter, eine Halbindianerin, brachte einiges Geld in die Ehe mit. Von ihr wurde der 1933 in Long Island Geborene schon als kleines Kind mit der klassischen Musik vertraut gemacht. Ähnlich wie es der Vater von Fats Waller mit seinem Sprößling tat, schleppte Mrs. Taylor ihren Sohn in die Carnegie Hall, um den Jungen auf den Geschmack zu bringen. Schon früh erhielt Taylor bei einer Klavierlehrerin eine klassische Ausbildung, später studierte er bei einem Mitglied des NBC Symphony Orchestra Schlagzeug und besuchte das Konservatorium. Taylor spielte zunächst in der Manier Bud Powells, begleitete eine Zeitlang Swing-Musiker wie Hot Lips Page, Johnny Hodges und Lawrence Brown. Allmählich lenkte er sein Klavierspiel in immer modernere Bahnen, gründete ein eigenes Quartett, das aus ihm, einem Saxophonisten, einem Vibraphonisten und einem Schlagzeuger bestand, eckte aber genau wie Ornette Coleman mit seiner Musik überall an. 1956 trat er im Five Spot auf, 1957 nahm er am Newport

---

16 Ebd.

Jazz Festival teil, und ganz allmählich wurde man in der New Yorker Szene auf ihn aufmerksam. Während Coleman eher im Blues verankert war, kannte Taylor sich sowohl in der Jazztradition – Ellington war eines seiner Vorbilder – wie in der klassischen europäischen Musik aus – er hatte sich eingehend mit Béla Bartók beschäftigt – und versuchte Elemente beider Richtungen in seinen Stil einzubeziehen. Bei ihm wurde deutlich, dass der von vielen Free-Jazzern proklamierte radikale Bruch mit jeglicher Tradition in der Praxis so radikal doch nicht war.

Taylor ging wie ein Schwerathlet an sein Instrument heran. Das Wort »kraftvoll« reicht nicht aus, um seine Spielweise zu charakterisieren, »wuchtig« ist vielleicht treffender. Etwas von seiner Beschäftigung mit den verschiedensten Perkussionsinstrumenten scheint in der Art, wie er auf die Tasten einhieb, noch durchzuschlagen. »Für mich ist das Klavier nichts als eine Trommel mit 88 Tasten, und die Saiten sind dazu da, um sie anzuschlagen, damit die musikalischen Strukturen sich immer weiter aufbauen, aber im vertikalen, nicht im horizontalen Sinne.« Und ein anderes Statement lautete: »Wir haben in unserer Musik den Rhythmus melodisiert und die Melodieinstrumente rhythmisiert.«[17] Die Melodie verlor für Taylor an Bedeutung, Rhythmus und Klangeffekte standen im Vordergrund. Er produzierte auf dem Klavier einen dröhnenden Beat, der aber nicht mehr wie in den traditionellen Jazzstilen mit rhythmischer Gleichmäßigkeit voranlief, verwendete anstelle der herkömmlichen Akkorde »Clusters«, dichte Tonhaufen, die er, wenn es sein musste, auch mit der geballten Faust, dem Ellbogen oder dem Unterarm hervorbrachte. An der Erschaffung des manchmal impulsiv voranpreschenden Beats, dem sich dann plötzlich ein

---

17 Zit. nach: Kunzler: Jazz-Lexikon. Bd. 2. S. 1155.

Cecil Taylor: der Muskelmann unter den Pianisten, der für seine »Sound-Clusters« auch den Ellbogen oder den Unterarm einsetzte

Hindernis entgegenzustellen scheint, das nach leichtem Stocken übersprungen wird, waren die anderen Instrumentalisten seiner Gruppe ebenso beteiligt wie er selbst. Die klassische Unterteilung in »Melody Section« und »Rhythm Section« war aufgegeben; Jost spricht von einer »intensiven rhythmischen Wechselwirkung zwischen allen beteiligten Musikern« und kommt zu dem Schluss, dass Taylors Musik von vornherein in stärkerem Maß als »Gruppenmusik« angelegt war als die Ornette Colemans mit ihren immer noch auskomponierten Themen.[18]

Es versteht sich von selbst, dass die Musik Cecil Taylors sich mindestens so schlecht vermarkten ließ wie die Colemans. Auch ihm gelang es nicht, eine eigene Gruppe zusammenzuhalten. Anders als der Saxophonist ließ er sich aber von allen Rückschlägen nicht entmutigen. Ausschlaggebend dafür war wohl sein fast schon religiös zu nennendes Sendungsbewusstsein.

Taylor und Coleman waren die Leitfiguren, die relativ rasch andere dazu inspirierten, sich ebenfalls der freien Spielweise zu verschreiben. Die meisten dieser Musiker waren zwischen 1930 und 1940 geboren und also zu jener Zeit, als der Free Jazz seinen ersten Höhepunkt erlebte, zwischen zwanzig und dreißig Jahre alt. Zu ihnen gehörten die Trompeter Ted Curson, Dewey Johnson und Freddie Hubbard, die Saxophonisten Albert Ayler, Archie Shepp und Pharoah Sanders, der Pianist Sun Ra, der Schlagzeuger Sunny Murray. Auch weiße Musiker begannen sich für die neue Musik zu interessieren: zwei von ihnen, die Bassisten Charlie Haden und Scott LaFaro, hatten sogar zu den Pionieren auf diesem Gebiet gezählt und an der Einspielung von *Free Jazz* teilgenommen. Zwar entfiel bei ihnen das für

---

18 Jost: Free Jazz [s. S. 361, Anm. 1]. S. 175.

die Schwarzen so wichtige Motiv, durch das, was sie auf ihren Instrumenten aussagten, zur Befreiung der eigenen Rasse beitragen zu wollen, aber viele der weißen Musiker solidarisierten sich mit ihren schwarzen Mitspielern, oder sie fühlten sich auf andere Weise diskriminiert oder machten gegen andere Missstände in Politik und Gesellschaft Front: jedenfalls waren auch sie allesamt von einem ausgesprochen oppositionellen Geist beseelt. Charlie Haden wurde als Komponist einer *Liberation Suite* bekannt, in der er sich mit dem Spanischen Bürgerkrieg auseinandersetzte. Zu den anderen weißen Musikern, die im Laufe der Zeit von sich reden machten, gehörten der Posaunist Rosewell Rudd, die Pianistin und Komponistin Carla Bley und ihr damaliger Mann, der Pianist Paul Bley, und der in Wien geborene Trompeter Mike Mantler.

Da es vielen dieser Musiker nicht gelang, bei den etablierten Plattenfirmen ihre Art von Musik unterzubringen, die zu kompromisslos war, um sich leicht verkaufen zu können, kam mit dem Free Jazz der Gedanke von Selbstorganisation der Musiker auf – zur Sicherung ihres Lebensunterhalts, aber auch zur Verwirklichung musikalischer wie politischer Ansprüche. Die wichtigste der neugegründeten Musikerkooperativen war die AACM, die »Association for the Advancement of Creative Music«, die 1965 in Chicago ins Leben gerufen wurde und es sich zum Ziel gesetzt hatte, jungen Talenten Gratisunterricht zu geben, Nachwuchsmusiker zu fördern und ihnen Auftrittsmöglichkeiten zu verschaffen. Mitglieder der AACM bildeten unter dem Namen »Art Ensemble of Chicago« eine eigene Gruppe, die inzwischen über drei Jahrzehnte erfolgreich ist und so einflussreichen Einzelfiguren wie Lester Bowie, Roscoe Mitchell oder Anthony Braxton einen Freiraum bot.

1965 erhielten die Free-Jazzer, die fast alle – aus Überzeugung oder gezwungenermaßen – ein Leben am Rand der Gesellschaft führten und durch gravierende finanzielle Probleme oft daran gehindert wurden, sich wirklich ›frei‹ ausdrücken zu können, Unterstützung von dem Mann, der sich mittlerweile als neuer Star in der Musikszene etabliert hatte und dessen Platten sich rasend verkauften. John Coltrane hatte einige Zeit nach seinem Ausscheiden aus der Band von Miles Davis eine eigene Gruppe gegründet, zu der der Pianist McCoy Tyner, der Bassist Jimmy Garrison und der Schlagzeuger Elvin Jones gehörten. Die Musik dieser Combo lässt sich als eine Art von moderiertem Free Jazz charakterisieren; besonders Elvin Jones betrieb auf seinen Drums eine weitgehende Auflösung des traditionellen Beat, aber man hielt sich noch an das alte Schema Thema – Improvisation – Thema. Coltrane hatte für Atlantic eine ganze Reihe vielbeachteter Schallplatten aufgenommen, geradezu sensationell war der Erfolg von *My Favorite Things* gewesen: die alte Ballade war mit neuem Leben beseelt worden – derartig intensiv empfundene und gespielte Musik hatte man selten gehört. Die Tatsache, dass Coltrane sich immer öfter auf dem Sopransaxophon artikulierte, ließ das Instrument, das man eher mit dem alten Jazz und mit einem Mann wie Sidney Bechet identifizierte, bei den modernen Musikern wieder in Mode kommen.

Coltrane nahm im März 1965 an einem Konzert teil, das der schwarze Schriftsteller LeRoi Jones organisiert hatte und das unter anderem demonstrieren sollte, dass die schwarzen US-Amerikaner ein neues Selbstverständnis entwickelt hatten, in künstlerischer wie in staatsbürgerlicher Hinsicht. Der Titel der Veranstaltung war »New Black Music«, und an ihr wirkten neben Coltrane viele Vertreter des »New Thing« mit. Wenige Monate später traf dann Coltrane im Aufnahmestudio des Labels Impulse mit den Avantgardisten zusammen: mit vier der wichtigsten Saxophonisten der neuen Strömung, Archie Shepp, John Tchi-

Er solidarisierte sich mit den Free-Jazzern: John Coltrane, hier neben dem Saxophonisten Archie Shepp

cai, Marion Brown und Pharoah Sanders, sowie den beiden Trompetern Freddie Hubbard und Dewey Johnson. Während Colemans Album *Free Jazz* 1960 angekündigt hatte, dass etwas Neues im Entstehen war, erhielt diese neue Spielweise durch das Album *Ascension* 1965 dank des Mitwirkens Coltranes eine Art von Gütesiegel aufgedrückt, sie wurde gewissermaßen offiziell sanktioniert. *Ascension* war – so Jost – »symptomatisch für den Free-Jazz« jener Periode: »Die Stimmen der einzelnen Musiker verschmelzen zu Klangfeldern, bewegt durch die vorantreibende Kraft einer entfesselten Rhythmusgruppe: das ganze erscheint – in seiner bis zum Bersten gesteigerten Intensität – wie ein kollektiver, euphorischer Aufschrei.«[19]

Im Spiel vieler Free-Jazz-Musiker machte sich in der Folge eine spirituelle Komponente bemerkbar – ihre Musik war nicht mehr ausschließlich oder in erster Linie aggressiv, es machte sich auch so etwas wie Hoffnung bemerkbar, dass sich die realen Missstände überwinden lassen würden und dass dies durch die Musik selbst oder in ihr bewirkt werden könne. *Music Is The Healing Force Of The Universe* hieß ein Album, das Albert Ayler 1970 aufnahm.

Dieses spirituelle Element war auch mit entscheidend dafür, dass der Free Jazz ungefähr von Mitte der sechziger Jahre an zu einer globalen Musik wurde. Er hatte sich ohnehin in Richtung auf eine »World Music« zubewegt: die Musiktraditionen anderer Kulturen wurden zunehmend einbezogen, man konnte in den Händen amerikanischer Musiker plötzlich so exotische Instrumente wie pakistanische Dudelsäcke oder balinesische Flöten entdecken. Die immanente Botschaft lautete: es gibt keine Grenzen zwischen den Völkern, zwischen den Rassen, es gibt nicht primitive und kultivierte Musik, es gibt nur schlechte und gute Musik, und »gut« ist die, die intensiv empfunden wird, die etwas bewegen will und kann, die einen spirituellen »uplift« bewirkt, die – um mit Ayler zu sprechen – »heilt«.

Vor allem in Europa fand die freie Spielweise breiten Widerhall. Böse Zungen behaupteten allerdings, die Devise »Jeder kann mitmachen« habe auch jenen Tür und Tor

---

19 Ebd. S. 80.

geöffnet, die ihr Instrument nur unvollkommen oder schlimmstenfalls überhaupt nicht beherrschten; Tatsächlich konnte man sich in jener Zeit nicht immer des Eindrucks erwehren, dass bei einem der auch in Deutschland immer häufiger werdenden Free-Jazz-Festivals auch Scharlatane auf die Bühne stiegen, die mit Mühe und Not ihr Instrument halten konnten. Es war schon schwer zu ertragen, wenn ein Kontrabassist, solo auf dem Podium, eine stundenlange ›Improvisation‹ zu Gehör brachte, der jegliche innere Kohärenz fehlte. Zum Glück blieb derlei Ausnahme. Ekkehard Josts These von der explosionsartigen Verbreitung des Free Jazz in Europa überzeugt. Er führt aus, dass bis zum Hard Bop europäische Musiker sich »mit mehr oder minder gelungenen Adaptionen dessen, was die ›großen amerikanischen Vorbilder‹ an Mustern lieferten«, hätten begnügen müssen. »Mit der durch den Free Jazz insgesamt ausgelösten Befreiung vom traditionellen Normensystem vollzog sich in Europa zugleich eine kontinuierliche Befreiung von der Normativität der in den USA vorformulierten Gestaltungsprinzipien«.[20]

An deutschen Musikern, die im freien Idiom spielten und es auch zu internationaler Anerkennung brachten, wären zu nennen: die Vibraphonisten Karl Berger und Gunter Hampel, der Posaunist Albert Mangelsdorff, die Pianisten Joachim Kühn und Alexander von Schlippenbach, der Trompeter und Flügelhornist Manfred Schoof, der Saxophonist Peter Brötzmann, der Bassist Peter Kowald oder der österreichische Trompeter Franz Koglmann. Die Probleme, denen sich die Free-Musiker in Europa gegenübersahen, waren grundsätzlich die gleichen wie in den USA. Free Jazz war eine Musik für eine kleine Minderheit, für eine verschworene Schar von Eingeweihten. Geredet wur-

---

20 Ebd. S. 185.

de zwar viel über sie, aber kommerziell ließ sie sich kaum verwerten. Sie bot sich nicht für einen kleinen intimen Nachtclub an, dessen Gäste Entspannung suchten, fand keinen Platz in den Radio- oder Fernsehprogrammen, allenfalls auf den Kulturkanälen, die ohnehin nur ein sehr eingeschränktes Publikum hatten. Eigentlich verspürte auch kaum jemand Lust dazu, sich eine Platte mit der Musik Cecil Taylors oder Ornette Colemans aufzulegen und sie in der Einsamkeit seines Zimmers anzuhören. Man rezipierte diese Musik ganz anders, wenn man sie live bei einem Konzert oder einem Festival hörte und beobachten konnte, wie sie in relativ freier Interaktion entstand.

Von etwa Mitte der siebziger Jahre an war mitzuerleben, wie sich einige der führenden Free-Jazzer offensichtlich stärker auf die Tradition zurückbezogen und moderater wurden, was die revolutionäre Zersprengung der Form anbelangte. Archie Shepp überraschte – oder enttäuschte, je nach Einstellung – die Besucher des Montreux-Jazz-Festivals 1975 damit, dass er gleich zur Einleitung Billy Strayhorns *Lush Life* intonierte, das heißt, das Thema erkennbar vortrug, bevor er dann darüber zu improvisieren begann. Der Free Jazz war in eine Krise geraten, wobei rein ökonomische Faktoren eine wichtige, aber nicht die allein entscheidende Rolle spielten. Das Prinzip der totalen Improvisation wurde zunehmend als problematisch empfunden, man fand wieder zu der Ansicht zurück, Improvisation solle von etwas zumindest rudimentär Kodifiziertem und Geformtem ausgehen, sich auf es beziehen, sich an ihm reiben, es, wenn es sein musste, auch aufheben. Immer grenzenlos ›frei‹ sein zu müssen legte dem ausführenden Musiker wieder neue Zwänge auf. Wölfer zitiert den Tenorsaxophonisten Jack Montrose: »Free form is free but you are a slave.«[21]

---

21 Wölfer: Lexikon des Jazz. S. 166.

Zur Krise des Free Jazz trug ab 1970 noch die Unterwanderung durch einen neuen Stil bei. In diesem Jahr hatte Miles Davis sein Doppelalbum *Bitches Brew* vorgelegt und damit – wieder einmal – eine neue Phase in der Entwicklung des Jazz eingeleitet: *Bitches Brew* galt als der erste gelungene Versuch, Elemente des Jazz und des Rock miteinander zu verschmelzen. Ansätze dazu hatte es vorher schon gegeben: Gruppen wie »Chicago«, »Blood, Sweat and Tears« oder – in Europa – »If« waren auf dem Gebiet des Rock-Jazz oder Pop-Jazz auch schon kommerziell erfolgreich, in ihrer Musik war es aber zu keiner wirklichen kreativen »Fusion« der beiden Musikströmungen gekommen. Karl Lippegaus beurteilt die Musik von »Blood, Sweat and Tears« und »Chicago« so: »Ihre Konzeption dessen, was sie ›Jazz Rock‹ nannten, war ebenso simpel – deshalb auch leicht reproduzierbar – wie kommerziell vielversprechend, Jazzmusiker der zweiten und dritten Garnitur – oder auch clevere Studiomusiker – improvisierten konventionelle Jazzphrasen über eingängige Pop-Songs. Man übernahm Bläserarrangements, wie sie in ähnlicher Form – aber doch ungleich komplexer und anspruchsvoller – auch schon in den Big Bands von Stan Kenton, Woody Herman und Don Ellis gespielt worden waren. Dazu unterlegte man eine – ebenfalls konventionelle – aus Rockmusikern zusammengestellte Rhythmusgruppe.«[22]

Ganz anders war der Ansatz von Rockmusikern wie Frank Zappa und Jimi Hendrix. Sie bezogen sich viel stärker auf den Blues oder auch den Rhythm & Blues zurück und waren darum bemüht, ihrer Musik eine jazzartige Intensität und vor allem eine Art von Ernsthaftigkeit zu verleihen, die sie aus dem Bereich reiner Unterhaltungs-

---

22 Karl Lippegaus: Rock Jazz. In: Joachim-Ernst Berendt (Hrsg.): Die Story des Jazz. Vom New Orleans zum Rock Jazz. Reinbek 1978. S. 223–246. Hier: S. 227.

Dave Holland 1994. Der Bassist nahm 1969 an der epochemachenden Einspielung von Miles Davis' Album »In A Silent Way« teil

oder Popmusik herausführte. Es gab schon in den sechziger Jahren weit mehr Berührungspunkte zwischen Jazz und Rock, als damals deutlich war. Hendrix beeinflusste nachhaltig viele jüngere Jazzgitarristen, während ein Mann wie John Coltrane von zahlreichen Rockmusikern verehrt wurde, und zwar nicht nur wegen seiner Spielweise, sondern auch wegen der ›Aufrichtigkeit‹, mit der er Musik machte.

Dass Miles Davis als der Erste gilt, der eine Fusion der beiden Richtungen erreichte, mag auch mit daran gelegen haben, dass er einen großen Namen hatte und man schon seit Langem stets aufmerksam verfolgte, was er an Neuem entwickelte. Der Platte *Bitches Brew* war schon ein anderes Album vorausgegangen, auf dem er mit dem Rockidiom experimentiert hatte. Bei der Einspielung von *In A Silent Way* hatten auch schon die Instrumentalisten mitgewirkt, die später alle selber zu vielbeachteten Fusion-Musikern werden sollten: Herbie Hancock und Chick Corea auf dem E-Piano, Joe Zawinul auf der Orgel, der Saxophonist Wayne Shorter, der Gitarrist John McLaughlin. Der Bassist Dave Holland und der Schlagzeuger Tony Williams unterlegten das Spiel der anderen Musiker mit einem repetitiven, rockähnlichen Rhythmus. Auf dem achtzehnminütigen Stück *Shhh/Peaceful* spielt Holland unablässig dieselbe zwei- oder dreinotige Bassfigur. Williams beschränkt sich fast ausschließlich auf Hi-Hat und Snare-Drum: der einschneidende Klang der Snare-Drum, bisweilen auch auf einem Synthesizer erzeugt, wurde in der Folge zu einem Kennzeichen der Fusion-Musik. Auf *In A Silent Way* herrscht eine traumhafte Atmosphäre vor; dazu tragen vor allem die beiden E-Pianos bei. Überhaupt wird hier der ›elektronische‹ Klang zum ersten Mal in einer Jazz-Produktion konsequent zur Erzeugung von Stimmungen eingesetzt. Die Elektrifizierung des Sounds wurde zwar nicht von Davis erfunden, er beschleunigte diese Entwicklung aber. Schon wenige Jahre nach der Einspielung von *In A Silent Way* und *Bitches Brew* kam kaum noch eine Jazz-Combo ohne ein massives Aufgebot an E-Instrumenten und Verstärkern aus. Auffallend war, dass auch Instrumente, die an sich von selbst klangen, wie zum Beispiel Trompeten und Saxophone, elektrisch verstärkt wurden. Einige Musiker, die damals den Trend bedingungslos mitmachten, bedauerten dies später und sprachen von einem Irrweg. Der Trompeter Freddie Hubbard etwa meinte sehr selbstkritisch, sein Spiel sei in der Zeit, in der er nur noch »Knöpfe heruntergedrückt« habe, kraftlos geworden.

Für *Bitches Brew* erweiterte Davis seine Rhythmusgruppe beträchtlich: sie bestand aus drei Pianisten, einem Gitarristen, zwei Bassisten, drei Schlagzeugern und einem Perkussionisten. Diese monumentale Besetzung betonte die Rockelemente viel stärker, als es zuvor der Fall gewesen war. Etwas euphorisch sprach man davon, dass in dieser Aufnahme und den vielen anderen ähnlichen, die sie zur Folge hatte, die »Verbindung von Jazz und Rock, Improvisation und neuem ›rhythmischem Blut‹, exemplarisch vollzogen« wurde.[23] Für manchen Jazzfan aber war Davis von *Bitches Brew* an gestorben; viele konnten sich mit dem ›Elektronikgewabere‹ der Keyboarder nicht anfreunden, aus dem Davis' Trompetenstimme – seine Spielweise war noch sparsamer geworden als zuvor – gelegentlich hervorstach. Überdies schien sein Ton seine lyrische Qualität eingebüßt zu haben, zuweilen hörte sich seine Trompete geradezu heiser und brüchig an. In *The Illustrated Encyclopedia of Jazz* wird *In A Silent Way* noch besprochen bzw. erwähnt. Dann heißt es lakonisch: »Die folgenden Produktionen von Miles Davis sind für den Jazzplattensammler

---

23 Kunzler: Jazz-Lexikon. Bd. 2. S. 989.

John McLaughlin, 1969 Sideman von Miles Davis, hier in einer Aufnahme von 1994

kaum noch von Interesse.«[24] 1973 musste der große Miles, der sein Publikum gern brüskierte, indem er ihm bei Live-Auftritten den Rücken (um nicht zu sagen: den Hintern) zuwandte, erleben, dass das (Jazz-)Publikum sich rächte: beim Festival von Montreux wurde er erbarmungslos ausgebuht und musste seinen Auftritt abbrechen. Dafür wurden aber seine Platten von jüngeren, in erster Linie rock- und pop-orientierten Hörern massenhaft gekauft: *Bitches Brew* soll es innerhalb weniger Monate auf sechshunderttausend verkaufte Exemplare gebracht haben.

Ähnlich umstritten wie die Fusion-Musik des großen Trompeters ist für viele Fundamentalisten das, was seine ehemaligen Sidemen in den siebziger und achtziger Jahren hervorgebracht haben. Jeder von diesen Musikern folgte, zumindest eine Zeitlang, dem Weg, den der Meister einge-

24 Brian Case / Stan Britt (Hrsg.): The Illustrated Encyclopedia of Jazz. London 1979. S. 59.

schlagen hatte. Tony Williams gründete die Gruppe »Lifetime«, Chick Corea »Return to Forever«, Zawinul und Wayne Shorter spielten zusammen in der Gruppe »Weather Report«. Eigenständiger als diese Formationen, in denen das Rock-Element zunehmend über das Jazz-Element zu dominieren schien, wirkte das »Mahavishnu Orchestra« des Gitarristen John McLaughlin, der in seiner Musik Elemente des Jazz, des Rock, des Rhythm & Blues, der europäischen klassischen Musik und der indischen Musik verschmolz, weswegen man eigentlich auch von »rock-classical, rock-raga, rock-folk or even rock-rock fusion«[25] sprechen konnte.

Es hat sich im Laufe von zwei Jahrzehnten gezeigt, dass Fusion kommerziell sehr erfolgreich ist und vor allem von Hörern geschätzt wird, die aus dem Lager des Rock kommen. Für manchen Jazzliebhaber scheint diese Musik die Gefahr einer zu starken Formalisierung in sich zu bergen und das Element der Improvisation zu sehr in den Hintergrund zu treten. Die Musiker tendieren dazu, in Manierismen zu erstarren, und die Verwendung zu vieler elektronischer Instrumente führt häufig zu einer diffusen Klangbrühe, die die Stimmen der improvisierenden Solisten geradezu erstickt.

Jazz-Puristen haben mittlerweile anerkannt, dass es sich auch bei dem von ihnen einst heftig verabscheuten Free Jazz doch um Jazz gehandelt hat, dass zumindest die Gefühlsintensität, mit der er gespielt wurde, ihn mit der gesamten älteren Jazztradition verband. Solche Intensität vermögen sie aus der ›mechanischen‹ Musik der meisten Rock-Jazz-Gruppen nicht herauszuhören, der merkwürdigerweise bei aller technischen Bravour oft etwas Steriles eignet, als ob die spezifischen Eigenschaften des Jazz wie

25 Mark Gilbert: Fusion. In: Kernfeld (Hrsg.): The Blackwell Guide. S. 419–442. Hier: S. 423.

des Rock sich gegenseitig neutralisierten. Ein Mann wie der Kritiker Arrigo Polillo, der mit dem traditionellen Jazz großgeworden war, einem Free-Jazzer wie Ornette Coleman aber durchaus musikalisches Genie zuzuerkennen bereit war, sprach vom »Selbstmord«, den Davis als Musiker mit *Bitches Brew* begangen habe, und meinte – typisch für viele Jazzfreunde – über die, die in seine Fußstapfen getreten waren, über Zawinul, Shorter, Williams, McLaughlin, Corea und die vielen anderen: »Diese Musiker sind seinem Beispiel und seinem Schicksal gefolgt, das zwar in wirtschaftlicher Hinsicht glänzend, aber vom künstlerischen Standpunkt aus kläglich ist.«[26]

Mit einem solchen Pauschalurteil und dem Vorwurf, um des schnöden Mammons willen musikalische Ideale aufgegeben, quasi einen Verrat am Jazz begangen zu haben, wird man dem Phänomen Fusion-Musik aber nicht gerecht, zumal die genannten Musiker ganz verschiedene Auffassungen vertraten, ganz unterschiedliche Unterarten des Jazz-Rock entwickelten und der Weg in die ›Verkäuflichkeit‹ ohnehin zu allen Zeiten von manchen Jazzmusikern gesucht worden ist.

Was eine der erfolgreichsten Gruppen auf diesem Gebiet, »Weather Report«, betrifft, mag Polillos Vorwurf, dass kommerzielle Aspekte allmählich die Oberhand über künstlerische gewannen, zutreffen. Mit dem Namen der Gruppe, die 1970 von Wayne Shorter und Joe Zawinul gegründet wurde, sollte auf den sich ständig ändernden Charakter ihrer Musik, ihre Unvorhersagbarkeit angespielt werden. Auf den ersten Alben von »Weather Report« stand die kollektive Improvisation im Vordergrund, es kam zu einer emotionsgeladenen, oft in rasantem Tempo vorgenommenen Interaktion der Musiker, durch die dichte Klangtex-

---

26 Polillo: Jazz. Geschichte und Persönlichkeiten. S. 265.

Herbie Hancock

turen entstanden. Unter dem Einfluss Zawinuls wurde die Musik der Formation dann aber immer ›zahmer‹, durchkomponierte Passagen wurden häufiger, an die Stelle des ungezügelten Beat traten eingängige lateinamerikanische oder ›funkige‹ Rhythmen; Zawinul knüpfte damit an einen seiner größten Erfolge an, *Mercy, Mercy, Mercy*, das er für

Cannonball Adderley geschrieben und mit diesem aufgenommen hatte. Einen absoluten Spitzenerfolg erzielte 1977 das Album *Heavy Weather,* besonders ein Titel, *Birdland,* wurde ein Hit. *Birdland* war eine Hommage Zawinuls an Count Basie, dessen Band er bei einem Auftritt in dem gleichnamigen Club erlebt hatte. Zawinul ahmte auf seinem Synthesizer den satten Sound von Basies Bläsern nach und setzte die altbewährten Kansas-City-Riffs ein – jazzgeschichtlich gesehen ein Rückschritt, der jedoch Abertausenden von Hörern gefiel: es war ein Titel, der zum Mitklatschen animierte oder auch zum Tanzen, die Platte soll auch in zahllosen Fitness-Studios zu Aerobic-Übungen aufgelegt worden sein. Wayne Shorter, der sich – auch in seinen Kompositionen – stärker dem Jazz verpflichtet zeigte als Zawinul, trat im Laufe der Zeit zunehmend in den Hintergrund: obwohl die Ideen der beiden Leader offensichtlich nicht mehr harmonierten, bestand »Weather Report« bis 1985. Zawinul gründete 1987 »Weather Update«, eine Gruppe, mit der er an die Erfolge der ersten anzuknüpfen suchte. Shorter leitete danach eine ganze Reihe eigener Formationen und spielte des Öfteren mit der »Miles Davis Alumni Band«, in der auch Freddie Hubbard, Herbie Hancock und Tony Williams mitwirkten.

»Weather Report« mag vielleicht tatsächlich die von Polillo kritisierte Annäherung an eine glatte und eingängige Spielweise zu weit getrieben haben. Auf andere Jazz-Rock-Gruppen trifft dies nicht zu. Als in musikalischer Hinsicht interessanteste Formation, die das Genre hervorgebracht hat, kann das »Mahavishnu Orchestra« des Gitarristen John McLaughlin gelten. Der 1942 in England geborene McLaughlin wird von zahllosen Kollegen und Kritikern als einer der größten Virtuosen angesehen, die es jemals auf seinem Instrument gegeben hat. Er orientierte sich zunächst an den Bluesmusikern Muddy Waters und

Big Bill Broonzy und an dem Swing-Gitarristen Django Reinhardt, interessierte sich aber auch bald für indische Musik und den Flamenco. McLaughlin begann seine Karriere als professioneller Musiker in Europa – unter anderem spielte er eine Zeitlang mit dem deutschen Vibraphonisten Gunter Hampel –, ging dann 1969 in die USA, wo er Mitglied von Tony Williams' »Lifetime« wurde und an den Aufnahmen von Davis' *In A Silent Way* und *Bitches Brew* teilnahm. 1970 wurde er Schüler des Gurus Sri Chinmoy, der ihm den Namen »Mahavishnu« verlieh, und dies war auch der Name, den der Gitarrist 1971 seiner ersten eigenen Gruppe gab.

Die ungeheuer intensive und emotionsgeladene Musik dieser Gruppe, zu der der Keyborder Jan Hammer, der Bassist Rick Laird, der Drummer Billy Cobham und der Geiger Jerry Goodman gehörten, riss die Zuhörer mit. Anders als bei »Weather Report« standen hier ähnlich wie im Free Jazz die Improvisation und die spontane Interaktion aller Musiker im Vordergrund. Karl Lippegaus berichtet über seine Empfindungen beim ersten Hören des »Mahavishnu Orchestra«:

Der Gitarrist des Orchesters, es war John McLaughlin, trat ganz in Weiß auf und türmte atemberaubend schöne Klangwellen aus gebrochenen Akkorden aufeinander. McLaughlin und der Keyboardspieler Jan Hammer lieferten ihre Soli in rasend schnellem Wechsel mit dem Geiger Jerry Goodman. Die Musik erschien mir in ihrer ständig sich steigernden Intensität wie eine »akustische Himmelfahrt«. Nur die Rhythmusgruppe mit Rick Laird und Billy Cobham hielt die drei Solisten am Boden zurück. McLaughlin, Hammer und Goodman entwickelten Interaktionsformen, bei denen die Soli wie Zahnräder in einem großen Getriebe den Gesamtablauf bestimmten. Komposition und Improvisation gingen nahtlos ineinander über. Hier entlud sich mit unbeschreiblicher und nicht endender Wucht jene Energie, wie sie zwischen improvisierenden Musikern nur in seltenen Glücksmomenten besteht […].«[27]

McLaughlin verschmolz in seiner Musik Jazz und Rock mit Elementen der unterschiedlichsten Provenienz. Er erklärte: »Wir nehmen Einflüsse von überall her, nicht nur von Indien oder von der Rockmusik. Wir verschmelzen sie zu einer Form, die einfach sie selbst ist, diese Synthese. […] Indien ist Teil meiner Heimat auf diesem Planeten, geistig ganz wie körperlich; Afrika, Amerika ebenso.«[28] Der Einfluss der indischen Musik wird vor allem in den gebrochenen Metren einiger seiner Kompositionen deutlich, derjenige afro-amerikanischer Musikstile in den schnellen Tempi. *The Inner Mounting Flame* hieß 1971 das erste Album der Gruppe, womit auf den spirituellen Gehalt der Musik hingewiesen werden sollte.

Das erste »Mahavishnu Orchestra« hatte keinen langen Bestand. Der Leader spielte eine Zeitlang akustische Gitarre zusammen mit verschiedenen indischen Musikern, rief dann 1984 ein neues »Mahavishnu Orchestra« ins Leben, in dem unter anderem der Saxophonist Bill Evans mitwirkte. In den neunziger Jahren trat McLaughlin des Öfteren wieder mit einem Trio auf und griff auch immer wieder zur akustischen Gitarre, insgesamt lässt sich in seiner Musik der letzten Jahre vielleicht eine stärkere Rückbeziehung auf die Jazztradition feststellen. So widmete er eine CD den Kompositionen des Pianisten Bill Evans, der in den

---

27 Karl Lippegaus: Zur Geschichte des Jazzrock. In: Burghard König (Hrsg.): Jazzrock. Tendenzen einer Musik. Reinbek 1983. S. 10–32. Hier: S. 11.
28 Zit. nach: Kunzler: Jazz-Lexikon. Bd. 2. S. 777.

fünfziger Jahren als Sideman bei Miles Davis gespielt und danach solistisch und in einem Trio hervorgetreten war und eher als Vertreter einer leisen und wenig perkussiven Spielweise gilt.

Auf den ersten Blick scheinen die Jazz-Rocker der siebziger Jahre Nachahmer oder Schüler unter den heute aktiven Musikern gefunden zu haben – den 1954 geborenen Gitarristen Pat Metheny beispielsweise. Es ist jedoch fraglich, ob es tatsächlich einen solchen Traditionsstrang gibt oder ob nicht die jüngeren Musiker aus eigenem Antrieb eine Fusion-Musik entwickelt haben, die sich aus anderen Quellen speist. Musiker wie Davis und McLaughlin haben eine Initialzündung gegeben, die Angehörige der nachfolgenden Generationen dazu ermunterte, den Begriff »Jazz« nicht mehr so eng anzulegen wie zuvor. Der in der Tradition wurzelnde Jazz löst sich dann allerdings in einer oft nebulösen »world music« auf, die Gefahr läuft, lediglich die Schemata und Klischees eklektizistisch kombinierter Musikformen zu reproduzieren. Wie viel kreatives Potential von den einschlägigen Goldgräbern zu Tage gefördert werden wird, bleibt abzuwarten.

»All That Jazz«

Alternde Avantgarde und junge Traditionalisten

Der Jazz hat im Verlauf seiner fast hundertjährigen Geschichte eine lange und bunte Reihe verschiedener Stilrichtungen hervorgebracht. Das Aufkommen eines neuen Stils hat dabei nie bedeutet, dass der vorhergehende gänzlich unterging. Es hat immer Musiker gegeben, die an der einmal von ihnen entwickelten Spielweise beharrlich festhielten, sie allenfalls im Lauf der Zeit behutsam aktualisierten, sich durch Neuerungen auf dem Gebiet von Harmonik und Rhythmik beeinflussen ließen und ihre Musik komplexer gestalteten, ohne dabei jedoch ihr ursprüngliches Konzept aufzugeben. Während der Schlagzeuger einer New-Orleans-Band um 1920 über ein äußerst bescheidenes Instrumentarium verfügte und nur sehr sparsame Akzente setzte, saß er zehn Jahre später schon hinter einer Vielzahl von Trommeln, Tom-Toms und Becken, deren er sich auch recht großzügig bediente und dadurch den Rhythmus mehr fließen ließ: was die Band aber im Kern immer noch spielte, war New-Orleans-Jazz – der Geist war derselbe geblieben. Jazz war von allem Anfang an eine eklektische Musik, die Elemente aus ganz verschiedenen Musikstilen absorbierte, aber etwas Eigenständiges daraus machte. Der Jazz hat nie stagniert, er war immer offen für Einflüsse, aber das Besondere war, dass ein einmal entwickelter Stil nie völlig von anderen überholt oder außer Kraft gesetzt wurde, sondern seine genuine

Gültigkeit behielt. Jedenfalls haben dies die Hörer so empfunden.

Der alte Jazz lebt weiter und berührt seine Hörer nach wie vor. Die CD und neue Aufbereitungstechniken haben es ermöglicht, selbst Aufnahmen aus grauer Vorzeit wieder genießbar zu machen. Zwar rauscht, knackt und zischt es immer noch gewaltig, wenn man sich eine Einspielung der »Original Dixieland Jazz Band« vom 24. Januar 1917 wie *Darktown Strutters' Ball* anhört, aber man identifiziert das Zusammenspiel der Melodieinstrumente und bekommt auch etwas von dem pochenden Rhythmus mit – und dabei stellt sich durchaus ästhetisches Vergnügen ein. Natürlich steht für viele ein musikhistorisches Interesse hinter dem Kauf solcher Aufnahmen, doch verfliegt diese eher akademische Haltung beim Anhören eines Stücks. Ein Bluestitel, den Bessie Smith 1922 aufnahm, kann heute noch eine ebenso starke Faszination ausüben wie damals.

Der alte Jazz lebt nicht nur auf Tonträgern weiter: es gibt immer noch eine Handvoll Musiker, die kurz nach der Jahrhundertwende geboren wurden und noch aktiv sind oder es zumindest bis vor Kurzem noch waren. Neunzigjährige New-Orleans-Veteranen gingen auf Europatournee, spielten beispielsweise beim New-Orleans-Jazz-Festival in Lugano, und fanden ihr Publikum. Der traditionelle Jazz erfreut sich am Ende des Jahrhunderts neuer Beliebtheit. Deutlich wurde dies zum Beispiel, als im Oktober 1995 die »Harlem Blues And Jazzband« nach Deutschland kam. In der Ankündigung eines Konzerts hieß es: »Die *Harlem Blues And Jazzband* stellt ein gemeinsames Lebensalter von 529 Jahren auf die Bühne. Das heißt: Die *Harlem Blues And Jazzband* ist älter als Amerika!« Senior der siebenköpfigen Formation war der Bassist Johnny Williams, 1908 geboren, der mit Leuten wie Louis Armstrong, Sidney Bechet, Benny Carter, Coleman Hawkins, Teddy

Wilson, Johnny Hodges und Billie Holiday zusammengearbeitet hat. Dem Trend der Zeit folgend, hatte er sich mittlerweile einen E-Bass zugelegt, was aber auch die einzige Konzession der Band an die »Modern Times« war. In der Rhythmusgruppe saßen außerdem noch der ehemalige Fats-Waller-Gitarrist Al Casey, Jahrgang 1915, und der 1910 geborene Schlagzeuger Johnny Blowers, der über sieben Jahrzehnte in verschiedenen Swingbands, unter anderem im Begleitorchester Frank Sinatras, Dienst getan hatte. Die Band brachte meist Swing-Titel aus den zwanziger Jahren wie *Caravan, Blue And Sentimental, Honeysuckle Rose*. Und machten sich, vor allem bei den Bläsern, auch einige altersbedingte Schwächen bemerkbar – den Besuchern, von denen die meisten im Alter von zwanzig bis dreißig waren, gefiel es nicht nur, sie applaudierten enthusiastisch.

Dies scheint kennzeichnend für die Jazz-Szene der letzten zwanzig Jahre. Das ›Alte‹ wurde um 1970 wiederentdeckt. Musiker, die sich schon vor dem Free Jazz und dem Rock-Jazz etabliert hatten, beherrschten die Szene, auch solche, die ihre Wurzeln in der Pre-Bop-Era hatten. Duke Ellington und Count Basie waren mit ihren Bands bis zu ihrem Tod (1974 bzw. 1984) aktiv. Ella Fitzgerald galt vielen weiterhin als Inbegriff der Jazzsängerin. Norman Granz verpflichtete für sein neues Label Pablo fast alle Swing-Größen, die noch am Leben waren. Er produzierte unermüdlich Platten mit Ellington, Basie und der Fitzgerald und mit »Mainstreamers« wie Oscar Peterson und dem Gitarristen Joe Pass. Bisweilen hatte man den Eindruck, dass da des Guten zu viel getan wurde, dass manche Musiker zu oft im Plattenstudio saßen und wie leergespielt klangen. Joe Pass zum Beispiel wurde von Granz in immer wieder neuen Kombinationen vermarktet; er nahm solo auf, im Duo mit Ella Fitzgerald, mit dem Posaunisten J. J. Johnson, mit dem

Pianisten Jimmy Rowles, mit dem Bassisten Niels-Henning Ørsted Pedersen, begleitete Count Basie und Oscar Peterson. Der Tenorist Zoot Sims, einer der »Four Brothers« der Herman-Band, spielte in den siebziger und achtziger Jahren für Pablo so viele Platten ein wie nie zuvor in seiner langen Karriere. Der gewaltige Katalog dieses Labels zeigt aber, dass ein großes Bedürfnis nach elegant swingender und unverfänglicher Musik besteht.

Ähnliches trifft auch für die Musik zu, die sich in irgendeiner Form vom Bebop ableitet. Musiker, die in den vierziger und fünfziger Jahren zu den Avantgardisten gehört und oft genug ihre Hörer schockiert hatten, wurden jetzt von einem breiten Publikum rezipiert – ein Zeichen dafür, dass sich die Hörgewohnheiten gewandelt hatten. Art Blakeys »Jazz Messengers« marschierten unbeirrt weiter und brachten eine Schar junger Talente hervor, die wieder eigene Gruppen gründeten. Stan Getz, der sich von der Jazz-Samba verabschiedet und zu einer aktualisierten Cool-Spielweise zurückgefunden hatte, erfreute sich neuer Popularität, seine Tourneen führten ihn durch die ganze Welt. Gerry Mulligan wurde als Fünfzigjähriger wieder zu einem »Shooting-Star«. Chet Baker war immer wieder in europäischen Jazzclubs zu Gast und nahm mit wechselnden europäischen Begleitmusikern zahlreiche Platten auf. Bop, Cool und Hard Bop waren die Stilrichtungen, die auch die Angehörigen der jungen Musikergeneration am nachhaltigsten beeinflussten. Man prägte bald das Schlagwort vom »Neo-Bop«; zu den herausragendsten Musikern dieser ›Stilrichtung‹, die eigentlich keine ist, ist der Saxophonist Bobby Watson (*1953) zu zählen, der von 1977 bis 1981 bei Blakey spielte. In ähnlichen Bahnen bewegt sich die Musik der Tenoristen Bob Berg (*1951) und Joe Lovano (*1953), des Altisten Richie Cole (*1948), des Trompeters Jon Faddis (*1953) und vieler anderer.

Es scheint sich kein wirklich neuer Stil herauskristallisiert zu haben, der eindeutig dominiert und das Interesse einer Mehrzahl der Jazzfans auf sich zieht. Vielmehr gibt es eine Pluralität von Stilen, und das Ganz-Alte findet ebenso seine Hörer wie das – zeitlich gesehen – Ganzganz-Neue: Dixieland und HipHop führen eine Art friedlicher, zumindest duldsamer Koexistenz. Von dem Nebeneinander ganz unterschiedlicher Strömungen und der Renaissance älterer Spielweisen, die um etwa 1970 einsetzte, zeugen auch die Programme der Jazz-Festivals, die sich von etwa demselben Zeitpunkt an geradezu epidemieartig vermehrten. Zwar gab es Festivals, die dem einen oder anderen Stil vorbehalten waren, die meisten Organisatoren handelten aber nach der Devise »Für jeden etwas«. Um nahezu beliebig ein Beispiel herauszugreifen: Für das North Sea Jazz Festival in Den Haag, zugegebenermaßen eine Mammutveranstaltung, wurden 1985 unter anderem folgende Musiker und Gruppen eingeladen: Vertreter des Bigband-Swing, des schwarzen wie des weißen (Count Basie und Woody Herman), des swingorientierten Small-Band-Mainstream (Ella Fitzgerald und Oscar Peterson), Musiker aus der »Cool«-Schule (das »Modern Jazz Quartet« und Shorty Rogers), Hardbopper (Horace Silver und Dizzy Gillespie), Jazz-Rocker oder Rock-Jazzer (Miles Davis), Free-Jazzer oder Ex-Free-Jazzer (Charlie Haden, Sun Ra, Ornette Coleman), Soul-Sänger (Ray Charles), Bluesmusiker (B. B. King), Interpreten ›jazzverwandter‹ lateinamerikanischer Musik (Arturo Sandoval und Astor Piazzola), schließlich eine Band, die den ganz archaischen Jazz, wie er um die Jahrhundertwende auf den Straßen von New Orleans gespielt wurde, neubelebt hatte (die »Dirty Dozen Brass Band«) und eine Formation, die den europäischen Revival-Jazz pflegte (die »Dutch Swing College Band«). Und hinter dem »u. v. a.« des vielversprechenden

Festivalplakats verbargen sich noch rund hundert weitere Musiker.

Eine solche bunte Mischung sichert einem Unternehmen wie dem North Sea Jazz Festival die finanzielle Basis, die für sein Überleben erforderlich ist; sie spiegelt aber auch eine Entwicklung im Geschmack des Publikums wider: man legt sich nicht mehr auf eine Stilart fest. Es gibt Jazzfans, die in nostalgischen Gefühlen schwelgen, wenn sich eine »Ghost Band« auf der Bühne versammelt, das heißt, eine Swing-Bigband, die nach dem Tod des ursprünglichen Leaders von einem anderen Musiker in seinem tatsächlichen oder vermeintlichen Sinn weitergeführt wird (wie etwa die Bands Ellingtons und Basies), und wenn wieder einmal *Take The A Train* oder *Jumping At The Woodside* erklingt. Dieselben Leute aber kaufen auch bereitwillig eine Eintrittskarte, wenn Wayne Shorter in die Stadt kommt, und lauschen mit Kennermiene den elektronischen Klängen, die seine Rhythmusgruppe produziert. Es gibt Generalisten unter den Plattensammlern, die alles kaufen, von einer CD mit in »Digital Stereo« aufbereiteten Titeln King Olivers aus den zwanziger Jahren bis zu der neusten Veröffentlichung Ornette Colemans. Die Zeiten, in denen sich Traditionalisten und Modernisten bis aufs Messer bekämpften und in Kneipen, in denen eine Revival-Band auftrat, Schilder mit der Aufschrift »No Bop played here« hingen, scheinen vorbei zu sein. Gelegentlich gibt es noch Rückfälle. Als der »Hi-De-Ho«-Man Cab Calloway einmal bei den Berliner Jazztagen auftrat, die eher dem (moderat) modernen Jazz vorbehalten waren, wurde er, kaum dass er den Mund aufgetan hatte, ausgepfiffen. Seine Show war zugegebenermaßen unerträglich, aber man hätte sich doch vom Publikum mehr Toleranz gewünscht, eben die Toleranz, die Jazzmusiker mit ganz gegensätzlichen Spielauffassungen in der Regel gegenseitig üben. Miles

Davis konnte einem ›Kollegen‹ wie Louis Armstrong, der nicht nur in musikalischer Hinsicht ein ganz anderes Konzept vertrat als er selbst, durchaus Reverenz erweisen. Als Armstrong seinen siebzigsten Geburtstag feierte, meinte er, Armstrongs Verdienste für die Popularisierung des Jazz anvisierend: eigentlich müssten alle Jazzmusiker zusammenkommen und ihm auf Knien danken.

Man hat von einer »Rückkehr zur Tonalität« nach der Phase des Free Jazz gesprochen. Dies ist insofern irreführend, als auch in der Zeit von 1960 bis etwa 1970 die Mehrzahl der Musiker beharrlich an einer tonalen Musizierweise festhielt. Treffender ist die Formulierung von Wolfgang Sandner, der konstatiert, dass es nicht nur im Jazz, sondern auch »in der euro-amerikanischen Avantgardemusik [...] seit Anfang der 70er Jahre eine sehr starke retrospektive Tendenz« gibt.[1] Diese Retrospektive kann allerdings sehr verschieden ausfallen – sie kann unterschiedlich weit zurückreichen, und sie kann zu einem mehr oder weniger unveränderten Aufnehmen alter Stile oder zu ihrer kreativen Weiterverarbeitung führen. Sandner spricht von »geschichtslosen Reprisen [...], die eine ganze musikalische Entwicklung unreflektiert überspringen oder bewusst negieren« und führt als Beispiel dafür die Musik »einiger Jazzpianisten wie Chick Corea, Herbie Hancock und Keith Jarrett« an. Über Jarrett, der mit seinen Solo-Darbietungen auch bei einem nicht primär am Jazz interessierten Publikum großen Erfolg hat, urteilt er: »Keith Jarretts Solo-Improvisation, wie sie in den Köln Concerts beispielsweise im Abschnitt IIc vorliegt, verarbeitet ein formal, harmonisch und rhythmisch gebundenes, liedhaftes 24taktiges Thema, variatív die strenge achttaktige Periodenbildung beachtend, im Stile des Mainstream-Jazz der

---

[1] Wolfgang Sandner: Jazz. Zur Geschichte und stilistischen Entwicklung afroamerikanischer Musik. Laaber 1982. S. 133.

50er Jahre und – im zweiten, rhythmisch freien Teil – im Klavierstil des 19. Jahrhunderts, dabei nicht über die Harmonik und Kontrapunktik eines Robert Schumann hinausgehend. Sie reflektiert in keiner Weise die improvisatorischen Errungenschaften der Zeit ab etwa 1960 und ließe sich somit bruchlos einer früheren Zeit einfügen.«[2]

Der Vorwurf, sie seien hinter die Neuerungen seit 1960 zurückgefallen, träfe aber das Gros der heute aktiven Musiker. Es gab immer wieder nach 1950 geborene Jazzmusiker, die nach ihrem Debüt in den siebziger oder achtziger Jahren in der amerikanischen Fachpresse als »exciting new voices« apostrophiert wurden. Sie waren dies in dem Sinne, dass sie durch technische Brillanz ihres Spiels, Ideenreichtum, Witz oder Tongebung hervorstachen; doch das, was sie mit ihren »Stimmen« artikulierten, war selten »new«, manchmal aber vielleicht dennoch »exciting«. Es hat in den letzten zwanzig Jahren keinen Erneuerer oder Stilbildner vom Rang eines Louis Armstrong, Duke Ellington, Charlie Parker, Miles Davis oder Ornette Coleman mehr gegeben. Die heute dreißig- bis vierzigjährigen Musiker scheinen in einem Idiom weiterzuspielen, das sie von ihren Vorgängern ererbt haben. Darüber können auch Versuche, aus den gängigen Mustern herauszuspringen, nicht hinwegtäuschen. Es hat nach der Fusion von Rock und Jazz noch weitere Verschmelzungsversuche gegeben, wie sie sich bei John McLaughlin schon angedeutet haben. Der Free Jazz hatte bereits damit begonnen, Elemente aus der Musik anderer Kulturen zu absorbieren; diese Tendenz setzte sich in den achtziger und neunziger Jahren fort. Man spricht heute vom »Ethno-Jazz«; es scheint sich dabei aber eher um einen bescheidenen Ableger am großen Stamm der Jazz-Entwicklung zu handeln. Ähnliches trifft

2 Ebd. S. 134.

auf HipHop und Rap-Jazz zu, die, als Blüten der lauteren, bunteren und mediengerechteren Art, Elemente aus der Popmusik verarbeiten. Man kann sich nur schwer vorstellen, dass zukünftige Musikergenerationen einmal auf dieser Musik aufbauen werden, dazu fehlt ihr wohl das Potential; sie ist nicht wirklich innovativ, sondern versucht durch eher oberflächliche Anpassung Anschluss ans multimediale Zeitgeschehen zu finden – was ja auch eine legitime Zielsetzung sein mag. Die die HipHop-Motorik einbeziehende Musik von Interpreten wie den Saxophonisten Maceo Parker (*1945) und Steve Coleman (*1956) und der Pianistin Gerri Allen (*1957) hat in jedem Fall einen hohen Unterhaltungswert.

Das, was die Männer um den 1953 geborenen Multiinstrumentalisten John Zorn von sich geben, klingt avantgardistischer und scheint – bei allem Humor – auch ernsthafter gemeint zu sein. Zorn gilt als Begründer des »No Wave«-Jazz, auch »Noise Music«, »Punk Jazz« oder »Out Music« genannt. In dieser Musik laufen Einflüsse des Free Jazz, des Punk, der neueren Rockmusik, des Films, der Popkultur und vieler anderer Richtungen zusammen; sie scheint aber die Tendenz in sich zu bergen, sich selbst zum Verstummen zu bringen. Jürgen Wölfer charakterisiert die Melange folgendermaßen: »No Wave bezieht alle Spielarten ein, um sie sofort wieder in Frage zu stellen; die Formen werden immer kürzer, wenn auch nicht notwendigerweise komprimierter. ›Uns ist es manchmal schon zu lang, wenn ein Stück eine Minute dauert‹ (David Moss[3]). Die ideale Form wird dann wohl bei einer Spielzeit von Null erreicht.«[4] Allerdings ist der Zitatcharakter dieser Musik durchaus als Programm zu verstehen: ein Statement von Jazz- und Avantgardemusikern zu den nicht mehr über-

---

3 David Moss, Schlagzeuger (*1955).
4 Wölfer: Lexikon des Jazz. S. 368.

John Zorn

schaubaren medialen Einflüssen, die natürlich weit über das hinausgehen, was sich mit dem Begriff »Jazz« begrenzen ließe. Mit seinen »Masada«-CDs kehrte das Enfant terrible, der musikalische Dekonstruktivist Zorn zu einer traditionelleren Spielweise zurück, er scheint unter dem Etikett der »radical Jewish culture« in gewisser Weise Wurzeln oder gar Identität zu bedenken. »In Zorns Projekt kommt es [...] zu keinem musikalischen Kamikaze«, hieß es in einer Besprechung. »Die durchweg von Enthusiasmus geprägte Session wandelt fröhliche Klezmerklänge in eine avantgardistisch-orientalische Musik, die keineswegs eine Sache für den Kopf bleibt, sondern den ganzen Körper mit einbezieht und in Bewegung versetzt.«[5]

Experimentatoren, alle letztlich, die aus der Reihe tanzen, haben es heute ebenso schwer wie die Free-Jazzer in den sechziger Jahren. Vielleicht sogar schwerer: in den Sechzigern wurde der Versuch, die eingefahrenen Gleise zu verlassen, immerhin noch als solcher honoriert – er entsprach vielfach einem umfassenden Bedürfnis nach Erneuerung. Heute scheint die Musik wieder so etwas wie ein Gefühl von Ruhe vermitteln und – wenn man so will – auch der Ablenkung dienen zu müssen. Non-Konformisten, die ihre Musik nicht auf solche Weise funktionalisieren lassen wollen, wie zum Beispiel der Saxophonist Anthony Braxton (*1945), der als Free-Jazzer der dritten Generation apostrophiert wird, sind singuläre Erscheinungen. Viele jüngere Instrumentalisten sind nach einem Ausflug in Free-Jazz-Gefilde wieder zu klassischeren Strukturen zurückgekehrt. »Musik muss wieder swingen«, verkündete 1983 der Tenorsaxophonist David Murray (*1955): »Ich glaube, das spiegelt die soziologische Seite dieser Zeit wider. Die Leute wollen nicht auch noch an der Musik leiden – das haben sie an Ronald Reagan lange genug getan. Sie wollen davon erlöst werden. Sie wollen etwas Schwungvolles hören, und ich bring's ihnen, weil ich genauso fühle.«[6] Wenn Murray mit seiner Beurteilung des Publikumsgeschmacks recht hat, bedeutet das für einen Jazzmusiker, der Erfolg haben will, moderat mit allen Neuerungen zu sein,

---

5 Gerd Filtgen. In: Stereo. Nr. 4 (April 1995). S. 123.
6 Zit. nach: Francis Davis: In the Moment. Jazz der 80er Jahre. Wien 1989. S. 8.

die gegen die etablierten Hörgewohnheiten verstoßen; es bedeutet reflektiertes Fortführen einer mittlerweile hundertjährigen Musiktradition.

Vielleicht macht gerade das Verwurzeltsein in der Tradition bei der Mehrzahl der jüngeren Musiker den neuen ›Stil‹ innerhalb einer enger verstandenen Jazzgeschichte aus; vielleicht wird man in einigen Jahren, in der Retrospektive also, den Jazz der Periode ab 1970 als »retrospektiven Jazz« – oder ähnlich – bezeichnen. Die Rückbeziehung auf die Gesamtheit dessen, was der Jazz im Lauf seiner Geschichte an Richtungen hervorgebracht hat, erfolgt bei vielen der heutigen Instrumentalisten ganz bewusst – dieses Zurkenntnisnehmen und kreative Weiterverarbeiten dessen, was vorher war, unterscheidet sie von manchen ihrer Vorläufer, besonders von den Free-Jazzern.

Der Flötist James Newton (*1953) sagte 1984 in einem Interview, seiner Meinung nach sei der Free Jazz eine Sackgasse gewesen. Auf die Frage: »Sehen Sie darin eine Beschränkung der musikalischen Möglichkeiten, die sich Musiker selbst auferlegten?« antwortete er:

Ja, und ich meine, daß das, was Mingus oder Ellington getan und erforscht haben, nicht einfach fallen gelassen und vergessen werden kann, all das sollte weitergeführt, mit neuen Elementen vermischt werden. Ich bewahre und schätze die Tradition der Musik und ich bekomme die meisten Inspirationen von älteren Dingen, etwa von der Musik des frühen Ellington. Kompositionen wie »Creole rhapsody« oder »Black, brown and beige« sind ein Quell unendlicher Inspiration für mich, ebenso die Musik Jelly Roll Mortons. Auch Art Tatum bewirkte bei mir viel – etwa was das Streben nach einer totalen Kontrolle über das Instrument anbetrifft, denn er führte die Beherrschung des Pianos quasi zur Vollendung. [...] Charlie Parker [...] ist heute noch auf der ganzen Welt anzutreffen, nicht nur auf seine Musik, sondern auch auf seinen Einfluß stößt man immerzu. Er ist eine jener Persönlichkeiten, mit denen du dich beschäftigen mußt, wenn du Jazz spielst, das gleiche gilt für Ellington, für Mingus.[7]

Rückbesinnung auf die Tradition – das wird schon deutlich geworden sein – kann ganz unterschiedlich ausfallen. Um ein Extrembeispiel anzuführen: Scott Hamilton ist 1954 geboren, wenn man ein Foto von ihm sieht, könnte man aber auf die Idee kommen, es sei in den dreißiger Jahren aufgenommen worden: Menjou-Schnurrbärtchen, pomadisierte Haare, altertümlich geschnittenes Sakko. Der Tenorsaxophonist trimmt nicht nur seine äußere Erscheinung auf alt, er spielt auch so: Coleman Hawkins, Ben Webster und andere Swing-Tenoristen sind seine Vorbilder. Auf seinen CDs lassen manchmal nur bestimmte Modernismen der Rhythmusgruppe (und natürlich die Aufnahmetechnik) ahnen, dass es sich um Einspielungen aus den achtziger oder neunziger Jahren handelt. Natürlich hat Hamilton sich den Vorwurf gefallen lassen müssen, dass er ein bloßer Imitator sei. Er selber hat dieser Kritik bis zu einem gewissen Grad die Spitze abgebrochen, indem er zugab, auf altes Material zurückzugreifen und eine traditionelle Auffassung zu vertreten; er betrachte sich und seine Mitspieler aber dennoch als kreative Künstler: »Wir sind Improvisatoren. Wir entwickeln die Musik während des Spiels, wie es die Jazzmusiker immer getan haben.«[8] Ein altes Schlachtross wie *Body And Soul*, meinte er, könne man

7 James Newton im Gespräch mit Gudrun Endress. In: Jazz Podium. 33. Jg. Nr. 4. (April 1984). S. 6–10. Hier: S. 6 f.
8 Zit. nach: Davis: In the Moment [s. S. 407, Anm. 6]. S. 97.

Wynton Marsalis

immer noch in der Manier von Coleman Hawkins spielen und dabei etwas Neues entstehen lassen, eigene Gedanken verwirklichen.

Hamilton ist keineswegs ein »Unikum«, wie Wölfer meint[9]: er gehört zum Stall von Carl Jefferson, der auf seinem Label Concord bevorzugt Musiker veröffentlicht, die eine leicht modernisierte Version der alten Swingmusik präsentieren. Jefferson hat mehrere junge Talente entdeckt und gefördert, die es verstanden und sich vor allem damit begnügten, den klassischen Swing am Leben zu erhalten: den Posaunisten Dan Barrett, den Saxophonisten Ken Peplowski, den Kornettisten Warren Vaché, den Gitarristen

---

9 Wölfer: Lexikon des Jazz. S. 198.

Howard Alden. Während Granz gewissermaßen die Originale unter Vertrag hatte, machte Jefferson sich auf die Suche nach Kopien.

Während man bei dem ›Epigonen‹ Hamilton von Anfang an nicht mit großen Überraschungen rechnete, erwartete man von dem Musiker, der in den letzten Jahren die glänzendste Karriere von allen Newcomern gemacht hat und auch bei Fans populärer oder klassischer Musik einen hohen Bekanntheitsgrad genießt, eine Art von musikalischer Erneuerung. Wynton Marsalis, 1962 in New Orleans geboren, stammt aus einer musikalischen Familie, sowohl sein Vater Ellis als auch seine Brüder Delfeayo und Branford sind Jazzmusiker. Wynton lernte als Zwölfjähriger klassische Trompete, spielte in traditionellen New-Orleans-Bands, aber auch in Funk-Bands, und erhielt an der angesehenen Juilliard School of Music in New York den letzten Schliff. 1979 trat er Blakeys »Jazz Messengers« bei, ein Jahr später spielte er mit Herbie Hancock. Sein Debütalbum – es heißt schlicht *Wynton Marsalis* – datiert aus dem Jahr 1981. Er war der »Durchstarter der Saison«, galt vielen als »Superstar am Trompetenhimmel«[10], und nicht wenige Kritiker verknüpften mit ihm die Hoffnung, dass er ein zweiter Miles Davis werden und einen neuen, modernen Stil entwickeln würde.

Die Kritiker wurden herb enttäuscht: Marsalis schien sich musikalisch zurückzuentwickeln. Eine CD wie *Hothouse Flowers*, auf der er vor sattem Streicherhintergrund alte Balladen herunterspielte, löste geradezu einen Skandal aus. Dabei zeigte ein anderes Album wie *Black Codes*, dass er über eine bemerkenswerte Vielfalt von Ausdrucksmöglichkeiten verfügte, sich im nobelsten Antiquitäten-Repertoire des Jazz zu bedienen wusste und dabei durchaus über

---

10 Jazz Podium. 34. Jg. Nr. 3 (März 1985). S. 23.

eine vitale Spielweise verfügte. Sein exakter akademischer Ton birgt aber für viele Jazzfans das eigentliche Problem: für sie ist das, was Marsalis von sich gibt, bei aller Virtuosität ohne »Feeling« und ohne Eigenart. Vergleicht man seine Anpassungsfähigkeit mit der Provokation, die von den entscheidenden Gestalten der Jazzgeschichte ausging, dann passt das Spottwort vom »jungen Milden«. Die Erwartung von etwas Neuem im Rahmen der (historisch definierten) Jazz-Stile hat er jedenfalls bislang nicht erfüllen können.

Ob der Jazz wirklich etwas ›Neues‹ braucht, ob er zu seinem Überleben darauf angewiesen ist, mag man bezweifeln. Gewandelt haben sich im Lauf von fast hundert Jahren die äußeren Formen, gleich geblieben ist eine Intensität des Ausdrucks, die Essenz, das Wesen der Musik. Der »Spirit«, von dem Sidney Bechet sprach, ist immer im Jazz spürbar gewesen, über alle Stile hinweg. Heute hat man erkannt, dass auch der Free Jazz mit seiner zum Extrem getriebenen Aufbrechung der Form – eben Jazz ist, und zwar aufgrund innerer Kriterien, der Gefühle, aus denen heraus er geschaffen wurde, die er vermittelte und freisetzte. »Diese emotionale Kraft des Free Jazz aber bindet ihn an die Tradition in einem weit stärkeren Maße als jede Regel, ganz gleich, ob man sich dabei auf King Oliver, auf Ben Webster oder auf Charlie Parker beruft.«[11]

---

11 Jost: Free Jazz. [s. S. 361, Anm. 1]. S. 191.

»Anything Goes«

Aufbruch im 21. Jahrhundert

Von Robert Fischer

> In New York traf ich 1965 einmal Barry Harris, einen phantastischen Bebop-Pianisten, der vor mir in der Band von Cannonball Adderley gespielt hatte. Er sagte: »Joe Zawinul, ich muss dir etwas erzählen. Im Radio war gerade eine Cannonball-Nummer, und ich hätte schwören können, dass ich der Pianist bin. Doch dann haben sie angesagt, Zawinul spielt Klavier. Ich gratuliere dir!« Zuerst hat mich dieses Kompliment gefreut. Ein paar Sekunden später fiel mir dann auf, was das bedeutete. Barry Harris war ein Pianist, der sein Vorbild Bud Powell imitierte, unheimlich gut. Und ich war der Dritte in der Linie: Ich spielte so wie Barry Harris, der so wie Bud Powell spielte. Eine wirkliche Katastrophe.
>
> *Joe Zawinul*[1]

> It's more or less Jazz.
>
> *Mathias Rüegg auf die Frage, welche »Songs« das Vienna Art Orchestra spiele*[2]

Das Titelstück von John Taylors 2003 veröffentlichter CD *Rosslyn* beginnt mit einer verhalten dahingetupften, seltsam schwebenden Klaviermelodie; karg und auf das Wesentliche reduziert wie eine Bleistiftskizze, doch anmutig warm, weich und volltönend zugleich. Es scheint, als wür-

---

1 Günther Baumann: zawinul. Ein Leben aus Jazz. Salzburg 2002. S. 10f.
2 Zit. nach dem – zum zwanzigjährigen Bandjubiläum entstandenen – Dokumentarfilm *An Echo from Europe, Vienna Art Orchestra on Tour* (1997) von Othmar Schmiderer.

de der Pianist selbst noch den Schwingungen hinterherhören, während er gleichzeitig die Melodie vorantreibt, die sich wie ein Leitmotiv durch das gesamte, etwas mehr als acht Minuten lange Stück zieht, bald unterstützt, ergänzt und bereichert von den niemals nur begleitenden, sich auch niemals in den Vordergrund spielenden, sondern immer auf der Höhe des musikalischen Augenblicks agierenden Marc Johnson am Bass und Joey Baron am Schlagzeug. Gemeinsam gelingt es den dreien, die von der Eingangsmelodie vorgegebene Stimmung in einem langen Bogen und unter Verzicht auf jeden vordergründigen dramatischen Effekt an ihr scheinbares Ende zu führen, bis die Klänge gleichsam zu verebben scheinen, immer sparsamer werden, quasi Stillstand einkehrt und völlige Ruhe. Eine Atempause ist das, vielleicht, aber auch ein Zustand hoch konzentrierter Spannung, die sich in diesem Fall, in John Taylors kammermusikalisch-intimem Kleinod *Rosslyn*, dadurch auflöst, dass Anfang und Ende miteinander verbunden – wenn man so will: miteinander versöhnt – werden, wenn noch einmal die Eingangsmelodie erklingt und lange nachhallt, bis die letzten Töne dann wirklich verklungen sind: hinausgetrieben aufs offene Meer unserer bewussten wie unbewussten Wahrnehmung. Wunderschöne Musik also, um es nicht ganz so pathetisch auszudrücken, die wohl jeden ergreift, der sich darauf einlässt. Nur: Was ist das überhaupt für eine Musik? Ist das – noch – Jazz?

Tatsächlich hat wohl nicht nur Rainer Michalke, seit 2006 der künstlerische Leiter des international renommierten Moers-Festivals, »mit dem Jazzbegriff ein Problem«[3]. Gut möglich auch, dass es immer leichter ist, zu sagen, was

---

3 Rainer Michalke in einem Interview mit Lutz Debus und Holger Pauler. In: Tageszeitung. 18. März 2006 (»Moers hat die Pole-Position«). www.taz.de.

Jazz einmal *war*, als zu sagen, was Jazz *ist*. Aber muss man deshalb schon befürchten, dass sich diese Musik »als reproduktive – und nicht mehr als innovative – Kunstform zu etablieren« beginnt sowie »in Bälde einen ähnlichen Stellenwert wie die klassische Musik«[4] einnehmen könnte? Ist die Jazzmusik rund hundert Jahre nach ihrer Entstehung wirklich an einem Punkt angekommen, an dem »alles schon mal da gewesen« ist und nichts mehr weitergeht? Gibt es keine neuen instrumentalen Gipfelstürmer mehr wie einst Charlie Parker und John Coltrane, Albert Mangelsdorff oder Jaco Pastorius, um nur einige zu nennen? Keine kompositorischen Neutöner, wo doch alle Spielarten zwischen ganz frei, nicht ganz so frei und braver Real-Book-Nachbuchstabiererei längst vor und zurück durchexerziert worden sind? Ist es also auch in diesem Fall wirklich »die alte, gute Geschichte«, die Thomas Mann meinte, als er schrieb:

> Werther erschoß sich, aber Goethe blieb am Leben. Schlemihl stiefelt ohne Schatten, ein »nur seinem Selbst lebender« Naturforscher, grotesk und stolz über Berg und Tal. Aber Chamisso, nachdem er aus seinem Leiden ein Buch gemacht, beeilt sich, dem problematischen Puppenstande zu entwachsen, wird seßhaft, Familienvater, Akademiker, wird als Meister verehrt. Nur ewige Bohèmiens finden das langweilig. Man kann nicht immer interessant bleiben. Man geht an seiner Interessantheit zugrunde oder man wird ein Meister.[5]

---

4 Mathias Rüegg in einem Gespräch mit Andreas Kolb; hier zit. nach: Jazzzeitung. Mai 2002. www.jazzzeitung.de.
5 Thomas Mann: Chamisso. In: Th. M.: Essays I. 1893–1914. Hrsg. und textkritisch durchges. von Heinrich Detering unter Mitarb. von Stephan Stachorski. Frankfurt a. M. 2002, S. 330.

Louis Sclavis

Vielleicht sollte man aber auch keine voreiligen Schlüsse ziehen. Vielleicht sitzen ja gerade irgendwo hippe Youngsters an ihren Laptops und hecken den nächsten Urknall der Jazzgeschichte aus. Und falls dieser doch noch eine Weile ausbleibt – muss man dem Jazz dann wirklich nachsagen, den Status eines »Meisters« im Sinne von Thomas Mann erreicht zu haben, also gar langweilig geworden, jedenfalls nicht mehr interessant zu sein?

Keineswegs. Im Gegenteil: Der Jazz ist quicklebendig, und er riecht kein bisschen. Vielleicht noch nie in der Jazzgeschichte gab es eine solche Vielzahl hervorragend ausgebildeter Musiker, die auf der einen Seite die – gut dokumentierte – Tradition ihres Genres so verinnerlicht haben, dass sie anscheinend jederzeit ganz nach Belieben daraus schöpfen können, während sie auf der andere Seite auch über die (spiel)technischen Möglichkeiten verfügen, alle Tradition(en) hinter sich zu lassen, um sich in einem oftmals aufregenden Stilmix auf neue Wege zu machen. Sie, die Musiker, sind deshalb vor allem gemeint, wenn an dieser Stelle von einem »Aufbruch im 21. Jahrhundert« die Rede sein soll. Musiker wie der österreichische Saxofonist Harry Sokal, dessen 2006 zusammen mit dem Bassisten Heiri Känzig und Jojo Mayer am Schlagzeug unter dem Gruppennamen »Depart« eingespieltes Album *Reloaded* ein weiterer, unverschämt fröhlich und aufregend virtuos mit Versatzstücken unterschiedlichster Genres jonglierender Beleg für die These ist, dass es so etwas wie Originalität vielleicht überhaupt nur gibt auf dem Fundament einer breiten Tradition. Was bei der vergleichbaren französischen Formation um Aldo Romano am Schlagzeug, Henri Texier am Bass und Louis Sclavis an Klarinette und Saxofon die Rhythmen und Klangfarben des schwarzen Kontinents sind[6], ist bei Depart im Zweifel ein alpiner Jodler. Harry Sokal jedenfalls sagt über sich selbst, er mache Musik »wie ein Chamäleon. Oder besser noch: wie ein Vogel, der durch die vier Jahreszeiten fliegt«[7].

Verglichen mit einem derart bunt und vielfältig schmückenden Zierrat zeitgenössischer Paradiesvögel wirkt die dogmatische Einfalt alter Kampfhähne doch sehr trist und grau. Bis zur Bedeutungslosigkeit verblasst sind heute vergangene Konfrontationen wie etwa die zwischen jungen Traditionalisten und alternder Avantgarde. Dass im Jazz der Gegenwart Konfrontationen gleich welcher Art überhaupt viel weniger eine Rolle spielen als in früheren Zeiten, darf ruhig als Fortschritt bezeichnet werden: »Zum Jazz gehört die Ästhetik des Andersseins, das Bewusstsein für Freiheit«, schreibt Günther Huesmann in seinem »Versuch über die ›Qualität Jazz‹«[8], und dass zur Freiheit immer auch

---

6 *Suite africaine* etwa von 1999 oder *African Flashback* von 2005.
7 Jazzthetik. 1. 11. 2006. www.jazzthetik.de.
8 In: Joachim-Ernst Berendt: Das Jazz Buch. 7., vollst. überarb. und aktual. Ausg. Fortgef. von Günther Huesmann. Frankfurt a. M. 2005. S. 850.

die des anderen gehört, ist keine wirklich neue Erkenntnis, auch wenn sie in Europa erst mit dem Fall der Mauer und dem Ende des Kalten Krieges eine neue Gültigkeit erlangte. Die sich verwischenden oder ganz aufgehobenen Grenzen wie die umfassenden Möglichkeiten neuer Technologien vor allem im Internet passen gut zur »offensiven Pluralität«[9] des gegenwärtigen Jazz, dessen Musikerinnen und Musiker sich offenbar schneller und »selbstverständlicher« als andere Künstler auf die veränderten Verhältnisse eingestellt haben, auch wenn die Kehrseite der für den aktuellen Jazz kennzeichnenden »Anything goes«-Haltung eine gewisse Beliebigkeit sein mag. Diese Beliebigkeit – andere sprechen von einer »Explosion der Stilvielfalt«[10] – wie das Fehlen eines allgemeinen stilistischen Leitbildes dürften aber ohnehin nur solche Kritiker bedauern, deren Geschäft das Aufbauen und Einreißen solcher Leitbilder ist. Für die Musiker selbst kann es zweifellos nur von Vorteil sein, dass etwa die kontinentale Herkunft keine Rolle mehr spielt: Tim Berne klingt ja nicht wirklich amerikanischer, Marc Ducret nicht europäischer als der jeweils andere, und oft genug spielen sie zusammen.

Tatsächlich ist das, was derzeit auf den verschiedensten Spielwiesen des Jazz alles geschieht, auch so schon spannend genug: Versuchte man eine aktuelle Bestandsaufnahme der wichtigsten Entwicklungsstränge in den letzten fünf, zehn Jahren, so böte sich der Vergleich des Jazz mit einem späten Liebhaber an, der sich nach einer wilden Sturm-und-Drang-Zeit sowie einer ausgiebigen Phase der Selbstvergewisserung nun mit Hilfe einiger mehr oder weniger zaghafter Flirts neu zu orientieren versucht. Als da wären: der Flirt mit dem Pop, der Flirt mit der Klassik und der Flirt mit anderen Formen zeitgenössischer Kunst. Und

9 Huesmann in: Ebd. S. 834.
10 Huesmann in: Ebd.

glücklicherweise müssen wir uns diesen Liebhaber nicht länger als fast ausschließlich männlich vorstellen: Die wachsende Zahl herausragender Jazzmusikerinnen gehört zu den erfreulichsten Entwicklungen der letzten Jahre. Doch der Reihe nach.

Jazz goes Pop. In den Tagen von Benny Goodman, Artie Shaw bis hin zu Woody Herman war Jazz *die* Popmusik schlechthin. Diese Zeit ist lange vorbei. Ob man aber wirklich so weit gehen muss wie Rainer Michalke, der behauptete, dass der Jazz heute nicht einmal mehr Quelle der Inspiration für andere Künste sei[11], darf bezweifelt werden. Eher scheinen Musiker des populären Bereichs wie der Pianist und Sänger Bruce Hornsby[12] oder die Singer/Songwriterin Ani DiFranco[13] mit ihrer selbstbestimmten Künstlerexistenz die tradierte Auffassung klassischer »Jazzhaltungen« verinnerlicht zu haben. Das Gleiche gilt für Musiker wie Béla Fleck (Banjo) und Victor Lemonte Wooten (E-Bass), die – ursprünglich vom Bluegrass und Country herkommend – mehr für die spieltechnische und klangliche Weiterentwicklung ihrer Instrumente getan haben als

---

11 In dem bereits zitierten Interview in der *Tageszeitung* vom 18. März 2006 fügt Rainer Michalke dieser Bemerkung hinzu: »Bis in die Siebziger hinein haben sich Leute aus dem Rock 'n' Roll und dem Pop viele Anregungen aus dem Jazz geholt. Jetzt erlebe ich das Umgekehrte und das möchte ich auch in Moers zeigen.«
12 Bruce Hornsby spielt gern mit Jazzmusikern zusammen – man achte etwa auf Wayne Shorters Solo gegen Ende von *Fire On The Cross* auf der 1990 veröffentlichten CD *A Night On The Town,* auf Pat Methenys großartiges Spiel auf den CDs *Harbor Lights* (1993) und *Hot House* (1995) sowie auf Bill Evans' Gastauftritt im Birdland, dokumentiert auf der 2005 erschienenen DVD *Three Nights On The Town* von »Bruce Hornsby and the Noisemakers«.
13 Ani DiFranco gestaltet ihre poetischen und engagierten Songs mit einem sehr eigenwilligen Gitarrenspiel und sparsam-effektvollen Bläserarrangements; nachzuhören etwa auf der Doppel-CD *Reckoning/Revelling* (2001).

die meisten Jazzer[14]. Und wenn jemand wie Herbie Hancock ruft, um *Possibilities* (2005) auszuprobieren, geben sich auch so unterschiedliche Popstars wie Christina Aguilera, Paul Simon, Sting und Annie Lennox gern die Klinke in die Hand.

Überhaupt scheint der Jazz, vor allem seine »Backlist«, immer noch ein ideales Terrain für Popsänger zu sein, die gern demonstrieren wollen, dass sie tatsächlich singen können. *Swing When You're Winning* (2001) von Robbie Williams war so ein Fall: clever produziert und auch gesanglich überzeugend bewältigt, aber vielleicht doch mehr Pose als wirklich Jazz. Verständlicherweise weckt ein kommerzieller Erfolg wie dieser Begehrlichkeiten, und so verwundert es nicht allzu sehr, dass auf einem renommierten Jazzlabel wie Blue Note Records auf einmal die weichgespülten Schmusesongs einer Norah Jones erscheinen. *Come Away With Me*, Jones' 2002 veröffentlichter, 2003 mit acht Grammys ausgezeichneter und weltweit zwanzig Millionen Mal verkaufter Erstling im Hause Blue Note, appelliert schon in der Titelformulierung an jene Beschützerinstinkte zumindest eines Teils der männlichen Käuferschicht, die von der zarten Erscheinung der damals erst 22 Jahre alten Sängerin angetan waren und auch bei ihrem zweiten Blue-Note-Album, *Feels Like Home* (2004), gern an ihrer Seite blieben. Erst mit dem dritten, sinnigerweise *Not Too Late* (2007) betitelten Album, zeigten sich die Grenzen dieser dem Jazz eigentlich fremden, aber auch als

---

14 Zu hören auf allen Veröffentlichungen von »Béla Fleck & The Flecktones« sowie auf den Solo-Einspielungen Béla Flecks (darunter die ausschließlich Klassiktranskriptionen für Banjo vorbehaltene, mit einer »Bluegrass version« von Paganinis »Moto Perpetuo« endende CD *Perpetual Motion* aus dem Jahr 2001) und Victor Lemonte Wootens (*Soul Circus* etwa aus dem Jahr 2005); zu sehen u. a. auf der beeindruckenden DVD-Dokumentation *Live At The Quick* aus dem Jahr 2002.

folknahes Songwriting zunehmend eintöniger werdenden ideenarmen Musik.

Dass im Umfeld einer Norah Jones auch mit dem Aussehen von Sängerinnen wie Rebecca Bakken, Natalie Cole, Lisa Ekdahl, Diana Krall, Jane Monheit, Silje Nergaard, Caecilie Norby, Viktoria Tolstoy und wie sie alle heißen Geld verdient werden soll, ist weder ein neues Phänomen noch irgendjemandem vorzuwerfen. Schade würde es erst, wenn offensichtliches Talent wie das einer Roberta Gambarini (*Easy To Love*, 2005) an eine bloße Marketingstrategie verschwendet zu werden drohte oder Sängerinnen wie Cassandra Wilson mit solchen in einen Topf geworfen werden sollten, die ihr weder musikalisch noch stimmlich das Wasser reichen können.

Im Zeitalter ausgleichender Gender-Gerechtigkeit ist es aber auch sicher kein Nachteil, als Mann gut frisiert vors Mikrofon zu treten: das belegen etwa der stets so smart wie souverän trompetende Till Brönner[15] oder Roger Cicero (in diesem Fall gern mit Hut). Letzterem möchte man immerhin zugute halten, dass seine 2006 erschienene CD *Männersachen*, die sich in einem Jahr mehr als 250 000 Mal verkaufte, so witzig ist wie sein Vortrag charmant, dass seine Swingbegeisterung echt sein dürfte und dass das Talent des nicht einmal vor dem Eurovision Song Contest zurückschreckenden Sängers enorm ist.[16]

Mit einer wirklich künstlerischen Umsetzung von Anregungen aus dem Pop hat das alles wohl eher wenig zu tun. Ernsthafter, wenngleich vermutlich ebenfalls in erster Linie kommerziell motiviert, scheinen Versuche wie *Funky*

15 Gut dokumentiert auch auf der DVD *Till Brönner. A Night In Berlin* (2005).
16 Cicero bewies sein Talent schon auf der zunächst als Eigenproduktion erschienenen CD *There I Go* (»Roger Cicero & After Hours«, 2005), vor allem aber auf der 2006 produzierten CD *Good Morning Midnight* des »Julia Hülsmann Trios«.

Abba (2004) des singenden Posaunisten Nils Landgren zu sein, der zusammen mit der Sängerin Rigmor Gustafsson und dem auch ballettmusikerprobten[17] »The Flesh Quartet« als Balladen-Charmeur reüssierte (*I Will Wait For You*, 2003), mit dem Pianisten Esbjörn Svensson vielleicht seine ambitioniertesten Aufnahmen in diesem Genre vorlegte (*Swedish Folk Modern*, 2004), aber spätestens mit seiner Einspielung von Weihnachtsliedern (*Christmas With My Friends*, 2006) die Grenze zum Kitsch deutlich überschritt.

Ungleich interessanter, auch sperriger, sind die mit einem Vierteljahrespreis der Deutschen Schallplattenkritik ausgezeichneten Country-Adaptionen des Gitarristen und Komponisten Joel Harrison (*Free Country*, 2003), bei denen Norah Jones als Gast inspirierter klingt als auf manchen ihrer eigenen Aufnahmen. An musikalischen Dekonstruktivismus erinnern seine Interpretationen von George-Harrison-Songs (*Harrison on Harrison*, 2005, mit Dave Liebman an Saxofon und Flöte, Uri Cane an den Keyboards) – ein Verfahren, das auch Matthew Herbert nicht fremd sein dürfte: Der klassisch ausgebildete Pianist ist als musikalischer Tausendsassa vornehmlich in der elektronischen Szene zu Hause und auch unter verschiedenen Pseudonymen aktiv (Doctor Rockit, Radio Boy). Mit der Matthew Herbert Big Band vertonte er in eingängigem Swing politisch engagierte Texte von Michael Moore (*Goodbye Swingtime*, 2003). Bekannter wurde er durch seine Zusammenarbeit als Producer/Remixer/Sampler mit so unterschiedlichen Künstlern wie Björk, John Cale, REM und Yoko Ono. 2006 veröffentlichte er unter seinem eigenen Namen die CD *Scale*, die schon deshalb ein besonders geglücktes Beispiel für »Jazz goes Pop« im weitesten Sinne ist, weil sie neben

---

17 Etwa in der Zusammenarbeit mit dem Choreografen Mats Ek für dessen an der Pariser Oper uraufgeführtes, auch an der Bayerischen Staatsoper in München inszeniertes Ballett *Apartment*.

allen anderen Qualitäten, zu denen auch Herberts politisch-soziale Anliegen gehören, durchgängig tanzbar ist: So würde Pop wohl klingen, wäre diese Musik klüger, als sie ist.

Ebenfalls tanzbar ist die 2006 veröffentlichte CD *Doo The Boomerang* des Klarinettisten, Saxofonisten, Komponisten und Arrangeurs Don Byron: eine würdige Hommage an die Soullegende Junior Walker[18]. Damit näherte sich Byron einem Genre, in dem auch musikalische Grenzgänger wie George Clinton und vor allem der multitalentierte Prince immer mal wieder Zeichen zu setzen wussten. Zur Meisterschaft – und vom rein songorientierten Pop hin zu einer ganz eigenen Melange aus Jazz, Rock, Funk und Soul – getrieben wurde diese Musik einst von den Brecker Brothers; Gruppen wie Roy Hargroves »The Rh Factor« (*Hard Groove*, 2003, *Distractions*, 2006) oder Bill Evans und Randy Breckers »Soulbop Band« (*Live*, 2004) führten es erfolgreich fort, und der Gitarrist Mike Stern, dessen 2006 erschienene CD *Who Let The Cats Out?* im darauffolgenden Jahr mit einem Grammy ausgezeichnet wurde, besetzt darin seit langem eine sehr individuelle, noch mehr am Rock orientierte Nische.

Inwieweit die nun schon seit mehreren Jahren andauernde »Renaissance des Klaviertrios« ebenfalls der Kategorie »Jazz goes Pop« zuzurechnen ist, mag strittig sein. Unstrittig ist jedoch, dass die zweite CD des Tord Gustavsen Trio (*The Ground*, 2004) nur eine Woche nach ihrer Veröffentlichung in der norwegischen Heimat auf Platz vier der dortigen *Pop*charts einstieg. Dabei ließ das – als Begleitband der Jazzpop-Sängerin Silje Nergaard in Norwegen schon damals nicht ganz unbekannte – Trio um Tord Gustavsen am Klavier, Harald Johnsen am Bass und Jarle Ves-

---

18 Mit seiner Band »Jr. Walker and the All-Stars« stand der legendäre Tenorsaxofonist bei Motown Records unter Vertrag – als einziger Instrumentalmusiker unter lauter Vokalisten.

pestad am Schlagzeug zum Beispiel das damals gerade aktuelle »U 2«-Album *How To Dismantle An Atomic Bomb* weit hinter sich und erklomm dann eine Woche später sogar noch den Gipfel: das erste rein instrumentale Jazzalbum auf Platz eins der norwegischen Popcharts.

Jenseits dieser Chartnominierung kann man auch in der Musik des Trios einige Parallelen zum sanftmütigen Kuschelpop einer Norah Jones erkennen: Kuscheljazz, sozusagen, garantiert ohne Ecken und Kanten und stets balancierend auf dem schmalen Grat zwischen erlesenem Wohlklang und erhabener Langeweile. Das Ergebnis schmeichelt dem Ohr, scheint ideal für durchwachte Vollmondnächte und traute Zweisamkeiten, hat ein romantisches Herz und einen hellwachen Geist, schwelgt in verführerischen Melodien und atmet in liedhaften Strukturen, pulsiert unaufhörlich im Strom der Zeit und trug Tord Gustavsen die vermutlich nicht einmal negativ gemeinte Bezeichnung »nordischer Brad Mehldau« (*Jazz Zeitung*) ein.

Von einer »Virtuosität des Minimalismus«, wie sie Tord Gustavsen (ebenfalls in der *Jazz Zeitung*) bescheinigt wurde, ist Gustavsens Jahrgangsgefährte (1970) allerdings weit entfernt. Zwar mangelt es Brad Mehldau nicht an – gelegentlich arg kraftstrotzender – Virtuosität, wohl aber an Minimalismus jenseits einer vordergründig zur Schau gestellten Melancholie. Zu stark scheint sein Drang zu sein, sich als eigenständiger Künstler zu gerieren, der allenfalls noch den Einfluss von Thelonius Monk zuzugeben bereit ist, den von Bill Evans abstreitet (»No, I barely listened to this guy«[19]) und den von Keith Jarrett erst gar nicht benennt. Dabei ist gerade Letzterer in Mehldaus

---

19 In einem Radiointerview mit Kurt Anderson, hier zit. nach: Down Beat. 74. Jg. Nr. 1 (Januar 2007). S. 33. Tatsächlich ist Evans' Einfluss zumindest noch auf Mehldaus frühen CDs *The Art Of The Trio* unüberhörbar.

Solo- wie in seinem Triospiel unüberhörbar und auf CDs wie *elegiac cycle* (1999) sowie *Live in Tokyo* (2004) überdeutlich, weshalb die von *Down Beat* auf dem Cover der Ausgabe Januar 2007 gestellte Frage »Brad Mehldau – The Most Influential Jazz Artist of His Generation?« zum Wohl eben dieser Generation mit »hoffentlich nicht« zu beantworten wäre. Dass er dennoch von manchen wie ein Popstar angehimmelt wird, belegt eine hübsche Anekdote, die Matthias Winckelmann, Chef des Jazzlabels Enja, am Rande eines Gesprächs mit Ralf Thomas erzählte. Auf die Frage nach seinem Verhältnis zu Manfred Eicher, dessen Label ECM ähnlich lange wie Enja besteht, antwortete Winckelmann:

Ich kenne Manfred Eicher seit Jahrzehnten, aber wir sehen uns eigentlich kaum. Zuletzt haben wir uns bei Brad Mehldau getroffen, und wir fanden's beide sterbenslangweilig. Neben mir saßen 20-jährige Mädchen, die waren fertig, hingerissen – Gott, ist der süß. Ich fand diesen Manierismus einfach unerträglich. Er ist ein toller Pianist, aber mittlerweile eben ein rein kommerzieller Act – ich war einfach unsäglich enttäuscht.[20]

Im direkten Vergleich etwa seines Solokonzerts in Tokio mit dem von Keith Jarrett in New York (*The Carnegie Hall Concert*, 2006) muss Brad Mehldau jedenfalls deutlich Federn lassen. Zur Schau gestellte Romantik allein macht eben noch keinen Romantiker, da helfen auch deutsch dräuende Songtitel wie *Angst* (*Introducing Brad Mehldau*, 1995), *Sehnsucht* (*Songs. The Art Of The Trio. Volume Three*, 1998), *Resignation* und *Rückblick* (*elegiac cycle*, 1999) wenig. Zu hoffen bleibt, dass Mehldau – anders als

---

20 In dem Labelportrait »Enja: Dreißig Jahre Dienst am Jazz«, erschienen in: Jazzthetik. 1. 11. 2001. www.jazzthetik.de.

im schnelllebigen, beständig nach Neuem gierenden Pop – die notwendige Zeit gegeben wird, sich zu dem zu entwickeln, der er vermutlich selbst gern wäre; dass er auf allenfalls publicityträchtige Veröffentlichungen wie jene der auf hohem Niveau misslungenen Duo-CD mit Pat Metheny (*Metheny Mehldau*, 2006) verzichten kann, die vielversprechenden Ansätze seiner ungleich gelungeneren Trio-CD *House On Hill* (2006, wie alle seine Trioaufnahmen mit Larry Grenadier am Bass) weiterverfolgen kann und auch den nötigen Freiraum für solche Projekte bekommt, wie es sein Duett mit der Sopranistin Renée Fleming darstellt (*Love Sublime*, 2006): Bei dieser Auftragskomposition vertonte Mehldau Gedichte des jungen Rilke, der Dichterin Louise Bogan sowie der Sängerin Fleurine (Mehldaus Frau) und schuf dabei seine bis jetzt interessanteste Einspielung. Wie fast alle anderen Mehldau-CDs erschien übrigens auch *Love Sublime* auf dem Jazzlabel Nonesuch, obwohl diese Musik viel mehr mit Klassik zu tun hat als mit Jazz. Jedenfalls wenn man Klassik versteht als: zeitlos schön.

Vielfach gerühmt wurde Brad Mehldau dafür, dass er Popsongs wie *Paranonid Android* von »Radiohead« ins Jazzidiom übertrug. Tatsächlich scheint das ein Beispiel zu sein, das Schule gemacht hat. Und zweifellos gehört Brad Mehldau zu den *pop*ulärsten Pianisten der letzten zehn, zwölf Jahre. Schon deshalb ist er wohl ganz entscheidend mitverantwortlich für die erwähnte Renaissance des Klaviertrios, bei der zu hoffen bleibt, dass Pianisten wie Misha Alperin, Nik Bärtsch, Richie Beirach, Stefano Bollani, John Taylor, Jacky Terrasson und Martin Tingvall – um zumindest einige zu nennen, die alle in der Lage sind, unverkennbar eigene Akzente zu setzen – nicht überhört werden.

Um jemanden wie Esbjörn Svensson muss man sich da wohl kaum solche Sorgen machen – spätestens seit sein Trio »e.s.t.« mit Dan Berglund am Bass und Magnus

Esbjörn Svensson Trio

Öström am Schlagzeug im Mai 2006 das *Down Beat*-Cover zierte, was im Popbereich einer Abbildung »on the cover of a magazine«, des *Rolling Stone* also, gleichkäme: »The Esbjörn Svensson Trio leads the breakthrough of new, adventurous Jazz Musicians coming from across the pond«, stand über der martialisch ausrufenden Zeile »Europe Invades!« Wer aber die Band etwa im Herbst 2006 im Münchner Circus Krone bei der Vorstellung ihrer damals gerade aktuellen CD *tuesday wonderland* auf der Bühne sah, der bekam den Eindruck, dass sich das »neu« und »abenteuerlich« weder auf die Soundgestaltung noch auf das letztlich doch arg durchschaubare, weil immer gleiche musikalische Konzept (Stück für Stück ein kleiner, wohlkalkulierter Ausflug in die Kakophonie) beziehen kann. Denkbar also, dass wir es auch hier mit einem eher nicht allein mit der Musik zu begründenden (Erfolgs-)Phänomen zu tun haben. Vielleicht mit: Pop?

Jazz goes Klassik. Dass jemand in beiden Welten – der des Jazz wie jener der Klassik – ein ähnlich hohes Ansehen genießt, kommt immer noch reichlich selten vor. Bobby McFerrin etwa fiele einem ein, der seit 1990 auch große Orchester dirigiert und dem zum Beispiel Klaus P. Richter in der *Süddeutschen Zeitung* vom 27. Februar 2007 anlässlich eines Konzerts mit dem Münchner Rundfunkorchester in der Philharmonie bescheinigte, er habe das Andante von Mozarts früher G-Dur-Sinfonie »mit bemerkenswerter Sensibilität zwischen Andacht und Poesie« gestaltet. Über Mendelssohns Italienische Sinfonie meinte Richter: »Ungemein duftig und durchsichtig, abgetönt zu subtilen Klangreliefs, aber mit zündendem Presto-Finalsatz brillierte das Münchner Rundfunkorchester mit seiner großartigen Bläserriege. Und Bobby McFerrin als beachtenswerter Musiker.«

Friedrich Guldas Ausflüge in den Jazz wurden einst von den Hohepriestern der Klassik nur mit spitzen Fingern angefasst wie etwas, das man allenfalls zu erdulden habe, weil er doch andererseits so schön Mozart spiele. Heute dagegen sind die Grenzen zumindest unter den Musikern längst fließend. Während etwa der Bariton Thomas Quasthoff einen von Till Brönner produzierten Ausflug in den Jazz unternimmt[21] und der klassische Geigenvirtuose Benjamin Schmid mit Biréli Lagrène an der Gitarre und Georg Breinschmid am Bass im Jazztrio improvisiert[22], hören sich bei Keith Jarrett Präludien und Fugen von Dmitri Schostakowitsch so an, als wäre dies seine ureigene, im Improvisieren erfundene Musik.[23] Und Keith Jarrett muss dafür noch nicht einmal die Plattenfirma wechseln: Manfred Ei-

---

21 Thomas Quasthoff, *The Jazz Album – Watch What Happens* (2007).
22 *From Fritz To Django* (2007).
23 Nachzuhören auf Keith Jarretts Doppel-CD-Einspielung der 24 Präludien und Fugen op. 87 von Schostakowitsch.

chers ECM New Series, 1984 mit Arvo Pärts *Tabula Rasa* als erster Veröffentlichung ins Leben gerufen, hat seither immer wieder Schätze wie András Schiffs *Janácek-Recollection* (2000) oder Heiner Goebbels' *Surrogat Cities* (1999) ans Tageslicht gebracht und definiert als Unterscheidungsmerkmal vom übrigen ECM-Programm allein das Kriterium »notierte Musik«. Manfred Eicher selbst, ein 1943 in Lindau geborener ehemaliger Kontrabassist der Berliner Philharmoniker, auf dessen Label seit der Gründung im Jahr 1969 bis heute mehr als tausend Platten erschienen sind, versteht sich als »recording producer«, dem es nicht um Kategorisierungen geht, sondern um das Ganze: die eine, unteilbare Musik, um den Klang als Mittelpunkt seines Lebens.[24]

Zu Grenzgängern wie ihm kommen jene, denen es über die mehr oder weniger erfolgreichen Versuche im jeweils anderen »Fach« hinaus um eine wirkliche Synthese dieser beiden Genres geht; um eine Verbindung von Jazz und klassischer Musik mit der je eigenen Kreativität als Klammer: der Pianist Claude Bolling etwa, der in den siebziger Jahren zwei Jazzsuiten mit dem Flötisten Jean-Pierre Rampal einspielte, das »Jacques Loussier Trio« mit seinen Interpretationen von Bach und Händel; der Pianist Richie Beirach, der sich mit dem Geiger Gregor Huebner und George Mraz am Bass mit Bartók, Monteverdi und Federico Mompou beschäftigte, oder der Pianist Jacky Terrasson, der sich auf der 2002 erschienenen CD *Into The Blue* gemeinsam mit dem klassischen Flötisten Emmanuel Pahud sowie mit Sean Smith am Bass und Ali Jackson am Schlagzeug der Musik von Debussy, Mozart, Paganini, Schumann, Ravel und anderen widmete.

Prominentester Vertreter solcher im Ergebnis oft zwie-

---

24 Peter Rüedi in: Weltwoche. 6. 4. 2006. www.weltwoche.ch (Ausgabe 14/06).

Michael Brecker

spältiger Crossover-Projekte ist der 1956 geborene Pianist und Keyboarder Uri Cane, der schon vor zwanzig Jahren aufhorchen ließ, »als er das jüdische Moment in Mahlers Musik von innen nach außen kehrte«, »Robert Schumann unter den Seelen-Rock« kroch und »in seiner Adaption der Bachschen Goldberg-Variationen zum BarRocker« wurde.[25]

Zweifellos kann man aber auch die Ansicht vertreten, dass der Jazz inzwischen selbst zum »Klassiker« geworden sei, und zwar aus eigenem Recht und in eigener Qualität, ohne dabei auf die Anerkennung aus dem Bereich der klassisch instrumentierten, zur Gänze durchkomponierten Musik angewiesen zu sein. Da gibt es einerseits ein längst als »klassisch« empfundenes Repertoire als Erbe der ge-

---

25 So Henry Altmann in: Jazzthetik. 1. 12. 2006. An Mozart, schreibt Altmann darin weiter, sei Caine nun allerdings »gescheit gescheitert. Hier wird sich nicht groß am musikalischen Inhalt aufgehalten, hier wird vorgeführt, wie geschwind in der Zirkusarena der adaptiven Künste gehüpft werden kann« (S. 26 f.).

meinsamen Tradition, und da gibt es andererseits Musiker, die mit ihrem Werk wie ein Solitär aus dieser Tradition herausragen beziehungsweise diese in entscheidender Form geprägt haben.[26]

Die Bigband ist das ideale Vehikel der »klassischen Veredelung«: Zu denken wäre in diesem Zusammenhang etwa an *A Celebration Of The Mahavishnu Orchestra* (2006) mit Billy Cobham und der »HR Big Band« in den Arrangements von Colin Towns, der für die »NDR Big Band« auch die Musik von Frank Zappa arrangierte[27]. Oder an das am 11. November 2003 auf den Leverkusener Jazztagen live aufgenommene, auf CD und DVD veröffentlichte Konzert von Randy Brecker (*Some Skunk Funk*, 2005/06), bei dem die »WDR Big Band« unter Leitung von Vince Mendoza einmal mehr zur Höchstform auflief. Gefeatured wurde bei dieser Produktion auch Randys jüngerer, am 29. März 1949 geborener Bruder Michael Brecker, der mit mehr als neunhundert Albumeinspielungen und einem unverkennbar eigenen Ton zweifellos einer der einflussreichsten Tenorsaxofonisten der letzten dreißig Jahre war. Für sein Solo in *Some Skunk Funk*, dem Titelstück des Konzerts, wurde der am 13. Januar 2007 an den Folgen einer schweren Erkrankung des Knochenmarks gestorbene Michael Brecker postum mit einem Grammy – seinem zwölften – geehrt.

Ein Meilenstein in der Geschichte der »WDR Big Band« dürfte Joe Zawinuls *Brown Street* sein; ein im Oktober 2005 in Zawinuls eigenem Wiener Jazzclub »Birdland« aufgenommenes, 2006 als Doppel-CD veröffentlichtes Konzert, bei dem die fünfzehnköpfige »WDR Big

---

26 Hingewiesen sei in diesem Zusammenhang vor allem auf die von Peter Niklas Wilson herausgegebene zweibändige Ausgabe der *Jazz-Klassiker*, Stuttgart 2005, sowie auf Ralf Dombrowskis *Basis-Diskothek Jazz*, ebenfalls Stuttgart 2005.
27 *Frank Zappa's Hot Licks (And Funny Smells)*, 2005.

Band« – bis auf eine Ausnahme ebenfalls in Arrangements von Vince Mendoza[28] – die Stücke des am 11. September 2007 verstorbenen Pianisten zum Funkeln brachte. Was auch insofern bemerkenswert ist, als es über Zawinuls erfolgreichste Formation, »Weather Report«, häufig hieß, die Band würde doch »nur« versuchen, wie eine Bigband zu klingen: Selbst wenn das höchstens die halbe Wahrheit gewesen sein mag, so zeigt sich doch nun in den Aufnahmen auf *Brown Street*, dass diese Musik jedenfalls noch nie so gut klang wie hier mit der »WDR Big Band«.

Ein Fall für sich ist auch das »Vienna Art Orchestra«, dessen internationalem Erfolg man kaum gerecht werden könnte, ohne sich etwas näher mit seinem Gründer, Leiter, Arrangeur und Komponisten Mathias Rüegg zu beschäftigen: 1952 in Zürich geboren, machte er einen Abschluss als Primarschullehrer und unterrichtete zunächst an verschiedenen Sonderschulen. Dem Schweizer Militärdienst entzog er sich, indem er 1973 bis 1975 in Graz klassische Komposition und Jazzklavier studierte, bis er schließlich 1976 nach Wien übersiedelte, wo er freiberuflich als Pianist auftrat:

> Plötzlich hatte ich das Bedürfnis, im Duo zu spielen, und lud Wolfgang Puschnig ein. Bald wurde aus dem Duo ein Trio, dann ein Quartett und so weiter. Jeden Abend ging ich zur Lokalbesitzerin und informierte sie: »Heute spielen wir im Septett. Heute sind wir zu acht.«

28 In den Jahren 2000 (*Both Sides Now*) und 2002 (*Travelogue*) half der 1960 geborene Vince Mendoza – seit über zwanzig Jahren einer der versiertesten und erfolgreichsten Arrangeure des Jazz – auch der Singer/Songwriterin Joni Mitchell dabei, die Schätze ihres umfangreichen Gesamtwerks in zeitlos glitzernde orchestrale Form zu bringen. Zudem arbeitete er mit Künstlern wie der ihrerseits unvergleichlichen Sängerin Björk zusammen und arrangierte Robbie Williams' Erfolg *Swing When You're Winning* (2001).

Eines Tages waren wir 17 Mann. Untertags schrieb ich die Musik, am Nachmittag wurde geprobt, am Abend gab's dann schon die Aufführung.[29]

Unter dem nicht ganz unprätentiösen Namen »Premier Orchestre d'Art de Vienne« wurden noch im Gründungsjahr 1977 zwei Kompositionen von Mathias Rüegg – *Jessas na!* und *Kontrapunkte* – im Wiener »Schmettersound Studio« aufgenommen, wo man sich dann am 22. und 23. November 1979 erneut traf, um die erste Langspielplatte des »Wiener Art Orchesters« einzuspielen. Um welchen Geniestreich es sich dabei handelte, wird vielleicht erst heute, im Rückblick nach rund dreißig Jahren, so richtig deutlich: Noch immer klingt die Produktion so frisch und unverbraucht, als wäre seitdem gar keine Zeit vergangen – ja, als könne keine Zeit ihr etwas anhaben. Werner Pirchners virtuoses Marimbaspiel und Wolfgang Puschnigs unglaublich zärtlich-innig klingendes Altsaxofon im Titelstück *Tango From Obango* setzt einer Komposition Glanzlichter auf, die bereits alles hat, was Mathias Rüeggs Musik bis heute auszeichnet: Spielwitz und Zitierfreude, gepaart mit einer anarchistisch anmutenden, durch höchste Präzision und sehr bewussten Stilwillen kaum zu bändigenden Experimentierlust. Eine solche Platte, die einen solchen Reichtum an Klängen, Rhythmen und musikalischen Farben sowie neben Werner Pirchner, Wolfgang Puschnig und Lauren Newton so herausragende Solisten wie Harry Sokal und Roman Schwaller, Harry Pepl und Herbert Joos anzubieten hat, bei der Wiederveröffentlichung als CD 1997 mit *Aftercare* ausklingen zu lassen – einem Stück, in dem Wolfgang Puschnig noch einmal das Leitmotiv des *Tango From Obango* für sich selbst durchdekliniert, *trial and error* so-

---

29 Nachzulesen auf der Website des »Vienna Art Orchestra« (www.vao.at).

Mathias Rüegg (rechts)

zusagen vor dem roten Leuchten der laufenden Bandmaschine, bis er am Ende seufzt: »Na ja, ganz richtig war des jetzt ned, aber des is scho so lang her« –, das hat schon Witz.

Auch Mathias Rüegg ist ein Grenzgänger, der nicht zuletzt mit seiner 2002 zu seinem fünfzigsten Geburtstag produzierten, leider nie offiziell erschienenen CD *Zwischentöne* bewiesen hat, dass er beide Sprachen beherrscht, die »klassische« wie die des Jazz. Zum dreißigjährigen Jubiläum des »Vienna Art Orchestra« schenkte er sich und uns die *Trilogie 3*, deren erster Teil – *American Dreams. Portraits of 13 American Women* – souverän demonstriert, was Bigband-Musik heute zu leisten in der Lage ist. Der zweite und längste Teil – *European Visionaries. Portraits of 13 European Men* – ist noch intensiver geraten und steuert mit dem Stephen Hawking gewidmeten Schlussstück *Black Holes* auf einen fulminanten Höhepunkt zu. Der dritte Teil jedoch – *Visionaries & Dreams. Portraits of 13 Couples* –

stellt eine gelungene Synthese der beiden ersten Teile dar und exponiert Rüegg als Jongleur der Musikgeschichte; als einen, der es geschafft hat, die Genialität der frühen Jahre zu überleben und dabei eine Meisterschaft zu entwickeln, die ihresgleichen sucht.

Also: ein Klassiker im Sinne von Thomas Mann, was sich auch über den Bassisten Dave Holland sagen lässt, der am 1. Oktober 2006 seinen sechzigsten Geburtstag feierte und mit seinem eigenen Quintett (*Not For Nothin'*, 2000, *Critical Mass*, 2006), seiner Bigband (*What Goes Around*, 2001, *Overtime*, 2005), im Bedarfsfall aber auch solo (*Ones All*, 1993) jederzeit in der Lage ist, Marksteine zu setzen, ohne dabei die Bodenhaftung zu verlieren:

> Alle sollten mehr voneinander lernen, junge von alten Musikern und umgekehrt. Die Jungen bringen die Ästhetik und die Sensibilität der aktuellen Szene mit, wissen Bescheid über Hip Hop, Rap, Rhythm & Blues. Die Alten verfügen über die Erfahrungen und das Traditionsbewusstsein. Es würde beiden nützen. Ich habe 1966 mit Coleman Hawkins gespielt und 2006 mit Chris Potter. ... was für ein Privileg! Zwei unglaubliche Tenorsaxofonisten.[30]

Bei einer solchen Einstellung ist es dann auch kein Wunder, dass sich die verschiedenen Formationen von Dave Holland häufig als Sprungbrett für Solokarrieren wie jene des Altsaxofonisten Steve Coleman erwiesen, der nicht nur über eine stupende Virtuosität und einen absolut charakteristischen Ton verfügt, sondern auch mit seinen eignen, vor allem live ein Feuerwerk überschäumender Musizier-

---

30 Zit. nach einem Artikel von Rainer Köchl (»Dave Holland – Lauter entscheidende Momente«). In: jazzthing. November 2006 – Januar 2007. S. 48 f.

Steve Coleman

freude entfachenden Formationen wie den »Five Elements« bewies, dass Jazz nach wie vor eine sehr lebendige und überaus innovative Musik sein kann.

Jazz goes – everywhere? »Wenn du danach fragen musst, was Jazz ist, wirst du es niemals wissen«, soll Louis Armstrong einmal gesagt haben.[31] Gleichwohl wird die Frage nach dem Wesen des Jazz, die vielleicht schon so alt ist wie diese Musik selbst, immer wieder gestellt – auch eine Möglichkeit, dieses Genre lebendig zu halten. Dabei meinte der Komponist John Cage bereits im August 1989:

> Wir leben in einer Zeit, in der sich für viele Menschen das Bewusstsein von dem, was für sie Musik ist oder sein könnte, geändert hat. Etwas, das nicht wie ein Mensch spricht oder redet, das nicht seine Definition im

---

31 Hier zit. nach: Berendt: Das Jazz Buch [s. S. 417, Anm. 8]. S. 847.

Lexikon oder seine Theorie in den Schulen kennt, etwas, das sich nur durch das Faktum seiner Schwingungen ausdrückt. Menschen, die auf den schieren Schwingungsvorgang Acht haben, nicht in Bezug zu einer fixierten idealen Aufführung, sondern jedes Mal gespannt darauf, wie es sich diesmal ereignet, nicht notwendigerweise zweimal in der gleichen Weise. Eine Musik, die den Hörer zu dem Augenblick trägt, wo er ist.[32]

John Cage, ist man versucht zu sagen, spricht vom Jazz. Oder davon, was Jazz in seinen besten Momenten sein könnte: ein kommunikatives Erlebnis des richtigen musikalischen Augenblicks; eine Interaktion nicht nur zwischen den Musikern, sondern auch mit dem Publikum. Vielleicht spricht er ja auch davon, was die zeitgenössische, klassisch instrumentierte Musik (immer noch) vom Jazz lernen könnte. Wenn es denn so wäre, würde es nur noch wenig Sinn ergeben, zwischen diesen beiden Genres zu unterscheiden. Dann erübrigte sich wohl auch die Frage, ob ein so wunderbar intimes, die Stille suchendes Stück wie John Taylors *Rosslyn* denn nun Jazz sei oder nicht. Zugleich aber fänden auch alle diejenigen, die sich nicht mit der meisterlichen Variation tradierter Formen begnügen wollten, bei John Cage eine Antwort auf die Frage, *ob* und falls ja *wie* Innovation überhaupt – und noch immer – möglich ist. Seine Vorlesung in New York, aus der das obige Zitat stammt, leitete er nämlich mit der Bemerkung ein, er habe einmal einen Historiker gefragt, »wie Geschichte geschrieben werde«. Die Antwort lautete: »Man muss sie erfinden.«[33]

---

32 In einer Vorlesung beim Commemorative Lecture Meeting in New York; hier zit. nach dem im Mai 1991 erschienenen Themenheft der Zeitschrift *du* über den im darauffolgenden Jahr verstorbenen amerikanischen »Komponisten der Stille« (S. 18f.).
33 Vorlesung beim Commemorative Lecture Meeting; ebd. S. 18.

Darüber, wie dieses Erfinden nun am besten geschieht, kann man unterschiedlicher Ansicht sein. Marc Ribot etwa, der 1954 in Newark geborene Komponist und »Jazz-Punk«, antwortete auf die Frage nach Sinn und Unsinn von Jazzschulen wie dem Paradebeispiel Berklee:

> Die interessanten Musiker [...] folgen keinen Regeln. Mir kommt es so vor, als ob viele der Studenten an diesen Schulen nicht per se am Jazz interessiert sind, sondern an dessen Regeln und deren virtuoser Befolgung.[34]

Marc Ribot spielte mit so unterschiedlichen Musikern wie Tom Waits, Elliott Sharp, Anthony Coleman, Elvis Costello, Bill Frisell und John Zorn zusammen, wurde mit den »Lounge Lizards« in den achtziger Jahren auch einem größeren Publikum bekannt und ist ein Wanderer zwischen allen musikalischen Welten – jener der Beatles ebenso wie der von Leonard Bernstein, der kubanischen Popularmusik genauso wie der des Free-Jazz-Saxofonisten Albert Ayler.

Pat Metheny, im selben Jahr wie Marc Ribot geboren und einst einer der jüngsten Berklee-Dozenten aller Zeiten, meinte dagegen:

> Niemand hält den Musikern eine Pistole an den Kopf und sagt, »Klinge jetzt wie Mike Brecker«. Jeder Musiker hat doch einen freien Willen. Und jeder Musiker trägt für seine Musik die Verantwortung. Ein Mehr an Information kann dabei nie schaden.«[35]

---

34 Zit. nach: Henry Altmann: Metheny vs. Ribot. In: Jazzthetik. 1.3.2002. www.jazzthetik.de.
35 Zit. nach: Ebd. Henry Altmann schreibt darin auch, dass Pat Metheny längst kein bloßer Jazzgitarrist mehr sei: »Die ›PMG‹ (Pat Metheny Group) ist ein Jazzguitar-Trust, ein Prinzip und ein Unternehmen, das für eine spezifische Ästhetik steht. Im Internet hat kaum ein Jazz-

Dieses »mehr« führte bei Pat Metheny dazu, dass er bereits durch sein Spiel auf dem 1975 erschienenen Debütalbum *Bright Size Life* (mit Jaco Pastorius am E-Bass und Bob Moses am Schlagzeug), mehr noch mit dem ersten (»weißen«) Album der *Pat Metheny Group* (1978) zum stilprägenden Gitarristen nicht nur seiner Generation avancierte und spätestens mit *Imaginary Day* (1997) ein in seiner dramatischen Komplexität, seinem Reichtum an Melodien, Rhythmen und Farben im Jazz der Gegenwart bis heute herausragendes Werk schuf.

Wie eigenständig sein Spiel ist, war ihm allerdings selbst lange gar nicht bewusst:

Ich dachte immer, dass ich genau den Verstärker mit dem Klang und dem Effekt bräuchte. Bis ich eines Tages irgendwo in Polen eine Jam Session spielte, auf einer tschechischen Gitarre und einem orange-roten, russischen Verstärker. Die beiden obersten Saiten der Gitarre waren superdünn und straff, die dritte superdick und labberig, die vierte war dünner als alle anderen und die andern beiden gerade mal vorhanden. Entsetzt bemerkte ich, dass das Fernsehen auch noch mitschnitt. Als ich mir die Aufnahmen am nächsten Tag anhörte, stellte ich zu meinem großen Erstaunen fest: »Das bin ja ich! Das klingt genau so wie Pat Metheny!« Seitdem bin ich, was die Ausrüstung anbelangt, relativ entspannt. Viele Musiker lassen sich von den Möglichkeiten der Technik verführen. Im Extremfall spricht dann die Stimme des Equipments

---

musiker eine dermaßen große und weltweite Gefolgschaft, in Foren werden die Fragen der Metheny-Welt diskutiert, auf der offiziellen website [www.patmetheny.com] auch unter Beteiligung des Gitarristen selbst.«

und nicht mehr die Stimme desjenigen, der es benutzt. Um das zu vermeiden, braucht man seinen eigenen Sound.[36]

Und man braucht wohl auch die richtige Einstellung: Pat Metheny sagt, dass »man in erster Linie für sich selbst spielen« solle. Nur wenn man »bei sich« sei, könne »sich der Geist der Musik auf ein Publikum übertragen«[37]. Dieser Einschätzung würde Marc Ribot vermutlich ebenso wenig widersprechen wie sein 1957 geborener Kollege Marc Ducret: Häufig als Avantgardist gehandelt, fühlt sich Ducret weder dem Jazz zugehörig, noch kann er mit den Begriffen »Avantgarde« und »experimentelle Musik« viel anfangen. Stattdessen begreift er sich als ein Suchender.[38] Für Ralf Dombrowski jedenfalls gehören er und Ribot zu den »rüden Saitenschändern der internationalen Avantgarde«, und das ist zweifellos anerkennend gemeint:

> Ob New York oder Paris – hier wird zerlegt, zerhäckselt, zerfetzt. Musik entwickelt sich zur Spielwiese, die Stimmigkeit des Systems von Hörgewohnheiten zur bevorzugten Zielscheibe klanganarchischer Angriffe. [...] Der Spaß am Hören entsteht erst auf der Ebene des

---

36 Ebd.
37 Ebd.
38 In einem am 9. Februar 2001 in *jazzdimensions* erschienenen Interview von Carina Prange (»Marc Ducret – Außergewöhnliche Brillen und ein außergewöhnlicher Sound«) meint Ducret auf die Frage nach zukünftigen Projekten: »[...] zum Glück arbeite ich mit sehr anspruchsvollen Leuten zusammen! Das zwingt mich auf der Suche zu bleiben und weiter an mir zu arbeiten – und das ist gut. Sogar sehr gut – ich hinterfrage mich fortwährend und versuche dann noch besser zu werden. Zukunft ist etwas, das so schnell passiert, dass ich keine Zeit habe, mir über deren Planung Gedanken zu machen.« (www.jazzdimensions.de).

Kommentars, wenn die asthmatischen Läufe, kryptischen Rhythmen und lärmend postrockigen Ausfälle im Kontrast zur Traditionsbildung der Jazz-Moderne erscheinen. Dann wird Ducrets Trio zur Kernzelle kraftvoller Kreativität, unverschämt offen und raffiniert verschroben.[39]

In seiner Kritik eines Auftritts auf dem Festival in Moers definierte Dombrowski Marc Ducrets Spiel als so etwas wie Dekonstruktion in der Musik.[40] Besser ließe sich wohl auch die Musik von Tim Berne nicht beschreiben, in dessen Formationen »Bloodcount« und »Big Satan« auch Marc Ducret wichtige Akzente setzte. Der 1954 geborene Altsaxofonist Tim Berne traf Ducret 1988 auf einer Veranstaltung für Neue Musik in Baden-Baden, und was die beiden etwa auf den inzwischen legendären Pariser Konzerten mit Bernes »Bloodcount«-Quartett[41] zusammen mit Chris Speed (Tenorsaxofon, Klarinette), Michael Formanek (Kontrabass) und Jim Black (Schlagzeug) veranstalteten, erinnert an manchen Stellen nicht bloß an Klanganarchie, sondern auch an Klangterrorismus, den das Publikum anscheinend mit Engelsgeduld zu ertragen bereit ist – als wisse es bereits, dass es dafür ausgiebig belohnt werden wird mit berückend schönen, streng durchkomponierten Passagen, die dann allerdings auch zum Ergreifendsten gehören, was die Suche nach neuen Wegen im Jazz der letzten Jahre auf Bühne und Vinyl/CD gebracht hat.

Tim Berne selbst bezeichnet sich übrigens als Kontroll-

---

39 Ralf Dombrowski: Neoromantische Erzählausflüge und poetische Posaunen. In: neue musik zeitung (nmz). Juni 1996. www.nmz.de.
40 Ralf Dombrowski: Neues Spiel, neues Glück. In: Süddeutsche Zeitung. 7. 6. 2006. www.sueddeutsche.de.
41 Tim Berne's Bloodcount, *Lowlife – The Paris Concert I*, *Poisoned Minds – The Paris Concert II*, *Memory Select – The Paris Concert III*, alle drei 2005 auf CD wiederveröffentlicht.

freak[42] und bestätigt damit einen Satz von Marc Ribot, wonach es »ein großes Maß an Kontrolle« brauche, um »Musik zu schaffen, die klingt, als ob sie unkontrolliert sei«. Und so martialisch ein Albumtitel wie Marc Ducrets *News From The Front* (2004 auf CD wiederveröffentlicht) auch tönt – es bleibt ein vergleichsweise ungefährliches, dafür aber immer wieder spannendes und aufregendes Abenteuer, die Entwicklung dieser neue Wege suchenden und dabei das Erbe des Free Jazz ohne dessen politische Ambition, aber mit einer gehörigen Portion Humor vorantreibenden Musik weiter zu verfolgen.

Von ganz anderer Art ist dagegen die Musik der Pianistin und Komponistin Ulrike Haage, die 2003 mit dem von der Union Deutscher Jazzmusiker (UDJ) im Zweijahresrhythmus verliehenen Albert-Mangelsdorff-Preis (Deutscher Jazzpreis) ausgezeichnet wurde[43]. Auf den ersten Blick verblüffend war diese Ehrung insofern, als Haages erste und letzte Aktivität, die man sofort ohne Umschweife in einem Jazzumfeld ansiedeln würde, die Frauen-Bigband »Reichlich weiblich« war, die sie 1984 mitbegründete und mit der sie auf einer nach dem Bandnamen betitelten, live in Moers 1987 mitgeschnittenen CD zu hören ist. Das von ihr komponierte Schlussstück dieser CD *Der Einradtänzer und der fliegende Zwilling – Tango für eine Goldkrabbe* zeigte aber schon damals, wohin die Reise gehen sollte – weg vom traditionellen Jazzidiom und hin zu einer sehr eigenwilligen, mehr an literarischen wie theatralischen Ausdrucksformen interessierten Musik jenseits vorgegebener Schablonen, weshalb die einstimmig erfolgte Auszeichnung wohl auch

---

42 In einem »Big Satan Speaks« überschriebenen Interview von Simon Hopkins, nachzulesen auf www.screwgunrecords.com.
43 2005 erhielt diesen Preis der Pianist, Organist und Komponist Ulrich Gumpert, 2007 wurde der Multiinstrumentalist und Komponist Gunter Hampel ausgezeichnet.

für eine gewünschte Öffnung des Jazz steht.[44] Dazu passt der Jazzbegriff von Ulrike Haage, die in Hamburg Musik und Musiktherapie studiert hat, als Dozentin für Orchesterleitung und Improvisation an der dortigen Musikhochschule tätig war, mit Katharina Franck ab 1989 das Herzstück der Popgruppe »Rainbirds« bildete, zugleich mit experimentellen Künstlern wie Alfred Harth, Phil Minton und FM Einheit sowie dem Büchnerpreisträger Durs Grünbein zusammenarbeitete, sich im Theater- und Hörspielbereich einen Namen machte und 1996 den Verlag Sans Soleil gründete:

> [...] für mich ist Jazz ein Lebensgefühl. Ich bin ja mit ihm aufgewachsen, mich hat das als Kind bereits in meiner eigenen musikalischen Entwicklung geprägt. Dieser Wunsch, sich auszudrücken – und auch der, sich keine Grenzen zu setzen –, das ist für mich ein Grundgefühl des Jazz. Für mich impliziert der Begriff Jazz eigentlich: Freiheit. Und diese Freiheit nutze ich auch für meine musikalische Entwicklung. Insofern bin ich gewissermaßen eine Musikerin, die ihre Wurzeln zwar im Jazz sieht, aber sich darüber hinaus entwickelt hat.[45]

Indirekt bedankte sie sich für diese Auszeichnung mit der Solo-CD *Sélavy* (2004), einem ebenso eigenwilligen wie wunderschönen, Elektronik gleichberechtigt mit akustischen Instrumenten nutzenden, frisch und unverbraucht klingenden »Hörbild« voller An- und Übermut. Auch wenn das Nachfolgealbum *Weißes Land* (2006) an die Klang- und

---

44 »Ihre musikalischen Aktivitäten bewegen sich in übergreifenden Bereichen der Musik und bilden ein breites Spektrum musikalischer Entwicklungen und Experimente«, hieß es in einer anlässlich der Preisverleihung von der Union Deutscher Jazzmusiker herausgegebenen Verlautbarung (www.udj.de).
45 Ulrike Haage im Interview mit Carina Prange, erschienen am 28. 8. 2004 in *jazzdimensions* (www.jazzdimensions.de).

Ideenfülle des Vorgängers nicht ganz heranreichte, bleibt Ulrike Haage doch eine Künstlerpersönlichkeit, für die gilt, was anlässlich der Preisverleihung von der Union Deutscher Jazzmusiker verlautbart wurde: »Sie entwickelte einen eigenen Stil, Poesie und Musik zu einer Sprache zu vereinen, und zählt mit ihren vielschichtigen und sensiblen Klanggebilden zu einer der wichtigsten Elektronikerinnen der deutschen Musikszene.«[46]

Ähnlich innovativ war und ist derzeit wohl nur noch die 1968 geborene Pianistin und Komponistin Julia Hülsmann, die in ihrem Trio mit Marc Muelbauer am Bass und Heinrich Köbberling am Schlagzeug sowie mit wechselnden Sängerinnen und Sängern Gedichte von E. E. Cummings und Emily Dickinson eben nicht bloß »vertont«, sondern ihnen ein ganz neues musikalisches Leben einzuhauchen imstande ist.[47] Das Gleiche gilt für ihre »Feier« der Songs von Randy Newman, denen Anna Lauvergnac – Sängerin des »Vienna Art Orchestra« – mit ihrem rauchigen Timbre einen ganz eigenen Charme verleiht.[48]

Als Kind will Julia Hülsmann zuerst *These Foolish Things* auf dem Klavier gespielt haben, weil sie es spannend fand, dass das mit einer schwarzen Taste beginnt. Später traute sie sich dann erst einmal nicht, Musik zu studieren, da sie dachte: »Wenn ich nicht mindestens so gut werde wie Kenny Kirkland, dann brauche ich gar nicht erst anzufangen.«

Worum es wirklich geht, will sie erst im Dialog mit Aki Takase, einer ihrer Dozentinnen, erfahren haben, als sie nach ihrer Ausbildung zur Klavierpädagogin an der Hochschule der Künste in Berlin Jazzpiano studierte:

---

46 Verlautbarung der Union Deutscher Jazzmusiker (s. S. 443, Anm. 44).
47 Julia Hülsmann Trio with Rebekka Bakken, *Scattering Poems* (2003); Julia Hülsmann Trio with Roger Cicero, *Good Morning Midnight* (2006).
48 Julia Hülsmann Trio with Anna Lauvergnac, *Celebrating Randy Newman* (2004).

Vor ihr hatte ich zuerst total Schiss. Doch sie war toll, einfach super. Sie hat mich da abgeholt, wo ich war. Wir haben Bebop gemacht, was man sich bei [Aki Takase] vielleicht gar nicht vorstellen kann. Sie ist aber eine geniale Bebop-Pianistin, drückt das richtig ab. In ihrer positiven Art hat sie oft lustige Sachen zu mir gesagt wie: »Julia, wie viel wiegst du?« Ich wusste es nicht, aber ich sagte: »60 Kilo.« Sie hat geantwortet: »Ich höre nur 30.« Das werde ich nie vergessen. Und sie hatte recht, ich habe zu vorsichtig gespielt.[49]

Für Julia Hülsmann macht es keinen Unterschied, ob Männer oder Frauen spielen: »Der Unterschied liegt im Charakter. Jeder Charakter spielt anders.«[50] Und auf die Frage, ob Frauen sich in einer klassischen Männer-Domäne genauso gut durchsetzen könnten wie Männer, antwortet sie: »Ich habe manchmal das Gefühl, dass man Frauen auch deshalb zuhört, weil sie Frauen sind. Das heißt, ich bekomme – weil ich eine Frau bin – sogar mehr Aufmerksamkeit. Aber insgesamt wird das immer weniger ein Thema.«

In der Tat: Selbst wenn beispielsweise im Studienjahr 2004/05 an der Fakultät III (Jazz) der Musikhochschule Luzern (MHS) immer noch nur fünfzehn Prozent Frauen studierten – ohne Sängerinnen betrug der Frauenanteil sogar nur fünf Prozent[51] –, so hat sich die Situation doch heute merklich gewandelt. Komponistinnen und Musikerinnen wie Ulrike Haage und Julia Hülsmann, aber auch das von

---

49 Zit. nach: Volker M. Leprich: Nach der CD ist vor der CD – Julia Hülsmann. In: Jazzthetik. 1. 2. 2006. www.jazzthetik.de.
50 In einem im März 2004 nach einem Konzert im Sendesaal von Radio Bremen geführten Interview mit Hans Happel, nachzulesen auf der Website www.cd-kritik.de.
51 Judit Estermann in ihrem am 26. September 2005 veröffentlichten, im Internet (www.musikhochschule.ch/gleichstellung/frauenimjazz.pdf) nachlesbaren Bericht »Frauen im Jazz – eine Minderheit«.

Hazel Leach und Christina Fuchs geleitete, jenseits von Frauenmalus oder Frauenbonus einfach großartig aufspielende »United Women's Orchestra«[52] lassen hoffen, dass die Zukunft des Jazz – auch – eine weibliche ist.

Wünschenswert wäre jedenfalls gerade in einer Zeit, da im politischen wie im sozialen Bereich alte Konfrontationen durch neue ersetzt werden, dass das mehr oder weniger gleichberechtigte Nebeneinander unterschiedlichster Spielweisen und Stile im gegenwärtigen Jazz, die offene Begegnung von Musikerinnen und Musikern aus den verschiedensten kulturellen Bereichen und nationalen Kulturen zugunsten einer wirklich nur noch zwischen gut und schlecht unterscheidenden zeitgenössischen Musik möglichst lange anhält. Mit dem Fallen von nationalen wie von Geschlechtergrenzen würde der Jazz zu seinem ursprünglichen Freiheitsbegriff zurückkehren, und in gewisser Weise wäre das auch eine Rückkehr zu den Anfängen des Jazz: gar kein so schlechter Ausgangspunkt, also, für etwas Neues.

---

52 1996 erschien die schlicht *The United Women's Orchestra* betitelte Debüt-CD dieser Formation, 1999 folgte *Into The Blue*, und 2002 *Virgo Supercluster*, bei der übrigens Julia Hülsmann am Piano zu hören ist. Christina Fuchs (Sopran- und Altsaxofon, Bassklarinette), die auch mit einem Quartett unter ihrem Namen und im Duo »KontraSax« mit dem Bassisten Romy Herzog aktiv ist, veröffentlichte 2006 mit *Soundscapes*, einer von ihr dirigierten Liveeinspielung ihrer Kompositionen durch die »NDR Big Band«, eine der mitreißendsten Produktionen dieses Jazzjahres.

Abkürzungen

Zur Bezeichnung der Instrumente usw. werden die folgenden, international gebräuchlichen Abkürzungen verwendet.

arr	arranger, Arrangement
as	alto saxophone, Altsaxophon
b	bass, Bass
bj	banjo, Banjo
bs	bariton saxophone, Baritonsaxophon
cl	clarinet, Klarinette
co	cornet, Kornett
dr	drums, Schlagzeug
frh	french horn, Waldhorn
g	guitar, Gitarre
ld	bandleader, Leader
p	piano, Klavier
sax	saxophones, Saxophone
ss	soprano saxophone, Sopransaxophon
tb	trombone, Posaune
tp	trumpet, Trompete
ts	tenor saxophone, Tenorsaxophon
tu	tuba, Tuba
v	violin, Violine
vib	vibraphone, Vibraphon
voc	vocal, Gesang

Bildnachweise

Katherine Basie: S. 155; Capitol Records: S. 147; Berk Costello: S. 353; Frank Driggs Collection: S. 188; Lorenzo Facenna: S. 340; Fisk University Library, Nashville (Tennessee): S. 21; Carlo Visco Gilardi: S. 354; William P. Gottlieb / Edward Gottlieb Collection: S. 206, 223; Otto Hess Collection, New York: S. 157; George Hoefer: S. 33, 243; Horace, Paris: S. 377; Archiv Michael Jacobs, München: S. 37, 73, 95, 98, 127, 131, 143, 149, 180, 234, 239, 251, 265, 273, 294, 298, 307, 324, 348, 368; Archiv Jazz-Institut, Darmstadt: S. 121, 328, 345, 351; Anna Meuer, Frankfurt a.M.: S. 386, 389, 392, 410; Gjon Mili / Ernest Smith Collection: S. 158; Oreos Verlag, Waakirchen (Foto: Hozumi Nakadaira): S. 285; Hans Philippi: S. 204; Frederic Ramsey: S. 15; Uwe Rau, Berlin: S. 362; Manfred Rinderspacher, Mannheim: S. 406; Duncan P. Schiedt Collection, Pittsburgh: S. 123; Charles Stewart, New York: S. 111, 161, 371, 381; David Stuart: S. 50; Carl van Vechten: S. 79; Hyou Vielz: S. 416, 427, 430, 434, 436.

Lektüre-Empfehlungen

Lexika und Handbücher

Bohländer, Carlo / Holler, Karl Heinz / Pfarr, Christian: Reclams Jazzführer. 3., neubearb. und erw. Aufl. Stuttgart 1989.
Carr, Ian [u. a.]: Jazz. The Rough Guide. London / New York 2000.
Case, Brian / Britt, Stan (Hrsg.): The Illustrated Encyclopedia of Jazz. London 1979.
Cook, Richard / Morton, Brian: The Penguin Guide to Jazz on CD. London / New York 2000.
Feather, Leonard: The Encyclopedia of Jazz in the Sixties. New York 1966.
– / Gitler, Ira: The Encyclopedia of Jazz in the Seventies. New York 1976.
Feather, Leonard / Gitler, Ira (Hrsg.): The Biographical Encyclopedia of Jazz. New York 1999.
Gottlieb, Robert: Reading Jazz. A Gathering of Autobiography, Reportage and Criticism from 1919 to Now. New York 1999.
Hefele, Bernhard (Hrsg.): Jazz Rock Pop Index. Jahresband. Eine Bibliographie internationaler Literatur. Wolkersdorf 1988 ff.
Kernfeld, Barry (Hrsg.): The Blackwell Guide to Recorded Jazz. Oxford 1991. – Dt.: Die Enzyklopädie des Jazz. Die Geschichte des Jazz im Spiegel der wichtigsten Aufnahmen. Mit umfassender Diskografie. Übers. von Ingrid Hake und Frank Laufenberg. Bern/München/Wien 1993.
King, Jonny: What Jazz Is. An Insider's Guide to Understanding and Listening to Jazz. New York 1997.
Kirchner, Bill (Hrsg.): The Oxford Companion to Jazz. New York 2000.

Kunzler, Martin: Jazz-Lexikon. 2 Bde. Reinbek bei Hamburg 1988.

Wölfer, Jürgen: Lexikon des Jazz. München 1993.

Werke zur Geschichte des Jazz,
zu einzelnen Stilen und Musikern

Berendt, Joachim-Ernst (Hrsg.): Die Story des Jazz. Vom New Orleans zum Rock Jazz. Reinbek bei Hamburg 1978.
- Das Jazzbuch. Von New Orleans bis in die achtziger Jahre. Überarb. und fortgef. von Günther Huesmann. Frankfurt a. M. 1989.

Blesh, Rudi: Shining Trumpets. A History of Jazz. New York 1958. [Umfasst die Geschichte des Jazz von den Anfängen bis zu den frühen fünfziger Jahren. Das Schwergewicht liegt auf den traditionellen Stilen.]

Carles, Philippe / Comolli, Jean-Louis: Free Jazz. Black Power. Übers. von Federica und Hansjörg Pauli. Frankfurt a. M. 1974. [Geht trotz des Titels bis zu den Anfängen des Jazz zurück. Beleuchtet vor allem die Position, in der sich schwarze Musiker befanden und befinden.]

Claxton, William: Jazz Seen. Köln 1999.

Collier, James Lincoln: The Making of Jazz. A Comprehensive History. New York 1978.

DeCavara, Roy: The Sound I Saw. Berlin 2001.

DeVeaux, Scott: The Birth of Bebop: A Social and Musical History. University of California 1997.

Gourse, Leslie: Striders and Beboppers and Beyond: The Art of Jazz Piano. New York 1997.

Gourse, Leslie: Time Keepers. The Great Jazz Drummers. New York 1999.

Hentoff, Nat / McCarthy, Albert (Hrsg.): Jazz. New Perspectives on the History of Jazz by Twelve of the World's Foremost Jazz Critics and Scholars. New York 1959. Repr. London 1977.

Hodeir, André: Hommes et Problemes du Jazz. Paris 1954.

Jost, Ekkehard: Sozialgeschichte des Jazz in den USA. Frankfurt a. M. 1982.

Knowles, Richard H.: Fallen Heroes. A History of New Orleans Brass Bands. New Orleans 1996.
Kunz, Johannes: Back to the Roots – 100 Jahre Jazz. Wien 1996.
Lotz, Rainer E.: Black People – Entertainers of African Descent in Germany and Europe. Bonn 1997.
Lyttelton, Humphrey: The Best of Jazz. Basin Street to Harlem. London 1978. [Vom New-Orleans-Jazz bis zum schwarzen Bigband-Swing.]
Margolick, David: »Strange Fruit«. Billie Holiday, Cafe Society, and an Early Cry for Civil Rights. Philadelphia 2000.
McCarthy, Albert: Big Band Jazz. London 1974. [Geschichte des Bigband-Jazz von den Anfängen bis zu den siebziger Jahren.]
Polillo, Arrigo: Jazz. La vicenda e i protagonisti della musica afroamericana. Mailand 1975. – Dt.: Jazz. Geschichte und Persönlichkeiten. Übers. und bearb. von Egino Biagioni. München 1981. [Enthält neben einer Darstellung der einzelnen Stilphasen (bis Free Jazz / Fusion) Biographien der wichtigsten Musiker.]
Roncaglia, Gian Carlo: Il Jazz e il suo mondo. Turin 1979. [Eine ausführlich dokumentierte Sozialgeschichte des Jazz.]
Sandner, Wolfgang: Jazz. Zur Geschichte und stilistischen Entwicklung afro-amerikanischer Musik. Laaber 1982. [Kurzgefasster Überblick über die Entwicklung der afro-amerikanischen Musik von der Sklavenzeit bis zum Jazz der achtziger Jahre; der Schwerpunkt liegt auf der Analyse einzelner musikalischer Beispiele (mit Noten).]
Schmitz, Alexander: Jazzgitarristen. München 1992.
Stearns, Marshall: The Story of Jazz. New York 1970.
Sudhalter, Richard M.: Lost Chords – White Musicians and Their Contribution to Jazz, 1915–1945. New York 1999.
Vitolo, Paolo: Guida al Jazz. Gli autori e le musiche dal bebop alla creative music. Mailand 2002.
Williams, Martin: Jazz Masters of New Orleans. New York 1979.

Biographien und Autobiographien

Albertson, Chris: Bessie. London 1972. [Sehr ausführliche Biographie von Bessie Smith.]

Armstrong, Louis: Satchmo. My Life in New Orleans. New York 1953. – Dt.: Mein Leben in New Orleans. Übers. von Hans Georg Brenner. Reinbek bei Hamburg 1962. [Enthält vorwiegend Anekdotisches; ist oft nicht zuverlässig.]

Baker, Chet: As Thought I Had Wings: The Lost Memoir. New York 1997.

Basie, Count: Good Morning Blues. The Autobiography of Count Basie. As told to Albert Murray. London 1987.

Bechet, Sidney: Treat It Gentle. An Autobiography. London 1978.

Bliek, Rob van der: The Thelonious Monk Reader. New York 2001.

Catalano, Nick: Clifford Brown. The Life and Art of the Legendary Jazz Trumpeter. Oxford, New York 2000.

Chilton, John: Billie's Blues: The True Story of the Immortal Billie Holiday. London 1975.

Collier, James Lincoln: Duke Ellington. New York 1987. – Dt.: Duke Ellington. Genius des Jazz. Übers. von Hans Richard. München 1992.

Condon, Eddie: Jazz. We Called It Music. New York 1956. – Dt.: Jazz – wir nanntens Musik. Übers. von Rolf Düdder und Herbert Schüten. München 1960.

– / O'Neal, Hank: Eddie Condon's Scrapbook of Jazz. New York 1973. [Enthält rund dreihundert von E. C. kommentierte Fotografien.]

Davis, Miles, with Quincy Troupe: Miles. The Autobiography. London 1990. – Dt.: Die Autobiographie. Übers. von Brigitte Jakobeit. Hamburg 1990.

Doering, Teddy: Coleman Hawkins. Sein Leben, seine Musik, seine Schallplatten. München 2001.

Ellington, Duke: Music Is My Mistress. New York 1973. – Dt.: Autobiographie. Übers. von Hella Naura. München 1974.

Ellington, Mercer, with Stanley Dance: Duke Ellington in Person. London 1978.

Feather, Leonard: The Jazz Years. Earwitness to an Era. London/ Sidney/Auckland 1986.
Gavin, James: Deep in a Dream. The Long Night of Chet Baker. New York 2002.
Gillespie, Dizzy, with Al Fraser: Dizzy. To Be Or Not To Bop. London / Melbourne / New York 1982.
Gourse, Leslie: Wynton Marsalis: Skain's Domain. A Biography. New York 1999.
Handy, William C: Father of the Blues. An Autobiography. New York 1941. Repr. New York 1970.
Holiday Billie, with William Dufty: Lady Sings the Blues. New York 1956. – Dt.: Schwarze Lady. Sings the Blues. Übers. von Werner Burkhardt. Reinbek bei Hamburg 1964.
Jewell, Derek: Duke. A Portrait of Duke Ellington. London 1978.
Jones, Max / Chilton, John: Louis. The Louis Armstrong Story 1900–1971. Frogmore / St. Albans 1975.
Kaminsky, Max / Hughes, V. E.: Jazz Band. My Life in Jazz. New York 1981.
Machlin, Paul S.: Stride: The Music of Fats Waller. Boston, 1997.
Mezzrow, Milton Mezz / Wolfe, Bernard: Really the Blues. New York 1954. – Dt.: Jazzfieber. Übers. von Ursula von Wiese. Zürich 1956. [In der Übersetzung machen sich gewisse Entschärfungstendenzen bemerkbar.]
Mingus, Charles: Beneath the Underdog. New York 1971. – Dt.: Autobiographie. Übers. von Günter Pfeiffer. Hamburg 1980.
Nisenson, Eric: Open Sky. Sonny Rollins and His World of Improvisation. New York 2000.
Reisner, Robert: Bird. The Legend of Charlie Parker. London 1977. [Enthält zahlreiche Erinnerungen von Kollegen an Charlie Parker.]
Rose, Al: I Remember Jazz. Recollections of Six Decades Among the Great Jazzmen. Wellingborough 1987.
Russell, Ross: Bird Lives. London 1976. – Dt.: Charlie Parker. Die Geschichte von Charlie ›Yardbird‹ Parker. Übers. von Walter Richard Langer. München 1989. [Stellenweise romanhaft und nicht ganz zuverlässig.]

Schaal, Hans-Jürgen: Stand Getz. Sein Leben, seine Musik, seine Schallplatten. München 1999.

Shapiro, Nat / Hentoff, Nat (Hrsg.): Hear Me Talkin' to You. Harmondsworth 1973. – Dt.: Jazz erzählt. Von New Orleans bis West Coast. Übers. von Werner Burkhardt. München 1962. [Sammlung von Berichten zahlreicher Jazzmusiker bis zum Anfang der fünfziger Jahre; die deutsche Ausgabe ist gekürzt.]

Sudhalter, Richard M. / Evans, Philip R. / Dean-Myatt, William: Bix. Man and Legend. London 1974. [Sehr ausführlich, mit wissenschaftlichem Anspruch.]

Szwed, John: So What. The Life of Miles Davis. New York 2002.

Wells, Dicky, and Stanley Dance: The Night People. Reminiscences of a Jazzman. Boston 1971.

Wendt, Reinhold: John Coltrane (23. September 1926 – 17. Juli 1967). Ein Leben für die Musik. München 2001.

Wilson, Peter Niklas: Miles Davis: Sein Leben, sein Werk, seine Schallplatten. München 2001.

Woideck, Carl: The Charlie Parker Companion: Six Decades of Commentary. New York 1998.

Zeitschriften

Die älteste deutsche Jazz-Zeitschrift ist das *Jazz-Podium*, 1951 gegründet. Sie erscheint elfmal im Jahr und bietet neben allgemeinen Artikeln zu einzelnen Musikern und Stilen sowie zur (Sozial-)Geschichte des Jazz usw. Rezensionen von CDs, Schallplatten und Büchern zum Thema Jazz, Interviews, Berichte von Konzerten, einen Überblick über aktuelle Veranstaltungen usw.

Unter den internationalen Jazz-Zeitschriften nimmt immer noch die amerikanische *Down Beat* (gegründet 1934) eine führende Position ein. Die Zeitschrift berücksichtigt zunehmend auch jazz-verwandte Musikstile. Sie veranstaltet jedes Jahr einen »Poll«, eine Abstimmung, bei der Kritiker und Leser den führenden bzw. beliebtesten Musiker in den einzelnen Kategorien (verschiedene Instrumente, Bigband, Combo usw.) ermitteln.

Hör-Empfehlungen zu den einzelnen Kapiteln

Sampler, die eine ganze Epoche oder einen Stil betreffen, sind jeweils vorangestellt. Danach folgen CDs der wichtigsten Musiker in der Reihenfolge, in der diese im Text behandelt werden.

My Story Goes A Long Way Back

Scott Joplin and The Kings Of Ragtime: The Gold Collection. [Enthält von Joplin bespielte »Piano Rolls« und sehr frühe Schallplatten verschiedener anderer Instrumentalisten und Bands.] – Retro (2 CDs).

New Orleans Joys

The History Of Jazz: At The Darktown Strutters' Ball. The Beginnings of Jazz (1917–1922). [Enthält die legendäre »erste Jazzaufnahme« der »Original Dixieland Jazz Band« von 1917, frühe Einspielungen von Sidney Bechet, Paul Whiteman, James P. Johnson, Fats Waller, Kid Ory u. a.] – Dixy (2 CDs).
Jelly Roll Morton: The Pearls. [Aufnahmen von 1926 bis 1939.] – RCA Bluebird.
King Oliver. – Jazz Archives.
Louis Armstrong 1924–1925. – Jazz Archives.

Windy City Jive

Louis Armstrong: The Hot Fives And Hot Sevens. Vol. 1–3. – CBS Jazz Masterpieces.
Bessie Smith: Empress Of The Blues. – Prism Records.
Johnny Dodds: King Of The New Orleans Clarinet. – Black & Blue (Hepcat).

Davenport Blues

Chicago Jazz 1924–1928. [Aufnahmen von Muggsy Spanier, Red McKenzie u. a.] – Jazz Archives.

At The Jazz Band Ball. Chicago / New York Dixieland. Acht Aufnahmen von Eddie Condon, Muggsy Spanier und Bud Freeman, 1929–1939.] – RCA Bluebird.

Muggsy, Tesch And The Chicagoans. Vol. 2. [Aufnahmen von Muggsy Spanier, Frank Teschemacher, Wingy Manone u. a., 1928–1930.] – Jazz Archives.

Bix Beiderbecke. Vol. 1: Singing The Blues. – CBS Jazz Masterpieces.

Drop Me Off In Harlem

Early Black Swing – The Birth Of Big Band Jazz: 1927–1934. [Aufnahmen von Fletcher Henderson, Bennie Moten, Duke Ellington, Louis Armstrong, Jimmie Linceford, Earl Hines u. a.] – RCA Bluebird.

Fletcher Henderson And His Orchestra (1927–1936): Hocus Pocus. – RCA Bluebird.

Duke Ellington And His Orchestra: Early Ellington (1927–1934). – RCA Bluebird.

Duke Ellington: Jungle Nights In Harlem. – RCA Bluebird.

Duke Ellington: Stereo Reflections In Ellington. – Natasha Imports.

Cab Calloway And His Orchestra 1930–31. – The Classics Chronological Series.

Kansas City, Here I Come

Bennie Moten's Kansas City Orchestra (1929–1932): Basie Beginnings. – RCA Bluebird.

Count Basie 1936–1961. – Columbia.

Lester Young: The Complete 1936–1951 Small Group Sessions. Vol. 1: 1936–1942. – Blue Moon.

Don't Be That Way

Jazz Classics In Digital Stereo: Swing Big Bands. [Aufnahmen schwarzer (Fletcher Henderson, Duke Ellington, Chick Webb) und weißer Bands (Benny Goodman, Paul Whiteman, Tommy Dorsey, Artie Shaw) von 1929 bis 1926.] – Robert Parker.
Benny Goodman: Live At Carnegie Hall 1938 – Complete. Legacy Records.
Benny Goodman: After You've Gone. The Original Trio And Quartet Sessions. Vol. 1. – RCA Bluebird.
Charlie Christian: The Genius Of The Electric Guitar. [Aufnahmen mit Benny Goodman 1939–1941.] – CBS Jazz Masterpieces.
Lionel Hampton 1929–1949. Best of Jazz.

Montmartre Stomp

Django Reinhardt 1910–1953. [Aufnahmen mit dem Quintette du Hot Club de France und diversen amerikanischen Gästen.] Jazz-Time.
Coleman Hawkins In Europe (1934–39). [Aufnahmen mit französischen, englischen, holländischen, schweizerischen Gruppen.] – Timeless.
Coleman Hawkins: In The Groove. [Enthält u. a. die vier Aufnahmen mit Benny Carter und Django Reinhardt von 1937.] – Indigo.

The Jeep Is Jumping

Glenn Miller And The Army Air Force Band. – RCA.
Songs That Got Us Through WW2. – Rhino.

Now's The Time

The New Orleans Jazz Scene Of The 50's. [Aufnahmen von Bunk Johnson, Louis Armstrong, Kid Ory, Sidney Bechet, Bob Scobey, Jack Teagarden u. a.] – Giants of Jazz (3 CDs).

Jazz Classics In Digital Stereo: Sidney Bechet (1924–1938). [Enthält die »Panassie-Sessions« mit Mezz Mezzrow.] – Robert Parker.

Charlie Parker: Best Of The Complete Savoy & Dial Studio Sessions. [Die »klassischen« Aufnahmen mit Dizzy Gillespie, Miles Davis, Bud Powell, Fats Navarro u. a.] – Savoy.

Art Tatum: Complete Original American Decca Recordings. Jazz Factory (4 CDs).

Dizzy Gillespie, Small Groups 1945–1950: Night In Tunisia. – Giants Of Jazz.

Thelonious Monk: Complete 1947–1952 Blue Note Recordings. Jazz Factory (2 CDs).

The Fabulous Fats Navarro. Vol. 1–2. – Blue Note.

Birth Of The Cool

Miles Davis: Birth Of The Cool. [Enthält die Aufnahmen der »Tuba-Band« von 1949/50.] – Capitol.

Stan Getz: Quartet & Quintet, 1950–1958. – Giants Of Jazz.

Getz Plays Jobim: The Girl from Ipanema. – Verve 589 414.

Hall of Fame: Chet Baker. [Enthält u. a. die wichtigsten Aufnahmen mit dem »pianolosen« Quartett Gerry Mulligans.] – TIM (Box mit 5 CDs).

Better Git It In Your Soul

The Modern Jazz Quartet: MJQ. – Original Jazz Classics.

Ellington At Newport. [Mitschnitt eines Teils des legendären Konzerts vom 7. Juli 1956.] – CBS Jazz Masterpieces.

Clifford Brown & Max Roach. – Verve.

Horace Silver And The Jazz Messengers. [Aufnahmen mit Art Blakeys Gruppe von 1954/55.] – Blue Note.

The Best Of Miles Davis. – Legacy.

Miles Davis: Round About Midnight. [Mit John Coltrane.] – CBS.

John Coltrane: Blue Train. – Blue Note.

John Coltrane: Live Trane – The European Tours. – Pablo (7 CDs).

Freedom Now

Charlie Mingus: Mingus Ah Um. [Enthält u. a. das Stück *Fables of Faubus*.] – CBS Jazz Masterpieces.
Charlie Mingus: Jazz Experiments Of Charlie Mingus. – Get Back.
Ornette Coleman: The Shape Of Jazz To Come. – Atlantic.
Ornette Coleman: Free Jazz. – Atlantic.
Cecil Taylor: The World Of Cecil Taylor. – Candid.
John Coltrane: Ascension. [Edition II mit Soli von Coltrane, Dewey Johnson, Pharoah Sanders, Freddie Hubbard, Marion Brown, Archie Shepp, John Tchicai, McCoy Tyner.] – Impulse.
Charlie Haden: Liberation Music Orchestra. – Impulse.
Miles Davis: Bitches Brew. – CBS.
John McLaughlin: The Inner Mounting Flame. – Columbia.
Herbie Hancock: Headhunters. – CBS.
Herbie Hancock: Maiden Voyage. – Blue Note.

All That Jazz

Geri Allen Trio: Twenty-One. – EMI / Blue Note.
John Zorn: Masada (Alef). – DIW.
John Zorn: Hockey. – Tzadik.
Tim Berne Group: Fractured Fairy Tales. – JMT.
Ornette Coleman & Prime Time: Tone Dialing. – Harmolodic/ Verve.
Joe Lovano: Viva Caruso. Blue Note.
Wynton Marsalis Quintet: Think Of One. – CBS.
Wynton Marsalis: Mr. Jelly Lord. Standard Time Vol. 6. [Neue Interpretationen der Kompositionen von Jelly Roll Morton]. – Columbia.
Branford Marsalis: Footsteps Of Our Fathers. – Marsalis Music / Rounder.
A Great Night In Harlem. [Aufgenommen am 24. September 2001 im legendären Apollo Theater in Harlem, eine Hommage älterer und jüngerer Instrumentalisten und Vokalisten an die Geschichte des Jazz.] – Playboy Jazz.

Anything Goes

John Taylor Trio: Rosslyn. – ECM.
Depart: Reloaded. – ACT.
Trio Romano – Sclavis – Texier: African Flashback. – Label Bleu.
Béla Fleck & The Flecktones: Little Worlds (Box Set). – SCL.
Robbie Williams: Swing When You're Winning. – Chrysalis.
Norah Jones: Feels Like Home. – Blue Note.
Cassandra Wilson: Thunderbird. – Blue Note.
Nils Landgren: Funky Abba. – ACT.
Matthew Herbert: Scale. – K7.
Don Byron: Doo The Boomerang. – Blue Note.
Roy Hargrove / The Rh Factor: Hard Groove. – Verve.
Tord Gustavsen Trio: The Ground. – ECM.
Brad Mehldau: elagiac cycle. – Warner Bros.
Brad Mehldau Trio: House On Hill. – Nonesuch.
Keith Jarrett: The Carnegie Hall Concert. – ECM.
e.s.t.: Tuesday Wonderland. – ACT.
Bobby McFerrin / Chick Corea: Play. – Parlophone.
Heiner Goebbels: Surrogate Cities. – ECM.
Emmanuel Pahud / Jack Terrasson: Into The Blue. – EMI Classics.
Uri Caine Ensemble: Wagner e Venezia. – Winter & Winter.
Randy Brecker with Michael Brecker / WDR Big Band: Some Skunk Funk. – BHM/Zyx.
Joe Zawinul feat. WDR Big Band: Brown Street. – Intuition.
Vienna Art Orchestra: 3 – Thirty Years (Box Set). – Emarcy.
Dave Holland Quintett: Critical Mass. – Dare2.
Dave Holland Big Band: Overtime. – Dare2.
Marc Ribot: Scelsi Morning. – Tzadik.
Pat Metheny Group: Imaginary Day. – Warner Bros.
Tim Berne's Bloodcount: Lowlife – The Paris Concert I. – Winter & Winter.
Marc Ducret: News from the Front. – Winter & Winter.
Ulrike Haage: Selavy. – Content.
Julia Hülsmann: Come Closer (Celebrating Randy Newman). – ACT.
United Women's Orchestra: The Blue One. – JazzHausMusic (www.jazzhausmusik.de).

Personenregister

Das Register verzeichnet nur die Musiker und Komponisten sowie die im Musikgeschäft Tätigen (z. B. Produzenten, Konzertveranstalter, Clubbesitzer u. a.). Die kursiven Ziffern beziehen sich auf die Abbildungen.

Adderley, Julian »Cannonball« 356f., 393, 413
Addison, Bernard 43
Aguilera, Christina 420
Ahola, Sylvester 198
Albany, Joe 263
Alden, Howard 411
Alexander, Willard 156, 179
Allen, Gerri 405
Allen, Henry »Red« 43, 46, 125
Alperin, Misha 426
Ambrose, Bert 198
Ammons, Gene 299
Anderson, Ivie 141
Ansermet, Ernest 194f., 196
Armstrong, Louis 199–202, 207, 214, 220, 240–242, 244f., 250, 273, 289, 398, 403f., 436; *50, 73, 123*
Art Ensemble of Chicago 379
Austin High School Gang 105, 170
Avakian, George 335
Ayler, Albert 378, 382, 438

Bailey, Buster 68, 169
Baker, Chet 304, 321, 323f., 326, 342, 400; *324*
Baker, Josephine 198
Baker, Shorty 222
Bakken, Rebecca 421, 444
Ballard, Red 176
Baquet, George 24, 43
Barber, Bill 309, 311
Barber, Chris 242
Barker, Danny 244
Barnet, Charlie 221
Baron, Joey 414
Barrett, Dan 410
Bärtsch, Nik 426
Basheer, Ahmed 282
Basie, William »Count« 5, 151–160, 162–164, 185, 191, 212, 224, 227, 238, 260, 267, 281, 289, 301, 309f., 313, 332, 392, 399, 400, 401, 402; *155, 157*
Bauer, Billy 293, 295, 296; *294*
Beatles 163, 325, 358, 438
Bechet, Sidney 7, 18, 20f., 46, 47, 126, 194, 195f., 240, 241, 258, 277, 296, 322, 380, 398, 412; *239*
Beiderbecke, Leon Bix 93–104, 106f., 171, 184, 198; *95, 98*
Beirach, Richie 426, 429
Béla Fleck & The Flecktones 420
Belafonte, Harry 278

Personenregister

Bell, Graeme 242
Bellson, Louie 220
Benford, Tommy 43, 205
Berendt, Joachim-Ernst 112, 326
Berg, Bob 400
Berger, Karl 383
Berglund, Dan 426; *427*
Berigan, Bunny 93, 212
Berne, Tim 418, 441
Berner, Ernest *204*
Bernstein, Leonard 438
Berries 204, 205
Berry, Chu 125, 173
Berry, Chuck 358
Bigard, Barney 43, 68, 146 f.; *143*
Billings, Josh 116
Björk 422, 432
Black Eagle Band 240
Black, Jim 441
Blackwell, Ed 369
Blakey, Art 262, 263, 283, 314, 340, 343, 348–350, 352, 354, 400, 411; *348*
Blanton, Jimmy 146
Bledsoe, George 343, 346
Blesh, Rudi 47, 76, 78
Bley, Carla 379
Bley, Paul 379
Blood, Sweat and Tears 385
Bloodcount 441
Blowers, Johnny 399
Blüthner, Hans 211 f.
Bock, Dick 321 f.
Bolden, Buddy 34 f., 40, 47
Bollani, Stefano 426
Bolling, Claude 429
Bostic, Earl 354
Bowie, Lester 379
Braff, Ruby 159
Braud, Wellman 136
Braxton, Anthony 379, 407
Brecker Brothers 423
Brecker, Michael 431, 438; *430*

Brecker, Randy 423, 431
Breinschmid, Georg 428
Briggs, Arthur 193, 210, 213
Briggs, Pete 82
Brönner, Till 421, 428
Brookmeyer, Bob 301, 323
Broonzy, Big Bill 66, 67, 394
Brötzmann, Peter 383
Brown, Clifford 326, 341–349, 356; *345*
Brown, James 359
Brown, LaRue 345 f.
Brown, Lawrence 141, 146, 220, 375
Brown, Marion 381
Brown, Oscar 365
Brown, Ray 262, 266, 303
Brown, Vernon 185
Brubeck, Dave 288, 304 f., 320, 325, 328
Bunn, Jimmy 270
Bunn, Teddy 240
Burley, Dan 141
Burns, Ralph 300
Busse, Henry 75
Byas, Don 162, 256, 260
Byrd, Charlie 304
Byrd, Donald 350
Byron, Don 423

Cage, John 437
Caldwell, Happy 86
Cale, John 422
Calloway, Cab 139, 147, 225, 244, 257
Candoli, Conte 320
Candrix, Fud 212
Cane, Uri 422, 430
Carey, Scoops 91
Carlisle, Una Mae 230
Carmichael, Hoagy 92, 102, 106, 339
Carney, Harry 136, 146, 185, 297, 317, 324, 333; *143*
Carolina Club Orchestra 198

Personenregister

Carter, Benny 125, 202, 203, 205, 210, 244, 249, 398
Casa Loma Orchestra 127
Casey, Al 399
Catlett, Sid 261
Celestin, Oscar »Papa« 75
Challis, Bill 98
Chaloff, Serge 296f.
Chambers, Paul 315, 352
Chaput, Roger 208
Charles, Ray 401
Cheatham, Doc 222
Cherry, Don 367, 371–373
Chester, Bob 297
Chicago 385
Christensen, Sigfre 33
Christian, Charlie 187–189, 249, 256; *188*
Christy, June 320
Cicero, Roger 421, 444
Clarke, Kenny 189, 249, 255f., 315, 329
Clayton, Buck 156f., 185, 267
Clergeat, André 214
Cleveland, Jimmy 342
Clinton, George 423
Cobham, Billy 394, 431
Cole, Cozy 43, 125, 225, 261
Cole, June 203
Cole, Natalie 421
Cole, Richie 400
Coleman, Anthony 438
Coleman, Bill 210
Coleman, Denardo 374
Coleman, Ornette 360f., 366, 367, 371–375, 378, 384, 391, 401, 402, 404; *371*
Coleman, Steve 405, 435f.; *436*
Collins, Junior 309, 311
Coltrane, John 251, 304, 315f., 351, 354–358, 360, 380f., 387, 415; *251, 354, 381*
Combelle, Alix 205

Condon, Eddie 52f., 89, 93, 100, 102f., 105f., 109–113, 114, 116, 172, 228, 238, 291; *111*
Cook, Will Marion 194
Corea, Chick 387, 390f., 403
Costello, Elvis 438
Creole Jazz Band (King Oliver) 50–56, 73, 75, 77, 89; *50*
Cropper, Harvey 282
Crosby, Bing 100
Crosby, Bob 183, 238
Crumb, Earl 33
Cugat, Xavier 175
Curson, Ted 378

Dance, Stanley 228, 289, 319
Davenport, Cow Cow 65
Davis, Bobby 198
Davis, Eddie »Lockjaw« 162
Davis, Miles 237, 262f., 268, 274–276, 291, 293f., 297, 304–316, 318, 322, 323, 325, 329, 330, 342, 349, 351f., 353, 356, 358, 380, 385–389, 393, 396, 401, 404, 411; *307, 353*
Davis, Sammy 365
De Paris, Wilbur 43
Debussy, Claude 194, 248
DeFranco, Buddy 190
Delaunay, Charles 205, 214, 278
Depart 417
Desmond, Paul 325
Dickerson, Carrol 86
DiFranco, Ani 419
Dirty Dozen Brass Band 401
Dodds, Johnny 43, 56, 68, 76, 81, 83f., 91, 96, 170, 241, 245; *50, 73*
Dodds, Warren »Baby« 68, 74, 76, 82; *50*
Dolphy, Eric 367; *368*
Dorham, Kenny 262, 283, 349

Personenregister

Dorsey, Jimmy 212
Dorsey, Tommy 98f., 149, 183, 219, 231, 239, 288, 298; *98*
Ducret, Marc 418, 440f.
Durham, Eddie 155
Dusen, Frankie 38
Dutch Swing College Band 40
Dutrey, Honoré 50; *50*
Dylan, Bob 325, 358

e.s.t. 426; *427*
Eckstine, Billy 259, 263, 306, 349
Edwards, Teddy 343
Eicher, Manfred 425, 428f.
Ekdal, Lisa 421
Ekyan, André 205
Eldridge, Roy 125, 220f., 245, 257
Elizalde, Fred 198
Ellington, Edward Kennedy »Duke« 5, 44, 56, 99, 114, 127, 129–147, 151, 162, 164, 185, 187, 190, 191, 202, 207, 212, 213, 220, 230, 238, 242, 332–336, 337, 363, 364, 367, 376, 399, 402, 404, 408f.; *131*, *147*
Ellis, Don 385
Ellis, Herb 303
Eps, George van 176
Ertegun, Nesuhi 373
Evans, Bill (p) 395, 424
Evans, Bill (sax) 419, 423
Evans, Gil 306, 309, 311, 317, 356
Evans, Herschel 157, 159, 162

Faddis, Jon 400
Feather, Leonard 203, 261f., 278, 299, 335
Fenton, Nick 249, 256
Ferguson, Maynard 320
Fields, Dorothy 139

Fitzgerald, Ella 148, 163, 301, 365, 399, 401; *149*
Five Elements 436
Fleck, Béla 419, 420
Fleming, Renée 426
Flemming, Herb 212, 213
Flesh Quartet 422
FM Einheit 443
Formanek, Michael 441
Foster, Frank 162
Foster, Pops 43, 74, 87, 162
Fox, Roy 201
Franck, Katharina 443
Freeman, Bud 52, 105–109, 159, 170, 171, 189f., 296
Freeman, Howie 107
Freeman, Norman 269
Frisell, Bill 438
Fuchs, Christina 446

Gambarini, Roberta 421
Garland, Red 352, 355
Garrison, Jimmy 380; *354*
Gelpi, René 33
Gershwin, George 100, 173, 356
Getz, Stan 267, 278, 282, 296–305, 314, 317, 321, 325, 327, 349, 400; *298*
Gibbs, Terry 299
Gillespie, Dizzy 222, 225f., 249, 251, 255f., 257, 258, 259, 260, 261, 262, 263, 264, 266, 268, 273, 274, 275, 277, 280, 288, 303, 329, 338, 342, 349, 354, 401; *215*, *273*
Giuffre, Jimmy 299, 334, 336, 342
Goebbels, Heiner 429
Golden Gate Quartet 332
Goldkette, Jean 97–99, 127
Golson, Benny 348, 350
Gonella, Nat 199, 201
Gonsalves, Paul 162, 333–335, 337

Goodie, Frank »Big Boy« 197, 210
Goodman, Benny 5, 96, 108, 129, 150, 155, 164, 167–191, 209, 219, 220, 222, 224, 238, 249, 288, 291, 298 f., 419; *180*
Goodman, Freddie 168
Goodman, Harry 168
Goodman, Jerry 394
Gordon, Dexter 262, 299, 305, 321
Granz, Norman 163, 266, 276, 277, 278, 279, 282, 301, 303, 333, 342, 399, 411
Grappelli, Stephane 205, 208, 212, 213
Gray, Wardell 162, 262
Green, Freddie 157, 185; *157*
Greer, Sonny 130, 132–136, 143, 146, 220, 333
Grenadier, Larry 426
Griffin, Johnny 287
Grimes, Tiny 259
Gryce, Gigi 342 f.
Guarante, Frank 198
Gulda, Friedrich 334, 336, 428
Gumpert, Ulrich 442
Gustafsson, Rigmor 422
Gustavsen, Tord 423, 424
Guy, Fred 136, 256
Guy, Joe 249

Haage, Ulrike 442–445
Hackett, Bobby 184, 245
Haden, Charlie 367, 373, 378 f., 401
Haig, Al 262, 263, 266, 278, 311
Hall, Henry 203, 212
Hamilton, Chico 322, 334, 336
Hamilton, Scott 409–411
Hammer, Jan 394
Hammond, John 128, 155 f., 172 f., 175, 180, 181, 187
Hampel, Gunter 383, 394, 442

Hampton, Lionel 87, 180–183, 186, 188, 191, 219, 224, 231 f., 257, 303, 342 f.; *180*
Hancock, Herbie 387, 393, 403, 411, 420; *392*
Handy, William C. 45, 64 f.
Hardin-Armstrong, Lil 50, 54, 77, 81, 170; *50, 73*
Hardwicke, Otto »Toby« 130, 132, 135, 136; *143*
Hargrove, Roy 423
Harlem Blues And Jazzband 398
Harris, Barry 413
Harris, Bill 296, 413
Harris, Barry 413
Harrison, George 422
Harrison, Jimmy 125, 128
Harrison, Joel 422
Harth, Alfred 443
Hartwell, Jimmy 97, 106
Hawkins, Coleman 125, 126 f., 159, 202, 203–205, 210, 213, 249, 267, 366, 398, 409, 410, 435; *123, 204*
Healy, Dan 139
Heath, Percy 329, 352; *328*
Heath, Ted 193, 198
Hellemes, Eugène d' 205
Henderson, Fletcher 5, 78, 81, 99, 114, 123–130, 159, 169, 176, 177, 188, 349; *123*
Henderson, Horace 176
Henderson, Joe 191
Henderson, Leora 128
Henderson, Stephen »The Beetle« 119
Hendrix, Jimi 385, 387
Henkel, Eugen 212
Herbert, Matthew 422
Herman, Woody 296–300, 385, 400, 401, 419
Herzog, Romy 446
Higginbotham, J. C. 43, 87, 125

Personenregister

Higgins, Billy 369, 373
Hilaire, Andrew 40
Hill, Teddy 249, 255, 257
Hines, Earl 82, 91, 110, 259, 263, 289
Hinton, Milt 226
Hite, Les 181
Hodeir, André 311
Hodges, Johnny 142, 146, 185, 220, 333, 354, 375, 399; *143*
Hoff, Ernst van't 212
Holiday, Billie 58f., 160f., 172f., 174, 221, 290, 301, 314, 399; *161*
Holland, Dave 387, 435; *386*
Holland, Peanuts 222
Hornsby, Bruce 419
Hot Five (Louis Armstrong) 81–85, 87, 91, 244; *73*
Hot Seven (Louis Armstrong) 82f., 85
HR Big Band 431
Hubbard, Freddie 350, 367, 378, 381, 388, 393
Huebner, Gregor 429
Hughes, Langston 10–13
Hülphers, Arne 212
Hülsmann, Julia 444f.
Hunt, George 157
Hylton, Jack 198, 204, 210, 212

If 385
Irvis, Charlie 136
Irwin, Pee Wee 176
Isola, Frank 323

Jackson, Ali 429
Jackson, Mahalia 331, 365
Jackson, Milt 268, 315, 329f.; *328*
Jackson, Rudy 136
Jackson, Tony 27, 36, 46
Jacques Loussier Trio 429

Jacquet, Illinois 162, 267
James, Harry 184f., 187, 219f., 288, 291
Jarrett, Keith 350, 403, 424f., 428
Jefferson, Carl 410f.
Jewell, Derek 145
Johnson, Bill (Will) 43, 50
Johnson, Bobby 173
Johnson, Budd 338
Johnson, Bunk 34, 35, 38, 237, 240, 244; *243*
Johnson, Dewey 378, 381
Johnson, George 97, 106
Johnson, Harald 423
Johnson, J. J. 262, 303, 304, 309, 315, 399
Johnson, James P. 119, 122, 240, 244
Johnson, Marc 414
Jones, Dale 297
Jones, Davey 74
Jones, Elvin 380
Jones, Hank 299
Jones, Jo 154, 160; *157*
Jones, Jonah 225
Jones, Norah 421, 422, 424
Jones, Philly Joe 313, 315, 352
Jones, Quincy 343
Joos, Herbert 433
Joplin, Scott 20
Jordan, Ben 270
Jordan, Duke 274
Jost, Ekkehard 360f., 370, 378, 382, 383, 412
Jungle Kings 109

Kaminsky, Max 102, 106, 107, 115f., 140, 216, 224, 229, 232, 233, 235, 278
Kansas City Orchestra (Bennie Moten) 153; *155*
Känzig, Heiri 417
Kay, Connie 303, 329, 352; *328*

Kellner, Murray 175
Kenton, Stan 297, 319, 385
Keppard, Frank 34, 38, 49, 68
Kern, Jerome 173
Kersey, Ken 256
Keyes, Joe 157
Keyes, Lawrence 253
King, B. B. 401
Kirby, John 125, 129
Kirk, Andy 153
Kirkeby, Ed 122
Köbberling, Heinrich 444
Koenig, Lester 372
Koenigswarter, Pannonica de 284, 286
Koglmann, Franz 383
Kolodin, Irving 184–186, 189
Konitz, Lee 293, 295, 304, 309, 311, 317, 320, 325; *294*
KontraSax 446
Kowald, Peter 83
Krall, Diana 421
Krenek, Ernst 194
Krupa, Gene 108, 109 f., 115, 150, 173, 175 f., 178, 180, 182, 184–187, 220, 224, 317; *180*
Kühn, Joachim 383

Ladnier, Tommy 240
LaFaro, Scott 369, 378
Lagrène, Biréli 428
Laine, »Papa« Jack 33 f.
Laird, Rick 394
Land, Harold 342, 343
Landgren, Nils 422
Lang, Eddie 87, 98, 99, 198, 209
Lannigan, Jim 105, 109, 110
LaRocca, Nick 34
Lauvergnac, Anna 444
Leach, Hazel 446
LeBlanc, Dan 33
Lee, George 251
Lennox, Annie 420
Leonard, Harlan 253
Levey, Stan 263, 266

Lewis, Ed 155
Lewis, George 251
Lewis, Jerry Lee 358
Lewis, John 209, 281, 308, 309, 315, 3239 f., 337; *328*
Lewis, Ted 169, 184
Lewis, Willie 197, 203, 213
Liebman, Dave 422
Lincoln, Abbey 366
Lindsay, John 40; *50*
Little Richard 358
Lomax, Alan 25, 45
Lounge Lizards 438
Lovano, Joe 400
Lunceford, Jimmie 148 f., 212, 219, 242, 267
Lyttelton, Humphrey 85

M. C. B. Blowers 198
Machito Orchestra 277, 291
Mahavishnu Orchestra 390, 393–395, 431
Mangelsdorff, Albert 214, 383, 415, 442
Manne, Shelley 320, 342
Manone, Wingy 108
Mantler, Mike 379
Marable, Fate 74 f., 95
Mares, Paul 40, 106
Marmarosa, Dodo 262
Marsalis, Branford 411
Marsalis, Delfeayo 411
Marsalis, Ellis 411
Marsalis, Wynton 350, 411 f.; *410*
Marsh, Warne 293, 295; *291*
Marshall, Kaiser 87
Matthew Herbert Bigband 422
Mayer, Jojo 417
McFerrin, Bobby 428
McGhee, Howard 264, 268, 272
McHugh, Jimmy 139
McKenzie, Red 103, 108–110, 112, 113

McLaughlin, John 387, 390, 391, 393–396, 404; *389*
McLean, Jackie 315, 352
McPartland, Dick 105
McPartland, Jimmy 98, 104–106, 108f., 110, 114, 170, 171, 172
McShann, Jay 251–254
Mehldau, Brad 424f.
Melly, George 201f.
Melrose Brass Band 47
Mendoza, Vince 431, 432
Mertz, Paul 99
Metcalf, Louis 44, 136
Metheny, Pat 374, 396, 419, 426, 438–440
Mezzrow, Mezz 90, 91, 108, 109, 114, 170, 214, 218f., 239f.; *239*
Miley, Bubber 43, 136
Milhaud, Darius 320
Miller, Artie 114
Miller, Glenn 171, 172, 183, 230f., 233; *234*
Mills, Irving 44, 135, 140, 141
Mingus, Charles 191, 262, 283f., 363–365, 367, 368, 408f.; *362*
Minor, Dan 152, 157
Minton, Henry 249, 252
Minton, Phil 443
Mitchell, George 40
Mitchell, Joni 432
Mitchell, Red 323, 372
Mitchell, Roscoe 379
Mobley, Hank 349
Modern Jazz Quartet 209, 281, 329f., 401; *328*
Mondello, Toots 176
Monheit, Jane 421
Monk, Thelonious 189, 249, 255, 256, 264, 284, 288, 290, 315, 352, 424; *285*
Montrose, Jack 384
Morehouse, Chauncey 99

Morgan, Lee 350
Morrow, George 343
Morton, Jelly Roll 22–25, 27–30, 34, 36, 38–47, 48, 49, 55, 56, 84, 97, 125, 244, 318, 408; *37*
Moses, Bob 439
Moss, David 405
Moten, Bennie 153f.; *155*
Moten, Buster 154
Mougin, Stephen 207
Mraz, George 429
Muelbauer, Marc 444
Mulligan, Gerry 267, 282, 308, 309, 311, 316–318, 320–326, 327, 342; *324*
Murray, David 407
Murray, Don *98*
Murray, Sunny 378

Nance, Ray 242
Nanton, Joe »Tricky Sam« 136, 141
Navarro, Fats 262, 274, 344
NDR Big Band 431, 446
Nergaard, Silje 421, 423
Netto, Frank 33
New Orleans Rhythm Kings 40, 92, 97, 104, 105, 106, 171
Newman, Jerry 256
Newman, Randy 444
Newton, Frank 173
Newton, James 408f.
Newton, Lauren 433
Nicholas, Albert 43, 46
Nichols, Herbie 290
Nichols, Red 100
Nisenson, Eric 311
Noone, Jimmie 110, 240, 245
Norby, Caecilie 421
Norman, Gene 344
Nourry, Pierre 208

O'Day, Anita 320
Ohio-Lido-Venice Dance Orchestra 198
Oliver, Joe »King« 38, 47–52, 55–57, 68, 69f., 73f., 75–77, 81, 83, 84, 90, 92, 96, 110, 125, 138, 149, 171, 241, 242, 244, 245, 402, 412; *50*
Oliver, Sy 220
Omer, Jean 212
Ono, Yoko 422
Original Capitol Orchestra 198
Original Dixieland Jazz (Jass) Band 34, 94, 104, 184, 197, 398; *33*
Ørsted Pedersen, Niels-Henning 400
Ory, Kid 24, 40, 47, 68, 73, 81, 82, 91, 242; *73*
Öström, Magnus 426f.; *427*

Padron, Bill 33
Page, Oran »Hot Lips« 152, 220, 230, 277, 278, 375; *155*
Page, Walter 152, 153, 157, 185; *157*
Pahud, Emmanuel 429
Panassié, Hugues 205, 214, 239
Parker, Charlie 246f., 250–255, 258–284, 286, 287f., 292, 293, 294, 305, 308, 310, 311, 312, 321, 329, 342, 349, 352, 356, 363, 404, 409, 412, 415; *251, 265*
Parker, Maceo 405
Pärt, Arvo 429
Pass, Joe 399
Pastorius, Jaco 415, 439
Pat Metheny Group (PMG) 439
Pepl, Harry 433
Peplowski, Ken 410
Pepper, Art 320

Perez, Manuel 34
Perkins, Carl 343
Peterson, Oscar 163, 303, 399, 400, 401
Petit, Buddy 31, 34, 38
Pettiford, Oscar 222
Phillips, Flip 296
Piazzola, Astor 316, 325, 401
Picou, Alphonse 24, 26, 63
Pirchner, Werner 433
Piron, Armand 24
Pollack, Ben 171, 172
Polo, Danny 198
Potter, Chris 435
Potter, Tommy 274; *251*
Powell, Bud 249, 283, 375, 413
Powell, Johnny 114
Powell, Richie 343, 347
Presley, Elvis 358
Previn, André 319
Prince 423
Procope, Russell 43
Puschnig, Wolfgang 432, 433

Quasthoff, Thomas 428
Quealey, Chelsea 198
Queen City Negro Band 21
Quintette du Hot Club de France 207f., 212f.
Radiohead 426
Rainbirds 443
Rampal, Jean-Pierre 429
Raney, Jimmy 300
Rank, Bill 99
Rapollo, Leon 92, 110
Razaf, Andy 121
Red Hot Peppers (Jelly Roll Morton) 40, 42f.
Redman, Don 87, 124, 126f.
Reichlich weiblich 442
Reinhardt, Jean Baptiste, »Django« 205–210, 212, 213, 394; *206*
Reinhardt, Joseph 208
Reisner, Robert 282

Reliance Brass Band 33 f.
REM 422
RH Factor 423
Ribot, Marc 438, 440
Roach, Max 262, 264, 274, 299, 304, 305, 308, 309, 311, 340–344, 346 f., 349, 365, 366 f.; *340*
Roberts, Caughey 157
Roberts, Luckey 119
Robichaux, John 24, 34
Robinson, Smokey 359
Rodney, Red 262, 278, 279
Rogers, Shorty 320, 342, 401
Rolfe, B. A. 115
Rollini, Adrian 174, 198
Rollins, Sonny 315, 344, 352, 365 f.; *35*
Romano, Aldo 417
Rose, Al 63
Rosolino, Frank 320
Rowles, Jimmy 400
Roy, Badal 374
Roy, Harry 231
Rudd, Rosewell 379
Rüegg, Mathias 415, 432, 433–435; *434*
Rugolo, Pete 310, 320
Rumsey, Howard 342
Rushing, Jimmy 154, 157; *155*
Russell, Curley 263 f., 299
Russell, George 308
Russell, Luis 87
Russell, Pee Wee 108
Russell, Ross 260, 261, 268–272, 274–276, 285
Rust, Brian 45
Ryker, Doc 99

Sandburg, Carl 14
Sanders, Pharoah 378, 381
Sandner, Wolfgang 403
Sandoval, Arturo 401
Satie, Erik 194

Schiff, András 429
Schlippenbach, Alexander von 383
Schmassmann, René 212
Schmid, Benjamin 428
Schoepp, Franz 169 f.
Schoof, Manfred 383
Schostakowitsch, Dmitri 428
Schulz-Reichel, Fritz 212
Schwaller, Roman 433
Sclavis, Louis 417; *416*
Scott, Tony 191
Shank, Bud 334, 336, 342
Sharp, Elliott 438
Shaw, Artie 183, 212, 220–224, 229, 233, 237, 419
Shepp, Archie 360, 361, 366, 378, 380, 384; *381*
Shertzer, Hymie 176
Shorter, Wayne 350, 387, 390, 391, 393, 402, 419
Sidran, Ben 330, 338 f.
Silver, Horace 284, 300, 315, 349 f., 352, 401; *351*
Simeon, Omer 40–42
Simon, Paul 420
Sims, Zoot 296, 299, 352, 400
Sinatra, Frank 231, 297, 399
Singleton, Zutty 43, 74, 75
Sissle, Noble 258
Smith, Bessie 67, 78–81, 96, 120, 171, 173 f., 244, 398; *79*
Smith, Buster 152, 253
Smith, Carl 157
Smith, Carson 323
Smith, Clarence »Pinetop« 231
Smith, Lester 33
Smith, Sean 429
Smith, Willie 149, 219, 220, 267
Smith, Willie »The Lion« 119, 122
Snowden, Elmer 130, 132 f.
Sokal, Harry 417, 433
Souchon, Edmond 24

Soulbop Band 423
Spanier, Muggsy 69f., 70, 109, 222, 238, 322
Speed, Chris 441
Spike's Seven Pods of Pepper Orchestra 41
St. Cyr, Johnny 40, 74, 81; 73
Stacy, Jess 108, 180, 186
Stauffer, Teddie 212
Stern, Mike 423
Steward, Herbie 296
Stewart, Beverly 303
Stewart, Rex 99, 125, 128, 146, 147
Sting 420
Stitt, Sonny 262
Strawinsky, Igor 194
Strayhorn, Billy 146, 384; 147
Sullivan, Joe 87, 103, 109f., 114
Sun Ra 378, 401
Supremes 359
Svensson, Esbjörn 422, 426; 427
Sweatman, Wilbur 130
Takase, Aki 444f.

Tate, Buddy 159, 162
Tate, Erskine 86, 120
Tatum, Art 254, 259, 263, 408
Taylor, Billy 43, 173
Taylor, Cecil 375–378, 384; 377
Taylor, John 413, 426, 437
Tchicai, John 380f.
Teagarden, Charlie 173
Teagarden, Jack 87, 114, 173, 222, 297; 223
Terrasson, Jacky 426, 429
Terry, Clark 321f.
Teschemacher, Frank 105, 109, 170
Texier, Henri 417
Thomsen, Aage Juhl 212

Thornhill, Claude 306, 317
Thornton, Argonne 264
Timmons, Bobby 350
Tingvall, Martin 426
Tizol, Juan 146, 220
Tolstoy, Viktoria 421
Tord Gustavsen Trio 423
Tough, Dave 52, 89f., 104, 108, 115, 170, 187, 228, 247
Town, Colins 431
Tristano, Lennie 291–295, 318, 325, 360; 294
Trumbauer, Frankie 97, 98, 99, 159
Turner, Joe 163
Tyner, McCoy 380

United Women's Orchestra 446

Vaché, Warren 410
Vaughan, Sarah 261
Venuti, Joe 87, 98, 198, 209
Vespestad, Jarle 423f.
Vidacovich, Pinky 33
Vienna Art Orchestra 413, 432–434, 444
Vola, Louis 207f.

Waits, Tom 438
Waldron, Mal 191
Walker, Junior 423
Waller, Thomas »Fats« 113, 119–122, 132, 152, 167, 185, 202, 212, 375, 399; 121
Walton, Cedar 350
Ware, Efferge 252
Washington, Buck 173
Washington, Jack 155, 157
Waters, Ethel 173
Waters, Muddy 393
Watkins, Doug 349
Watson, Bobby 350, 400
Watters, Lu 242
WDR Big Band 431f.

Weather Report 390f., 393, 394, 432
Weather Update 393
Webb, Chick 148, 150, 212; *149*
Webster, Ben 125, 146, 159, 222, 409, 412
Wein, George 333
Weinstock, Bob 315
Weiss, Michael 287
Weitman, Bob 179
Welles, Orson 240
Wells, Dicky 125, 210, 227f., 289f., 343
Wess, Frank 162
Wettling, George 109
Whaley, Wade 38f.
Whetsol, Arthur 130, 132, 136
White, Benje 33
Whiteman, Paul 75, 100–102, 126, 134, 141, 167
Whitlock, Bob 322f.
Wilber, Bob 296
Williams, »Rubberlegs« 260
Williams, Clarence 120
Williams, Claude 157
Williams, Cootie 146, 185, 187, 220
Williams, Johnny 398
Williams, Mary Lou 153, 249, 349

Williams, Robbie 420, 432
Williams, Spencer 27, 50
Williams, Tony 349, 387, 390, 391, 393, 394
Wilson, Cassandra 421
Wilson, Leola 174
Wilson, Peter Niklas 431
Wilson, Teddy 180, 183, 212, 221, 222, 249; *180*
Wilson, Wesley »Socks« 174
Winding, Kai 304, 311, 320, 325
Winkelmann, Mathias 425
Wolverines (Bix Beiderbecke) 96f., 104, 106
Wonder, Stevie 359
Wooding, Sam 193, 197, 210, 212
Woods, Phil 262, 295
Wooten, Victor Lemonte 419f.

Young, Lester 157, 159–162, 185, 224, 229, 249, 255, 267, 278, 294, 297, 299, 300, 363; *158*
Young, Trummy 149, 222, 242, 260
Zappa, Frank 385, 431
Zawinul, Joe 357, 387, 390–393, 413, 431f.
Zorn, John 405–407, 438; *406*